Modernes
KARATE

T. Okazaki – Dr. med. M. V. Stricevic

Modernes
KARATE

Das große Standardwerk

Bassermann

ISBN 3 8094 1521 9

Übersetzung: Manfred Papst
Redaktion: Sylvia Winnewisser
Umschlaggestaltung: Johannes Weiß, München
Satz: Neuwieder Verlagsgesellschaft mbH, Neuwied
Druck und Bindung: Tesinska tiskarna, Cesky Tesin

Printed in the Czech Republic

639/42800394X 817 2635 4453 6271

Inhalt

IV. Beintechniken

V. Kata

Vorwort

Als ich im Sommer 1974 eine Ausbildungsreise durch die Vereinigten Staaten leitete und mich gerade in Philadelphia aufhielt, erfuhr ich zum erstenmal von dem Vorhaben der Verfasser, ein Buch über Karate in Verbindung mit neueren Erkenntnissen aus der Sportmedizin zu schreiben.

Ihre Begeisterung und Bereitschaft, Karate auf diese ungewöhnliche Art und Weise zu behandeln, war für mich eine Überraschung. Niemals zuvor waren detaillierte Untersuchungen im Hinblick auf die Herz-Atmungs-Funktion und das skelettmuskuläre System beim Training unternommen worden. Außerdem war ich sehr gespannt, da die Verfasser auch medizinische Daten über meine eigene physische Kondition sammelten.

Inzwischen sind viele Jahre vergangen, und die Bemühungen der Verfasser waren – die Veröffentlichung dieses Buches beweist es – von Erfolg gekrönt. Ich bin überzeugt davon, daß das Buch ein epochemachendes Ereignis nicht nur für die Welt des Karate, sondern auch für alle an den Kampfkünsten Interessierten darstellt.

Ich erinnere mich daran, daß Teruyuki Okazaki meine rechte Hand während jenes Jahrzehnts war, noch bevor die Japan Karate Association ihr eigenes Dōjō im Yotsuja-Bezirk in Tōkyō aufbauen konnte. Dies waren schwere Tage, als wir buchstäblich nicht wußten, woher wir unsere nächste Mahlzeit bekommen sollten. Obgleich unsere Hoffnungen im Hinblick auf die zukünftige Entwicklung des Karate wie ein Traum erscheinen mußten, verlor Okazaki seine Begeisterung niemals; er zog von Ort zu Ort, um ein Darlehen für ein Dōjō zu erhalten, in dem wir trainieren konnten. Seine Arbeit bedeutete einen großen Beitrag für die Bildung der Japan Karate Association, und es ist jetzt zwanzig Jahre her, daß ich diesen unermüdlichen Lehrer alleine in die Vereinigten Staaten sandte. Er arbeitete hartnäckig an der Idee weiter, daß Karate einmal Bestandteil des allgemeinen Körpererziehungsprogrammes an Universitäten werden würde. Schließlich war er auch erfolgreich, und vor zehn Jahren wurde Karate in den Lehrplan der Abteilung für Körpererziehung der Temple-Universität in Philadelphia aufgenommen.

Dr. Milorad V. Stricevic, der Mitverfasser dieses Buches, ist Mediziner und Spezialist für Sportmedizin. Bis jetzt stellt die Mitarbeit einer medizinischen Autorität im Bereich des Karate eine Seltenheit dar. Dieses unentwickelte Untersuchungsfeld ist hier erstmals sehr genau erforscht worden.

Das vorliegende Buch analysiert, aufbauend auf einer Fülle von Daten, die bedeutende Frage, wie sich das Karatetraining auf den menschlichen Körper auswirkt. Der Leser dieses Buches erhält hierzu eine große Anzahl wichtiger Einsichten. Für die Frage nach der Bedeutung des Karate im Lehrprogramm von Universitäten soll auch die von den Verfassern präsentierte gute Einführung sowohl in die japanische Philosophie der Kampfkünste als auch deren wissenschaftlichen Grundlagen wertvolle Erkenntnisse liefern. Dieses Buch gibt überdies die bisher umfassendste Darstellung der Techniken und Stellungen des Karate. Ich würde mich freuen, wenn die wissenschaftlichen Thesen dieses Buches die Karatebegeisterten in aller Welt erreichen würden und zu einem besseren Verständnis der Idee des Karate und dessen Trainingsmethode beitragen könnten.

Masatoshi Nakayama
ehem. Chefausbilder der
Japan Karate Association

Meister Gichin Funakoshi, »Vater« des modernen Karate

空手道は勝敗を究極
の目的とするものではなくその
練磨を通じて人間の完
成を信條とするものである

»Oberstes Ziel in der Kunst des Karate ist weder Sieg noch Niederlage, sondern die Vervollkommnung des Charakters der Kämpfer.«

Einleitung

Bis ins 20. Jahrhundert war Karate mit dem Schleier des Geheimnisses umwoben, und die Erforschung seiner Geschichte ist aufgrund fehlender Dokumente ausgesprochen schwierig. Seine Ursprünge gehen zurück bis ins 6. Jahrhundert n.Chr., als der buddhistische Mönch Bodhidharma, auch bekannt als Ta Mo (japanisch Daruma), eine gefährliche Reise von Indien zu dem Shaolin-Tempel im südlichen Zentralchina unternahm, um die Lehren des Zen-Buddhismus zu verbreiten. Um seine Anhänger im Hinblick auf die strengen Anforderungen der Meditation stark und widerstandsfähig zu machen, schrieb er Übungen vor, die möglicherweise ursprünglich aus nur 18 Stellungen bestanden. Dieses System entwickelte sich dann zum Shorinji-Kempo, einem der acht Stile des Wai-Chia, einer Art des chinesischen Boxens.

Der Zen-Buddhismus gelangte später – im 12. Jahrhundert – nach Japan und mit ihm wahrscheinlich auch eine Form der Selbstverteidigung, die sehr wohl das Shorinji-Kempo sein könnte. Es wird angenommen, daß sowohl Shorinji-Kempo als auch Wutang – das ist einer der sechs Stile des Nei-Chia, einer anderen Art des chinesichen Boxens – noch vor dem 15. Jahrhundert nach Okinawa gelangten. Zweifellos wurde das Karate in Okinawa begründet. In dem Versuch, Tatsache und Phantasie auseinanderzuhalten, haben viele die Legenden und Erzählungen durchforscht und über die Geschichte dieser Selbstverteidigungskunst geschrieben. Eine der ersten und vollständigsten Aufzeichnungen liegt mit Meister Gichin Funakoshis autobiographischer Schrift »*Karate-do – Mein Lebensweg*« vor.

Der Schleier des Geheimnisses begann sich zu lüften, als ein Erziehungsbeamter 1902 den Vorschlag machte, Karate in den Lehrplan einiger Schulen in Okinawa zu integrieren. Jetzt beginnt die Geschichte des modernen Karate. Im Jahre 1906 gaben Funakoshi und seine Mitarbeiter die erste öffentliche Vorführung in Okinawa. Funakoshi, der dann dort eine Tang-Te-Schule leitete, hatte mit seinen Vorführungen soviel Erfolg, daß er sich 1922 in Japan niederließ.

Das Schwert hat eine lange Geschichte in Japan. Es taucht in alten Urkunden, wie es die früheste Geschichte Japans berichtet, als eines der drei Krönungsinsignien auf (die beiden anderen sind der Spiegel und der Juwel). Während der mittleren Periode der japanischen Geschichte war das Schwert das Symbol der Kriegerkaste, das Herz der Samurai, wie es hieß, und später entwickelte sich die Morallehre der Samurai zu einer bestimmenden Tradition für alle Japaner, welche die Auflösung der Kriegerklasse im späten 19. Jahrhundert überdauerte. Die Behauptung ist nicht übertrieben, daß die Idee des Bushido, der Weg des Samurai, das Gefüge der japanischen Gesellschaft durchdrungen hat. Schließlich ist *Kendo*, der Weg des Schwertes, wie auch das Karate eine Kampfkunst, die später in einen Massensport umgewandelt wurde. Diese Bedingungen herrschten vor, als Karate 1922 in Tokio eingeführt wurde. In »*Karate-do – Mein Lebensweg*«, schrieb Meister Funakoshi: »*Shuto* bedeutet ›Schwerthand‹ ... sie ist wie ein scharfes Stahlschwert.« In der Tat zeigt der Vergleich zwischen Kendo und Karate-do erstaunliche Ähnlichkeiten.

Meister Funakoshi hatte eigentlich beabsichtigt, wieder nach Okinawa zurückzukehren. Er blieb dann aber doch wegen der starken Nachfrage nach Vorführungen und Lehrunterweisungen weiterhin in Tōkyō und reiste später durch Japan. Er eröffnete 1922 einen Dōjō im Meisei Juku – einem Wohnhaus für Studenten aus Okinawa –, und im November desselben Jahres wurde sein Buch »*Ryūkyū Kempo: Karate*« veröffentlicht.

Die Umwandlung von einer Kampfkunst in einen Sport vollzog sich nun. Zwei von Funakoshis Lehrern hatten die Betonung auf zwei unterschiedliche Aspekte beim Karate gelegt. Meister Yasutsune Azato, sein erster Lehrer, hatte zu ihm gesagt: »Wenn du Karate ausübst, dann betrachte deine Arme und Beine als Schwerter«, während Meister Yasutsune Itosu ihm geraten hatte, seinen Körper so zu trainieren, »daß er jedem Angriff standhalten kann, ganz gleich, wie kraftvoll dieser auch ist.« Meister Funakoshi akzeptierte beide Standpunkte. Er legte großen Nachdruck auf den geistigen Aspekt der Kampfkunst und vertrat zugleich die Idee, daß das Karate »einfach genug aufgebaut sein sollte, um ohne übertriebene Schwierigkeit von jedermann ausgeübt werden zu können.« Er betonte ferner, daß »Karate-dō nicht nur ein Sport ist, der Stöße und Tritte lehrt, sondern auch eine Art Schutz gegenüber Krankheit und Schwäche«.

Von 1922 an bis zur Veröffentlichung von »*Karate-dō Kyōhan*« im Jahr 1935 war die bei weitem bedeutendste Zeit des Karate, wie wir es heute kennen. Viele der Kata wurden verändert, und zwar von sehr schwierigen, komplexen Formen zu solchen, die von Karatesportlern aller Altersgruppen ausgeführt werden konnten. Die Namen der Kata wurden geändert, und ältere, aus Okinawa stammende Bezeichnungen in modernere und leichter verständliche umgewandelt: Pinan, Naifanchi und Seishin, zum Beispiel, wurden zu Heian, Tekki und Hangetsu. Die *Kyu-* und *Dan-Grade* wurden nach und nach eingeführt, aber die chinesische Schreibweise von *Karate* wurde weiterhin beibehalten. Obgleich er auf Widerstand traf, drängte Funakoshi zur Annahme der Schriftzeichen 空手, was »Leere Hand« meint, an Stelle des traditionellen 唐手, was »China-Hand« gelesen wurde. Dies war von großer Bedeutung, weil dies den Wandel in der Kampfkunst von den Techniken (*Jutsu*) des Okinawa-Karate zum Karate-dō, dem »Weg des Karate«, ausdrückte. Diese Änderung wurde schließlich auch akzeptiert.

In der heutigen Zeit wird Karate weltweit anerkannt und ausgeübt. Sportliche Wettkämpfe sowohl in den Formen (Kata) als auch im Zweikampf (Kumite) finden auf regionaler und nationaler Ebene statt; es gibt auch Weltmeisterschaften. Darüber hinaus stellt Karate ein wichtiges Konditionstraining für zehntausende Nicht-Wettkämpfer beider Geschlechter und aller Altersklassen dar.

Der Grund für die wachsende Popularität des Karate kann darin gesehen werden, daß das Karatetraining sehr großen Nutzen bringt. Die beiden wichtigsten Faktoren sind die Verbesserung der physischen Kondition und die Entwicklung von Selbstverteidigungsfertigkeiten. Es ist wahrscheinlich, daß dies immer schon ein integraler Bestandteil des Karatetrainings war, aber es scheint auch plausibel, daß sich ihre Rangordnung in der modernen Zeit umgekehrt hat.

Weitere Ziele des Karate sind, die Selbstdisziplin zu stärken und damit auch die Selbstkontrolle, Verletzungen vorzubeugen sowie Ausdauer, Kondition, Kraft und Beweglichkeit zu verbessern.

Es stellt sich nun die Frage, wie diese Ziele am besten zu erreichen sind. Die

Antwort lautet, daß das Training nach physischen, geistigen und psychologischen Gesichtspunkten organisiert sein muß, und zwar mit unterschiedlicher Intensität und Dauer, entsprechend dem Alter des Karatesportlers, seinem Konditions- und Gesundheitszustand. Die überlieferte Methode des Karatetrainings bestand darin – und dies trifft in gewissen Schulen immer noch zu –, unabhängig vom Alter und ohne Berücksichtigung der unterschiedlichen Fähigkeiten Regeln für das gesamte Training aufzustellen. Diejenigen Lehrer, die sich mit der Erarbeitung von Konzepten für das Karatetraining befassen, sind freilich der Meinung, daß ein solch starres Programm und Vorgehen wenig produktiv sein kann; demgegenüber optieren sie für ein auf die individuellen Fähigkeiten zugeschnittenes Trainingsprogramm. Um die Trainingsinhalte den spezifischen Fähigkeiten optimal anzugleichen, sollten die Möglichkeiten und Erfahrungen jedes Sportlers berücksichtigt werden. Falls diese physischen und psychischen Voraussetzungen im Karatetraining nicht berücksichtigt werden, kann dies für die individuelle Gesundheit bedenklich werden, zumal ein derartiges Training meist bis an die Grenzen der maximalen Beanspruchung geht: Wir plädieren deshalb für ein analytisches Trainingsprogramm.

Es gibt beim heutigen Karatetraining nicht-analytische Programme. Wir sind der Auffassung, daß diese zu zeitweiligen oder sogar andauernden Verletzungen führen können, ja in keiner Weise zur Verbesserung der Kondition des Sportlers beitragen. In den Kapiteln I und II stellen wir die allgemeinen Leitlinien für ein analytisches Trainingsprogramm auf. Diese Anweisungen sind speziell auf die Verbesserung der Kondition ausgerichtet und basieren auf modernen Trainingskonzepten sowie sportmedizinischen und allgemeinen medizinischen Erkenntnissen. Wir haben diese während eines mehrjährigen Studiums der inländischen wie auch ausländischen wissenschaftlichen Literatur und vor dem Hintergrund unserer eigenen praktischen Erfahrungen – sowohl im Dōjō als auch im Labor – entwickelt.

Unabhängig davon, wie eine Trainingsbelastung vorgeschrieben und ausgeführt wird, ist das Endergebnis weitaus produktiver, wenn die Regeln des

1. ROUXsches Gesetz

Effekt / Belastung	Tagesaktivität	Körper-anpassung	Kondition
niedrig	+	–	–
optimal	+	+	+
sehr hoch	+	pathologischer Effekt	akute oder chronische Ermüdung

Konditionsprogramms, wie sie im Gesetz von Roux (Abb. 1) erklärt sind, beachtet werden.

Grundsätzlich stellt dieses Gesetz die Wichtigkeit einer optimalen Belastung fest. Wie das Diagramm verdeutlicht, vermag eine niedrige Belastung die täglichen Aktivitäten zu erhöhen, erreicht aber nicht die erwünschte Körperanpassung und bewirkt infolgedessen keine Steigerung des physischen Konditionsgrades. Eine sehr hohe Belastung wird substantiell das gleiche Ergebnis aufweisen, aber aus unterschiedlichen Gründen. Eine übertriebene Belastung beim Training kann einen krankhaft-lähmenden Effekt verursachen und damit eine Verbesserung der Kondition verhindern. In diesem Fall kann dies in Abhängigkeit vom zeitlichen Anteil der falschen Trainingsbelastung zu einer akuten oder chronischen Ermüdung führen.

Ein anderer bedeutsamer Aspekt von Karatetrainingsprogrammen ist der Umfang, in dem sie auf Wettkämpfe hin ausgerichtet sind. Dies ist der neueste Trend, und infolgedessen widmen nicht nur Wettkämpfer, sondern auch Lehrer ihre Zeit und Mühe der Verbesserung solcher Techniken, die bei Wettkämpfen erfolgreich angewendet werden können. Das Ergebnis ist, daß viele Trainingselemente, die einen hohen Wert für die Verbesserung der Kondition besitzen, wegfallen.

Für lange Zeit war es für viele Karatemeister selbstverständlich, daß ein Athlet alle Techniken und Fertigkeiten ausbilden sollte, um ein guter Karateka zu werden. Unsere Auffassung ist die, daß alle in diesem Buch dargestellten Techniken so auszuführen sind, daß der größtmögliche Nutzen aus dem Karate als Sport erzielt werden kann. Obwohl es richtig ist, daß bestimmte Techniken keinen praktischen Anwendungswert besitzen – sie werden weder in der Kata noch im Wettkampf vorkommen –, so ist es doch sinnvoll, sie zu trainieren. Solche Übungen sind gerade deshalb wichtig, weil sie Muskeln und Gelenke in einer Weise stärken, die sonst vernachlässigt werden würden und so der gesamte Körper gekräftigt wird. Nicht weniger bedeutsam ist der Beitrag eines derartigen Trainings für ein umfassendes Verständnis des Karate. Hinsichtlich der Entwicklung des Karate ist anzumerken, daß zahlreiche Veränderungen und Verbesserungen in den Trainingsmethoden stattgefunden haben. Aber es darf nicht übersehen werden, daß es immer noch grundlegende Fragen zu elementaren Trainingskonzeptionen zu beantworten gilt.

In den schon erwähnten Schriften des Meisters Funakoshi werden Techniken und Kata beschrieben, aber auch ausführlich wesentliche Aspekte hinsichtlich Gesundheit und Kondition erörtert. Obgleich technische Fertigkeiten ausführlich untersucht worden sind, war die Erforschung der physiologischen Auswirkungen auf die verschiedenen Körpersysteme allein nicht ausreichend, um Funakoshis Ideen in dieser Hinsicht zu unterstützen. Ein zentraler Gesichtspunkt unserer Untersuchungen während der letzten Jahre war die Ermittlung der Reaktionen von Herz, Kreislauf, Atmung und anderen Körpersystemen durch Streß, der bei der Ausführung einer Kata entsteht.

Die Sichtung anderer Karatebücher ergab, daß es darin zwar eine Reihe von exzellenten Ausführungen über die technischen Aspekte gibt, aber keinen Bezug auf die wissenschaftlichen und sportlichen Dimensionen. Unsere Intention beim Schreiben dieses Buches war es deshalb, Karate auf sportwissenschaftlicher Grundlage zu diskutieren und zugleich auch eine vollständige Übersicht der Techniken zu liefern.

Wir glauben, daß die Entwicklung des Karate von einer Kampfkunst hin zum Sport beinahe abgeschlossen ist. Boxen, Ringen, Fechten und Judo haben ebenfalls ihren Ursprung in den Kampfkünsten und sind auch als Sportarten bei den Olympischen Spielen anerkannt. Die volle internationale Anerkennung des Karate und dessen Einbeziehung in die Olympischen Spiele wird schließlich das Signal sein für das abschließende Stadium seiner Umwandlung in eine Sportart. Zugleich dürfen wir niemals vergessen, wie bedeutsam die von Meister Funakoshi entwickelten fünf Grundprinzipien sind. Sie zeigen uns den Weg zu einem ausgeglichenen Verhältnis zwischen Technik und Philosophie: Streben nach Charaktervervollkommnung, Aufrichtigkeit, Fleiß, Höflichkeit und Selbstkontrolle.

I

TRAINING

1. Grundlagen und Programme

Ursprung und Übertragung der Kraft

Die Kraft beim Karate ist das Ergebnis eines Impulses, bei dem die Körpermuskeln in der richtigen Abfolge aufeinanderwirken und die Spannung dieser Komponenten im Moment des Auftreffens erfolgt. Je schneller dieser Ablauf erfolgt, um so wirksamer ist die im Ziel freiwerdende Energie. Der Einsatz unnötiger Muskeln oder falscher Muskelsequenzen vermindert die Wirksamkeit der Technik. Es sollte immer bedacht werden, daß alle Muskeln ausgebildet werden müssen, um bei einer bestimmten Bewegung stets ein Gleichgewicht der Kräfte zu erhalten. Das ist besonders dann wichtig, wenn es sich um eine größere Verbindung von Techniken handelt.

Für Jahrhunderte hatten Lehrer des Karate und anderer Kampfkünste die Bedeutung starker Bauchmuskeln betont und deren Rolle für die optimale Ausführung einer Technik postuliert; sie waren der Auffassung, daß eine Form der geistigen Energie ihren Ursprung in dem *Seika-tanden*, dem Zentrum des Unterleibs habe, und daß von dort eine Technik ausgehen sollte. Diese Kraft würde dann als eine Art Welle auf die schlagende Hand oder den tretenden Fuß übertragen. Daraus zogen sie die Folgerung, daß die Stoßkraft in direkter Proportion zu der Intensität der inneren, spirituellen Energie stehe.

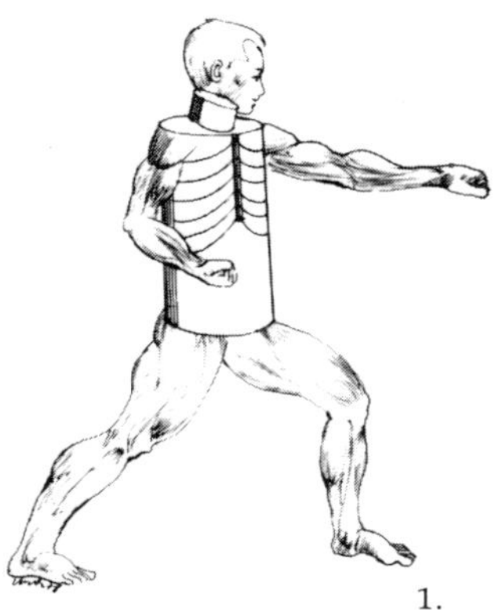

1.

Wir möchten hier eine andere Erklärung für dieses Phänomen vorschlagen: Wenn man sich den menschlichen Körper als eine Konfiguration zweier Röhren unterschiedlicher Größe vorstellt – die größere Röhre umfaßt den Brustkorb und die Bauchhöhle, die kleinere den Hals (Abb. 1) –, dann liegt der Schwachpunkt dieser beiden Röhren im vorderen Bereich, in dem es keine Skelettstruktur gibt. Der untere Schwachpunkt der Röhre ist von den Bauchmuskeln bedeckt. Wird das System nun sehr belastet, so wird es zu einem Zusammenbruch dieses Bereiches kommen, es sei denn, es wird durch starke

Kontraktion der betreffenden Muskelgruppen unterstützt. Aufgrund einer solchen starken Unterstützung wird dann der Oberkörper von den Hüften aufwärts bis zum Halsansatz stabil hinter einer Stoßtechnik stehen. Die Ausatmung der Luft durch die leicht geschlossenen Lippen und die gleichzeitige Kontraktion der Halsmuskeln vermag die gesamte Körperkraft zu mobilisieren. Das Ausatmen während der Ausführung einer Technik hilft also dem Karateka, ein von dem Druck der Lungen und anderer Brustorgane durch die Kontraktion der Bauchmuskeln herrührendes unangenehmes Gefühl in der Brust zu vermeiden. Dieser schnelle Luftstrom kann durch den gleichzeitigen *Ki-ai* noch unterstützt werden.

Der zweite zu einer größeren Stoßkraft beitragende Faktor ist, daß die Kraft der Bewegung, wie zum Beispiel beim Handkantenschlag, vom Oberarm auf den Vorderarm und dann direkt auf die Handkante als Endpunkt dieser Einheit übertragen wird. Dabei überträgt sich die Kraft der großen Muskelgruppen auf eine sehr kleine Fläche.

Die wichtigsten, sowohl beim Stoßen als auch bei Abwehr- und Schlagtechniken gebrauchten Muskelgruppen werden in Abb. 2 (Vorderansicht) und Abb. 3 (Rückenansicht) vorgestellt. Werden all diese Muskeln in besonderer Weise trainiert kann durch sie eine enorme Auftreffwucht erreicht werden. Um eine maximale Wirksamkeit im Moment des Aufpralls zu erhalten, müssen Hüfte, Brust, Schultern, Arme, Handgelenke und Fäuste eine stabile Verbindung eingehen und alle Bewegungen in der korrekten Folge ablaufen. Die Hüfte stellt den Ausgangspunkt jeder Kraft dar, die dann durch die anderen Muskeln geleitet und verstärkt wird, bis sie schließlich die Faust erreicht. Wenn diese im Ziel auftrifft (der Ellbogen muß vollständig gestreckt sein), muß eine schockartig zum Einsatz kommende Anspannung aller Muskeln erfolgen. Diese maximale Konzentration der auf einen Punkt gerichteten Körperkraft kann nur im Rahmen eines intensiven, mehrjährigen Trainings erzielt werden.

2. Die Hauptmuskelgruppen

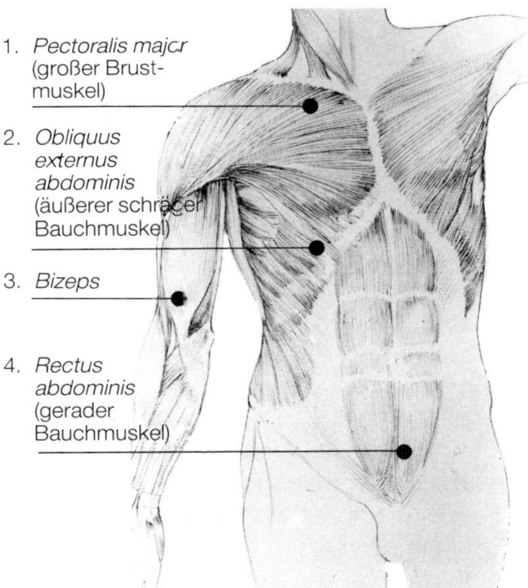

Vorderansicht

3. Die Hauptmuskelgruppen

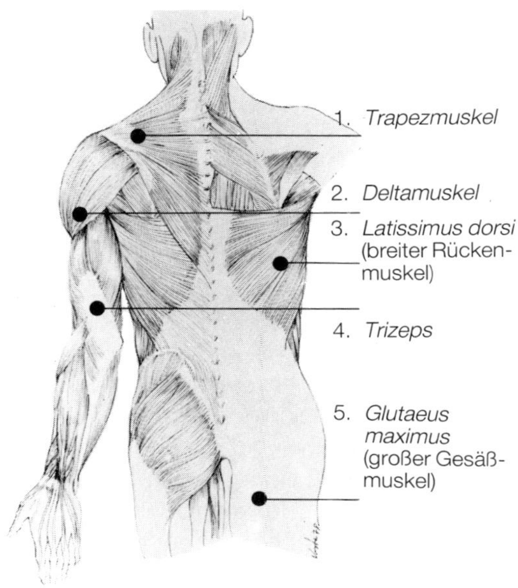

Rückenansicht

Physiologische Aspekte

Die Genauigkeit in der Ausführung bestimmter aktiver Bewegungen hängt von der Tätigkeit des Gehirns ab, und hier in erster Linie von der Großhirnrinde. Im vorderen Hirnlappen, in der Zentralwindung, befinden sich die Ursprungszentren für die willkürlichen Muskelbewegungen, die von unzähligen Nervenzellen angeregt werden. Sehr genaue Tätigkeiten, wie die Bewegung der Hand, insbesondere der Finger, erfordern für die Steuerung eine große Fläche der Hirnrinde, während weniger genaue mit einer kleineren Fläche auskommen. So steht den Beinmuskeln nur eine kleine Fläche des motorischen Zentrums zur Verfügung, und es ist deshalb schwierig, mit diesen einen hohen Präzisionsgrad zu erzielen. Jedoch unterstützen Wiederholungen von Bewegungen das Lernen, und Signale, die vom Gehirnzentrum kommen, werden genauer geleitet, weil neue Verbindungen in der Hirnrinde gebildet und Nervenfasern stimuliert werden.

Die Steuerungsprozesse des Gehirns können besser verstanden werden, wenn man einige elementare Tatsachen über das Wachstum und die funktionale Entwicklung des Gehirns berücksichtigt. Neugeborene haben ein großes Gehirn (mittleres Gewicht: 350 g). Während der weiteren Entwicklung wird das Kind seine Umgebung beobachten, mit Personen in Beziehung treten, Nahrung aufnehmen, und Schritt für Schritt wird dabei die funktionale Entwicklung und Reifung des Gehirns stimuliert. Der Reifungsgrad des kindlichen Gehirns wird zum einen durch Erbfaktoren bestimmt, zum anderen durch kollektive Erfahrungen und Umwelteinflüsse, die als Lernanreize bezeichnet werden. Bald wird das Kind anfangen zu krabbeln, zu gehen, zu rennen und zu spielen. Andere Gehirnfunktionen erfordern eine weitaus längere Zeit, um ihre volle Reife zu erreichen und die Fähigkeit zu präzisen motorischen Fertigkeiten, zu Langzeitgedächtnisleistungen usw., auszubilden.

Im Alter von 15 Jahren sind dann die linke und rechte Hirnhälfte (Hemisphären) ausgebildet. Alle uns bekannten Sportarten können dann praktiziert werden – obgleich mit unterschiedlichen Erfolgsaussichten. Es ist wichtig zu wissen, daß für Rechtshänder die feinmotorischen Funktionen von der linken Gehirnhälfte kontrolliert werden, und umgekehrt. Bei Rechtshändern werden die Bewegungsaktivitäten wie Stoßen, Schlagen und Treten durch Signale geleitet, die größtenteils von der linken vorderen Gehirnwindung kommen. Der beste Weg zum Erlernen von motorischen Fertigkeiten besteht darin, diese tatsächlich zu praktizieren und so oft wie nur möglich zu wiederholen.

Die gegenüberliegende (nicht-beherrschende) Gehirnhälfte, (beim Rechtshänder die rechte Hemisphäre), unterstützt die Durchführung vieler Funktionen, die in engem Zusammenhang mit motorischen Fähigkeiten stehen (Hören, Sehen, Assoziieren usw.), und diese Gehirnhemisphäre spielt eine bedeutende Rolle bei offensiven Abwehrreaktionen.

Im Gegensatz zu diesen hirnrindenbestimmten Aktivitäten, die willkürlich mit vollem Bewußtsein ausgeführt werden, kontrolliert der innere Teil des Gehirns diejenigen Körperfunktionen, für die Bewußtsein und Wille nicht erforderlich sind und die alle automatisch ablaufen, wie Atmung, Herztätigkeit, die Arbeit des Magen-Darm-Trakts und die innere Sekretion. Neugeborene besitzen eine große Kontrollfähigkeit, was diese Körperfunktionen angeht. Der Prozeß des Wachsens regt anfänglich die Entwicklung des Gehirns an. Ist das Kind zum Beispiel hungrig, wird der Hypothalamus (ein Teil des Zwischenhirns) aktiviert, den wiederum die Hirnrinde stimuliert, die ihrerseits das Öffnen der Augen veranlaßt. Auf diese Weise wird das Erkennen von Nahrung und Mutter gelernt.

Mit wachsender Reife wird dann die Hirnrinde nicht immer von den inneren Hirnzentren stimuliert werden, sondern wird selbständig die Fähigkeit zur Veränderung und Unterdrückung einiger seiner Funktionen ausbilden. Es ist deshalb anzunehmen, daß automatisch ablaufende Körperfunktionen durch Altern und Training verändert werden.

Bei der Ausführung von Karatetechniken ist die Bewegungsgeschwindigkeit einer der wesentlichen Faktoren. Beobachtet man eine Gruppe von Karatesportlern während des Trainings, so wird bald deutlich, daß einige schneller sind als der Rest der Gruppe. Unterschiede in der Bewegungsgeschwindigkeit werden weitgehend als erblich bedingt erklärt.

Bei der Erforschung der erblichen Merkmale weisen bedeutende Beiträge der medizinischen Literatur in den letzten Jahren auf zwei Arten von Muskelfasern im menschlichen Gewebe hin: Typ 1, langsam kontrahierende oder rote Muskelfasern; Typ 2, schnell kontrahierende oder weiße Muskelfasern. Die allgemeinen Eigenschaften und Unterschiede zwischen ihnen sind in Abb. 4 dargestellt. Es wird angenommen, daß die Anzahl der weißen und roten Muskelfasern genetisch vorbestimmt ist und sich im Laufe des Lebens nicht ändert. Daraus ergibt sich, daß je nach Verteilung der verschiedenen Muskelfasern manche Menschen schneller als andere sind. Durch geeignetes Training kann sich die biochemische Struktur der Muskelfasern verändern; ferner schult richtiges Training den Gebrauch der roten und weißen Muskelfasern so, daß die Reaktionszeit in einem gewissen Grad beeinflußt werden kann.

4. Skelettmuskelfasern: Typ und physiologische Merkmale

Typ / Physiologie	Typ 1 langsame (rote) Muskelfasern	Typ 2 schnelle (weiße) Muskelfasern
Impulsübertragung	langsam	schnell
vorherrschende chemische Reaktion	aerobe Oxidation	anaerobe Glykolyse
Muskelausdauer	hoch	niedrig
Kontraktionsgeschwindigkeit	langsam	schnell
Myoglobinanteil (roter Muskelfarbstoff)	hoch	niedrig

Diese Beeinflussung ist möglich, weil gesunde, untrainierte Individuen selbst bei maximaler Muskelkontraktion nicht mehr als 35–40 Prozent der Muselfasern des Körpers nutzbar machen können. Das Ergebnis einer Bewegung ist sehr stark davon abhängig, welche Art von Muskelfasern (schnelle oder langsame) zur Anwendung kommen, um die Kontraktion auf dem maximalen Stand zu halten. Es wird allgemein angenommen, daß die Anzahl der Muskelfasern durch das Training nicht veränderbar ist, daß aber infolge eines gezielten Trainings der Durchmesser zum Beispiel der roten, dünnen Muskelfasern vergrößert wird, so daß sich das Verhältnis der Muskelmasse weiße Muskelfasern: rote Muskelfasern verschiebt. Damit kann zur Ausübung einer bestimmten Tätigkeit (Sportart) die optimale Kombination der verschiedenen Muskelfasern trainiert werden. Abb. 5 gibt einen Überblick über Trainingsarten und die dadurch erzielten Erfolge für den Karatesportler.

5. Skelettmuskelfasern und Training

Belastung / Trainingsart	sehr hoher Widerstand	geringer Widerstand	sehr hoher Widerstand
Anzahl der Wiederholungen	auf wenige begrenzt	300 bis 600 oder mehr	begrenzt auf 10 bis 12
Bewegungs-geschwindigkeit	gemäßigt oder langsam	gemäßigt	maximal
angeregte Muskelfasern	rote	rote	weiße
Veränderung in der Muskelfaser	mehr Protein, Muskel-Wachstum	mehr Myoglobin und Mitochondrien	biochemische Veränderungen
physiologischer Nutzen	Verbesserung der Muskelstärke	Verbesserung der Muskelausdauer	Verbesserung der Muskelgeschwin-digkeit
Wert für das Karatetraining	zweifelhaft	positiv	positiv
Typ des Sportlers, der den größten Nutzen erzielt	junge (nicht geeignet für ältere Anfänger)	Anfänger, ältere und jüngere. Sportler aller Altersklassen	jüngere Anfänger Sportler aller Altersklassen

Bei der Erörterung der Physiologie des modernen Karatetrainings stellt die Muskelkontraktion, die das grundlegende physische Merkmal des Karate ist, den zentralen Punkt dar. Bei den Muskelkontraktionen gibt es im wesentlichen drei Arten: kurze (konzentrische), lange (exzentrische) und isometrische Zusammenziehung, bei der die Länge der Muskelfasern unverändert bleibt.

Vom physiologischen Gesichtspunkt aus betrachtet, wird die Muskelkontraktion unter Einsatz unterschiedlicher Mengen von Sauerstoff vollzogen. Je nach Art der biochemischen Reaktion kann Muskelarbeit auf zwei unterschiedliche Arten erfolgen: die anaerobe Muskelkontraktion und die aerobe Muskelkontraktion.

Anaerobe Muskelkontraktion ist eine Form von körperlicher Aktivität, bei der die Skelettmuskulatur maximal belastet wird, aber nur kurzzeitig und auf einem relativ niedrigen Beanspruchungsniveau des kardiovaskulären (Herz und Kreislauf betreffenden) und des Atmungssystems. Dies bedeutet einen niedrigen Sauerstoffverbrauch während der betreffenden Aktivität. Anaerobe Fitness wird hauptsächlich durch die Fähigkeit der Skelettmuskulatur bestimmt, die vorgegebene Arbeit ohne größere Heranziehung des Herz- und Atmungssystems auszuführen. Die Intensität und Dauer der anaeroben Muskelkontraktion auf einem bestimmten Niveau hängt von zahlreichen Faktoren ab, die in zwei Kategorien eingeteilt werden können.

Die erste Kategorie enthält die wesentlichen Faktoren:

1. genetische Anlagen;
2. Oberfläche und Art der Muskelfasern in der Skelettmuskulatur;
3. Biochemie der Skelettmuskelzellen: Speicherung von ATP (Adenosintriphosphat), Kreatinphosphorsäureverbindungen und Glykogen.

Unterstützende Faktoren, die zur Vermehrung der anaeroben Leistung beitragen, sind:

1. das Fortbewegungssystem: Stärke der Knochen, der Bänder und Gelenke;
2. das zentrale und periphere Nervensystem;
3. Psychologische Faktoren: Motivation;
4. Körpertyp: stark gebauter Athlet;
5. Art des Trainings: Intervall.

Das maximale Niveau der anaeroben Kraft, das der Karateka zu erreichen vermag, hängt von vielfältigen lokalen Komponenten ab, die von den Struktureigenschaften der Muskelzellen und den Energiereserven[1] bestimmt werden. Im allgemeinen kann gesagt werden, daß eine Übung, die weniger als anderthalb Minuten andauert, die für die Muskelkontraktion notwendige Energie von lokalen Speichern abzieht. Anaerobe Aktivitäten sind notwendigerweise nur von kurzer Dauer, da die Höhe der Energiesubstanz, die in den menschlichen Muskelzellen gespeichert werden kann, begrenzt ist. Da energiefreisetzende Prozesse dieser Art keinen größeren Bedarf an Sauerstoff haben (also keine Belastung für das Sauerstoff-Transportsystem darstellen), werden diese als anaerober Stoffwechsel bezeichnet.

Ein gut geplantes Karatetraining wird die Verbesserung der anaeroben Leistungsfähigkeit zur Folge haben, und zwar durch Steigerung der verfügbaren Energiereserven. Dies kann durch ein Training erreicht werden, bei dem die Techniken unter maximalem Widerstand mit der größtmöglichen Geschwindigkeit in der kürzesten Zeitperiode ausgeführt werden.

Ein bequemer, inaktiver Lebensstil führt zu einer Verkümmerung der Muskeln. Nach ein paar Trainingsmonaten wird sich jedoch nach und nach ein Wachstum der Skelettmuskulatur einstellen. Es muß bedacht werden, daß sowohl Aufbau als auch Abbau allmählich fortschreitende Prozesse darstellen. Man kann nicht erwarten, innerhalb von zwei Wochen Kondition zu entwickeln, wenn man über Monate oder gar Jahre körperlich inaktiv war.

Ein auf die Verbesserung der anaeroben Leistungsfähigkeit gerichtetes Training kann alle Karatetechniken einschließen, die mit maximaler oder submaximaler Belastung ausgeführt werden. Ein derartiges Training verursacht jedoch eine frühzeitige Erschöpfung bzw. Müdigkeit, wodurch die Trainingszeit auf ein paar Minuten begrenzt wird. Durch ein richtig organisiertes Training kann ein hohes Konditionsniveau in drei bis sechs Monaten erreicht werden. Wenn dann eine maximale anaerobe Leistungsfähigkeit erreicht ist, bedarf es nur 15 oder 20 Minuten täglichen Trainings, um diese zu erhalten.

Bei der *aeroben Muskelkontraktion* wird eine langzeitige, submaximale Arbeitsbelastung auf die Skelettmuskulatur ausgeübt. Bei dieser Art der Belastung ist der Einsatz von Sauerstoff ein bedeutender Faktor im Stoffwechselprozeß. Es leuchtet ein, daß eine über längere Zeitdauer stattfindende Belastung zu einer schweren Beanspruchung des Herz- und Atmungssystems führt, da gerade dieses System für eine ausreichende Sauerstoffzufuhr sorgt

[1] Energiereserven werden dadurch aufgebaut, daß Adenosintriphosphate (ATP), Elektrolyte, Kohlenhydrate, Aktin, Myosin, Fett, Enzyme, Vitamine usw. gespeichert werden.

und Kohlendioxid entfernt, damit der Säuren-Basen-Haushalt des Körpers konstant bleibt. Aerobe Leistungen setzen bereits nach eineinhalb Minuten ein und können stundenlang durchgehalten werden.

Die wesentlichen Faktoren bei aerober Muskeltätigkeit sind:

1. genetische Anlagen;
2. Anteil der Mitochondrien in den Muskelzellen;
3. kardiovaskuläres System: Blutmenge, Herztätigkeit, peripherer Kreislauf usw.
4. das Atmungssystem: Vitalkapazität, Gasaustausch, Atemminutenvolumen usw.

Unterstützende Faktoren im Hinblick auf die Steigerung der aeroben Leistungsfähigkeit sind:

1. Zentrales und peripheres Nervensystem;
2. psychologische Faktoren: Motivation;
3. Körpertyp: leicht gebauter Athlet;
4. Trainingsart: ausdauernd;
5. Umgebung: Luftdruck, Temperatur, verfügbarer Sauerstoff.

Die komplizierte Folge der chemischen Reaktionen beim aeroben Stoffwechsel geschieht in der Matrix der Zellstruktur, den Mitochondrien (gr. chondros = Körnchen). Diese sehr kleinen, aus Eiweiß und Lipoiden bestehenden Körnchen im Zellplasma haben eine wesentliche Bedeutung für die Zellatmung und für den Zellstoffwechsel. Der entscheidende Faktor im Hinblick auf die Verbesserung der aeroben Ausdauer ist die Vermehrung dieser Mitochondrien in den Muskelzellen. Während der Monate oder Jahre des dafür erforderlichen Trainings erfolgt eine Verfeinerung aller Komponenten des aeroben Stoffwechsels zur wirkungsvollen Nutzung der Energiereserven.

Die Endprodukte dieser chemischen Verbrennung sind Wasser, Kohlendioxid und, was am bedeutendsten ist, ein großer Anteil freiwerdender Energie. Wird eine energiereiche Bindung aufgelöst, so wird Energie freigesetzt, die dann einem Muskel erlaubt, sich zusammenzuziehen. Beinahe 50 Prozent wird für die tatsächliche Muskelkontraktion verwendet, und damit für die Aufrechterhaltung der jeweiligen Aktivität in der aeroben Arbeitsphase. Die dann übrigbleibende Energie zeigt sich in einem Ansteigen der Körpertemperatur. Bei aeroben Übungen sind Schweiß- und Gewichtsverlust ein Teil jeder Übungsstunde. Die Ausscheidung von Wasser und anderen Abfallprodukten eines intensiven aeroben Stoffwechsels geschieht nach Beendigung des Trainings durch das Harnsystem.

Ein gut vorbereitetes Karatetraining legt die Betonung auf beide Arten der Muskelaktivität.

Untersuchungen zum Karatetraining

Erfahrungen und Erkenntnisse aus verschiedenen Sportarten sowie anderen organisierten physischen Aktivitäten haben gezeigt, daß es zentrale Unterschiede bezüglich der körperlichen Reaktionen zwischen trainierten Sportlern und den durchschnittlichen nicht-aktiven, aber gesunden Menschen gibt. Diese Unterschiede betreffen das kardiovaskuläre System, die Atmung, Muskulatur und andere anatomische und physiologische Eigenschaften.

Trotz ihrer langen Geschichte wurden die physiologischen und konditionellen Aspekte des Karatetrainings weniger untersucht als die vieler anderer Sportarten, wie zum Beispiel Fußball. Unsere Untersuchungen über einen Zeitraum von sechs Jahren in den Labors für angewandte Physiologie des

Brooklyn Centers der Long Island Universität hatten unter anderem folgende Zielsetzungen:

1. Karate gemäß solcher Faktoren zu bewerten, die im Hinblick auf die Kondition wichtig sind, und
2. die Zeit zu ermitteln, die zur Durchführung einer Kata benötigt wird, was deshalb bedeutsam ist, weil diese den Bewegungsryhthmus – das Wesen einer Kata – bestimmt.

Diese Untersuchung wurde durch die Überwachung der Reaktionen der Körpersysteme vor, während und nach der Kata vorgenommen. Elektrokardiogramme, also die Aufzeichnung der Aktionsströme bzw. Aktionsstromspannungen des Herzens, wurden durchgeführt. Aufgezeichnet wurden auch noch Blutdruck, Herzfrequenz, Atemfrequenz, Minutenvolumen, Atemvolumen und die zur Durchführung einer Kata benötigte Zeit. (Siehe auch Anhang A: Begriffsbestimmungen und Überwachungsgeräte.)

Die untersuchten Katas waren sowohl aus der Shorei- als auch aus der Shorin-Gruppe. Als repräsentativ wurden aus diesen beiden Gruppen Bassai Dai und Hangetsu ausgewählt. (Es wurden aber auch andere Katas untersucht.) Eine Gruppe von 100 Karateka im Alter von 18 bis 45 Jahren nahm teil. Die Sportler hatten im Durchschnitt vier Jahre Karaterfahrung, waren 171 cm groß und wogen 71 kg. Zur Auswahl und als vorbeugende Gesundheitsmaßnahme wurde eine medizinische Untersuchung mit einem Ruhe-EKG und einer Lungenfunktionsprüfung (mit einem Spirometer) durchgeführt, und zwar an allen potentiellen Probanden, wodurch alle diejenigen mit ungewöhnlicher Herz-Atmungs-Verfassung ausgeschlossen wurden.

Kardiovaskuläres System

Es ist eine allseitsbekannte Tatsache, daß das trainierte Herz eines leistungsfähigen Athleten größer und weitaus kräftiger ist und eine größere Blutmenge pro Schlag zu pumpen vermag als ein untrainiertes Herz. Als Ergebnis einer höheren Pumpeffizienz kann festgestellt werden, daß das trainierte Herz nicht so schnell schlagen muß (weder im Ruhezustand noch während einer Übung). Die Herzfrequenz eines trainierten Sportlers ist 20 bis 40 Schläge pro Minute niedriger als die eines Nicht-Sportlers, und somit hat es zwischen den einzelnen Herzschlägen mehr Zeit, um sich zu erholen.

Daten im Hinblick auf die Herzfrequenz im Ruhezustand liegen reichlich vor und bilden den übereinstimmenden Bezugsrahmen der meisten physiologischen Untersuchungen. Unsere Befunde ergeben eine Herzfrequenz für den durchschnittlich trainierten Karatesportler von 75 Schlägen im Ruhezustand.

Die Höhe der Herzfrequenz ist ein wesentlicher Bestimmungsfaktor dafür, ob eine Arbeitsbelastung ausreichend ist, um einen langfristigen Wandel der körperlichen Kondition zu bewirken. Die Erfahrungen anderer Forscher haben gezeigt, daß eine Arbeitsbelastung, die die Herzfrequenz in einem Bereich zwischen 120 und 140 Schlägen pro Minute anstrebt, als Trainingsreiz dienen kann, wenn das Training 40 bis 90 Minuten andauert und drei- oder mehrmals in der Woche wiederholt wird.

Die für diese Hypothese ausschlaggebenden Gründe betreffen die Blutmenge, die das Herz bei jeder Kontraktion durch das Kreislaufsystem treibt (»Schlagvolumen«). Der Durchschnitt der ausgestoßenen Blutmenge beträgt gewöhnlich etwa 60 bis 70 Milliliter. Während der Arbeitsbelastung erhöht sich das Schlagvolumen, bis es sein Maximum erreicht, entsprechend einer Herzfrequenz im Bereich von 120 bis 140 Schlägen pro Minute. Ein weiteres Ansteigen der Herzfrequenz vermag das Schlagvolumen nicht zu beeinflussen. Daraus resultiert die Auffassung, daß, wenn die bestimmte Art von Belastung nutzbringend sein soll, sie das Herz bis zum maximalen Schlagvolumen stimulieren und dieses längere Zeit aufrechterhalten werden muß.

Aus Abb. 6 wird deutlich, daß die durchschnitliche Herzfrequenz während der Ausführung der Kata Bassai Dai 168 Schläge, die während der Kata Hangetsu 155 Schläge betrug. Diese durch die Kata erzielten Herzfrequenzen liegen höher als die früher erwähnten Werte, von denen angenommen wurde, daß sie zur Erreichung eines maximalen Schlagvolumens notwendig seien. Eine Schlußfolgerung unserer Untersuchung war die, daß beide Kata, so wie sie ausgeführt wurden, eine ausreichende Arbeitsbelastung darstellen, um die Herzfrequenz über die für eine positive kardiovaskuläre Reaktion erforderliche Schwelle zu heben.

Mit zunehmendem Alter nimmt das maximale Schlagvolumen ab. Wenn der Sportler – unabhängig vom Lebensalter – das maximale Schlagvolumen für einen Zeitraum von 30 Minuten oder mehr hält und dreimal in der Woche trainiert, wird sich nach ein paar Jahren intensiven Trainings das Herz anatomisch und funktionell anpassen.

6. Herzfrequenz während einer Kata

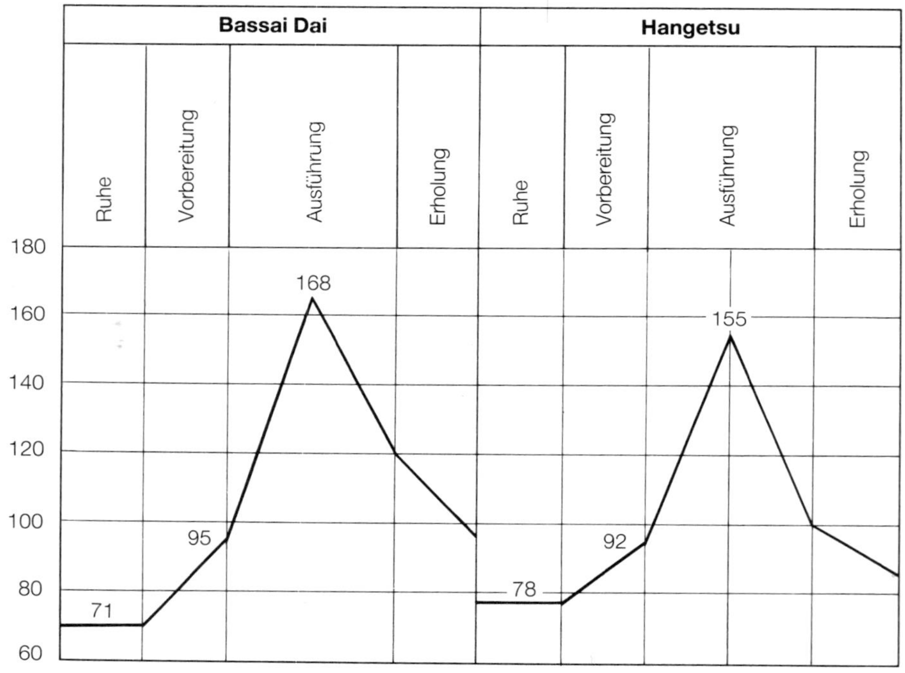

Der Blutdruck wurde vor und nach jeder Kata gemessen. Das Messen des Blutdrucks ist ein einfacher diagnostischer Test und ein guter Indikator für die Elastizität der Blutgefäße in Reaktion auf die Pumpaktivität des Herzens. Der Blutdruck – sowohl systolisch als auch diastolisch – neigt mit dem Alter zur Erhöhung, wobei der systolische Blutdruck stärker ansteigt als der diastolische. Innerhalb jeder Altersgruppe werden Personen mit einem gesünderen kardiovaskulären System (entweder ererbt oder konditionsbedingt) einen niedrigeren systolischen und diastolischen Blutdruck besitzen. (Der Blutdruck vor und nach Bassai Dai und Hangetsu ist in Abb. 7 angegeben.)

7. Herzfrequenz und Blutdruck während einer Kata

Kata	Anzahl der Probanden 1978	Herzfrequenz			Zeit in Sekunden 1978	Blutdruck (mm Hg)	
		Ruhe	Vorbe-reitung	Aus-führung		vor der Kata	nach der Kata
Heian 1	50	68	92	152	35	130/74	172/74
Heian 2	50	68	91	155	36	130/73	168/74
Heian 3	50	67	91	147	35	130/73	161/72
Heian 4	50	67	92	153	44	130/72	172/70
Heian 5	50	67	94	153	38	138/73	165/72
Bassai Dai	100	71	95	168	59	135/80	165/86
Empi	50	69	110	161	49	138/78	181/77
Tekki 1	50	78	115	156	35	140/77	170/76
Hangetsu	100	78	92	155	69	133/80	155/83
Jion	50	77	104	156	60	144/75	177/72

Shorin Kata: Heian, Bassai, Empi
Shorei Kata: Tekki, Hangetsu, Jion

Die Erhöhung des Blutdrucks während der Kata ist die normale kardiovaskuläre Reaktion auf physischen und emotionalen Streß. Parallel zur größeren Auswirkung auf die Herzfrequenz bewirkt Bassai Dai auch eine größere Veränderung des Blutdrucks als die Kata Hangetsu. Eine andere Schlußfolgerung aus unserer Untersuchung war die, daß beide Katas den Blutdruck erhöhen und das kardiovaskuläre System mehr als ausreichend anregen, um Konditionseffekte zu erzielen.

Ein bedeutender Indikator für eine gute Anpassung des Körpers an Streß ist die Fähigkeit, sich nach Beendigung der Übung schnell zu erholen. Dies kann mit Hilfe der EKGs während der ersten und zweiten Minute nach der Übung festgestellt werden. Eine etwas schnellere Erholung wird bei der Hangetsu Kata beobachtet, bei der nach zwei Minuten des Ausruhens die Herzfrequenz auf 88 Schläge pro Minute fällt (Abb. 6). Die Verminderung der Herzfrequenz nach Bassai Dai ist weniger deutlich (nach zwei Minuten 95 Schläge pro Minute).

Abb. 7 zeigt die verschiedenen Herzfrequenzen und Blutdruckwerte für die Shorei und Shorin-Kata. Neben den oben gemachten Beobachtungen sollten auch die Auswirkungen des »Vorbereitungsfiebers« festgehalten werden. Es ist deutlich, daß der Blutdruck vor einer Übung leicht erhöht ist (für diese Altersgruppe von Karatesportlern). Die Erregung vor Beginn beeinflußt nicht nur den Blutdruck, sondern auch die Herzfrequenz. Diese Erregungsspannung sollte die Körperfunktionen soweit anheben, daß die Ausführung unterstützt wird, aber nicht derart, daß der Körper überstimuliert wird und dadurch ein negativer Stoffwechseleffekt eintritt, der eine vorzeitige Ermüdung nach sich zieht. Eine optimale Körperreaktion kann durch Erfahrung entwickelt werden.

Das Atmungssystem

Die größte Veränderung im Atmungssystem findet normalerweise während der ersten Lebensjahre statt. Die Lunge entwickelt sich von einem kleinen Organ mit recht geringer Kapazität im frühesten Alter sowohl anatomisch als auch funktional. Die funktionelle Lungenkapazität eines 15jährigen unterscheidet sich nicht stark von der einer Person im 20. oder 30. Lebensjahr, ist aber sehr viel größer als die eines vier- oder fünfjährigen Kindes. Die Vergrößerung der Lungenkapazität rührt nicht nur von der Entwicklung des Lungengewebes her, sondern auch von der Veränderung der Skelettmuskulatur. Diese beeinflußt die Größe der Brusthöhle und damit auch das Wachstum der Lungen.

Training ist nützlich hinsichtlich der Erzeugung einer weiteren Veränderung der Lungeneigenschaften, und zwar durch ihre Auswirkungen auf die Skelettmuskulatur. Das Ergebnis unserer Untersuchungen der körperlichen Verfassung mit verschiedenen Gruppen von Athleten zeigt eine Vermehrung in der Vitalkapazität von 400 bis 600 ml (= Milliliter) nach sechs bis acht Monaten Training. Eine große Vitalkapazität und optimale Funktion des Atmungssystems sind wesentliche Faktoren für hervorragende sportliche Leistungen.

Wie das Atmungssystem auf physischen Streß während der Durchführung einer Kata reagiert, ist wichtig, da dieses die zweite Hauptkomponente für den Sauerstofftransport darstellt. Abb. 10 zeigt die Atemfrequenz für die Kata Bassai Dai und Hangetsu. Das mittlere Atemvolumen für diese Kata wird in Abb. 8 dargestellt. Die Zunahme des Atemvolumens während der Übung resultiert aus einer Veränderung im Stoffwechselsystem, das die Atmung anregt.

8. Atemvolumen

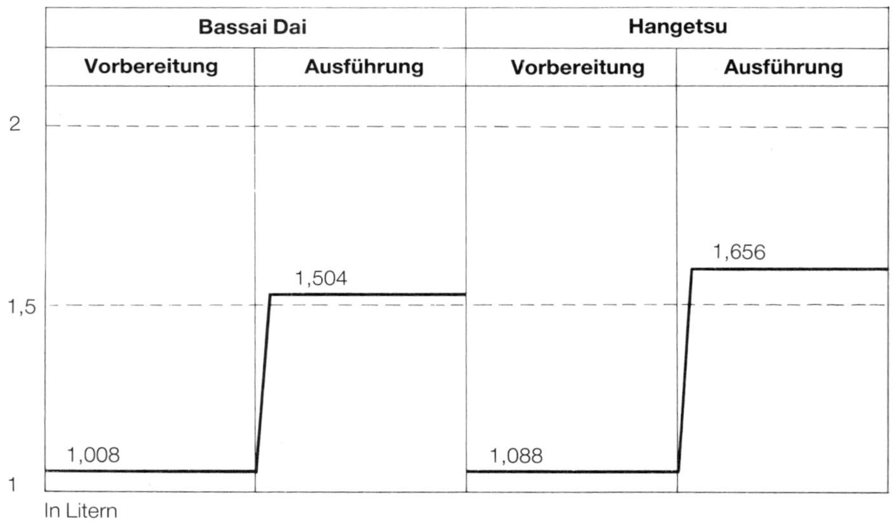

Von jedem Atemvolumen (in Ruhe oder bei der Ausführung) geht eine konstante Luftmenge verloren, weil diese gebraucht wird, um die Luftwege des Atmungssystems zu füllen, und nicht, um am aktiven Gasaustausch teilzunehmen. Man nennt dieses Volumen deshalb auch Totraumvolumen. Dieser anatomische Totraum bleibt konstant, sowohl während einer Krankheit als auch im gesunden Zustand. Berücksichtigt man dies, kann man leicht verstehen, daß mit einer Zunahme der Atemfrequenz auch das Volumen der nicht nutzbaren Luft zunimmt. Zum Beispiel werden bei 10 Atemzügen pro Minute 1500 bis 1800 Milliliter Totraumvolumen entstehen; bei 20 Atemzügen 3000 bis 3600 Milliliter. Vor diesem Hintergrund wird auch die Bedeutung der langsamen und tiefen Atmung ersichtlich.

Schnelle, flache Atmung führt zu einem großen Anteil nicht nutzbarer Luft und erschöpft den für ein schnelles Erholen erforderlichen Sauerstoff.

Einige Katas – wie Hangetsu – erfordern kontrollierte Atmung während der Ausführung; der Atemrhythmus muß genau mit der Ausführung der Techniken übereinstimmen. Jeder Sportler sollte wissen, daß nach Beendigung der Kata die Atmung wieder zum natürlichen, automatischen Rhythmus – ohne bewußte Kontrolle – zurückkehren muß. Der Luftaustausch im Ruhezustand und bei verschiedenen Übungsarten, bei denen keine kontrollierte Atmung erforderlich ist, wird durch das Niveau der Stoffwechselprozesse reguliert. Je kraftvoller die Übung, desto mehr Luft wird benötigt. Es ist wünschenswert und als sehr hilfreich anzusehen, während der Erholungsphase von Zeit zu Zeit zwei oder drei tiefe Atemzüge zu nehmen.

Die Menge der Luft, die pro Minute in die bzw. aus den Lungen befördert wird, stellt das Atemminutenvolumen dar. (Siehe Abb. 9 für Bassai Dai und Hangetsu.)

9. Minutenvolumen

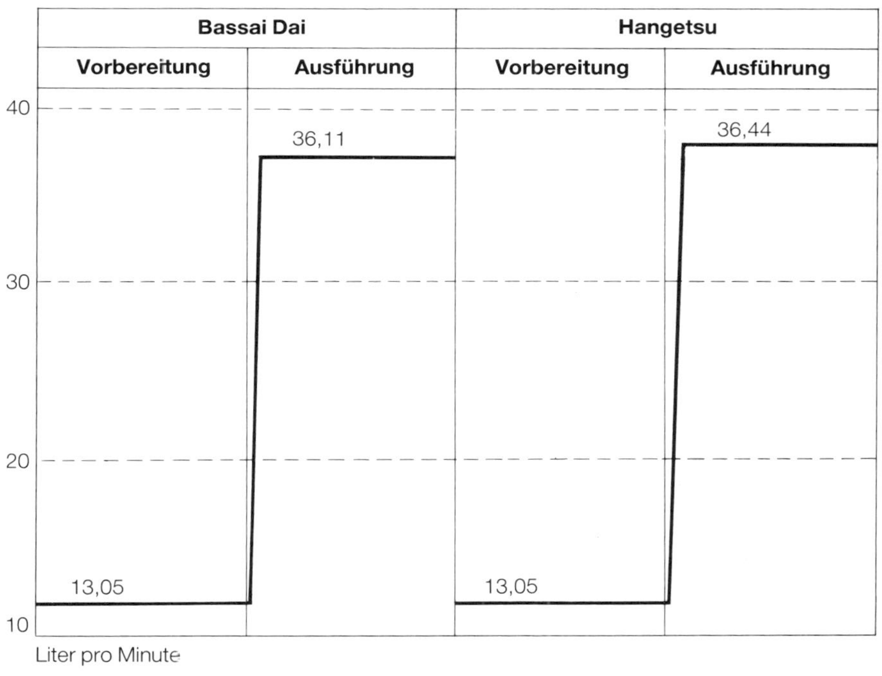

Abb. 10 zeigt die Atemfrequenz und das Atemvolumen vor und nach den Shorin und Shorei Kata. Aus den Erkenntnissen anderer Sportarten ist zu erwarten, daß die Luftmenge bei jedem Ein- und Ausatmen (Atemvolumen) während der Belastung erheblich größer ausfallen wird, als es in der Ruheposition der Fall ist. Daß unsere Ergebnisse kein merklich größeres Volumen aufweisen, kann durch die Tatsache erklärt werden, daß unsere Probanden nicht hinreichend in der Lage waren, Karatefertigkeiten und Atmung zu koordinieren. Falsche Atmung ist ein großes Problem des Karatetrainings.

10. Atemfrequenz und Ventilation während der Kata

Kata	Anzahl der Probanden 1978	Vor Ausführung der Kata			Ausführung		
		Atemfrequenz (pro Minute)	Atemvolumen (in Litern)	Volumen pro Minute (in Litern)	Atemfrequenz (pro Kata)	Atemvolumen (in Litern)	Gesamtvolumen (in Litern)
Heian 1	50	14	1.058	14.812	13	1.448	19.346
Heian 2	50	15	1.087	16.306	13	1.499	19.493
Heian 3	50	14	1.115	15.616	12	1.642	19.710
Heian 4	50	14	1.030	14.420	18	1.264	22.765
Heian 5	50	14	1.137	15.922	15	1.385	20.788
Bassai Dai	100	12	1.088	13.056	24	1.504	36.112
Empi	50	17	0.811	13.802	30	1.163	34.915
Tekki 1	50	14	1.060	14.843	13	1.438	18.694
Hangetsu	100	12	1.088	13.056	22	1.656	36.444
Jion	50	13	1.250	16.256	33	1.213	40.052

Shorin Kata: Heian, Bassai, Empi
Shorei Kata: Tekki, Hangetsu, Jion

Timing der Kata

Gichin Funakoshi prophezeite im Jahre 1935 in seinem Buch *Karate-dō Kyōhan*, daß sich mit dem Wandel des Karate von einer Kampfkunst zu einer Sportart eine Verminderung des Zeittempos bei der Ausführung einer Kata bei gleichzeitiger Steigerung des Rhythmus ergeben würde. Zwischen 1935 und 1966, als Masatoshi Nakayama das Buch »*Dynamic Karate*« veröffentlichte, war eine solche Verkürzung der Zeitdauer bei Kata-Vorführungen deutlich sichtbar. Mit Nakayamas neuer Publikation im Jahre 1977, »*Best Karate 1: Comprehensive*«[1], konnte eine weitere Reduktion der empfohlenen Zeiten festgestellt werden.

In unseren Untersuchungen überprüften wir die Anzahl der Bewegungen und nahmen die Zeit der Kata (sowohl für die Shorei- wie auch für die Shorin-Gruppen). Abb. 11 gibt die Anzahl der Bewegungen und die gemessenen Zeiten wieder, die im Rahmen der Untersuchung erreicht wurden, ebenso die Zeitempfehlungen von Funakoshi und Nakayama. Obgleich es Ausnahmen gab, lagen fast alle Zeiten, in denen die Kata absolviert wurden, unter denen, die in den Empfehlungen vorgegeben waren. Wir sind der Auffassung, daß Karate als ein Sport den Punkt erreicht hat, an dem eine Festlegung der optimalen Zeit für jede Kata vorgenommen werden sollte.

[1] (»Nakayamas Karate Perfekt 1: Einführung«, Falken-Verlag)

11. Kata-Zeiten

Kata	Anzahl der Bewegungen Funakoshi 1935	Zeit (in Sekunden)				Anzahl der Probanden
		Funakoshi	Nakayama		Okazaki/ Stricevic	
		1935	1955	1977	1978	1978
Heian 1	21	60	45	40	35	50
Heian 2	26	60	45	40	36	50
Heian 3	23	60	45	40	35	50
Heian 4	27	60	60	50	44	50
Heian 5	25	60	——	50	38	65
Bassai Dai	42	60	——	60	59	100
Kankū	65	120	——	90	——	——
Empi	37	60	——	60	49	50
Gankaku	42	60	——	60	——	——
Tekki 1	29	60	45	50	35	50
Tekki 2	26	60	——	50	——	——
Tekki 3	36	60	——	50	——	——
Hangetsu	41	60	——	60	69	100
Jitte	24	60	——	60	——	——
Jion	47	90	——	60	60	50

Shorin Kata: Heian, Bassai, Kankū, Empi, Gankaku
Shorei Kata: Tekki, Hangetsu, Jitte, Jion

Training

Entwicklung der Leistungsfähigkeit

Die Entwicklung der Karatefertigkeiten und die Erhöhung der Leistungsfähigkeit sind das Ergebnis vieler Jahre der Praxis und eines richtigen Trainings. Diejenigen, die kein Karate trainieren, erreichen im Alter zwischen 20 und 30 Jahren ihre maximale Leistungsfähigkeit (vgl. Abb. 12). Karatesportler dagegen machen anfänglich einen großen Sprung in ihrer Leistungsfähigkeit. Nach vier oder fünf Jahren des Fortschritts im Karate werden dann meist die Fertigkeiten auf einem bestimmten Niveau einpendeln. Viele Karatesportler geben in diesem Stadium auf. Dies ist jedoch eine entscheidende Zeit für jeden Karatesportler. In diesem Stadium sollte jeder Sportler damit beginnen, Karate für sich selbst zu studieren, um das reguläre Training, wie es durch den Lehrer oder Trainer vermittelt wird, zu ergänzen und zu vervollständigen. Gerade in dieser Zeit, wenn viele Trainingsjahre erstmals auf die Probe gestellt werden, setzt ein Verständnis der eigentlichen Bedeutung des Karate ein. Obgleich spätere Fortschritte langsamer vonstatten gehen, sind sie doch weitaus bedeutungsvoller. Karatebewegungen erfordern Flexibilität, Schnelligkeit, Stärke und Ausdauer. Eine nicht-aktive Person erreicht normalerweise ihre maximale Leistungsfähigkeit im Rahmen unterschiedlicher Altersstufen. Danach beginnt sie abzufallen. Dies ist in Abb. 13 dargestellt. Diese Leistungseigenschaften

12. Alter und Grad der Leistungsfähigkeit

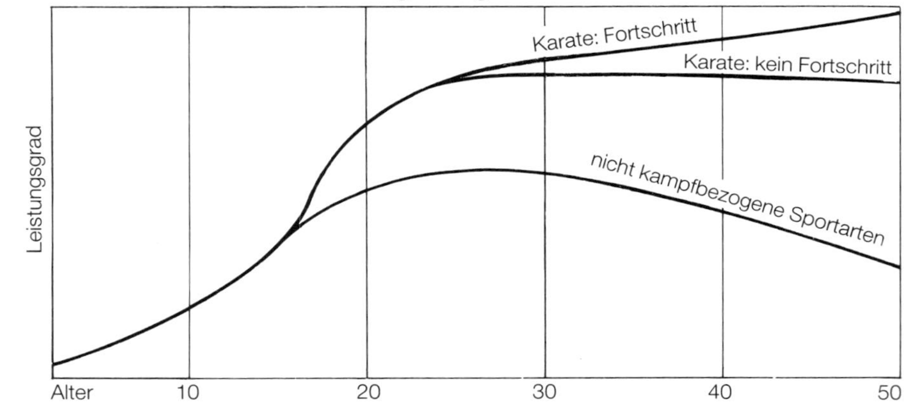

13. Alter, Leistungsfähigkeit und Karatetraining

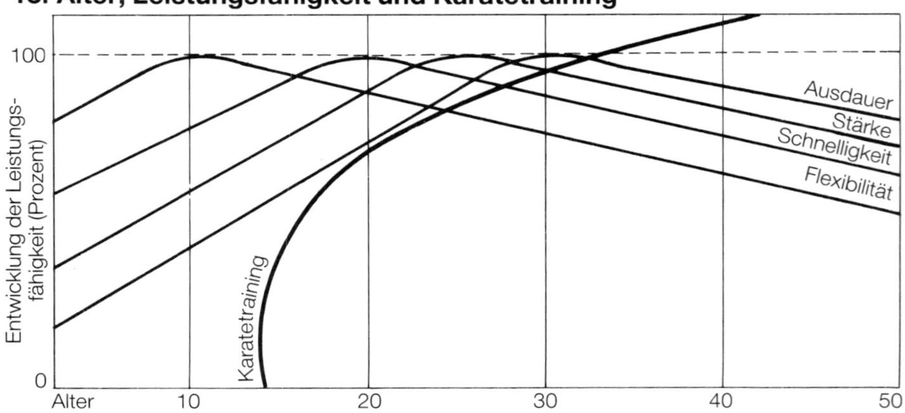

können durch Training in einem früheren Alter als bei nicht-aktiven Personen erworben werden, und mit der geeigneten Aufbauarbeit ist es dann möglich, ein hohes Leistungsniveau für längere Zeiträume aufrechtzuerhalten. (Diese Regel gilt nicht nur für Karate, sondern gleichermaßen auch für andere Sportarten.)

Der fertigkeitsbezogene Fortschritt im Bereich des Karate steigert die Flexibilität, Schnelligkeit und Ausdauer: Dies wird sehr deutlich im Anfangsstadium des Trainings. Wenn sich das Können entwickelt und vertieft, wird es begleitet durch eine Zunahme von Geschicklichkeit und Erfahrung. Aber diese Phase verläuft eher langsam. Danach kommt eine Trainingsphase, in der eine Leistungssteigerung nur graduell möglich ist, aber ein Fortschritt in Form eines tieferen und differenzierteren Verstehens der einstudierten Techniken stattfindet. Diese beiden Faktoren – Können und Leistungsfähigkeit – werden sich kontinuierlich gegenseitig beeinflussen. Dies ist die günstigste Zeit, in der reife Karateka die Fähigkeit ausbilden, auch gegen jüngere, beweglichere Gegner zu kämpfen. Die physischen Aspekte, die sehr früh beim Training betont werden, dienen in erster Linie dazu, Kenntnisse des physischen Leistungsvermögens aufzubauen; im wesentlichen aber muß die Kraft dieses Wissens als Schlüssel für den weiteren Fortschritt begriffen werden. Die fähigsten Karatesportler sind diejenigen, die erkannt haben, daß, obgleich die Entwicklung der physischen Kraft und Leistungsfähigkeit notwendig ist, die Entwicklung eines umfassenden Wissens über das Karate eine überragende Bedeutung besitzt. Mit anderen Worten: Wissen über Karate – durch richtiges Training erworben – bedeutet ein ständiges Voranschreiten.

Drei Lernregeln, die der Verbesserung der Karatetechniken dienen:

1. Wiederholung derjenigen Bewegungen, durch die Karatefertigkeiten gelernt werden.

2. Die Aneignung von fließenden Bewegungen erfordert eine gewisse Zeit. Ähnlich wie bei geistigem Wissen, benötigen motorische Leistungen und die damit verbundenen mechanischen Abläufe eine bestimmte Zeit, um Teil des Langzeit-Gedächtnisses zu werden.

3. Es sollte mehr Betonung auf die korrekte Ausführung der Techniken gelegt werden als auf die maximale Anwendung von Geschwindigkeit und Kraft. Letztere werden sich während des Trainings allmählich verbessern.

Karatefertigkeiten sollten in drei Stufen eingeübt werden:

1. In der ersten Stufe ist das elementare Erlernen der Techniken abgeschlossen, wenn der Karateka die Komponenten dieser Techniken kennt und bereit für weiteres Training und weitere Verbesserungen ist.

2. Die zweite Stufe erfordert Monate des Einübens der Techniken, wobei die vorgeschlagenen Richtungen des Karategramms der Grundrichtungen die Basis bilden (siehe Seite 90).

3. In der dritten Stufe werden komplexere Bewegungen gemeistert. Der Karateka tritt in dieses abschließende Trainingsstadium ein (bevor die tatsächliche Anwendung der Techniken erfolgt), indem er die empfohlenen Richtungen im Karategramm der fortgeschrittenen Richtungen ausgiebig trainiert (siehe Seite 91).

Ausdauer- und Nicht-Ausdauersport

Sportaktivitäten werden eingeteilt auf der Grundlage der biomechanischen Reaktionsarten, die dabei vorherrschen (gewöhnlich während des Wettkampfes, nicht während des Trainings), und zwar als Ausdauer- und als Nicht-Ausdauersportarten. Erstere basieren auf langen Perioden der kontinuierlichen

Belastung bei einem submaximalen Leistungsniveau; sie besitzen deshalb alle Eigenschaften der aeroben Belastung. Ausdauersportarten sind zum Beispiel Marathon und Skilanglauf. Nicht-ausdauerbezogene Sportarten sind gekennzeichnet durch Muskelaktivitäten, die mit maximaler Intensität für eine kurze Zeit ausgeführt werden. Sie enthalten deshalb die Merkmale der anaeroben Belastung. Beispiele dafür sind Gymnastik, Gewichtheben und 100 m-Lauf.

Auf der Wettkampfebene kann Karate in die nicht-ausdauerorientierte Gruppe eingeteilt werden, aber im Hinblick auf das Training ist daran zu erinnern, daß beide Arten der Muskelaktivität trainiert werden sollten, um dem Sportler eine maximale Kondition zu geben. Wird Karate allein als eine Art von Fitness- und Gesundheitstraining ausgeübt, dann sollten dabei 70 bis 80 Prozent als Ausdauertraining angelegt sein. Heute werden immer weniger reine anaerobe Trainingsarten verwendet, was aus dem niedrigeren allgemeinen gesundheitlichen Nutzen dieser Art von Belastung herrührt.

Intervall- und Dauertrainingsmethoden

Abhängig von der Dauer und dem Umfang der Übung, die für den Konditionsprozeß eine wesentliche Rolle spielen, kann Karate entweder als Intervall- oder Dauertraining konzipiert sein. Letzteres besteht aus Übungsabläufen, bei denen die Arbeitsbelastung konstant bleibt. Auch gibt es keine wesentlichen Veränderungen des Tempos während der Übungsstunde. In diesem Buch wird die Betonung auf das Intervalltraining gelegt, weil unsere diesbezüglichen Erfahrungen gezeigt haben, daß es dabei weniger Probleme, größere Bereitschaft beim Großteil der Karateka und höhere Sicherheit gibt. Diese Trainingsart verbessert ausgezeichnet sowohl das anaerobe als auch das aerobe Leistungsvermögen.

Beim Intervalltraining werden wechselnde Belastungsabschnitte unterschiedlicher Intensitätsgrade absolviert. Die Belastung erfolgt abwechselnd und wirkt auf die Skelettmuskulatur und das Herz-Atmungs-System. Die Anerkennung dieser Trainingsmethode – eines Produktes des 20. Jahrhunderts – bezeugt deren Effizienz. Das Intervalltraining kann zweifellos als Hauptfaktor für die enorme Anzahl sportlicher Rekorde, die in den verschiedenen Sportarten aufgestellt wurden, angesehen werden. Bei den Olympischen Spielen 1948 und 1952 gelang es Emil Zatopek aus der Tschechoslowakei, eine Reihe nationaler und Weltrekorde zu brechen. Er benutzte das Intervalltraining, um sich auf den Wettkampf vorzubereiten, was dieser Methode daraufhin große Resonanz und Publizität einbrachte. In den Jahren danach wurden viele Erweiterungen und Veränderungen vorgenommen, und es gibt gegenwärtig eine Reihe von verschiedenen Arten des Intervalltrainings, die mit unterschiedlichem Erfolg angewandt werden.

Während der letzten Jahre haben wir im Brooklyn Center der Long Island Universität und in verschiedenen Trainingslagern des internationalen Shotokan-Karate-Verbandes eine spezielle Art des Intervalltrainings untersucht. Hauptpunkte: Die Dauer einer einfachen Trainingseinheit kann 40 bis 90 Minuten betragen. Der Sportler ist dazu angehalten, ständig zwischen zwei unterschiedlichen Belastungsarten zu wechseln: der skelettmuskulären und der kardio-respiratorischen (Herz/Atmung) Arbeit. Eine intensive, auf die Sklelettmuskulatur bezogene Belastung zeigt sich ganz deutlich in den körperlichen Aktivitäten, wie Schlagen, Treten und Abwehren. Wir bezeichnen diese Belastungsintervalle als skelettmuskuläre Arbeit oder SMA. Die Zwischenintervalle zwischen SMA sind von niedriger Intensität, jedoch nicht durch völlige Ruhe der Skelettmuskulatur gekennzeichnet. Ferner kommt es zu schwerem Atmen und einer erhöhten Herzfrequenz. Das kardio-respiratorische System führt während dieses Zeitabschnittes die meiste Arbeit aus, deshalb bezeichneten wir dieses Intervall als kardio-respiratorische Arbeit oder KRA.

Optimale Ergebnisse für das Intervalltraining beim Karate können nur dann erreicht werden, wenn beide Phasen mit Rücksicht auf Dauer, Intensität und Häufigkeit genau gesteuert werden. In unserem Karatetraining reichen die SMA-Intervalle von 30 Sekunden bis vier Minuten. KRA-Abschnitte dauern von einer bis zu drei Minuten. Diese Zeiten, die mit den Befunden vieler vergleichender Untersuchungen in anderen Sportarten übereinstimmen, stellen kritische Werte dar. Intervalle kleinerer oder größerer Dauer können hinsichtlich der Trainingsziele ohne Wirkung sein. Die geeignete Zeitdauer für jede Arbeitsphase und das günstigste Verhältnis zwischen SMA und KRA sind, ebenso wie die Gesamtzahl der Intervalle in jeder Trainingseinheit, auf das Alter des Sportlers, sein Gewicht, seine physische Kondition und allgemeine Gesundheit abgestimmt.

Trainingsprogramm

Kenntnisse der physischen Grenzen in bezug auf das Alter und die allgemeine Gesundheit sind entscheidend bei der Einschätzung der Belastungskomponenten und deren Anwendungsintensität. Ein geeignetes Trainingsprogramm ist das, welches den Sportler auf Karatewettkämpfe vorbereitet (mit einer Dauer von zwei Minuten oder mehr) wie auch auf Turniere, bei denen die Wiederholung von Einzelkämpfen die Regel darstellt und ein hohes Niveau der physischen Kondition und Ausdauer erfordert.

Verschiedene Komponenten des Karate – entweder Grundtechniken oder Kata – können als Arbeitsbelastung für das Intervalltraining verwendet werden. Im Rahmen des vorgeschriebenen und gewissenhaften Trainings kann der größte Nutzen dadurch erzielt werden, daß die Sportler in homogene Gruppen eingeteilt werden. Dies muß auf der Grundlage ihrer physiologischen Merkmale und ihres Fertigkeitsstandes vorgenommen werden. Wir haben unsere Studenten in vier Gruppen eingeteilt:

Gruppe 1 schließt alle Anfänger ein, die unter 15 Jahre und in guter gesundheitlicher Verfassung sind.

Gruppe 2 umfaßt alle Anfänger mit guter gesundheitlicher Verfassung im Alter zwischen 15 und 35 (für Männer) bzw. 40 (für Frauen) Jahren.

Gruppe 3 besteht aus Anfängern mit guter gesundheitlicher Verfassung, die über 35 (Männer) bzw. 40 (Frauen) Jahre sind.

Gruppe 4 umfaßt Personen aller Altersgruppen, die Leistungssportler oder Wettkämpfer sind. Es kann angenommen werden, daß diese Personengruppe bei guter Gesundheit und auch hervorragend trainiert ist.

Unterschiede zwischen den Geschlechtern stellen keine signifikante Grenze für unser Trainingsprogramm dar; deshalb sind beide Geschlechter in allen Gruppen repräsentiert. (Wir glauben, daß im Karate zum gegenwärtigen Zeitpunkt Einschränkungen im Hinblick auf geschlechtsspezifische Unterschiede nur beim Sparring und Vollkontakt angewandt werden sollten.)

Jede der Gruppen besitzt besondere Eigenschaften, die eine spezifische Trainingsform erfordern. Dieser Sachverhalt gestattet uns, ein genaues Trainingsprogramm für jedes Gruppenmitglied aufzustellen.

Gruppe 1

Das Trainingsprogramm berücksichtigt die ausdauer- und koordinationsbedingten Grenzen von jüngeren Menschen und auch deren große Schnelligkeit und Flexibilität. Diese Altersgruppe trainiert die Grundtechniken des Karate gemäß ihres Fähigkeitsgrades. Die SMA-Phase dauert 30 bis 120 Sekunden und umfaßt Schlag-, Abwehr- und Trittechniken. Die empfohlene Anfangsphase des KRA beträgt 120 bis 180 Sekunden und schließt Entspannungs- und Dehnübungen ein. Ein hoher Konditionierungsgrad kann durch fortschreitende Steigerung der verschiedenen Trainingskomponenten erzielt werden. Die Dauer der gesamten Belastungszeit wird erhöht, ebenso die Intensität der Ausführung. Die anaerobe Muskelkontraktion sollte betont werden. Die Einführung neuer und komplexerer Karatetechniken trägt dazu bei, schrittweise die Trainingsanforderungen zu erhöhen. Nach 12 bis 16 Wochen kann dann von dieser Gruppe erwartet werden, daß sie ein einstündiges Training absolviert, ohne daß es dabei zu einer vollständigen Erschöpfung am Ende des Trainings kommt.

Gruppe 2

Die in dieser Gruppe zusammengefaßten Personen befinden sich im besten Alter. Sie sind die gesündesten, aktivsten und anpassungsfähigsten Schüler. Aus diesem Grund kann ihnen eine Arbeitsbelastung hoher Intensität vorgeschrieben werden, einschließlich so vieler Karatetechniken, wie es deren Belastungsgrenze erlaubt. Karatefertigkeiten werden im Rahmen der SMA-Intervalle von 60 bis 180 Sekunden trainiert; die KRA-Phasen dauern 60 bis 120 Sekunden. Aerobe und anaerobe Belastungen sollten in gleichem Maß vorkommen.

Unsere Untersuchung hat gezeigt, daß diese Gruppe am Ende eines 10- bis 12wöchigen Trainings in der Lage war, eine mehr als einstündige Arbeitsbelastung mit hohem Anspruchsniveau ohne Erschöpfung auszuhalten.

Gruppe 3

Es müssen spezielle Vorsichtsmaßregeln für die männlichen Anfänger dieser Gruppe getroffen werden. Wie Statistiken verdeutlichen, besteht bei Männern dieser Altersgruppe eine Anfälligkeit für Herzgefäßerkrankungen. Dieser Risikofaktor begründet die Notwendigkeit einer vorbeugenden medizinischen Untersuchung, die von einem Herzspezialisten oder Sportmediziner vorgenommen werden sollte, der sich mit kardiovaskulären Belastungen in Verbindung mit Karate auskennt. Diese medizinische Überwachung muß in den ersten drei Monaten monatlich erfolgen. Der Trainer oder Karatelehrer sollte gut über offenkundige Symptome von Herzproblemen informiert sein. Falls solche Symptome auftreten, sollte der Sportler sofort das Training beenden und unverzüglich einen Spezialisten aufsuchen. Besondere Vorsicht sollte bei fettleibigen Personen und starken Rauchern angewandt werden. Diese neigen meist zu Bluthochdruck, und bei ihnen besteht somit auch ein erhöhtes Risiko für Herzattacken.

Das Trainingsprogramm für die Gruppe 3 ist mit geringen anfänglichen Arbeitsbelastungen – SMA von 30 bis 60 Sekunden, KRA von 90 bis 180 Sekunden – und einer schrittweisen Steigerung der Intensität konzipiert. Alle grundlegenden Karatetechniken werden trainiert. Schlagtechniken oder beliebige Armtechniken müssen sehr früh im Training mit Vorsicht behandelt werden. Faustschläge sollten nicht mit maximaler Kraft und auch nicht mit angehaltenem Atem ausgeführt werden. Muskelkontraktionen in den Armen, bei denen die Muskelspannung (Tonus) erhöht wird, die Länge des Muskels jedoch unverändert bleibt, sollten aufgrund ihrer negativen Auswirkungen auf den venösen Blutrückstrom vermieden werden. Es leuchtet ein, daß, empfängt das

Herz weniger Blut von der Peripherie, das Schlagvolumen und die Durchblutung abnehmen. Nimmt die Durchblutung und damit die Sauerstoffversorgung ab, können Schwindel, Unbehagen, Schwäche und Übelkeit auftreten. Im Fall von Handtechniken ist die bewußte Kontrolle der richtigen Atmung unabdingbar. Der Atemrhythmus sollte regelmäßig und auf die jeweilige Bewegung abgestimmt sein. Vorsichtsmaßnahmen hinsichtlich dieser Faktoren können nachteilige Auswirkungen auf die verschiedenen Körpersyteme im allgemeinen verhindern.

Für die 3. Gruppe sollte in den ersten 6 bis 8 Wochen die Betonung auf der Beintechnik liegen. Die kardio-respiratorische Phase sollte durch eine Bewegung erreicht werden, die beständig ist, aber weniger Kraft erfordert. Während dieser Phase wird die Pumpaktivität der Skelettmuskeln den Blutfluß steigern und das Regenerationsniveau erhöhen. Hinsichtlich der in dieser Gruppe vorhandenen Risikofaktoren sollte dem aeroben Grundsatz der langsamen und der kontinuierlichen Trainingsmethode besondere Beachtung geschenkt werden. Da die Gruppen 1 und 3 gewisse körperliche Einschränkungen aufweisen, können sie ein gemeinsames Training absolvieren. Obgleich ihr Training verschieden ist – zum einen aerob, zum anderen anaerob –, können sie jedoch in einem ähnlichen Zeitrahmen trainieren.

Das höchste Ziel der vorhergehenden Gruppeneinteilung besteht darin, Anfänger so zu trainieren, daß der physiologische Nutzen vergrößert und die Risikofaktoren vermindert werden. Auf diese Weise kann ihre körperliche Kondition soweit verbessert werden, daß sie in die fortgeschrittenere Gruppe 4 integriert werden können. Es ist zu erwarten, daß dies ein Trainingszeitraum von 12 Monaten für die Gruppen 1 und 2 und von 18 bis 24 Monaten für die Gruppe 3 erforderlich macht.

Gruppe 4

Für die Einstufung in Gruppe 4 muß der Karateka mehr als 12 Monate ununterbrochen intensiv trainieren, wenn er unter 35 Jahre ist. Liegt sein Alter darüber, sollte er mehr als 18 Monate intensives Karatetraining durchgeführt haben (mindestens 3 Trainingstage pro Woche). Wenn diese Bedingungen vorliegen, kann vorausgesetzt werden, daß die Teilnehmer dieser Gruppe gesund sind und über einen hohen Grad an physischer Kondition verfügen.

Die Gruppe 4 kann mit SMA-Phasen von 1 bis 4 Minuten und KRA-Phasen von 1 bis 3 Minuten trainieren. Ihr Training umfaßt sowohl aerobe als auch anaerobe Muskelarbeit. Dauertraining kann, ebenso wie auch Intervalltraining, eingesetzt werden, obwohl wir darin keinen größeren Fortschritt im Hinblick auf die Kondition erkennen können.

Die KRA-Intervalle für diese Gruppe enthalten Belastungen wie diejenigen der SMA-Phasen, wobei der einzige Unterschied darin besteht, daß diese im submaximalen Bereich liegen. Da mehr Zeit für die Wiederholung bestimmter Abläufe investiert wird, sind auch die Perioden der karatespezifischen Muskelbelastungen länger, und Fortschritte werden beschleunigt. Mit der Zunahme der Trainingsspezialisierung stellt sich auch eine Steigerung der Karatefertigkeiten ein, und Kraft und Ausdauer werden vergrößert.

Selbst in Gruppe 4 sollte den Sportlern über 35 Jahren besondere Aufmerksamkeit geschenkt werden, da gerade für sie ein Risiko im Hinblick auf Herzprobleme besteht. (Siehe Anhang B hinsichtlich der Symptome von Ermüdung und der während der Regenerationsperiode zu beachtenden Vorsichtsmaßregeln.)

Der Vorteil einer Gruppeneinteilung liegt in der Flexibilität und Genauigkeit bei Vorgabe des Trainings. Die beiden Extreme – Mangel an Anregung, wenn die Arbeitsbelastung zu niedrig oder pathologische Schwächung, wenn sie zu hoch angesetzt ist – verhindern größeren Nutzen für die Kondition. Der optimale, nutzbringende Mittelweg ist eine jeder Gruppe angemessene Belastung, um die besten Trainingsergebnisse zu erzielen. Die optimale Belastung wird alle Roux-Variablen positiv beeinflussen und die täglichen Aktivitäten anregen. Anatomische Strukturen ermöglichen eine signifikante Anpassung der physiologischen Prozesse. Der Körper wird die Fähigkeit entwickeln, sich einem langfristigen Trainingsprogramm zu unterziehen, welches auch langfristigen Nutzen für die Kondition sichert. Abb. 14 faßt die wichtigsten Punkte zusammen.

Unabhängig von der Dauer der Trainingseinheit sollte diese folgende Komponenten umfassen:

1. Aufwärmphase;
2. Nach-Aufwärmphase;
3. Periode der zunehmenden Intensität;
4. Abwärmphase;
5. Erholungsphase. Diese kann innerhalb eines kurzen Zeitraumes erfolgen, aber auch zwischen 24 und 48 Stunden dauern. Sie findet zum großen Teil außerhalb der Übungssituationen statt.

Die Phasen 2 und 3, die Nach-Aufwärmphase und die Periode der zunehmenden Intensität, umfassen die Karatetechniken, während die Aufwärmphase und die Erholungsphase keine karatespezifischen Aktivitäten enthalten. Die Phase 4 kann beides einschließen. Die Abb. 15 und 16 zeigen die Stoffwechselintensität für verschiedene Perioden des gemäßigten und des harten Trainings.

Zusammenfassend kann gesagt werden, daß das natürliche Arbeitsverhalten des Menschen darin besteht, mit Unterbrechungen zu arbeiten. Daraus folgt, daß die optimalen Mittel, Aktivitäten auszuführen, in der menschlichen Natur liegen. Das Intervalltraining spiegelt also ein Grundkonzept des natürlichen menschlichen Verhaltens wider. Diese Trainingsmethode ist sicher und rational und wird zur Erreichung der Trainingsziele führen: bessere Fitness, höheres Niveau der Karatefertigkeiten und Stabilisierung der Gesundheit.

14. Trainingsart je nach Gruppe

Training / Gruppe	SMA-Zeit (Minuten)	KRA-Zeit (Minuten)	vorherrschende Arbeitsbelastung	Zeit, um ein fortgeschrittener Sportler zu werden (in Monaten)
Gruppe 1 Anfänger unter 15 Jahren	0,5–2	2–3	anaerobic	12
Gruppe 2 Anfänger: Männer 15–35; Frauen 15–40	1–3	1–2	aerobic u. anaerobic	12
Gruppe 3 Anfänger: Männer über 35; Frauen über 40	0,5–1	1,5–3	aerobic	18–24
Gruppe 4 fortgeschrittene Karatesportler. Alle Altersgruppen	1–4	1–3	aerobic u. anaerobic	——

15. Stoffwechselintensität: gemäßigtes Training

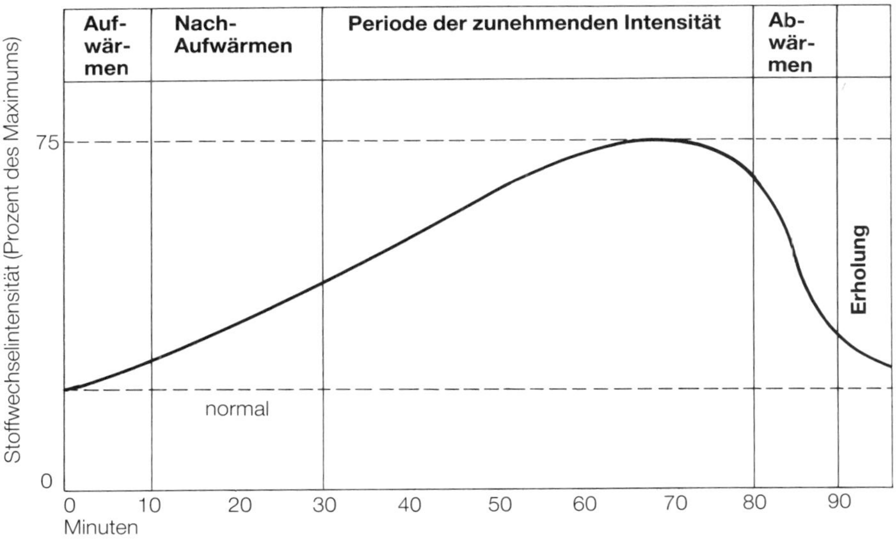

16. Stoffwechselintensität: hartes Training

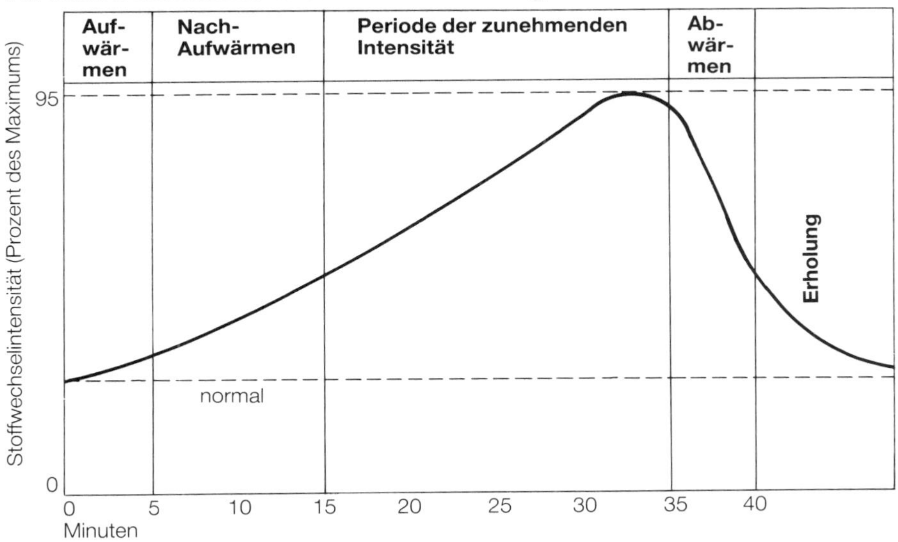

Periodisierung des Sport-Karate

Die übliche Reihenfolge in bezug auf Karatewettkämpfe beginnt mit Wettkämpfen auf lokaler Ebene, gefolgt von regionalen Meisterschaften, und erreicht den Höhepunkt in nationalen und internationalen Wettkämpfen. Der Karateka muß den entsprechenden Leistungsstand erreicht haben, um auf jeder Wettkampfstufe bestehen zu können. Wenn ein Sportler seine Höchstleistungsstufe zu früh erzielt, wird es ihm zu großem Nachteil gereichen, weil er dann bei beginnender Konditionsabnahme in Wettkämpfe geht.

Die Planung eines Trainingsprogramms für den einzelnen oder eine ganze Mannschaft beginnt mit der Festsetzung des sportlich orientierten Karate-Periodisierungszyklus. Der einzelne oder die Mannschaft soll in der günstigsten Kondition sein, wenn die Wettkampfsaison ihren Höhepunkt erreicht. Der Zyklus kann eine 6- oder eine 12-Monatsperiode umfassen.

Wird Karate im Sinne einer Förderung der physischen Fitness und einer optimalen Gesundheit ausgeübt, dann sind drei bis fünf Trainingseinheiten pro Woche ausreichend. Der Karatewettkämpfer braucht jedoch fünf bis 12 Trainingseinheiten pro Woche. Abb. 17 gibt einen Überblick über die Anzahl der Trainingseinheiten, ihre Dauer und die vorkommende Herzfrequenz.

17. Typ des Sportlers und Trainingsintensität

Training / Sportler	Intensität (Herzfrequenz)	Trainingseinheiten pro Woche	Dauer der Einheiten (Minuten)
hochtrainiert (Nationalmannschaft)	85–95% des Maximums	8–10	60–90
guttrainiert (Regionalklasse)	80–90% des Maximums	5–7	60–90
Anfänger und sonstige Personen	50–70% des Maximums	3–5	40–60

Ein Karate-Periodisierungszyklus, der alle Aktivitäten einschließt, besteht aus vier grundlegenden Phasen:

1. Vorbereitungsphase
2. Vor-Wettkampfphase
3. Wettkampfphase
4. Übergangsphase

Die Phasen dieses Zyklus zeichnen sich durch unterschiedliche Aktivitäten aus, wie sie in Abb. 18 beschrieben sind.

Die Vorbereitungsphase dauert von drei Wochen aufwärts bis drei Monate, wobei die Dauer oft durch grundlegende Körpereigenschaften des Sportlers begrenzt wird. Die rein physische Kondition wird in dieser Phase betont, um den Sportler auf die folgenden Phasen vorzubereiten. Anfängliche Arbeitsbelastungen sind auf einer niedrigen Intensitätsstufe angesetzt. Um entsprechende Belastungen zu erreichen und alle Körperteile einzubeziehen, sind die Trainingseinheiten entsprechend zeitlich ausgedehnt. Die Trainingsinhalte sind sorgsam geplant. Wenn das Programm voranschreitet, kann sich auch das Beziehungsverhältnis zwischen der Intensität und der Dauer entweder zum einen oder zum anderen hin verschieben, und zwar in Übereinstimmung mit den Anforderungen und den Zielen des jeweiligen Programms. Jede Muskelgruppe kann gesondert trainiert werden, entweder im Hinblick auf Kraft oder auf Ausdauer, anaerobe oder aerobe. Dies erfolgt durch Erhöhung der Dauer bzw. der Intensität einer spezifischen Übung.

Die Ergebnisse vieler Experimente haben gezeigt, daß die Aufbauarbeit eine unmittelbare Auswirkung auf die Wettkampfleistung hat. Eine schlechte Vorbereitung wird die Effizienz des Trainings in der Vor-Wettkampfphase vermindern. Das Fertigkeitstraining wird beeinträchtigt. Wertvolle Zeit und Energie werden verschwendet, um die unzureichende Kondition zu kompensieren.

Die eigentlichen Karatefertigkeiten werden im Rahmen der Vor-Wettkampfphase angeeignet. Deren Dauer hängt davon ab, ob der Adressat ein Anfänger oder Fortgeschrittener ist, ob er Karate als Wettkampf oder Konditionstraining

18. Karate-Periodisierungszyklus

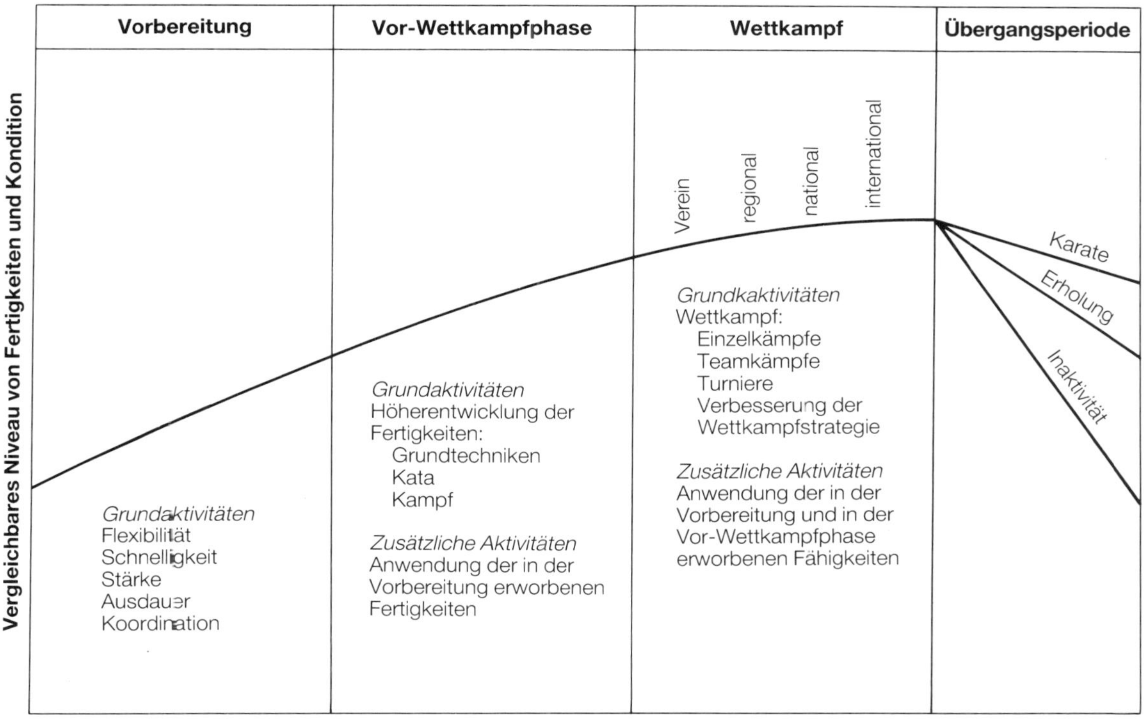

ausübt. Die Planung von Wettkämpfen vermag die Zeit zu verkürzen, die für diese Phase verfügbar ist, aber es sollte unabhängig von der Dauer eine allgemeine Regel beachtet werden: Der Sportler sollte soviel Zeit investieren, wie es für das korrekte Erlernen jeder Technik erforderlich ist. Eine perfekte Technik ist wichtiger als eine Vielzahl schlechter Techniken.

Bei Turnierwettkämpfen ist häufig zu beobachten, daß sich die Teilnehmer auch mit anderen, karateunspezifischen Techniken – wie etwa dem Boxen – verteidigen. Der Grund dafür ist, daß die Wettkampfphase nicht entsprechend geplant oder durchgeführt wurde, und zwar im Hinblick auf die Verwirklichung des gesamten Potentials, und der Sportler nicht genügend auf den Wettkampf vorbereitet war. Schwere Verletzungen können die Folge sein, und dies sollte ja auf jeden Fall verhindert werden. Die Verantwortung liegt ganz bei denjenigen, die die Wettkämpfe planen, und dies nicht nur im Hinblick auf die »Fouls«, Unfälle oder schlechtes Benehmen, sondern auch für eine mangelhafte Vorbereitung, welche die Gesundheit des Karateka gefährdet.

Obgleich es vorkommen mag, daß ein Sportler infolge eines »Fouls« vom Wettkampf ausgeschlossen wird, tritt nur selten der Fall ein, daß jemand wegen ungenügender Kondition oder mangelnder Karatetechniken ausgeschlossen wird. Diese Situation ist nicht damit zu verwechseln, daß ein Karatesportler keinen Kampf gegen einen besseren und erfahreneren Gegner mit besseren Techniken verlieren kann.

Um schrittweise Fortschritte während der Wettkampfphase zu machen, sollte auf folgendes geachtet werden:

1. Jede neu eingeführte Technik muß hinreichend erklärt werden, bis sie der Lernende ganz verstanden hat. Die dafür benötigte Zeit wird je nach Schüler variieren.

2. Bei der Ausführung einer Technik muß sich der Schüler zu Anfang ausschließlich auf die korrekte Form und Körperbalance konzentrieren, ohne zu diesem Zeitpunkt Geschwindigkeit und Kraft zu betonen.

3. Ist eine Technik im ganzen begriffen worden, sollte sie intensiv geübt werden – unter Verwendung des Karategramms der Grundrichtungen. Hier sind Wiederholungen und ein allmähliches Steigern von Kraft und Geschwindigkeit wichtig.

4. Ist dem Erlernen der Technik – gemäß dem Karategramm – genügend Zeit gewidmet worden, wird empfohlen, daß der Lernende zum Karategramm der fortgeschrittenen Richtungen übergeht. Dabei ist es möglich, die Anwendung der Technik im Rahmen des beaufsichtigten und kontrollierten Zweikampfes einzuführen. Die der Anwendungspraxis gewidmete Zeit kann durch den Lehrer festgelegt werden und varriiert von Schüler zu Schüler.

5. Der abschließende Test im Hinblick darauf, wie gut eine Grundtechnik erlernt wurde, erfolgt dann in der Kata (wenn diese Technik ein Teil der vom Schüler ausgeübten Kata darstellt) oder während des halbfreien und freien Kampfes.

6. Mit dem erfolgreichen Abschluß all dieser Stadien ist der Schüler dann vorbereitet, die Technik auch im sportlichen Wettkampf anzuwenden. Er mag gegen einen besseren Gegner verlieren – aber nicht infolge schlechter Vorbereitung.

Nach unserer Erfahrung erfordert der Lern- und Aufbauprozeß – dieser bildet die Vor-Wettkampfphase – mindestens zwei Jahre, bevor eine Teilnahme am freien Kampf gestattet werden kann. Ein zu vorzeitiger Eintritt in den Wettkampf kann nicht von Nutzen sein und wird sich für den Sportler nachteilig auf seine Gesundheit und Wettkampfkarriere auswirken. All diese Erwägungen machen diesen Abschnitt der Trainingsphase zu einem der bedeutendsten.

In der Wettkampfphase wird der größte Zeitbedarf der Diskussion und dem Studium der Kampfstrategie und taktischen Anwendung wie auch der Erprobung neu entwickelter Wettkampftechniken gewidmet. Nur durch die konstante Vorbereitung in allen Aspekten des Karate kann der Wettkämpfer erwarten, sich selbst zu verteidigen und gegenüber neuen und innovativen Wettkampftechniken zu bestehen.

Gemäß der von uns eingeführten Regel, Arbeitsbelastungen während dieser Phase auf der gewünschten Höhe zu halten, wird die Intensität und Dauer vervielfältigt. Die Zeit ist knapp in dieser Phase, und deshalb ist es wünschenswert – wenn immer möglich –, für einen relativ kurzen Zeitabschnitt mit großer Intensität zu trainieren. Damit die Gesundheit des Sportlers nicht gefährdet wird, sollte diese Phase nicht länger als sechs Monate für den erwachsenen Kämpfer (drei Monate für jüngere Sportler) dauern.

Die Übergangsphase ist von großer Bedeutung für das normale Leben und das zukünftige Training. Der Sportler kann mit dem Karatetraining fortfahren, aber nicht so intensiv wie während der Wettkampfphase. Der Erholungsaspekt ist dabei vorrangig. Völlige Inaktivität ohne Übungspraxis ist jedoch nicht zu empfehlen. Karate oder andere Sportarten sollten dreimal in der Woche trainiert werden. Ebenso muß auch auf die Ernährung geachtet werden, um das Gewicht zu halten. Ist sie dieselbe wie die während der Kampfphase, und werden Trainingsintensität und -umfang reduziert, dann wird der Karatekämpfer mit Übergewicht in die nächste Vorbereitungsphase gehen, was negative Auswirkungen auf die Kondition und die Leistung in der nächsten Trainingsphase hat.

2. Aufwärmen, Nach-Aufwärmen und Abwärmen

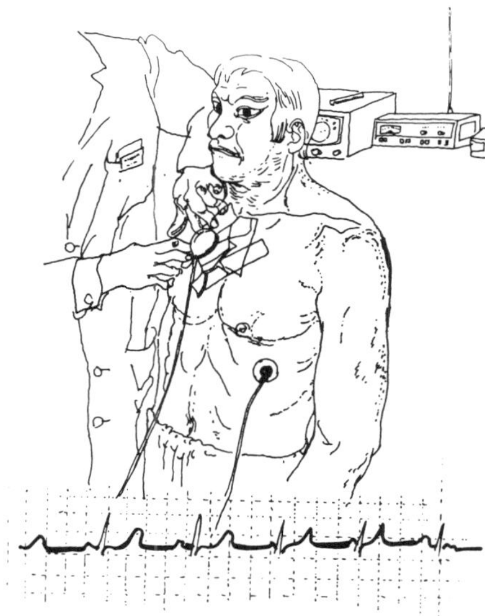

In Kapitel 1 deuteten wir an, daß jede Trainingseinheit aus fünf Phasen bestehen sollte: Aufwärmen, Nach-Aufwärmen, Periode der zunehmenden Intensität, Abwärmen und Erholung. Im folgenden Kapitel erörtern wir Nutzen und Merkmale der Aufwärm-, Nach-Aufwärm- und Abwärmphase.

Aufwärmen

Zahlreiche Untersuchungen sind seit Beginn dieses Jahrhunderts durchgeführt worden, um Erkenntnisse zur Bedeutung der Aufwärmphase in Hinblick auf die Verbesserung der sportlichen Fähigkeiten beizusteuern. Es gibt sowohl positive als auch negative Einschätzungen hinsichtlich des Werts der Aufwärmphase.

Aus unserer Erfahrung meinen wir, daß der Nutzen des Aufwärmens beim Karatetraining im psychologischen und physiologischen Bereich liegt. Ob die Aufwärmphase zur Verbesserung der Karatefertigkeiten führt, bedarf, wie wir glauben, einer weiteren Untersuchung.

Der psychologische Nutzen besteht darin, daß es beim Aufwärmen zu einer Entspannung des Sportlers kommt – sowohl vor dem eigentlichen Training als auch vor dem Wettkampf.

Physiologische Nutzaspekte sind:

1. Die allmähliche Zunahme der Stoffwechselfunktion des Körpers.
2. Beim Gebrauch der großen Muskelgruppen eine geringere Wahrscheinlichkeit für eine Minderdurchblutung des Herzens.
3. Wenn Aufwärmübungen in spezieller Weise auf das Training bezogen sind, werden die betreffenden Muskeln und Bänder gekräftigt.
4. Verminderung der Verletzungsgefahr.

Der Hauptwert des Aufwärmens kann darin gesehen werden, daß es zu einer allmählichen Steigerung der Stoffwechselvorgänge führt und damit den Körper auf die Belastungen während des Trainings vorbereitet. Veränderungen im Stoffwechsel während des Trainings zeigen die geleistete Arbeit an. Sie können durch Aufzeichnung verschiedener Faktoren wie Ventilation (Gasaustausch), Blutzirkulation und Körpertemperaturen ermittelt werden. Wie schon in Kapitel 1 erwähnt, erhöht die notwendige Energiezufuhr für die Muskeln während der Übung auch die Anforderungen an das kardiovaskuläre und respiratorische System. Das Anwachsen des Atmungsvolumens und des Minutenvolumens, der Herzfrequenz und des Blutdrucks wie auch der Blutzufluß zu den Skelett- und Herzmuskeln sind in Abb. 1, 2 und 3 dargestellt, die Erhöhung der Temperaturen der Skelettmuskeln in Abb. 4.

1. Ventilation während des Aufwärmens

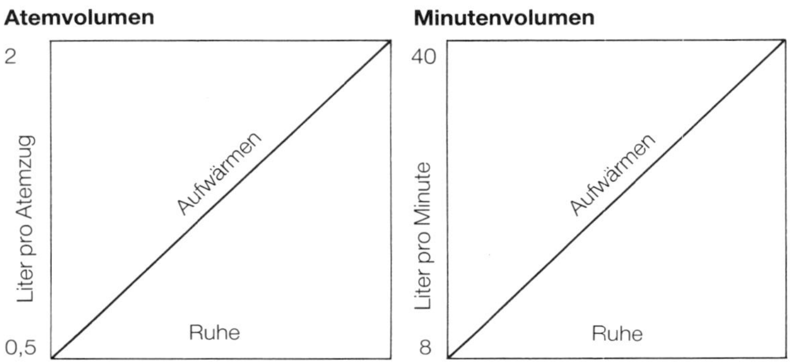

4. Skelettmuskeltemperatur während des Aufwärmens

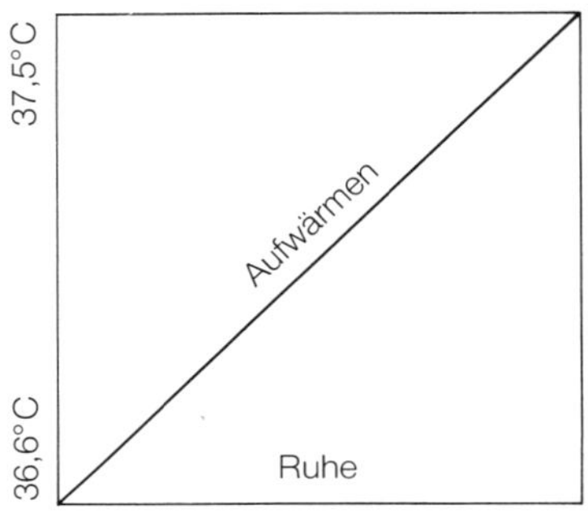

2. Herzfrequenz und Blutdruck während des Aufwärmens

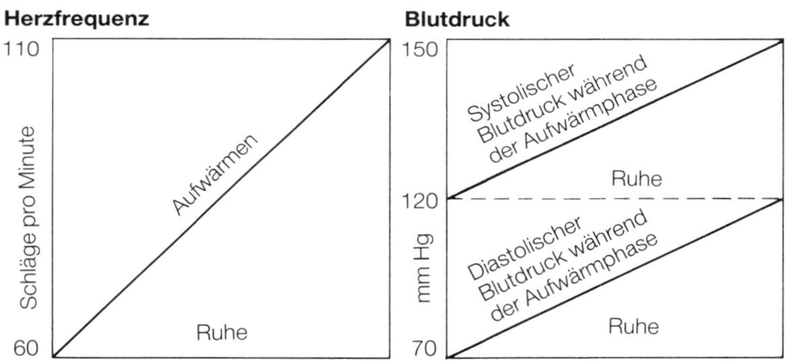

3. Blutzirkulation während des Aufwärmens

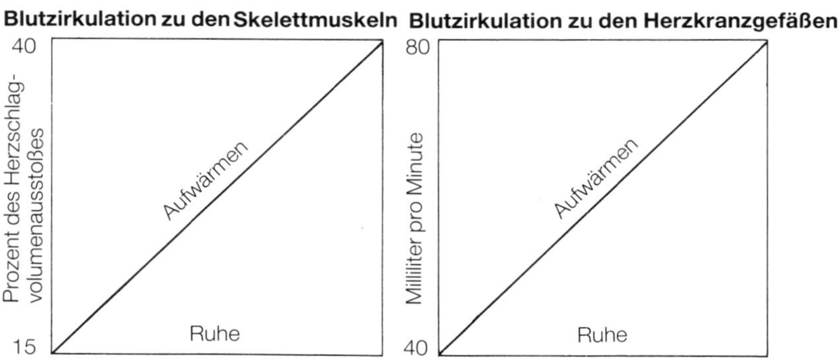

Die Zunahme der Blutzufuhr in bestimmten Bereichen ist verbunden mit der Abnahme in anderen. Während der Aufwärmphase vermindert sich die Nierendurchblutung von 20 Prozent auf 15 Prozent des Schlagvolumens. Ebenso ist eine Abnahme der Blutzufuhr zur Haut und zu den Organen in der Bauchhöhle zu verzeichnen.

Je nach Intensität und Dauer der anderen Komponenten der Trainingseinheit liegt die benötigte Zeit für eine Zunahme der Atmung, der Blutzirkulation und der Temperatur zwischen 5 und 15 Minuten.

Übungen

Da Karatefertigkeiten eine stete Kontrolle der Muskelbewegungen erfordern, ist es notwendig, sich auf das Ziel aller Bewegungen zu konzentrieren. Dies erfordert eine geistige und emotionale Anstrengung, damit die Körperbewegungen fließend werden. Über längere Zeiträume kann es zu einer Veränderung der Körperbewegungen kommen, wodurch die Fähigkeit zum angemessenen Reagieren beeinträchtigt wird. Deshalb sollten die Techniken von Zeit zu Zeit vor einem Spiegel oder unter dem kritischen Auge des Trainingspartners überprüft werden.

Die Aufwärmphase des Trainings umfaßt keine Karatefertigkeiten. Sie sollte diese jedoch unterstützen und vorbereiten. Das Aufwärmen sollte folgende Komponenten umfassen:

1. Einlaufen;
2. gymnastische Übungen;
3. Dehnungsübungen.

Dehnungsübungen und Gymnastik können dieselben Bewegungen sein: ihre Ausführung ist jedoch verschieden. Gymnastik spricht individuelle Muskelgruppen oder den ganzen Körper an, und zwar durch die Wiederholung isotonischer oder isometrischer Muskelkontraktionen. Kraft muß die ganze Übung hindurch angewendet werden, und es gibt keine größeren Pausen zwischen den Wiederholungen. Wenn dieselben Bewegungen als Dehnungsübung ausgeführt werden, so ist die Bewegung verlangsamt, und es gibt keine starken Muskelkontraktionen. Ist der maximale Bewegungsbereich erreicht, soll die Position vier bis sechs Sekunden gehalten werden.

Wir haben herausgefunden, daß die günstigste Aufwärmphase aus einer freien Kombination aller Aktivitäten dieser drei Kategorien besteht und daß außerdem die isotonischen Übungen insbesondere für Anfänger geeignet sind. Im allgemeinen sollten gymnastische Übungen die großen Muskelgruppen, die oberen und unteren Extremitäten wie auch den Rumpf einschließen. Besondere Betonung ist auf solche Körperbereiche zu legen, die während des folgenden Trainings am meisten eingesetzt werden.

Übungsabläufe können langsam oder schnell absolviert werden, mit einer minimalen oder maximalen Anzahl von Wiederholungen, über eine kurze oder lange Zeitperiode. Flexibilität aller Gelenke ist ein Trainingsziel.

Sowohl die Übungs- als auch die Karatebewegungen erfordern einwandfreie Körperhaltung, Gleichgewicht, Flexibilität, Koordination und geistige Konzentration, um Kraft und Ausdauer zu entwickeln. Aufwärmaktivitäten sollten gemäß der folgenden Richtlinien gestaltet werden:

1. Wählen Sie nur diejenigen aus, die ohne Verletzungsgefahr ausgeübt werden können.
2. Wählen Sie solche Aufwärmübungen, die die in den folgenden Phasen der Trainingseinheit erforderlichen Muskelgruppen trainieren.

3. Begrenzen Sie die gewählte Anzahl so, daß ein angemessenes Aufwärmen erreicht werden kann.

Die folgenden Übungen sind je nach Körperpartie, die in erster Linie entwikkelt werden soll, unterteilt. In den Beschreibungen wird jedoch deutlich, daß auch andere Körperpartien angesprochen werden.

Hals

1. Bei dieser Übung werden die inneren und äußeren Halsmuskeln, die Sehnen, Bänder und Knochen entwickelt. Nehmen Sie eine natürliche Stellung ein, legen Sie die Hände an die Hüften und bewegen Sie dann den Kopf vor und zurück (Abb. 5a–5c).

a. b. c.

5.

2. Diese Übung stärkt die Halsmuskeln und deren Ansätze am Skelett. Beim Bewegen des Kopfes von einer Seite zur anderen ist der maximale Bewegungsbereich anzustreben, um den vollen Trainingseffekt zu erzielen (Abb. 6a–6b).

a. b.

6.

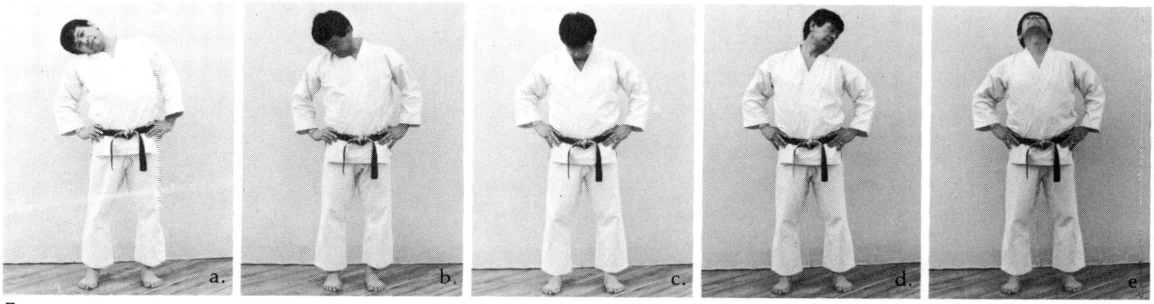

7.

3. Bei dieser Übung werden die betreffenden Partien und die Muskelkoordination entwickelt. Verbinden Sie die Übungen 1 und 2 durch so weites Drehen des Kopfes, wie es der Bewegungsspielraum zuläßt. Wechseln Sie auch von Zeit zu Zeit die Drehrichtung (Abb. 7a–7e).

Schultergelenke, Schultergürtel und Rumpf

4. Diese Übung beeinflußt die Muskeln und das umgebende Gewebe der Oberarme und Schulterblätter und verbessert die Koordination der Hand-Schulter-Aktionen. Die Ellbogen sind ganz gestreckt, und die Betonung liegt auf der Drehung der Arme im Uhrzeiger- und Gegenuhrzeigersinn (Abb. 8a–8d).

8.

5. Bei dieser Übung werden die Muskeln und das umliegende Gewebe der Schultergelenke und des Brustgürtels entwickelt. Bei schneller Ausführung ist Gleichgewicht erforderlich. Bemühen Sie sich um maximale Bewegungsreichweite, da dies die Rumpfmuskeln streckt und anregt (Abb. 9a–9d).

9.

6. Diese Übung entwickelt die Muskeln und das umgebende Gewebe des Halses, der Schultern, des Rückens und Unterleibs. Hüftdrehung und Einbeziehung der Fußmuskeln sind ebenso wichtig. Da diese Übung den gesamten Oberkörper stimuliert, ist sie auch eine gute Streckübung (Abb. 10a–10c).

10.

7. Die Rumpfbewegung nach rechts und links entwickelt die Muskeln und das umgebende Gewebe des Rückens und Unterleibs. Ferner werden seitlich die Beine miteinbezogen. Die Kopfbewegungen stärken die Halsmuskeln. Die Knie sollten stets durchgedrückt sein (Abb. 11a–11b).

11.

8. Diese Übung bezieht die großen Muskelgruppen ein und ist sehr effektiv, da sie die Muskeln und das umgebende Gewebe des Rückens, des Bauchs, des Schulter- und Brustgürtels kräftigt. Schwingen Sie die Arme gleichzeitig mit den seitlichen Bewegungen des Oberkörpers über den Kopf (Abb. 12a–12b).

12.

Unterleib und Rücken

9. Diese Übung entwickelt die Muskeln und das umgebende Gewebe von Bauch, Rücken, Schultern und Brust. Dabei wird großer Zug auf die Beine ausgeübt, besonders beim Zurückbeugen. Schwingen Sie die Arme in Richtung des gebeugten Körpers (Abb. 13a–13c).

13.

10. Diese Übung entwickelt die Muskeln und das umgebende Gewebe von Rücken, Unterleib, Brust und Hals und verbessert das Gleichgewicht sowie die Koordination. Drehen Sie Körper, Arme und Kopf in einem ganzen Kreis und bemühen Sie sich um maximale Reichweite der Bewegung (Abb. 14a–14e).

14.

11. Diese Übung kräftigt die Muskeln und das umgebende Gewebe von Hals, Schultern, Rücken und Beinen und stärkt und lockert die Rückseite des Körpers. Heben Sie die oberen und unteren Körperpartien an und bilden Sie dabei einen Halbkreis (Abb. 15a–15c).

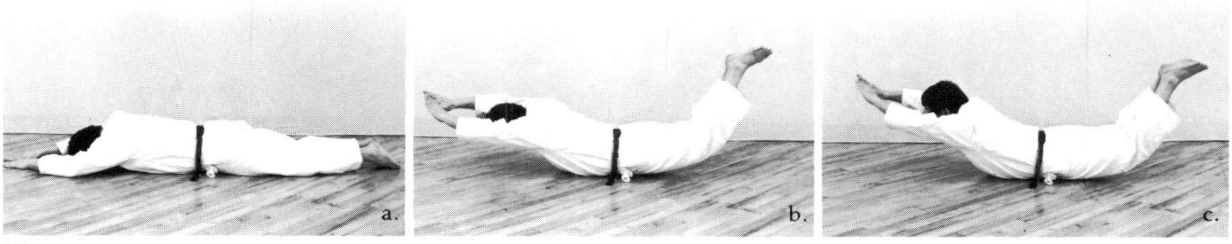

15.

Hüften und Unterleib

12. Durch diese Übung werden die Muskeln und das umgebende Gewebe von Hals, Bauch, Beinen, Rücken und Schultern entwickelt und wirksam die Grobkoordination verbessert. Treten Sie so hoch wie möglich nach vorne und versuchen Sie dabei die Zehen zu berühren; treten Sie dann nach hinten und heben Sie die Hände hoch über den Kopf (Abb. 16a–16b).

13. Diese Übung dient zur Entwicklung der Muskeln und des umgebenden Gewebes von Hüften, Beinen, Bauch und Rücken und verbessert das Gleichgewicht. Dabei werden abwechselnd das linke und das rechte Bein seitlich hochgezogen. Für Anfänger ist diese Übung schwierig (Abb. 17a–17b).

16.

17.

14. Diese Übung entwickelt die Muskeln und das umgebende Gewebe von Beinen, Hüften, Rücken, Hals und Schultern. So weit wie nur möglich in die Hocke heruntergehen. Dabei wird das eine Bein nach hinten ausgestreckt und der Rücken nach hinten abgebogen (Abb. 18a–18c).

18.

15. Bei dieser Übung werden die Muskeln und das umgebende Gewebe von Beinen, Bauch, Rücken und Schultern entwickelt. Dies ist ein effektiver Weg, um die Beine und Rumpfmuskeln zu strecken und die hinteren Beinmuskeln anzuregen. Drehe den Rumpf nach links und rechts und berühre dabei mit den Händen die Zehen (Abb. 19a–19b).

19.

16. Diese Übung erfordert einen maximalen Einsatz von Hüfte, Beinmuskeln und Bändern. Sie entwickelt aber auch den Oberkörper und Hals. Sie ist anspruchsvoller als Übung 15. Ein langsames Vorgehen ist ratsam, um Verletzungen der Muskeln und Bänder zu vermeiden (Abb. 20a–20b).

20.

17. Bei dieser Übung ist eine große Beweglichkeit des Beckenbereichs und der Hüften erforderlich. Sie ist extrem schwierig und kann nur von wenigen Karatesportlern ausgeführt werden. Versuchen Sie, so nah wie möglich an die Positionen heranzukommen, wie sie in den Abb. 21a–21d gezeigt werden.

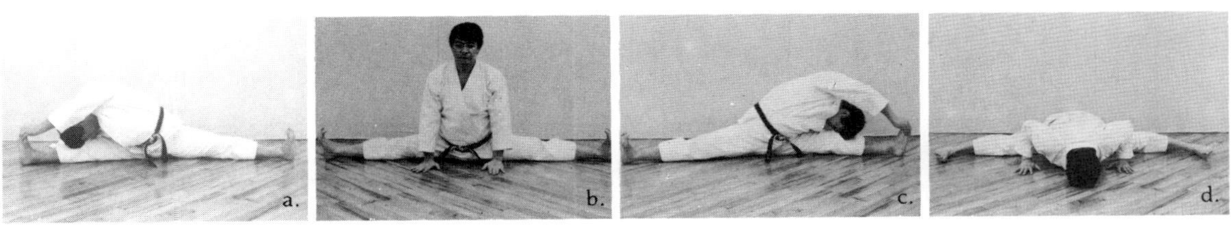

21.

18. Mit dieser Übung wird die Beweglichkeit der Hüften durch Streckung der Gelenke und des umliegenden Gewebes von Beinen und Rücken entwickelt. Nehmen Sie den Schneidersitz ein, drücken Sie die Knie zum Boden, umfassen Sie die Füße und beugen Sie den Oberkörper nach vorne (Abb. 22a–22c).

22.

19. Diese Übung entwickelt die Beweglichkeit der Beine und stärkt die Muskeln und das umgebende Gewebe von Bauch und Hüften. Aus dem Grätschkniestand langsam zurückbeugen (Abb. 23a–23b).

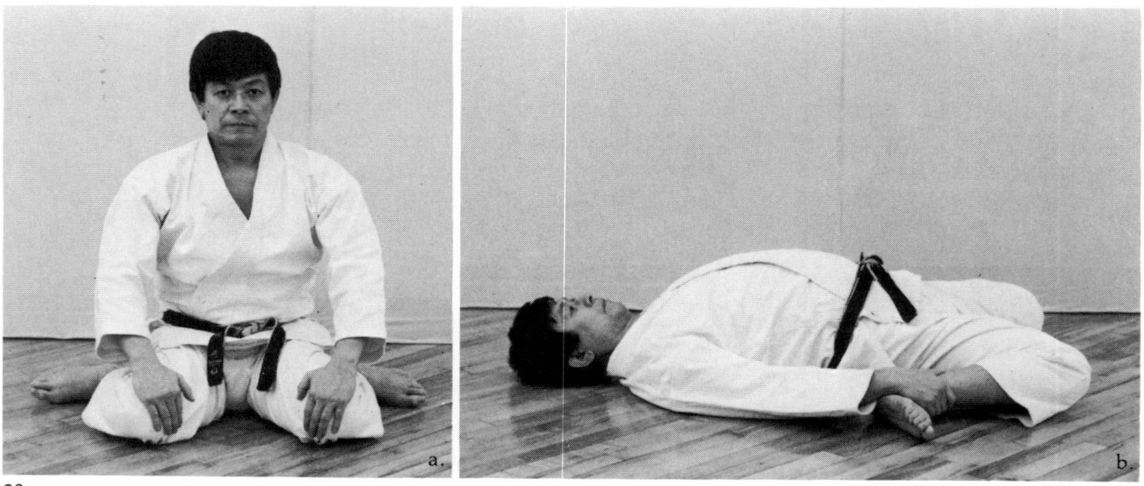

23.

20. Diese Übung erhöht die Beweglichkeit der Hüften und unteren Rückengelenke und entwickelt die Stärke der Beine und des Bauches. Das Hochheben der Beine geschieht gleichzeitig oder abwechselnd (Abb. 24a–24c).

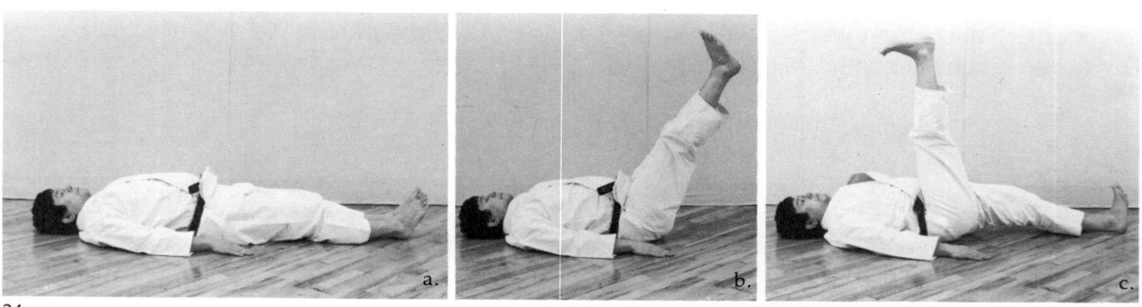

24.

21. Diese Übung steigert die Beweglichkeit der Hüften und der unteren Rückenpartie und entwickelt die Muskeln und das umgebende Gewebe von Hüften, Bauch, Rücken und Schultern. Halten Sie dabei die Beine gestreckt (Abb. 25a–25c).

25.

Arme und Beine

22. Bei dieser Übung werden Arme, Schultern, Rücken und Brust entwickelt. Wird sie als eine Methode zur Kräftigung verwendet, so sollten die Knöchel als Stütze eingesetzt werden. Auch das längere Verweilen in dieser Position ist nutzbringend (Abb. 26a–26b).

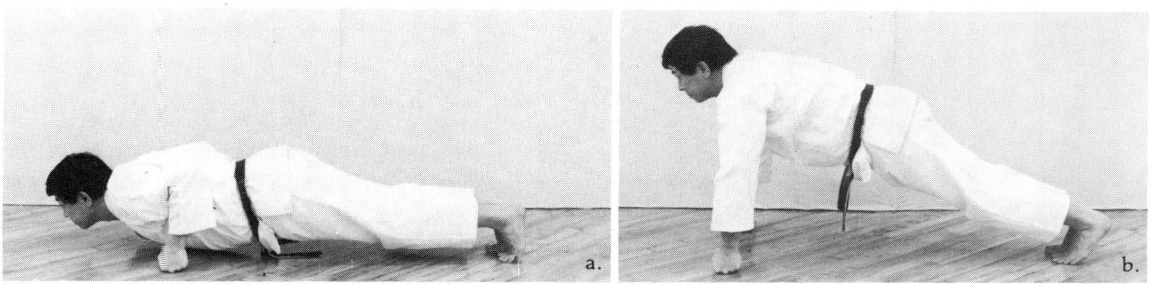

26.

23. Diese Übung entwickelt Hüften, Knie und verschiedene Bein-, Arm- und Schultermuskeln. Drehen Sie die Beine abwechselnd von einer Seite zur anderen, aber vorsichtig, um Verletzungen zu vermeiden (Abb. 27a–27b).

27.

24. Diese Übung entwickelt Stärke, Kraft und Ausdauer der Beinmuskeln und stimuliert sehr das Herz-Atmungs-System. Springen Sie mit durchgedrückten Knien in die Höhe und beugen Sie sie beim Aufsetzen (Abb. 28a–28b).

28.

25. Diese Übung dient zur Entwicklung von Ausdauer, Koordination und Kraft im Hinblick auf die Ausführung von Arm- und Beinbewegungen; sie ist auch sehr effektiv für die Kondition des kardiorespiratorischen Systems. Schwingen Sie die Arme beim Laufen. Die Knie sind stets hochgezogen (Abb. 29a–29b).

29.

Nach-Aufwärmen

Diese Phase nach dem Aufwärmen ermöglicht dem Sportler einen sanften Übergang zu der nachfolgenden Periode der zunehmenden Intensität. Die Nach-Aufwärmphase erfordert einen Zeitraum von 5 bis 15 Minuten und ist abhängig von den besonderen Trainingsaktivitäten, die darauf folgen.

Bei dieser Phase werden Karatefertigkeiten eingesetzt und in ihrer Ausführungsintensität allmählich gesteigert.

Die Nach-Aufwärmphase vollzieht sich – dem individuellen Konditions- und Fertigkeitsstand entsprechend – in einer von zwei Arten. Für Anfänger umfaßt diese Phase eine große Anzahl von Wiederholungen einiger weniger Grundtechniken und einfacher Kombinationen, die langsam ausgeführt werden. Die Zunahme in der Stoffwechselaktivität ist dabei vergleichsweise graduell.

Fortgeschrittene Karateka absolvieren während dieser Phase umfassende Kombinationen, die sehr schnell und kraftvoll ausgeführt werden. Abb. 30 zeigt das jeweilige Ansteigen der Stoffwechselintensität bei Anfängern und fortgeschrittenen Karateka.

30. Relative Stoffwechselintensität

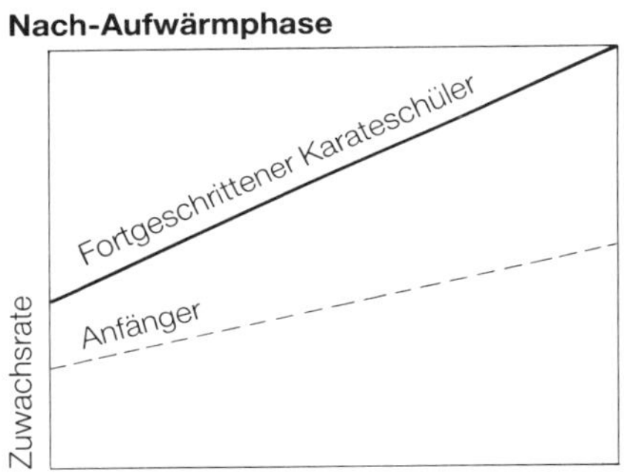

Abwärmen

Diese Phase bedeutet eine Umkehr der Prozesse, die im Rahmen der Aufwärmphase eingeleitet wurden. Sie ermöglicht ein Zurückgehen gewisser Stoffwechselfunktionen von dem während der Phase der zunehmenden Intensität erreichten Maximum auf jenes Niveau, das sich am Ende der Aufwärmphase eingestellt hatte. Im speziellen stimuliert diese Phase den Rückfluß des venösen Blutes von der Peripherie und trägt zur Beibehaltung des gewünschten Blutdrucks bei.

31. Ventilation während der Abwärmphase

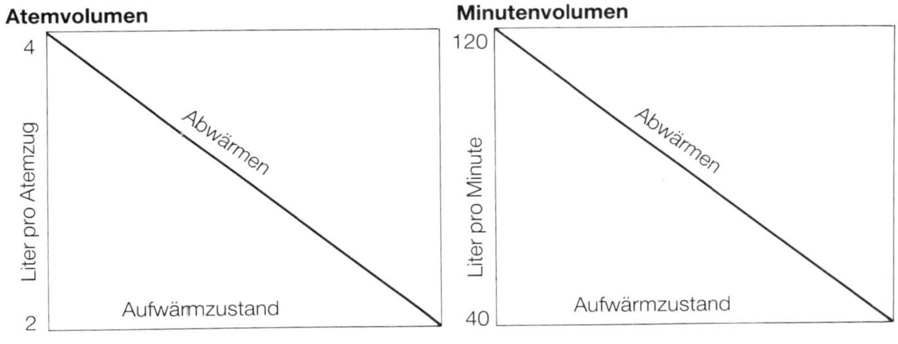

Veränderungen bei Atmung, Puls, Blutzufuhr und Temperatur während der Abwärmphase sind in den Abbildungen 31, 32, 33 und 34 gezeigt. Die Blutzufuhr der Nieren erhöht sich von 2 Prozent des Schlagvolumens bei Beginn der Abwärmperiode auf 15 Prozent wie am Ende der Aufwärmphase. Es sei angemerkt, daß diese Zahlen beinahe eine Umkehrung derjenigen darstellen, die im Rahmen der Aufwärmphase beobachtet werden konnten. Es ist von Bedeutung, daß die Abwärmphase keineswegs die Stoffwechselraten auf das Ruheniveau reduziert. Dies geschieht erst während der Erholungsphase.

Anfänger und ältere Personen benötigen für die Aufwärmphase mehr Zeit als gut trainierte Sportler. In jedem Fall sollte die Konzentration auf solchen Muskelgruppen liegen, die während der Trainingsstunde beansprucht wurden. Dies kann durch Übungen erreicht werden, die entweder Karatetechniken oder andere Übungsarten (Gymnastik, Dehnungsübungen oder Jogging) umfassen.

32. Herzfrequenz und Blutdruck während des Abwärmens

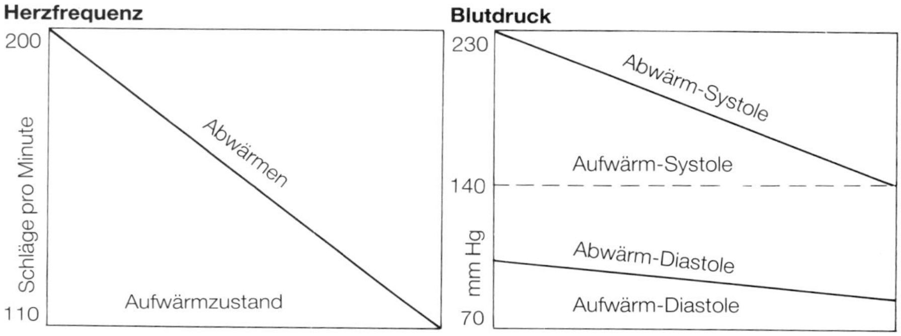

33. Blutzirkulation während des Abwärmens

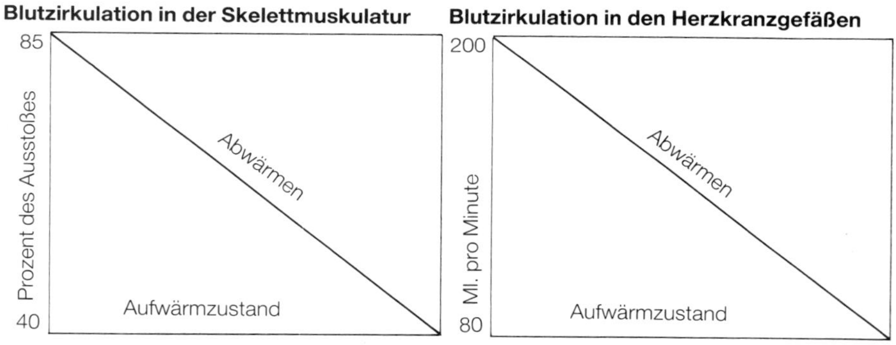

34. Temperatur der Skelettmuskulatur während des Abwärmens

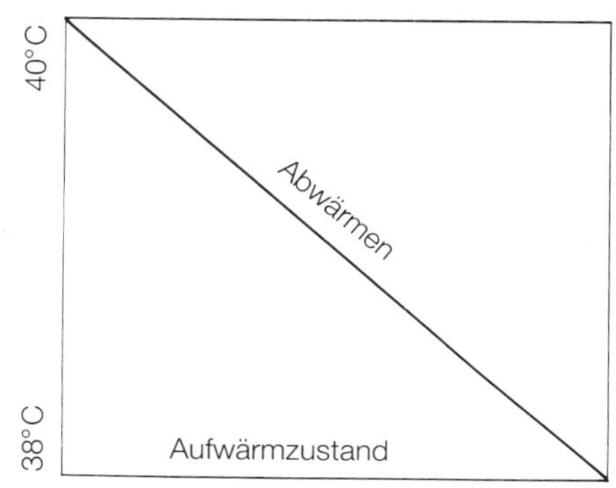

II

KÖRPERSTELLUNGEN

3. Stellungen

Zweck, Grundlagen und Einteilung

Stellungen sind besondere Körperpositionen, die folgenden grundsätzlichen Zwecken dienen:

1. *Standfestigkeit* zu ermöglichen. Diese ist besonders dann notwendig, wenn man sich in einer entspannten Bereitschaftsstellung befindet.

2. Ein größtmögliches *Gleichgewicht* zu entwickeln. Der kritische Zeitpunkt im Hinblick auf das Gleichgewicht ist der, wenn es zum Kontakt mit dem Gegner kommt. Körperbeherrschung bedeutet eine ausgewogene Gleichgewichtslage, die auch eine Verstärkung der Blocks, Tritte, Stöße sowie anderer Techniken zur Folge hat.

3. *Beweglichkeit* zu erreichen. Beweglichkeit ist insbesondere vor und nach der Konfrontation mit dem Gegner erforderlich, also zu einer Zeit, wenn Beweglichkeit wesentlich ist.

Die grundlegenden Prinzipien der Standfestigkeit stehen in Beziehung zum Körperschwerpunkt, seiner Lage bezüglich der Körperstandfläche, dem Gewicht und psychologischen Faktoren:

1. Je tiefer der Schwerpunkt, desto fester ist der Stand, und umgekehrt. Die Höhe des Körperschwerpunktes kann entsprechend der eingenommenen Stellung variieren – Grundstellungen zum Beispiel sind weitaus stabiler als Freikampfstellungen.

2. Je größer die Körperstandfläche, desto leichter wird es, das Gleichgewicht zu halten. Nur eine starke und feste Basis garantiert kraftvolle und präzise Techniken. Dabei sollen beide Fußsohlen fest am Boden bleiben (Mängel: Hintere Ferse angehoben; zu schmale Stellung).

3. Der Stand ist um so stabiler, je näher der Schwerpunkt über die Körperstandfläche kommt. Gleichgewicht und Standfestigkeit sind dann gefährdet, wenn, wie im Falle des Nach-vorne- oder Zurückbeugens, der Oberkörper nicht mehr über dem Schwerpunkt liegt. Die obere Körperhälfte muß mit gerader, senkrecht gehaltener Wirbelsäule über dieser Basis ruhen.
4. Im allgemeinen gilt: Je größer das Gewicht einer Person, desto größer auch die Standfestigkeit.
5. Standfestigkeit ist leichter zu erreichen, wenn die Augen während der ganzen Aktion auf das Zielobjekt gerichtet sind: Blickkontakt ist also wesentlich.
6. Auch die physiologische Orientierung ist eine Komponente für eine gute Standfestigkeit. Jeder ist in der Lage, auf einer schmalen Linie des Gehweges zu laufen. Wenn aber diese Linie 30 m hoch über dem Boden liegt, läßt die Angst vor dem Fallen das Gehen schwierig werden, und nicht viele Menschen vermögen dann, auf der Linie zu bleiben.

Zwei weitere Faktoren beeinflussen Standfestigkeit und Gleichgewicht:
1. Der Beugungsgrad des Kniegelenks: Je gerader die Knie, desto geringer ist die Standfestigkeit. Die Auswirkung von gebeugten Knien wird deutlich bei natürlichen Ausgangsstellungen.
2. Der Abstand zwischen den Füßen: Dieser Bereich umreißt die Standfläche, auf die sich das Körpergewicht verteilt. Im allgemeinen gilt: Je schmaler die Standfläche, desto geringer ist auch die Standfestigkeit.

Für jede der vorgestellten Stellungen werden Diagramme der Körperstandfläche gezeigt. Diese Fläche ist begrenzt durch die *vordere Linie* (vL), *hintere Linie* (hL) und die *Seitenlinie* (Sl). Ebenso sind die *Fußlinien* (Fl) markiert, die sich nach der Mittelpunktachse jeden Fußes ausrichten und die Richtung der Fußspitzen anzeigen. Der in der Mitte liegende Punkt markiert die Stelle, die direkt unterhalb des *Körperschwerpunktes* liegt (Ks). Auch der Abstand zwischen den Füßen, der durch die Füße gebildete Winkel, der Umfang und die Form der Körperstandfläche wie auch die Lage des Schwerpunktes sind in den Stellungsdiagrammen gekennzeichnet.

Die Grundlage für die Einteilung der Stellungen sind deren gemeinsame Gruppenzugehörigkeitsmerkmale. Die drei Hauptkategorien sind: 1. natürliche Stellungen – *Shizen-tai*; 2. Grundstellungen – *Kihon-dachi* und 3. Kampfstellungen – *Kumite-dachi.*

Natürliche Stellungen

Die sieben natürlichen Stellungen haben zwei Eigenschaften gemeinsam: Sie sind geeignet, den Körper über einen längeren Zeitraum in einer bequemen und lockeren Position zu halten. Sie werden meist als Übergangsstellung bei verschiedenen Karateaktionen verwendet.

Die Ausführung der natürlichen Stellungen geschieht in zwei Stufen. In der ersten Stufe (Abb. 1–7) sind die Beine gerade – der Kniewinkel beträgt 175 bis 180 Grad – und die Hüften und das Becken angehoben. Die Muskelspannung ist minimal, so daß gerade noch das Gleichgewicht und die Stellung gehalten werden können. Es besteht keine größere Muskelspannung in den Beinen.

Die zweite Stufe kommt vor, wenn eine natürliche Stellung mit einer anderen Bewegung kombiniert wird. Dann beginnt die Muskelkontraktion im Unterleib und spreizt die Beine, wobei der Stand verstärkt wird und Knie und Hüften stabilisiert werden. Der Körper erhält Standfestigkeit und wird damit in eine stabile Position gebracht.

Zahlreiche, wenn auch nicht alle Karatetechniken können aus den natürlichen Stellungen ausgeführt werden.

Bei unseren Untersuchungen haben wir die natürlichen Stellungen mittels eines Elektromyographen, an dem die Sportler angeschlossen waren, untersucht. Im ersten Stadium ist die Muskelkontraktion nur etwas höher, als der normale Muskeltonus verzeichnet. Im zweiten Stadium ergibt die Aufzeichnung eine kraftvollere Kontraktion als im ersten Stadium (siehe Anhang A).

Auch wenn hinsichtlich der Physiologie der natürlichen Stellungen vieles noch der Klärung bedarf, so sollte doch ein Effekt beim Einnehmen einer lockeren Stellung unmittelbar nach einer anstrengenden Übung bemerkt werden. Das Gefühl von Unbehagen und Schwäche, das sich dann häufig einstellt, wird durch einen schwachen Blutzufluß verursacht, weil sich eine große Blutmenge in den unteren Extremitäten angesammelt hat. Um dem entgegenzuwirken, sollte man immer nach jeder Übung langsam abwärmen. Wenn es unvermeidbar ist, ruhig zu stehen, so kann doch das Gefühl des Unbehagens durch Anspannung und Lockerung der Beine vermindert werden. Die Kontraktionen pumpen das Blut zum Herz und verbessern die Blutzirkulation.

Die Natürlichen Stellungen sind – nach der Stellung der Füße – in drei Gruppen eingeteilt: 1. Geschlossene Fußstellungen, 2. Offene Fußstellungen, 3. Rechtwinklige Stellungen.

Stellungen – *Tachikata*

<table>
<tr><th colspan="3">Kategorien</th></tr>
<tr><th>Natürliche Stellungen
Shizen-tai</th><th>Grundstellungen
Kihon-dachi</th><th>Kampfstellungen
Kumite-dachi</th></tr>
<tr><th colspan="3">Gruppe</th></tr>
<tr>
<td>Geschlossene Fußstellungen
Heisoku Burui

Geschlossene Fußstellung
Heisoku-dachi
Zwanglose Bereitschaftsstellung
Musubi-dachi</td>
<td rowspan="2">Gespreizte Beinstellungen
Kiba Burui

Reiterstellung
Kiba-dachi
Frontalstellung
Zenkutsu-dachi
Rückwärtsstellung
Kōkutsu-dachi
Diagonale Reiterstellung
Fudō-dachi
Hockstellung
Shiko-dachi
Kreuzstellung
Kōsa-dachi</td>
<td>Natürliche Kampfstellungen
Shizen kumite-dachi

Kampf-L-Stellung
Renoji kumite-dachi
Kampf-T-Stellung
Teiji kumite-dachi</td>
</tr>
<tr>
<td>Offene Fußstellungen
Hachiji Burui

Offene Fußstellung
Hachiji dachi
Offene Parallelstellung
Heiko-dachi
Offene Beinstellung
Uchi hachiji-dachi</td>
<td rowspan="2">Grundkampfstellungen
Kihon kumite-dachi

Frontalkampfstellung
Zenkutsu kumite-dachi
Rückwärtskampfstellung
Kōkutsu kumite-dachi
Halbfrontale Reiterstellung
Kiba kumite-dachi
Diagonale Seitwärtskampfstellung
Fudō kumite-dachi
Kampfkatzenfußstellung
Neko ashi kumite-dachi
Kampfdreieckstellung/
Kampfhalbmondstellung
Sanchin/hangetsu kumite-dachi</td>
</tr>
<tr>
<td>Rechtwinklige Stellungen
Renoji Burui

L-Stellung
Renoji-dachi
T-Stellung
Teiji-dachi</td>
<td>Halbmondstellungen
Hangetsu Burui

Halbmondstellung
Hangetsu-dachi
Dreieckstellung
Sanchin-dachi
Katzenfußstellung
Neko ashi-dachi
Einbeinstellung
Sagi ashi-dachi</td>
</tr>
</table>

3.

4.

5.

Natürliche Stellungen

Shizen-tai

1.

2.

6.

7.

Geschlossene Fußstellungen – *Heisoku Burui*
Geschlossene Fußstellung – *Heisoku-dachi* (Abb. 1)
Zwanglose Bereitschaftsstellung – *Musubi-dachi* (Abb. 2)

Offene Fußstellungen – *Hachiji Burui*
Offene Fußstellung – *Hachiji-dachi* (Abb. 3)
Offene Parallelstellung – *Heiko-dachi* (Abb. 4)
Offene Beinstellung – *Uchi hachiji-dachi* (Abb. 5)

Rechtwinklige Stellungen – *Renoji Burui*
L-Stellung – *Renoji-dachi* (Abb. 6)
T-Stellung – *Teiji-dachi* (Abb. 7)

Geschlossene Fußstellungen

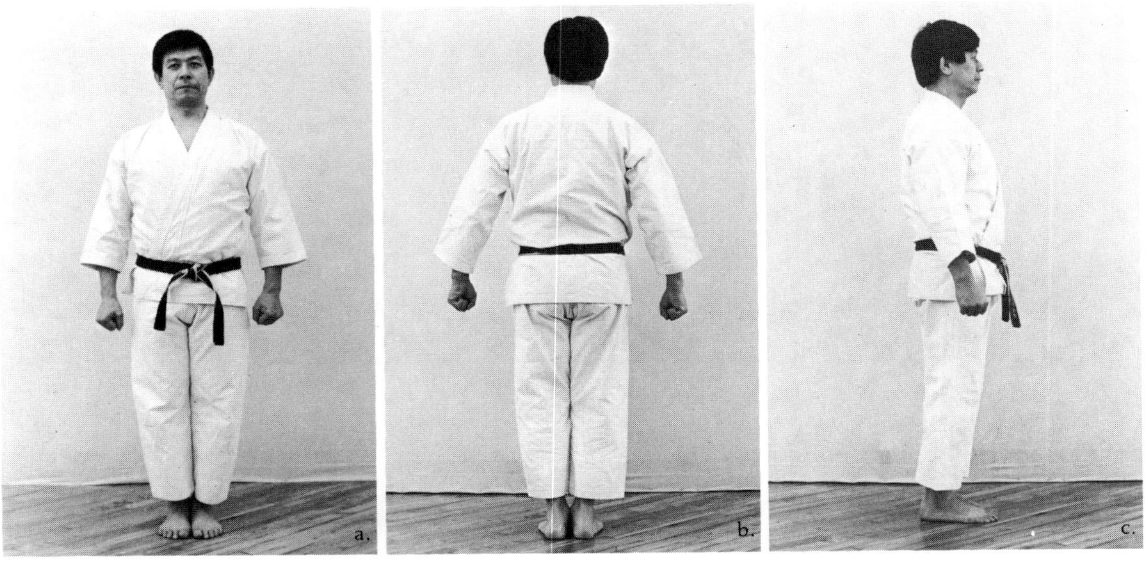

8.

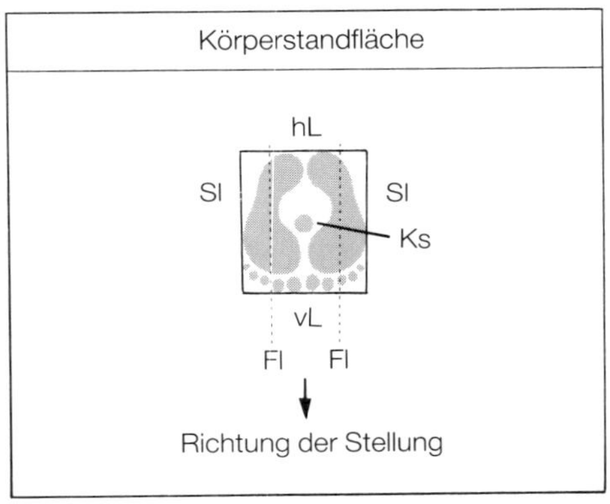

hL = hintere Linie
S = Seitenlinie
Ks = Körperschwerpunkt
vL = vordere Linie
Fl = Fußlinie

9.

Geschlossene Fußstellung *Heisoku-dachi*

Bei dieser Stellung wird der Oberkörper aufrecht gehalten, die Füße stehen parallel und sind geschlossen. Das Körpergewicht ist auf eine kleine Bodenfläche verteilt (Abb. 8a–8c und 9).

Zum Einnehmen dieser Stellung werden die Füße zusammengeführt. Die Fersen sind gerade ausgerichtet (auf einer Linie); ebenso die Zehen. Der Kniewinkel beträgt etwa 175 bis 180 Grad; die Beine sind gerade. Die Standfestigkeit bei dieser Stellung ist in Ruhepausen ausreichend, aber nicht günstig bei kraftvollen Aktionen. Diese Stellung ermöglicht jedoch einen gewissen Grad der Standfestigkeit nach vorne und hinten. Obwohl sie eine der weniger stabilen Karatestellungen ist, kann Standfestigkeit durch intensive Muskelanspannung erzielt werden. In diesem Fall können bestimmte Techniken (Stöße oder Tritte) aus dieser Stellung heraus ausgeführt werden. Wird der Körper leicht nach vorne gegen den Anprallpunkt gelehnt, so kann das Körpergewicht für Abwehrtechniken eingesetzt werden.

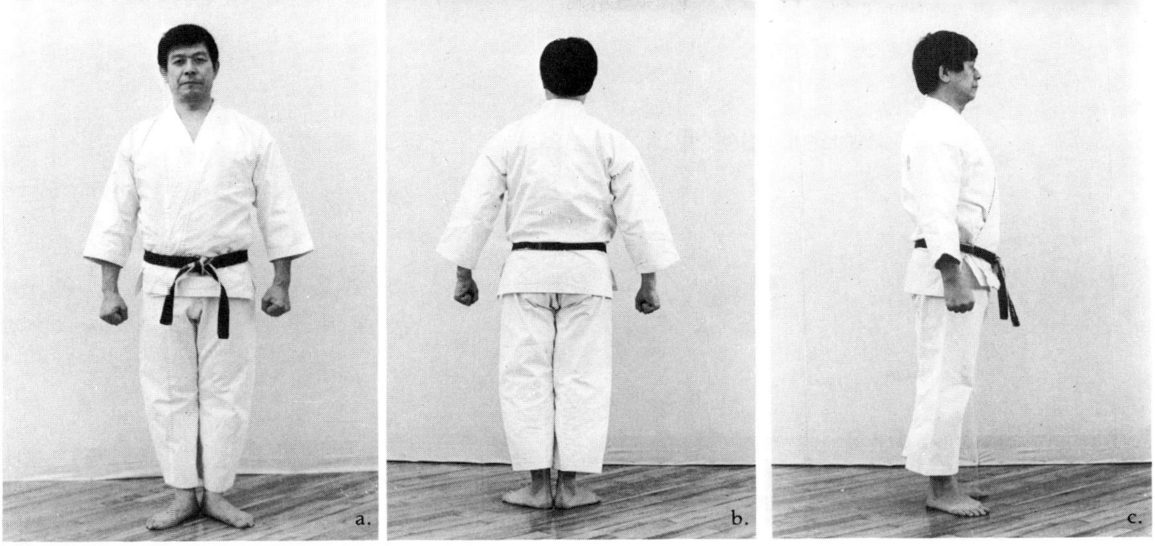

10.

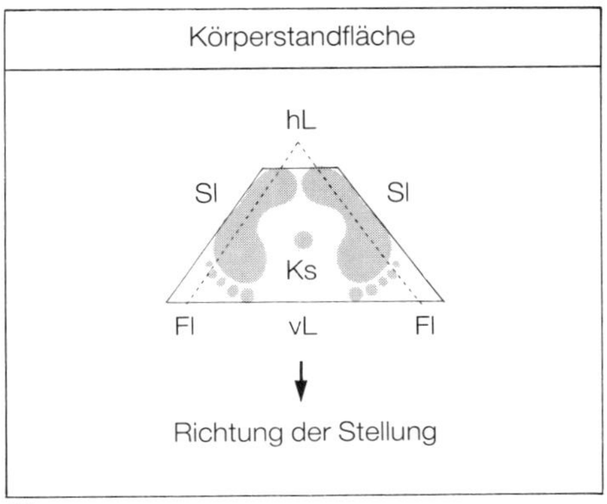

11.

Zwanglose Bereitschaftsstellung *Musubi-dachi*

Bei *Musubi-dachi*, der zweiten der geschlossenen Fußstellungen, ist die Empfindung, gelockert, zugleich aber auch wachsam zu sein, stärker als in *Heisoku-dachi*. Die Standfläche des Körpers stellt ein Trapezoid dar, bei dem die vordere Linie länger als die hintere ist. Der Körperschwerpunkt liegt genau zwischen den Füßen. Die Richtung der Stellung ist geradeaus.

Beim Einnehmen dieser Stellung werden die Fersen auf der hinteren Linie zusammengestellt. Zehen und Knie sind in einem 45-Grad-Winkel nach außen gerichtet. Der Oberkörper steht in aufrechter Haltung (Abb. 10a–10c und 11).

Aufgrund der größeren Körperstandfläche ist *Musubi-dachi* stabiler als *Heisoku-dachi*. Kleine Karatesportler mit großen Füßen werden eine größere Standfestigkeit haben als größere Sportler mit kleinen Füßen. Zusätzliche Standfestigkeit kann durch Kontraktion der unteren Bauch- und Beinmuskulatur erreicht werden, wodurch der Kniewinkel kleiner wird.

Wenn die zwanglose Bereitschaftsstellung über einen längeren Zeitraum gehalten werden muß, so ist ein abwechselndes Anspannen der Beinmuskeln zu empfehlen, da eine längere isometrische Kontraktion einen Krampf im Bereich der Knie verursachen wird.

Aus dieser Stellung heraus können eine begrenzte Anzahl von Techniken – mit einem gemäßigten Grad der Standfestigkeit – ausgeführt werden. *Musubi-dachi* wird häufig als Ausgangsposition für Tritte oder Fußfeger verwendet und als Zwischenstadium bei komplexen Körperdrehungen.

Offene Fußstellungen

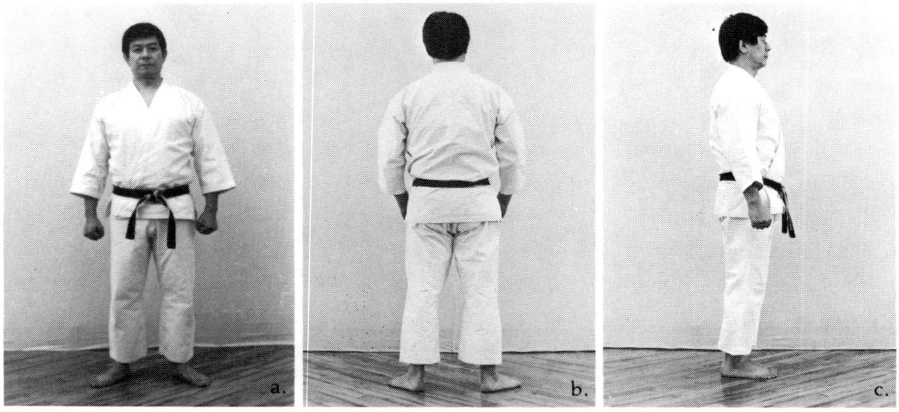

12.

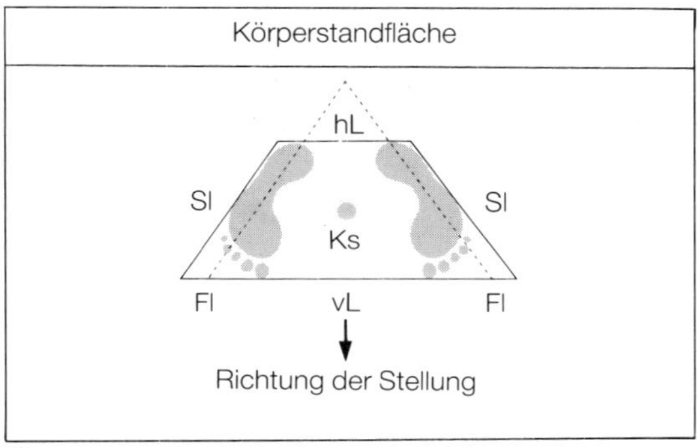

13.

Offene Fußstellung *Hachiji-dachi*

Hachiji-dachi ist die erste dieser Stellungen. Für viele Karateka ist sie die lockerste aller Karatepositionen. Die vordere Linie ist länger als die hintere; die Seitenlinien und der Schwerpunkt liegen zwischen den Füßen im Mittelpunkt der Körperstandfläche. Obwohl für das bloße Auge nicht sichtbar, vermindert das Auseinanderstellen der Füße den Abstand zwischen den Hüften. Dadurch wird in einem gewissen Grad ein Drehen der Hüfte ermöglicht.

Der Abstand zwischen den Füßen entspricht, wie es die Abb. 12a–12c und 13 verdeutlichen, in etwa dem der Hüften. Die Fersen sind auf einer Linie und die Zehen 35 Grad nach außen gerichtet. Der Oberkörper steht aufrecht und direkt über den Beinen.

In dieser Stellung ist die Standfestigkeit größer als in der geschlossenen Fußstellung. Weil die hintere Linie und die Seitenlinien kürzer sind als die Vorderlinie, ist dieser Stand nach hinten und zu den Seiten weniger stabil als nach vorne.

Offene Beinstellungen ermöglichen sehr viel Beweglichkeit. Techniken können daraus mit mittlerer Kraft ausgeführt werden. Blocks oder Stöße werden durch die Hüftdrehung unterstützt. *Hachiji-dachi* wird als erste Körperposition im Rahmen des anfänglichen Übens von Abwehr-, Tritt-, Schlag- und Stoßtechniken angewandt.

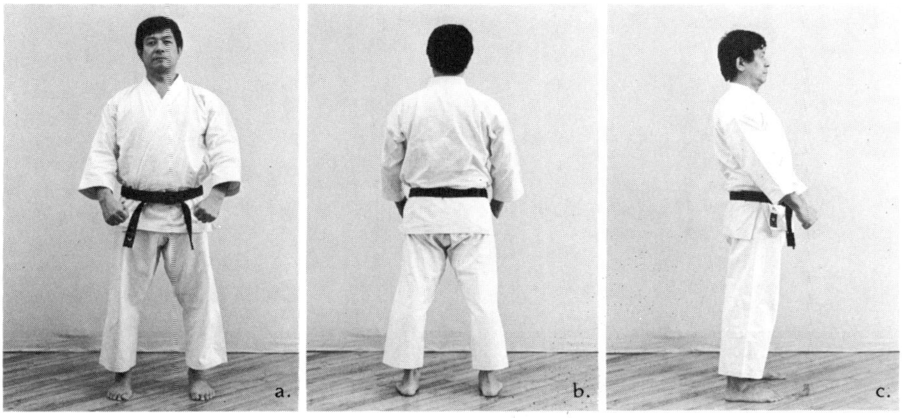

14.

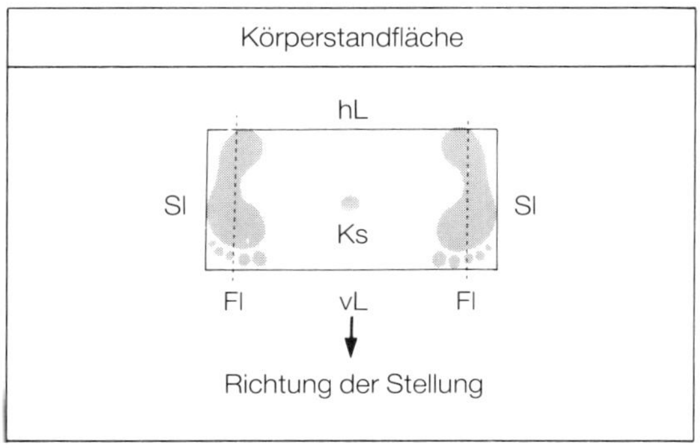

15.

Offene Parallelstellung *Heiko-dachi*

Heiko-dachi, die zweite offene Stellung, wird bei vielen Karateka als eine extrem lockere und ausgesprochen natürliche Stellung angesehen.

Bei gehenden Personen kann beobachtet werden, daß deren Zehen entweder nach außen zeigen, parallel oder einwärts gedreht sind. Was erstere angeht, so wäre zu sagen, daß für diese *Musubi-dachi* eine ausgesprochen bequeme Stellung darstellen würde; für die zweite Gruppe *Heiko-dachi* und für die letzte die umgekehrte Beinstellung, also *Uchi hachiji-dachi*.

Bei der parallelen Beinstellung bildet die Körperstandfläche ein Rechteck – die vorderen und hinteren Linien sind normalerweise länger als die seitlichen Linien. Das Körpergewicht ist über eine große Bodenfläche verteilt, und das Schwerezentrum fällt in die Mitte des Rechtecks.

Wie aus den Abb. 14a–14c ersichtlich, sind die Füße parallel und auseinandergestellt. Fersen und Zehen befinden sich auf einer Linie (der Oberkörper ist gerade).

Diese Stellung besitzt mehr Stabilität als die geschlossenen Fußstellungen; sie ist nach vorne und zu den Seiten standfester als nach hinten. Durch den Einsatz der Zehen kann das Körpergewicht ohne Gleichgewichtsverlust nach vorne verlagert werden. Der einzige schwache Punkt liegt darin, daß im hinteren Bereich die Fersen nicht die nötige Kraft besitzen, um ein Ungleichgewicht in dieser Richtung aufzufangen.

Heiko-dachi ist in erster Linie eine lockere Stellung. Jedoch erlaubt der erhebliche Grad an Standfestigkeit die Ausführung einer Reihe von Abwehrtechniken, Tritten und Stößen.

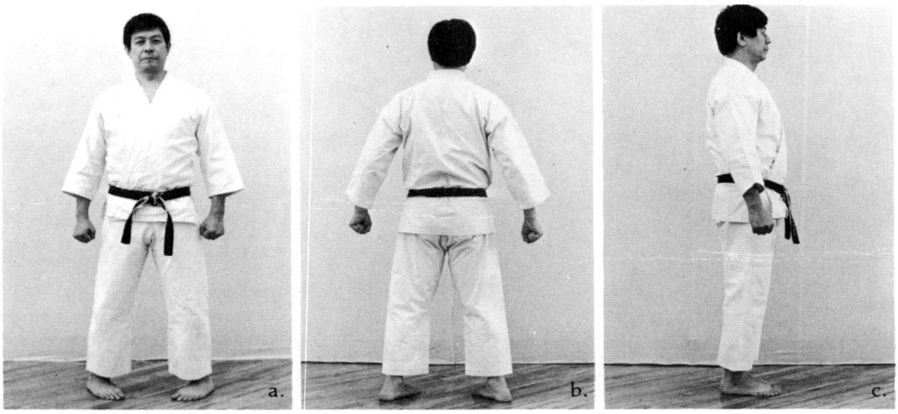

16.

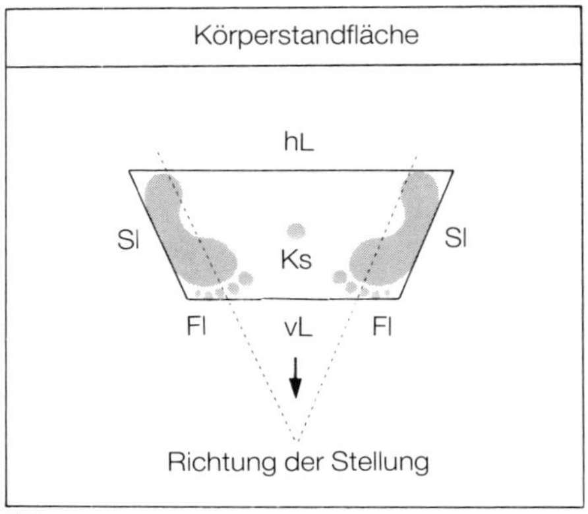

17.

Offene Beinstellung *Uchi hachiji-dachi*

Die dritte dieser offenen Stellungen ist hinsichtlich ihrer Entspanntheit ähnlich wie die beiden anderen.

In *Uchi hachiji-dachi* sind die Hüften zur Körpermittellinie einwärts gedreht. Eine besondere Auswirkung hat der Hüftimpuls bei Abwehr-, Stoß- oder kombinierten Techniken. Wenn die Hüften wie hier einwärts oder auch auswärts gedreht werden, so ist die Reichweite der Drehung im Hinblick auf eine Technik begrenzt. Folglich besteht ein geringeres Muskelpotential, aus dem Kraft gewonnen werden kann.

Beim Einnehmen dieser Stellung werden die Füße schulterbreit auseinandergestellt und in einem Winkel von 45 Grad einwärts gedreht. Die Spitze dieses Winkels und die Standrichtung zeigen nach vorne. Die Knie haben dieselbe Ausrichtung wie die Zehen. Die Fersen liegen auf einer Linie, ebenso wie auch die Zehen. Der Schwerpunkt liegt in der Mitte der Körperstandfläche (Abb. 16a–16c und 17).

Uchi hachiji-dachi besitzt sehr viel Stabilität in allen Richtungen und kann – da es in erster Linie eine entspannte Stellung ist – mit anderen Aktionen kombiniert werden. Intensive Muskelanspannung im Unterbauch, in den Hüften und Beinen erhöht die Standfestigkeit, und zahlreiche Techniken können kraftvoll aus dieser Stellung ausgeführt werden.

Rechtwinklige Stellungen

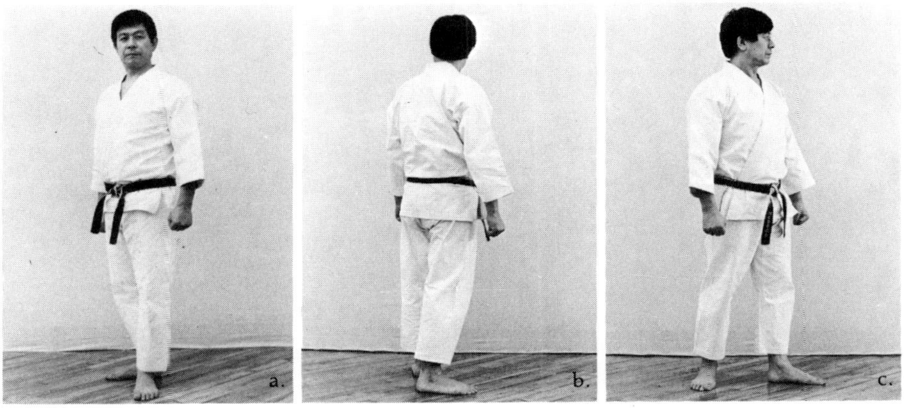

18.

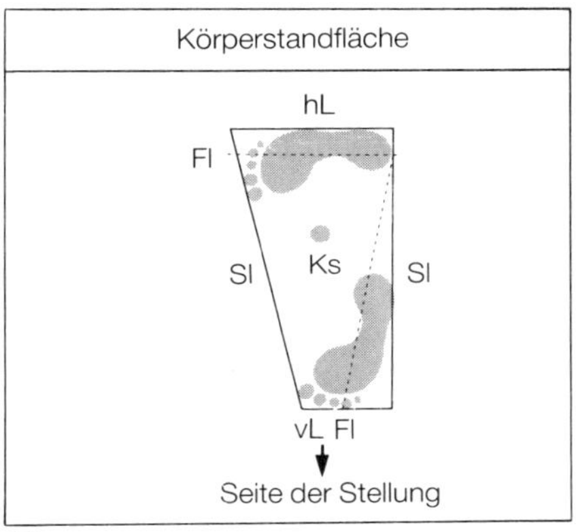

19.

L-Stellung *Renoji-dachi*

Renoji-dachi ist eine der beiden rechtwinkligen Stellungen. Sie kann entweder als linke oder rechte Stellung eingenommen werden. Steht der rechte Fuß zurück, dann heißt sie linke L-Stellung und umgekehrt. In beiden Fällen fällt das Schwerezentrum in die Mitte der Körperstandfläche, die ein unregelmäßiges Viereck bildet.

Die L-Stellung bezieht ihren Namen von der Stellung der Füße. Vorderer und hinterer Fuß stehen im rechten Winkel zueinander. D. h., der hintere Fuß steht auf der gleichen Linie senkrecht zum vorderen, genau nach vorne zeigenden Fußes, wobei die Fußlinien dem Buchstaben L gleichen (Abb. 18a–18c und 19). Der Abstand zwischen der vorderen Ferse und der Fußkante des hinteren Fußes entspricht etwa der Breite der Hüften. Die Richtung des vorderen Fußes bezeichnet die Standrichtung.

Aufgrund der Position der Füße ist die L-Stellung nach vorne und nach hinten sehr stark, nicht aber zu den Seiten. Besonders schwach ist die nach vorne zeigende Körperseite. Wird man in dieser Stellung gegen die Brust gestoßen, so kann man leicht aus dem Gleichgewicht gebracht werden.

Renoji-dachi ist geeignet für eine große Anzahl von Abwehr- und Schlagtechniken; ebenso auch für Tritte mit dem vorderen Bein. Muskelanspannung vergrößert die Standfestigkeit; die Beweglichkeit ist hoch, und deshalb kann diese Stellung als ein Schritt zwischen den Aktionsstufen betrachtet werden.

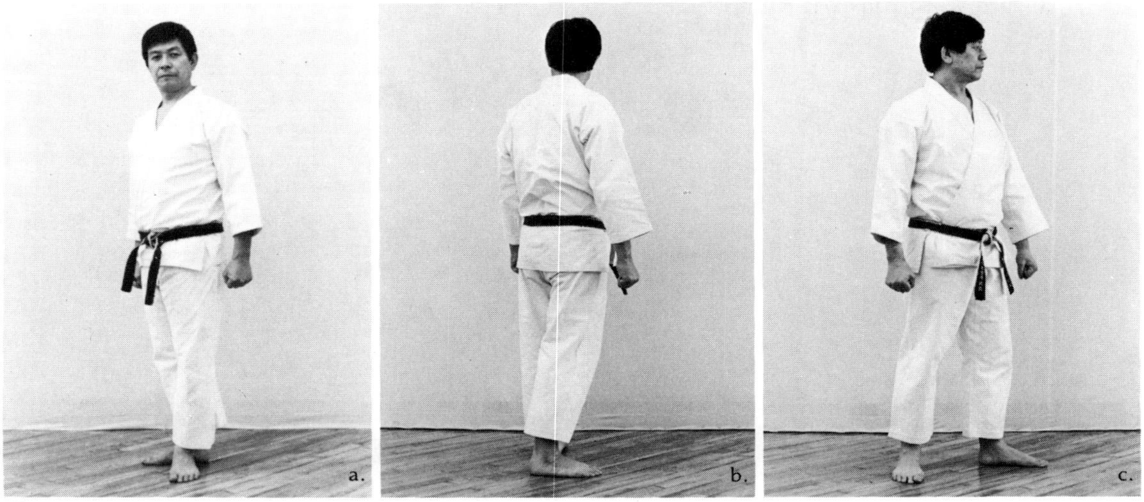

20.

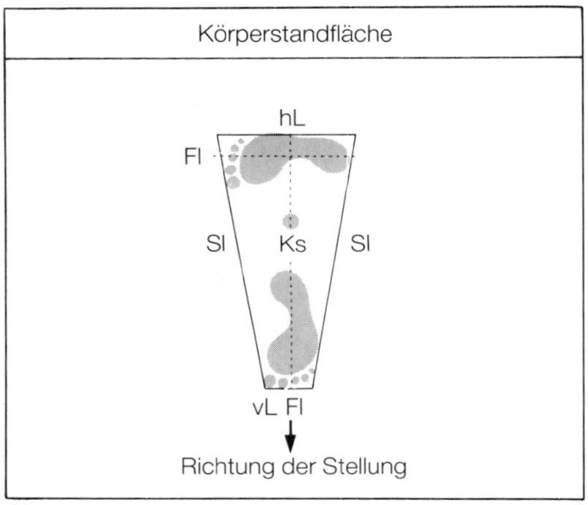

21.

T-Stellung *Teiji-dachi*

Die zweite der rechtwinkligen Stellungen ist *Teiji-dachi*. Sie wird auch – je nachdem, welcher Fuß nach hinten steht – als linke oder rechte T-Stellung bezeichnet. Der vordere Fuß zeigt gerade nach vorne (Stellungsrichtung). Der Oberkörper ist gerade, die Projektionsfläche des Körpers ist etwas kleiner als bei der L-Stellung. Beim Vergleich dieser beiden Stellungen ist anzumerken, daß – von vorne gesehen – die hintere Ferse nur bei der T-Stellung zu sehen ist.

Beim Einnehmen dieser Stellung wird der Buchstabe T mittels der Fußlinien (der Winkel beträgt etwa 85 Grad) gebildet. Das Körpergewicht ist gleichmäßig auf beide Beine verteilt (Abb. 20a–20c und 21). Der Schwerpunkt liegt auf halber Strecke zwischen den Füßen.

Die T-Stellung ist nach hinten stabiler als die L-Stellung, aber schwächer zu den Seiten. Wie auch die anderen natürlichen Stellungen, ist *Teiji-dachi* eine entspannte Stellung, aber eine starke Muskelanspannung im Unterbauch und in den Beinen kann den Übergang in eine aktionsbezogene Freikampfstellung einleiten. Aus dieser zweiten Stufe können Blocks, Stöße, Tritte mit großer Intensität ausgeführt werden.

22.

23.

24.

25.

Grund-
stellungen
Kihon-dachi

26.

27.

28.

29.

30.

31.

Gespreizte Beinstellungen – *Kiba Burui*
Reiterstellung – *Kiba-dachi* (Abb. 22)
Frontalstellung – *Zenkutsu-dachi* (Abb. 23)
Rückwärtsstellung – *Kōkutsu-dachi* (Abb. 24)
Diagonale Reiterstellung – *Fudō-dachi* (Abb. 25)
Hockstellung – *Shiko-dachi* (Abb. 26)
Kreuzstellung – *Kōsa-dachi* (Abb. 27)

Halbmondstellungen – *Hangetsu Burui*
Halbmondstellung – *Hangetsu-dachi* (Abb. 28)
Dreieckstellung – *Sanchin-dachi* (Abb. 29)
Katzenfußstellung – *Neko ashi-dachi* (Abb. 30)
Einbeinstellung – *Sagi ashi-dachi* (Abb. 31)

Grundstellungen

Genaue Beobachtungen im Hinblick auf die Ausführung der Grundstellungen zeigen die Elemente Stärke, Standfestigkeit und große Verläßlichkeit. Dies steht in enger Beziehung damit, daß sie die stabilsten Körperstellungen im Karate sind.

Die Grundstellungen müssen als grundlegende Karatetechniken verstanden und ausgeübt werden. Anfänglich als gesonderte Fertigkeiten gelernt, werden sie dann später mit anderen Techniken kombiniert und praktiziert. Bei der Verbindung von Stellung und Technik können drei Stufen unterschieden werden.

Die erste Stufe bezieht sich auf die Stellung vor der Ausführung der Technik. Dabei ist die Stellung gewöhnlich höher und auch entspannter, weil sie an der oberen Grenze im Hinblick auf die normale Ausführung liegt. Gewinnt man den Eindruck, daß eine Stellung noch nicht ganz vollendet ist, kann das daher rühren, daß die Anspannung der Hüfte und der Beinmuskeln nicht optimal ist.

Die zweite Stufe beinhaltet die Stellung während der Ausführung einer Technik. Die Höhe der Stellung soll hier möglichst der Größe und Fähigkeit des einzelnen Karatesportlers angepaßt sein.

Die dritte Stufe bezeichnet das Einnehmen der Stellung nach Ausführung einer Technik. Dabei erfolgt eine Rückkehr zu einer höheren Position, um unnötige und längere Gewichtsbelastungen zu verhindern.

Im Hinblick auf das zweite Stadium stellt sich die Frage, wie tief die Einnahme der Grundstellung erfolgen sollte, um so effektiv wie möglich zu sein. Viele Karatesportler sind der Auffassung, daß eine Grundstellung um so besser sei, je niedriger sie eingenommen wird. In diesem Zusammenhang werden verschiedene Begründungen vorgebracht, von denen die zwei am häufigsten zitierten die sind, daß das Gleichgewicht besser sei und daß ein niedriger Stand den Körper stärken und ein höheres Konditionsniveau ergeben würde.

Die auf ein besseres Gleichgewicht zielende Begründung wäre dann hinreichend gerechtfertigt, wenn die Zielsetzung einer guten Stellung nur das Gleichgewicht wäre. Eine Stellung muß aber nicht nur das Gleichgewicht ermöglichen, sondern auch all diejenigen Komponenten berücksichtigen, die für die Ausführung einer Technik nützlich sind und damit zugleich einen hohen Grad an Beweglichkeit sichern. Folgende drei Fragen sind daher zu beantworten: Ist es möglich, einen effektiven Tritt auch aus einer niedrigen Stellung auszuführen? Wenn ja, wie oft kann dies dann wiederholt werden? Kann man aus einer tiefen Stellung in eine andere wechseln? Die Beantwortung dieser Fragen wird helfen, um für jeden die optimale Höhe einer Stellung im Hinblick auf eine spezifische Situation zu bestimmen.

Analog dazu gibt es auch Rechtfertigungen für die zweite Auffassung. Hier wird die Annahme gemacht, daß, wenn eine Stellung in einer niedrigen Position ausgeübt werde, der gleiche Stand dann auch in einer höheren Position leichter ausgeübt werden könne. Wir meinen, daß dies den Sachverhalt übermäßig vereinfacht, weil bei dieser Begründung die beteiligten Körpersysteme nicht hinreichend berücksichtigt werden, insbesondere das Nervensystem und die Skelettmuskulatur. Diese beiden Systeme müssen harmonisch aufeinander abgestimmt sein, um eine Technik oder irgendeine andere willentliche Muskelaktion auszuführen. Wenn jemand zum Beispiel einen niedrigen Stand während einer Übung einnimmt und dann während des Freikampfes in einen höheren Stand überwechselt, hat dies eine Beeinträchtigung der Beziehung zwischen Nerven und Muskeln zur Folge. Der einzige Weg, um das Zusammenwirken beider zu garantieren, besteht darin, den gleichen Bewegungsumfang beim Training und beim Freikampf zu verwenden.

Die für eine optimale Stellungshöhe zu berücksichtigenden Faktoren sind die Größe eines Sportlers, seine Beinlänge, die Stärke und Ausdauer seiner Beinmuskeln, der Grad seiner Kondition und seine Karatekenntnisse.

Zusammenfassend kann man sagen, daß das Üben einer niedrigen Stellung zum Zweck der Verbesserung der allgemeinen physischen Kondition durch Beanspruchung von Muskelfasern, die nicht auf eine andere Weise stimuliert werden, gerechtfertigt ist.

Die Grundlage für die Einteilung der Grundstellungen in zwei Gruppen ist die Spannung in den Kniegelenken während der Ausführung der Stellungen. Bei den sechs *Kiba-dachi*-Stellungen liegt die Spannung auf der Außenseite der Knie, bei den vier *Hangetsu-dachi*-Stellungen auf der Innenseite der Knie.

Gespreizte Beinstellungen

32.

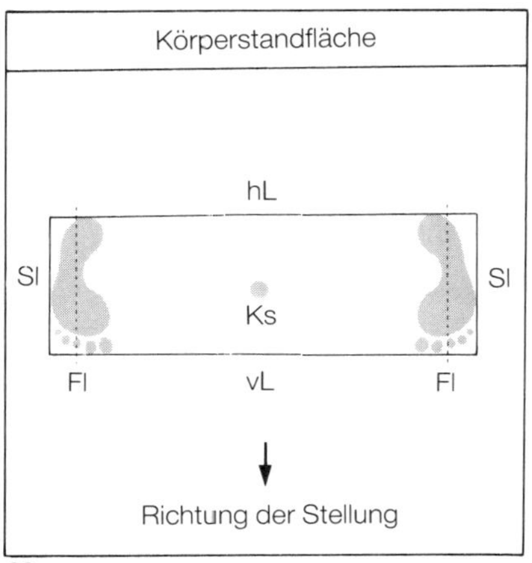

33.

Reiterstellung *Kiba-dachi*

Von der Ähnlichkeit mit der Reithaltung auf einem Pferd (*Kiba*) hat diese Stellung ihren Namen. *Kiba-dachi* ist repräsentativ für diejenige Gruppe von Stellungen, bei denen die Spannung auf der äußeren Seite der Kniegelenke liegt, da vier der weiteren fünf Stellungen – *Zenkutsu-dachi, Kōkutsu-dachi, Fudō-dachi* und *Shiko-dachi* – aus der Reiterstellung heraus ausgeführt werden können. *Kōsa-dachi* bildet die einzige Ausnahme.

Die Körperprojektionsfläche der Pferdesitzstellung ist ein breites Rechteck. Die Stellung ist extrem stark zur Seite, aber weniger stabil nach vorne und nach hinten.

Beim Einnehmen dieser Stellung aus einer offenen Beinstellung wird der linke Fuß parallel zur linken Seite bewegt. Die Füße stehen etwa zwei Schulterbreiten auseinander (Abb. 32a–32d und 33). Beide Füße zeigen nach vorne. Die Knie sind gebeugt und nach außen gedrückt.

Die fünf wichtigsten Punkte sind:

1. *Position der Füße und Knie.* Wesentlich für ein gutes Gleichgewicht ist, daß die Füße parallel stehen und in dieselbe Richtung zeigen wie die Knie. Eine Lotschnur vom Knie würde genau neben den großen Zeh kommen. Um die äußere Spannung der Knie zu erreichen, ist der Einsatz der Fußknöchel ebenso wie der der Hüften erforderlich.
2. *Abstand zwischen den Füßen.* Dieser variiert mit der Schulterbreite des jeweiligen Sportlers. Ein enger Stand (weniger als zwei Schulterbreiten) wird sowohl die Körperstandfläche als auch die Standfestigkeit verringern. Während ein niedriger und breiter Stand die Standfestigkeit erhöht, wird bei ihm die Beweglichkeit stark eingeschränkt.
3. *Haltung des Oberkörpers.* Während der Ausführung der Stellung sollte der Oberkörper gerade aufrecht gehalten werden. Anfänger zeigen die Tendenz, sich nach vorne zu lehnen, was zur Folge hat, daß sich der Körperschwerpunkt verschiebt und damit das Gleichgewicht verlorengeht. Dies sollte während des Übens korrigiert werden.
4. *Haltung der Hüften.* Die Haltung der Hüften zum Oberkörper hängt von dem Grad der Muskelkontraktion des Unterleibs ab. Eine maximale Anspannung wird die Hüften nach vorn drücken, nachdem die Stellung eingenommen ist. Der Abstand der Hüften vom Boden ist abhängig von der Breite der Stellung und dem Grad der Kniebeugung.
5. *Beinmuskeln.* Ein starker und stabiler Stand ist nur bei vollem Einsatz der Beinmuskeln möglich. Nur so ergibt sich eine Spannung, welche die Gelenke und Stellung stabilisiert.

Kiba-dachi ist eine der am häufigsten verwendeten Stellungen, da daraus viele Aktionen zur linken oder rechten Seite ausgeführt werden können.

Frontalstellung *Zenkutsu-dachi*

Zenkutsu-dachi ist eine der grundlegendsten Stellungen im Karate. Zur übungsmäßigen Ausführung einer Technik ist die Frontalstellung – die den Eindruck eines überzogenen Schrittes vermittelt – die gebräuchlichste.

Im Gegensatz zur gleichmäßigen Verteilung des Körpergewichtes bei den natürlichen Stellungen und *Kiba-dachi* liegt hierbei das Körpergewicht zu 60 Prozent auf dem vorderen und zu 40 Prozent auf dem hinteren Bein. Das Gleichgewicht ist gut und macht den Körper widerstandsfähig gegenüber einer Einwirkung von vorne oder von hinten (Abb. 34a–34d und 35).

Die zwei Formen der Frontalstellung sind: die gerade Frontalstellung – *Shōmen zenkutsu-dachi* – und die seitliche Frontalstellung – *Hanmi zenkutsu-dachi*. In beiden Fällen gibt es linke und rechte Frontalstellungen, abhängig davon, welches Bein vorne steht und das meiste Gewicht trägt.

34.

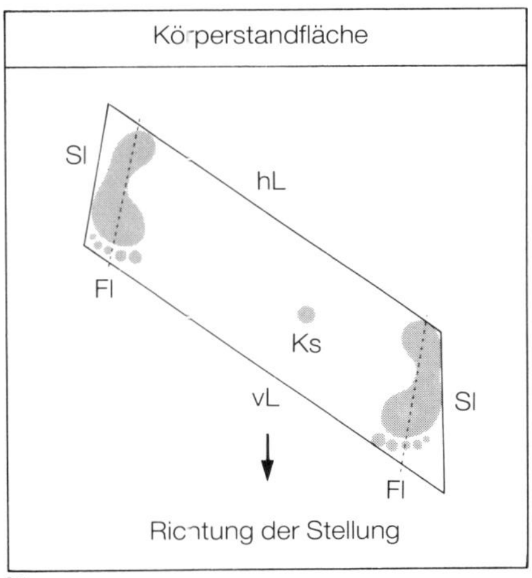

35.

Gerade Frontalstellung *Shōmen Zenkutsu-dachi*

Hierbei sind verschiedene Ausgangspositionen möglich. Die Abb. 34a–34d zeigen die Ausführung von *Shōmen zenkutsu-dachi* aus der offenen Beinstellung. Aus dieser wird der linke Fuß in einem Halbkreis nach vorn geführt und daher nur wenig abgehoben. Am Ende dieser Bewegung steht das linke Knie genau über dem linken Fuß und ist nach außen gedrückt. Das hintere Bein ist gestreckt; der Fuß sollte soweit wie möglich in Laufrichtung eingedreht sein.

Folgende Punkte sind bei dieser Stellung zu beachten:

1. *Länge der Stellung.* Eine zu kurze Stellung (weniger als zwei Schulterbreiten) ist damit auch zu hoch (geringe Standfestigkeit). Ist die Stellung aber zu lang, so liegt zwar Stabilität vor, aber die Beweglichkeit ist eingeschränkt.
2. *Breite der Stellung.* Die günstigste Breite der Vorwärtsstellung beträgt – von vorne gesehen – etwa eine Schulterbreite. Wenn die Stellung zu eng ist, wird es schwierig, das Gleichgewicht zu halten; ist sie zu breit, ist der Körper bei gegnerischen Angriffen ungeschützt, insbesondere im Bereich des Unterleibs und der Leisten; auch die Beweglichkeit ist eingeschränkt.

3. *Vordere Knieposition.* Die Haltung und der Grad der Beugung des vorderen Knies bestimmen die Verteilung des Körpergewichts durch Verlagerung des Schwerpunktes nach vorne. Infolge der Gewichtsbelastung des vorderen Beines (zu etwa 60 Prozent) muß auch der Fußknöchel gebeugt werden. Für Anfänger kann die Dehnung der unteren Bänder des Beines (und der Sehnen) schmerzhaft sein, was aber im Rahmen des zunehmenden Übungsfortschritts verbessert werden kann.
4. *Position des hinteren Beines.* Das hintere Knie ist bei Beginn der Stellung leicht gebeugt, in der Endstellung ganz gestreckt. Der hintere Fuß steht mit der ganzen Fußsohle fest auf dem Boden und ist so weit wie möglich nach vorne eingedreht. Dabei erfolgt die Standfestigkeit durch das hintere Bein. Mangel: Beugung des hinteren Knies und Anhebung der hinteren Ferse.
5. *Position der Hüften.* Der letzte Schritt in der geraden Vorwärtsstellung besteht darin, daß die hintere Hüfte so weit wie möglich nach vorne gedrückt wird. Auch die Kontraktion der unteren Bauchmuskeln ist ein wichtiger Faktor für eine gute Einnahme der Stellung.
6. *Richtung der Füße.* Beide Füße sind nach vorne gerichtet und stehen parallel zueinander. Die Richtung der Stellung bildet einen Winkel von etwa 15 Grad mit den Fußlinien.
7. *Oberkörper.* Haltung und Muskelspannung des Oberkörpers richten sich nach der Ausführung der Stellung, um einen maximalen Effekt zu erzielen. Der Oberkörper sollte sowohl in der geraden als auch seitlichen Frontalstellung gerade aufgerichtet sein.

Seitliche Frontalstellung — *Hanmi Zenkutsu-dachi*

Die Ausführung der Stellung erfolgt genauso wie bei der geraden Frontalstellung, mit Ausnahme der Haltung des Oberkörpers. Der Rumpf zeigt dabei ein wenig zur Seite und bildet einen 30- bis 40-Grad-Winkel mit den Beinen.

Bei maximaler Spannung der Unterleibs- und Beinmuskeln ist diese Stellung die stärkste unter allen Frontalstellungen. Die gerade Frontalstellung wird oft im Rahmen von Angriffstechniken angewendet – sowohl in der Kata als auch im Freikampf. Die seitliche Frontalstellung wird hauptsächlich beim Abwehren, aber auch für Prellstöße (*Kizami-zuki*) und bestimmte Ellenbogen- und Schlagtechniken eingesetzt. Das Gleiten von der seitlichen zur vorderen Stellung erfolgt auch, wenn einem Stoß aus der geraden Frontalstellung eine Abwehr aus der seitlichen Frontalstellung folgt.

Zenkutsu-dachi wird schon sehr früh im Training gelernt und ist zusammen mit *Kiba-dachi* und *Kōkutsu-dachi* für das Erlernen der ersten Kata notwendig.

Rückwärtsstellung — *Kōkutsu-dachi*

Bei *Kōkutsu-dachi* der dritten Stellung in der *Kiba-dachi*-Gruppe, liegt der Schwerpunkt hinten. 70 Prozent des Körpergewichts ruhen auf dem hinteren, stark gebeugten Bein. Der Anteil des nach hinten verlagerten Gewichts hängt von der Beugung des hinteren Knies ab. Je stärker dies gebeugt ist, desto mehr kommt der Schwerpunkt nach hinten.

Die Körperstandfläche ist etwas enger als bei der Vorwärtsstellung, so daß die Standfestigkeit etwas geringer, aber nach hinten stark ist. Je nachdem, welches Bein hinten steht, wird diese Stellung entweder als linke (*Hidari kōkutsu-dachi*) oder rechte (*Migi kōkutsu-dachi*) Rückwärtsstellung bezeichnet.

Diese Stellung wird verschieden ausgeführt. Die geeignetste für das Verstehen der Abfolge ist die, aus der offenen Beinstellung heraus zu beginnen. Dabei wird der linke Fuß gerade nach vorne geführt, um die rechte Rückwärtsstellung einzunehmen. Die Füße stehen zwei Schulterbreiten auseinander. Das hintere Bein trägt das meiste Gewicht und ist leicht nach außen gedreht. Beide Knie sind auf einer Linie mit den Füßen (die Fußlinien bilden einen Winkel von 80 bis 85 Grad). Siehe dazu die Abb. 36a–36d und 37.

Nach Einüben der rechten Rückwärtsstellung sollte die linke trainiert werden. Anfänger werden dabei meist Schmerzen haben, die allerdings durch richtiges Training beseitigt werden können. Bei dieser Stellung werden die Kniegelenke stark beansprucht, und es ist daher nicht ratsam, über die Schmerzgrenze hinauszugehen, weil dies die Bänder und Gelenke gefährdet und eine chronische Gelenkkrankheit zur Folge haben kann.

Die Rückwärts-, Frontal- und Reiterstellung werden meist in der Kata eingesetzt. *Kōkutsu-dachi* erscheint weniger häufig im Rahmen des Freikampfes, als es erwartet wird. Dies hat seinen Grund in der Schwierigkeit des Erlernens dieser Stellung und des mangelnden Zutrauens bezüglich ihrer Anwendung. Ist sie aber einmal gemeistert, kann die Rückwärtsstellung effektiv auch im Wettkampf – entweder beim Abwehren oder auch beim Angriff – eingesetzt werden. Diese Stellung ist Teil der Heian 1, der ersten der zu erlernenden Kata.

a. b. c.

36.

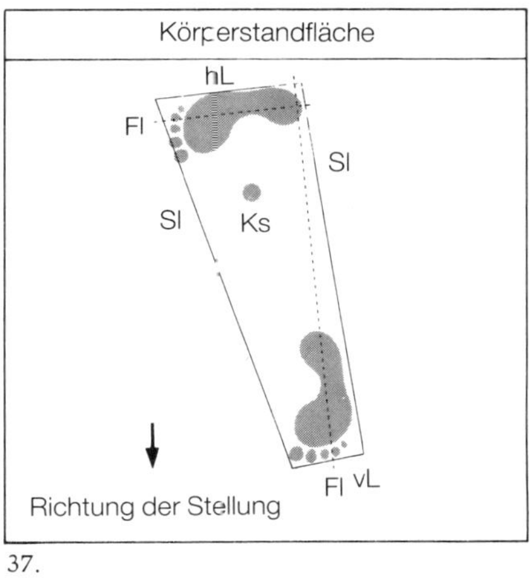

37.

d.

Diagonale Reiterstellung *Fudō-dachi*

Ebenso wie gewisse andere Stellungen hat *Fudō-dachi* mehr als einen Namen. Infolge ihrer häufigen Anwendung in der Sochin kata – sie nimmt zwei Drittel der 25 Stellungen ein – wird sie auch *Sochin-dachi* genannt. Die Bezeichnung macht den unbeweglichen oder verwurzelten Charakter der Stellung deutlich, welche bei der Ausführung der Stellung durch den Sportler klar wird.

Wir sind der Auffassung, daß die Bezeichnung diagonale Reiterstellung die einmaligen Eigenschaften dieser Stellung angemessen zum Ausdruck bringt. Die Ähnlichkeit mit der Pferdesitzstellung sollte bemerkt werden, ebenso die Unterschiede. Faßt man die Richtung der Stellung ins Auge, so zeigt sich, daß sich der Oberkörper in einem Winkel von 30 bis 40 Grad zu beiden Beinen befindet.

Die Körperstandfläche ist breit und viereckig, was diese Stellung zu einer in allen Richtungen ausgesprochen stabilen Stellung macht, aber auch die Beweglichkeit ist gut. Die Linien der Füße sind parallel, und der Schwerpunkt fällt auf halber Strecke zwischen die Füße. Wenn das linke Bein vorne steht, spricht man von linker Diagonal-Reiterstellung und umgekehrt.

Auch wenn weitere Ausgangspositionen möglich sind, so ist die offene Beinstellung die geeignetste für das Verstehen der motorischen Fertigkeiten, die dieser Stellung eigen sind. Beim Einnehmen der schrägen Reiterstellung nach links wird der linke Fuß nach vorne und zur linken Seite geführt, so daß die Füße eine doppelte Schulterbreite auseinander sind. Die Hüften werden bei aufrechtem Oberkörper gesenkt, die Knie langsam gebeugt und nach außen gedrückt (Abb. 38a–38d und 39). Knie und Füße zeigen in dieselbe Richtung. Die rechte Schulter ist nach vorne geschoben, und die unteren Bauchmuskeln sind gespannt. Geübt werden sollten sowohl die linke als auch die rechte Stellung.

Fudō-dachi , ursprünglich eine der ältesten Stellungen, wird sowohl in der Kata als auch im Freikampf angewendet. Durch den Winkel des Körpers werden dem Gegner nur wenig »offene Stellen« dargeboten. Die leicht seitliche Stellung verringert die Angriffsfläche und schafft bessere Möglichkeiten zum Ausweichen und zu Gegenangriffen.

38.

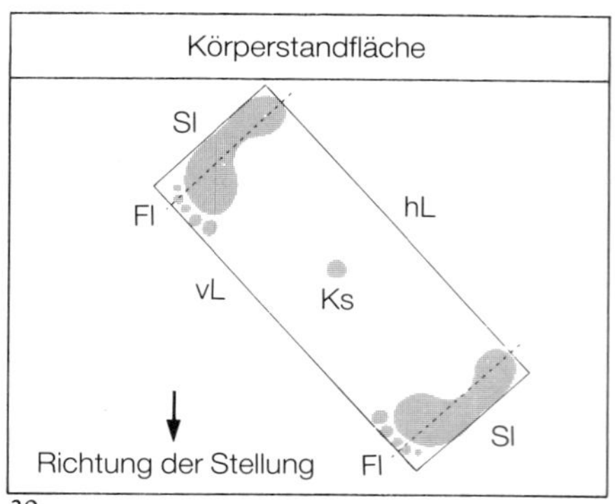

39.

Hockstellung *Shiko-dachi*

Typisch für *Shiko-dachi* ist die Ähnlichkeit dieser Stellung mit der hockenden Position beim Gewichtheben. Sie wurde in das Karate von den Sumoringern eingeführt, bei denen diese Haltung ein Teil des Rituals ist und eine Auflockerungsübung vor Beginn des Kampfes darstellt.

Die Stellung ist extrem stark nach vorne und zu beiden Seiten. Stärke und Standfestigkeit können beim Stoß gegen eine Wand erfahren werden, was im Moment des Auftreffens einen starken Druck auf die Fußknöchel und Kniebänder erzeugt, der bei dieser Stellung aber im Gegensatz zu *Kiba-dachi* stark vermindert wird. Der Unterschied in der Empfindung kommt von den verschiedenen Richtungen, aus denen der Rückstoß auf den eigenen Körper und den Boden übertragen wird. In der Hockposition wird kein großer Druck auf die Bänder und Sehnen ausgeübt.

Die offene Beinstellung dient oft als Ausgangsposition für die Hockstellung. Dabei wird der linke Fuß eine doppelte Schulterbreite zur Seite gesetzt. Nachdem dann die Füße am Boden stehen, werden sie in einem Winkel von 45 Grad nach außen gedreht. Die Knie befinden sich auf einer Linie mit den Füßen und zeigen nach außen. Die Beugung der Knie bestimmt die Höhe der Stellung (Abb. 40a–40d und 41). Bei einer Beugung von 45 Grad sind die Oberschenkel fast parallel zum Boden. Die Anspannung der unteren Bauchmuskeln stabilisiert den Oberkörper.

Da die Standfestigkeit von *Shiko-dachi* viele Aktionen möglich macht, findet diese Übung keine direkte Anwendung im Rahmen des Wettkampfes. Sie ist ein Beispiel für eine Technik, die aus anderen Gründen wertvoll ist. Läßt man beim Üben diese Stellung aus, so verpaßt man die Gelegenheit, sehr spezifische Muskelfasern in einem bestimmten Muskel und die Verbesserung einer einmaligen motorischen Fertigkeit zu trainieren.

40.

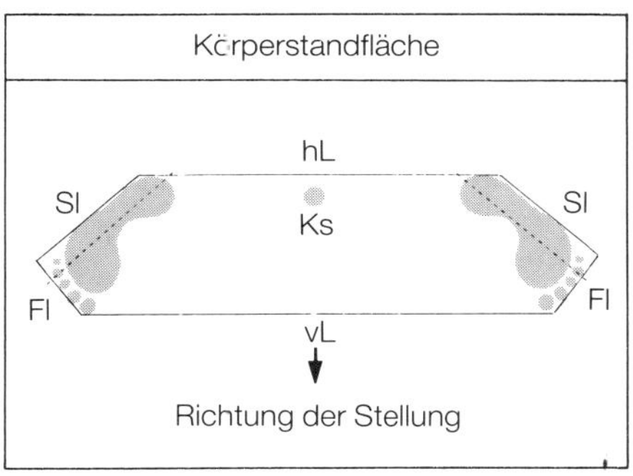

41.

Kreuzstellung *Kōsa-dachi*

Kōsa-dachi, die letzte Stellung in dieser Gruppe, unterscheidet sich von den anderen *Kiba-dachi*-Stellungen darin, daß ein Bein etwa 90 Prozent des ganzen Körpergewichts trägt. Solch eine Haltung wird man nicht oft im Karate sehen, weil der Mangel an Gleichgewicht ein unerwünschtes Merkmal dieser Stellung ist.

Es gibt zwei Formen der gekreuzten Beinstellung. Ist das tragende Bein zurückgestellt, haben wir es mit der Rückwärts-Kreuzstellung (*Ushiro kōsa-dachi*) zu tun. Natürlich gibt es die linke (*hidari*) und die rechte (*migi*) Version, abhängig von dem tragenden Bein.

Die Körperstandfläche – ein Trapezoid – ist die kleinste in dieser Gruppe der Grundstellungen. Bei der vorderen Kreuzstellung liegt der Schwerpunkt zwischen den Beinen (eine Senkschnur würde genau neben die Ferse des tragenden Fußes fallen). Bei der Rückwärts-Kreuzstellung, die etwas stabiler ausfällt, verlagert sich das Schwerezentrum nach hinten.

In jedem Fall müssen die Knie gebeugt werden. Das Knie des tragenden Beines ist etwa 20 bis 30 Grad gebeugt und zeigt nach außen. Ein niedriger Stand wird die Standfestigkeit erhöhen, aber die Beweglichkeit vermindern. Die Spannung der unteren Bauchmuskeln richtet den Oberkörper auf, die der Beinmuskeln stabilisiert die Knie.

Beim Einnehmen der rechten Vorwärts-Kreuzstellung aus der offenen Beinstellung wird das linke Bein in einer kreisförmigen Bewegung hinter das rechte Bein geführt, so daß die linken Zehen zur rechten Ferse zeigen (Abb. 42a–42d und 43). Das Standbein folgt der Bewegung und leitet die Drehung der Hüften und des Oberkörpers ein. Letzterer zeigt in die gleiche Richtung wie das Knie des tragenden Beines.

Kōsa-dachi ermöglicht eine große Beweglichkeit und befähigt den Karateka, schnell in eine beliebige Richtung zu gleiten. Diese Stellung beendet gewöhnlich eine kraftvolle Aktion, wie zum Beispiel einen Sprung zur Überbrükkung der Distanz zum Gegner. Sie erscheint sowohl in den Shorin-Kata (Heian 4 und 5, Bassai Dai und Empi) als auch in den Shorei-Kata (Tekki 1, 2 und 3, Hangetsu und Jion), wird aber wegen ihrer relativ geringen Stabilität nur selten im Rahmen von Kampfübungen angewandt.

42.

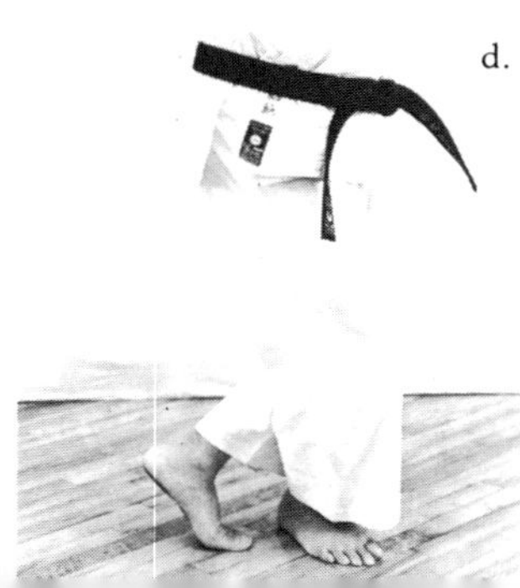

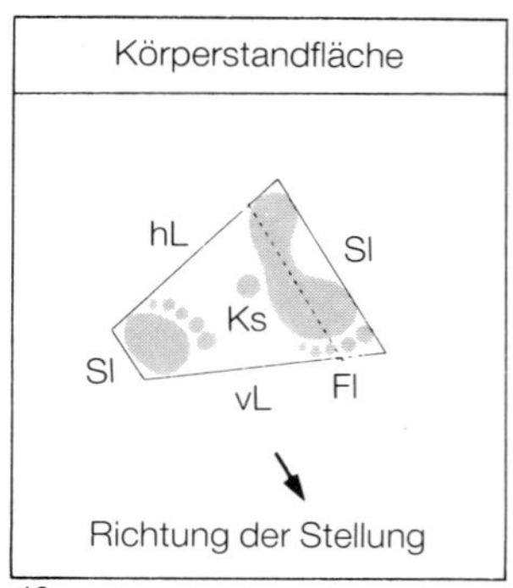

43.

Halbmondstellungen

Halbmondstellung *Hangetsu-dachi*

Diese Stellung ist repräsentativ für diejenigen Grundstellungen, bei denen die Spannung des Knies innen liegt (zur Mittellinie des Körpers). Die Beinhaltung verleiht diesen Stellungen eine zusätzliche allgemeine Eigenschaft: Sie eignen sich alle für Aktionen auf engem Raum. Der Abstand zwischen den Füßen beträgt bei *Hangetsu-dachi* zwei Schulterbreiten und somit etwas weniger als bei den anderen drei Stellungen.

Die Halbmondstellung hat ihren Namen aus der Shorei Kata Hangetsu. Der Körper ist in aufrechter Haltung und bietet einen gewissen Schutz gegenüber Angriffen zum inneren Oberschenkel und zur Leistengegend. Die Beweglichkeit ist gut und ermöglicht es, in andere Stellungen überzugehen.

Das vordere Bein bestimmt, ob es sich um eine linke oder rechte Halbmondstellung handelt. Der vordere Fuß bildet einen Winkel von 45 Grad zur Richtung der Stellung. Mit der Verteilung des Körpergewichts auf beide Beine fällt der Schwerpunkt in die Mitte von beiden.

Aus der offenen Beinstellung heraus wird die linke Halbmondstellung eingenommen, indem das linke Bein eine doppelte Schulterbreite nach vorne und zur Seite gestreckt wird (Abb. 44a–44d und 45). Dies geschieht in Form einer bogenförmigen Bewegung des linken Fußes zur Mittellinie des Körpers, wobei der rechte Fuß auf der Stelle bleibt. Die Füße sollten dabei fest in Berührung mit dem Boden bleiben und die Knie nach der Innenseite gespannt sein. Um die Standfestigkeit zu erhöhen, werden auch die unteren Bauch- und Beinmuskeln gespannt.

44.

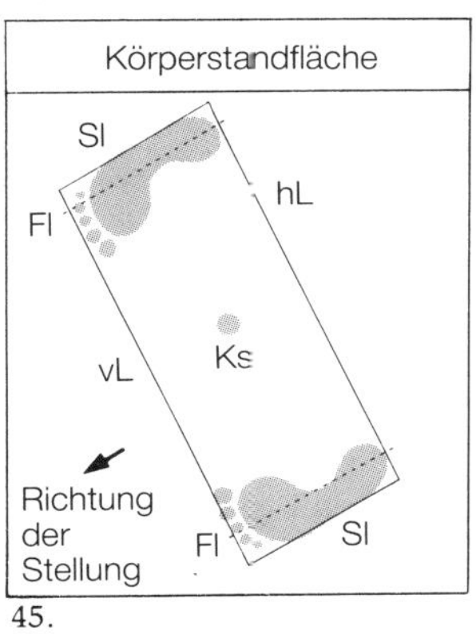

45.

Dreieckstellung *Sanchin-dachi*

Wie auch bei gewissen anderen Stellungen kommt der Name Dreieckstellung (auch »Sanduhr«-Stellung genannt) aus dem Erscheinungsbild dieser Stellung.

Sanchin-dachi ist eng verwandt mit der Halbmondstellung. Mit den enger zusammenstehenden Füßen bietet diese Stellung einen noch besseren Schutz der Leistengegend. Sie ist höher als die anderen Stellungen in dieser Gruppe und ermöglicht eine gute Beweglichkeit, die aber auf Kosten der Standfestigkeit geht.

Mit dem vorderen Fuß wird ein 45-Grad-Winkel zur Richtung der Stellung gebildet, wobei das Gewicht gleichmäßig auf beide Beine verteilt wird (der Schwerpunkt liegt auf halbem Wege zwischen ihnen). Wie auf Abb. 46 zu sehen ist, bilden die Fußlinien, wenn sie verlängert werden, zwei Seiten eines Dreiecks.

Bei der linken Dreieckstellung wird der linke Fuß in einem Bogen zuerst einwärts, dann nach außen bewegt (Abb. 46a–46d und 47). Die Füße stehen eine Schulterbreite auseinander. Beide Knie sind leicht gebeugt, die linke Ferse, die fast auf einer Linie mit den rechten Zehen liegt, zeigt etwas nach innen und bildet einen Winkel von 45 Grad zur Stellungsrichtung. Die Anspannung aller betreffenden Muskeln ist nötig, um diese Stellung zu halten.

Gute Standfestigkeit und insbesondere Beweglichkeit machen *Sanchin-dachi* extrem nützlich für Aktionen auf engem Raum. Wenn die Aktion beendet ist, fällt es sehr leicht, in eine andere Grundstellung überzugehen.

46.

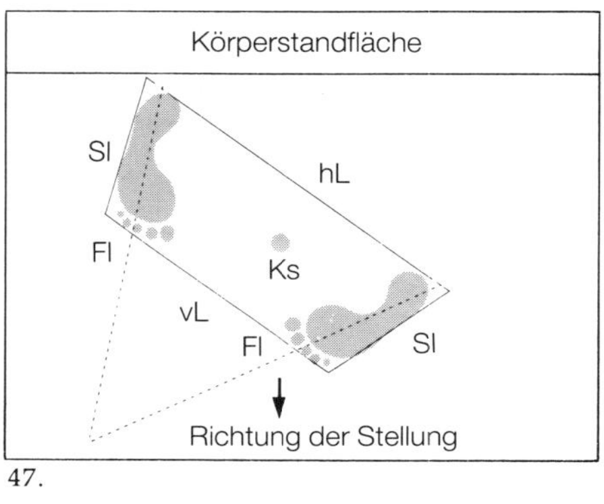

47.

Katzenfußstellung *Neko Ashi-dachi*

Beim *Neko ashi-dachi* steht man wie eine Katze, die gerade zum Sprung ansetzt: Dies verleiht der Stellung ihren Namen.

Die Körperstandfläche ist klein, so daß die Standfestigkeit nicht groß ist. Das hintere Bein trägt 80 bis 90 Prozent des Körpergewichts. Das Schwerezentrum liegt etwas nach hinten und zur Seite des Standbeins. Die Knie sind gebeugt, wobei der Beugungsgrad die Höhe der Stellung bestimmt. Da es bei dieser Stellung primär um Flexibilität und leichte und schnellfüßige Bewegungen geht, ist es nicht ratsam, hier allzu tief und mit stark gebeugten Knien zu stehen. Der Wert dieser Stellung liegt nicht nur in ihrer Ausführung, sondern in ihrer Nutzanwendung für verschiedene Muskelgruppen und für die Verbesserung der motorischen Fertigkeiten.

Aus der offenen Beinstellung wird der linke Fuß nach vorne geführt (die Ferse ist dabei angehoben). Der rechte Fuß bleibt unverändert (Abb. 48a–48d und 49). Die Anspannung vieler Muskelgruppen ist nötig – angefangen bei den unteren Bauchmuskeln, dann abwärts zu den Knien, die in einem Winkel von 35 bis 40 Grad gebeugt werden. Es kommt dabei zu einem Zusammenwirken zwischen Beuge- und Streckmuskelgruppen; die inneren Beinmuskeln müssen angespannt werden, um die Knie zusammenzubringen. Diese Stellung ist etwas schwierig, weil alle Muskelgruppen das Endstadium der Muskelkontraktion zur gleichen Zeit erreichen müssen. Es bedarf einiger Zeit, bis die technischen Eigenschaften dieser Stellung verstanden werden, damit man sie richtig ausführen kann.

Neko ashi-dachi sollte so praktiziert werden, daß die Betonung gleichermaßen auf der linken und der rechten Version liegt. Sie ist Teil einer Anzahl von fortgeschrittenen Kata, einschließlich Hangetsu, Bassai Sho und Unsu.

48.

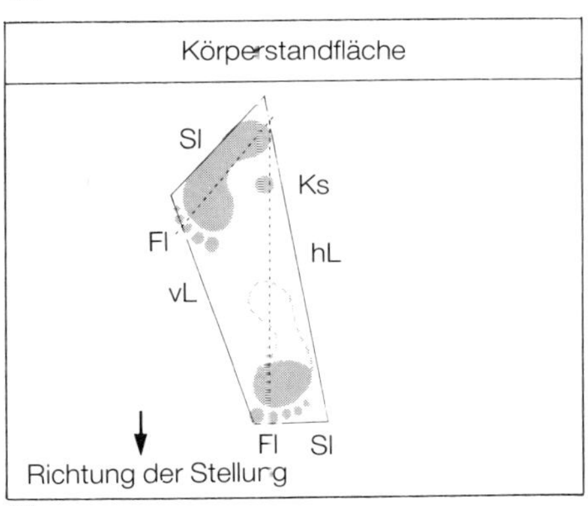

49.

Einbeinstellung *Sagi Ashi-dachi*

Diese Bezeichnung ist die Übersetzung des anderen Namens der Stellung – *Ippon ashi-dachi*; aber wir meinen, daß *Sagi ashi-dachi* (Reiherstand) die bessere Beschreibung ist.

Die Kniespannung bei dieser Stellung liegt zwischen derjenigen der Reiterstellung und der Halbmondstellung. Der erste Schritt bei Einnahme dieser Stellung besteht darin, das eine Bein anzuheben. Der Grund, warum wir diese Stellung in die Halbkreisgruppe einbeziehen, ist der, daß dabei die Anspannung des tragenden Knies nach innen erfolgt, obgleich im Endstadium die Spannung des Knies größtenteils vorne liegt. Gleichzeitig unterscheidet sich diese Stellung aufgrund ihrer Besonderheit und ihrer Begrenztheit hinsichtlich der Anwendungsmöglichkeit von den anderen Grundstellungen.

Die Körperstandfläche ist sehr klein – gerade nur so breit wie ein einzelner Fuß –, mit dem Schwerpunkt in der Mitte. Das Gleichgewicht ist nur schwer zu halten.

Ausgeführt werden sollte diese Stellung aus der offenen Beinstellung, bei der das Körpergewicht gleichmäßig auf beide Beine verteilt ist. Beim Einnehmen der rechten Einbeinstellung – das gesamte Körpergewicht ruht hierbei auf dem rechten Bein – wird einleitend der Körperschwerpunkt verlagert, indem das linke Bein nach innen bewegt wird. Der Oberkörper bleibt dabei so aufrecht wie möglich. Beim Anheben des linken Fußes vom Boden muß ein optimales Gleichgewicht gehalten werden. Das Standbein ist leicht gebeugt (180 Grad), und das rechte Knie (mit der Spannung auf der Innenseite) liegt direkt über den Zehen. Im Endstadium dieser Stellung ist das tragende Knie straff und zeigt nach vorne; die Innenspannung ist nur minimal und gerade so groß, um das Gleichgewicht zu halten. Der hochgezogene Fuß wird meist hinter das Knie des Standbeins gelegt (Abb. 50a–50d und 51). Es ist aber nicht ungewöhnlich, den angehobenen Fuß neben das andere Knie zu setzen – eine Position, die auch dazu angewandt werden kann, eine Anzahl von Fußtritten, insbesondere Seitwärtstritte, auszuführen.

50.

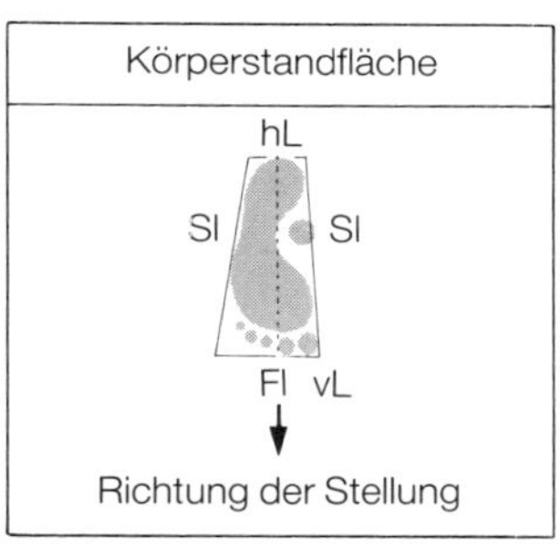

51.

Wegen ihrer einmaligen Anwendung und ihres konditionellen Nutzens muß *Sagi ashi-dachi* häufig geübt werden. Die Schwierigkeit wird bei der Ausübung der Tritt-Techniken sichtbar. Obgleich die primäre Anwendung dieser Stellung in Tritten, Fußfegern und Fußabwehrtechniken zu finden ist, kann sie auch in Kombination mit Handtechniken angewandt werden. Die einbeinige Stellung ist Teil der geforderten Kata (Heian 2 und 4), der empfohlenen Kata (Gankaku, Empi, Kanku Dai, Hangetsu und Jitte) und Wahlkata (Chintei und Sochin).

Bei der Beobachtung unzähliger Karatetrainingsstunden über einen Zeitraum von Jahren sind wir zu der Schlußfolgerung gelangt, daß die Zeit und die Ernsthaftigkeit beim Erlernen und Praktizieren der Stellungen meist inadäquat sind. Im besonderen zeigt sich, daß sofort Trainer, die den Nachdruck auf die Wichtigkeit der Stellungen legen, häufig versagen, wenn sie den Schülern die technischen Komponenten und konditionellen Werte der einbeinigen Stellung vermitteln sollen. Wir sind der Auffassung, daß diese Stellung nicht weniger bedeutend für den Karateka als irgendeine andere Grundtechnik ist.

Das Erlernen von *Sagi ashi-dachi* sollte anhand der Karategramme der Grundrichtungen und der fortgeschrittenen Richtungen erfolgen, um Fortschritte in der Ausführung zu erzielen.

52. Empi

53. Gankaku

54 Chintei

55. Heian 2

Kampfstellungen

Die dritte Kategorie von Stellungen – *Kumite-dachi* – enthält alle Stellungen, die im Rahmen von Kampfübungen und im tatsächlichen Wettkampf angewandt werden. Bei der großen Anzahl der Kampfstellungen, die heute bei Wettkämpfen eingesetzt werden, ähneln manche den natürlichen Stellungen, einige den Grundstellungen. Verschiedene sind das Ergebnis der individuellen Erfahrung des Sportlers und infolge einer speziellen Kampfstrategie oder Besonderheit der Körpermechanismen und Physiologie geschaffen worden.

Ihre bedeutendste allgemeine Eigenschaft liegt mehr in ihrer Anwendung als in den technischen Besonderheiten wie im Fall der natürlichen Stellungen und der Grundstellungen. Sie werden durch den spezifischen Stil des Karateka und die Kampferfahrung beeinflußt. In besonderen Fällen kommt es je nach Umstand zu einer Veränderung der technischen Aspekte. Trotz der großen Variationsbreite können Kampfstellungen in zwei Gruppen eingeteilt werden: natürliche Kampfstellungen – *Shizen kumite-dachi* – und grundlegende Kampfstellungen – *Kihon kumite-dachi*.

Die aus den natürlichen Stellungen entwickelten Kampfstellungen sind niedriger als die entsprechenden natürlichen Stellungen. Dieser Unterschied in der Stellungshöhe wirkt sich in einer größeren Standfestigkeit aus. Auf der anderen Seite sind diejenigen Freikampftechniken, die aus der *Kiba-dachi*-Gruppe stammen, höher als die entsprechenden Grundstellungen und damit auch geeigneter für schnelle Aktionen.

Daß die Kampfstellungen als getrennte Kategorie existieren, sollte nicht zu der Schlußfolgerung verleiten, daß sie die einzelnen Stellungen im Kampf sind. Eine Grundstellung kann zum Beispiel oft im Kampf zur Anwendung gelangen, insbesondere dann, wenn der Angriff geahnt wird und der Karateka darauf vertrauen kann, den Angriff abzuwehren. Alternativ dazu kann die Grundstellung auch schnell durch eine andere Stellung ersetzt werden, um zu verhindern, daß dem Gegner ein Treffer gelingt. Wählt man die Frontalstellung, um einen Angriff abzuwehren, so kann es sich ergeben, daß eine größere Distanz wegen der Angriffstechnik des Gegners notwendig ist. In dieser Situation wäre es dann vielleicht sinnvoll, aus der Frontalstellung in die Rückwärtsstellung zu wechseln, um den Angriff abzuwehren und eine Kontertechnik anzubringen.

Kampfstellungen kommen in den Kata vor, wie in Heian 2, Bassai Dai, Kankū Dai und anderen. Das geringe Vorkommen in den Kata und der Mangel an einer strengen technischen Einteilung hat seinen Grund im neueren Ursprung der Kampfstellungen. Kämpfe haben eine erst 30jährige Tradition, während die heutigen Kata auf eine Geschichte von mehr als 100 Jahren zurückblicken.

Natürliche Kampfstellungen

Kampf-L-Stellung — *Renoji Kumite-dachi*

Diese Stellung ist stark nach vorne und nach hinten. Sie erlaubt schnelle Bewegungen, besonders nach vorne. Sie wird meist im Rahmen von Partnerübungen angewandt, weil man aus ihr leicht in die vordere, hintere oder freie Kampfstellung überwechseln kann, indem der Abstand zwischen den Füßen und dem gebeugten Knie leicht verringert wird. Sie ist geeignet für die Ausführung von Handtechniken oder Tritten, bei denen das hintere Bein für den Angriff eingesetzt wird, wie etwa bei Halbkreis- oder anderen Bogentritten. Wegen des Abstands zwischen den Füßen kann die Kampf-L-Stellung auch in die Rückwärtskampfstellung gewechselt werden, um einen kurzen Vorwärtstritt (*Kizami-geri*) auszuführen.

Beim Einnehmen der L-Kampfstellung wird der eine Fuß nach vorne vor den Körper gesetzt. Der durch die Fußlinien gebildete Winkel beträgt etwa 80 Grad, der Abstand zwischen den Füßen etwa eineinhalb Hüftbreiten (Abb. 56a–56b). Diese Stellung ist also etwas länger als die natürliche Stellung. Die Knie sind leicht gebeugt (etwa 165 Grad). Der Schwerpunkt fällt in die Mitte der Körperstandfläche, die länger als in der natürlichen L-Stellung ist und damit auch größere Standfestigkeit ergibt.

Renoji kumite-dachi besitzt zwei Formen, die linke und die rechte, je nachdem, welcher Fuß hinten steht.

a.

b. 56.

Kampf-T-Stellung *Teiji Kumite-dachi*

Zahlreiche Handtechniken können aus dieser Stellung ausgeführt werden, aber besonders geeignet ist sie für den kurzen Fauststoß. Auch der Halbkreistritt kann aus dieser Stellung ausgeführt werden.

Die T-Stellung wird eingenommen, indem der eine Fuß anderthalb Hüftbreiten vor den anderen (Abb. 57a–57b) gesetzt wird. Der hintere Fuß steht auf der gleichen Linie zum vorderen, genau nach vorne zeigenden Fuß (Winkel von etwa 85 Grad). Von vorne gesehen, sind sowohl die Zehen und die Ferse des hinteren Fußes sichtbar. Die Knie sind leicht gebeugt (etwa 165 Grad), und der Schwerpunkt fällt zwischen die Füße. Das Körpergewicht ist gleichmäßig auf beide Beine verteilt. Die Körperstandfläche ist ein unregelmäßiges Viereck mit der schmalsten Seite nach vorne, was bedeutet, daß diese Stellung nach vorne und hinten beweglich ist. Die Stellung kann links oder rechts eingenommen werden.

a.

b. 57.

Grundkampfstellungen

Frontalkampfstellung *Zenkutsu Kumite-dachi*

Zenkutsu kumite-dachi, *Fudō kumite-dachi* und *Kokutsu kumite-dachi* sind die meist verwendeten Stellungen im Wettkampf. Sie ermöglichen bei guter Stabilität einen hohen Grad an Beweglichkeit. Aus der Frontalkampfstellung können Techniken wie zum Beispiel der gegenseitige Fauststoß, der kurze Vorwärtsfußstoß (*Kizami-geri*) und der lange Vorwärtsfußstoß (*Mae-geri*) leicht ausgeführt werden.

Aus *Hachiji-dachi* kann die Vorwärtskampfstellung eingenommen werden, und zwar durch Bewegen des einen Fußes nach vorne; der Abstand beträgt etwa anderthalb Hüftbreiten (Abb. 58a–58b). Das Einnehmen der Kampfstellung kann auch aus *Zenkutsu-dachi* erfolgen, indem der vordere Fuß eine halbe Schulterbreite nach hinten gestellt wird (oder der hintere Fuß im gleichen Abstand nach vorne). Hierbei stehen die Füße dichter zusammen als in der normalen Vorwärtsstellung. Obgleich dies die Stellung weniger standfest macht, ist die Beweglichkeit erhöht, was ja für den Freikampf ausschlagebend ist.

58.

Rückwärtskampfstellung *Kōkutsu Kumite-dachi*

Diese Stellung ist sowohl nach vorne als auch nach hinten beweglich. Durch die Unterstützung des hinteren Beines ist eine schnelle Bewegung nach vorne möglich. Diese Stellung ist bei Wettkämpfen häufig zu sehen und ist gut geeignet für die Ausführung des kurzen und langen Vorwärtstrittes, des Halbkreis- und des Seitwärtstrittes. Sie kann ebenso mit zahlreichen Handtechniken kombiniert werden, wobei die am häufigsten eingesetzte der kurze Fauststoß oder Jab (*Oi kizami-zuki*) ist.

Die Rückwärtskampfstellung kann aus der normalen Rückwärtsstellung abgeleitet werden, indem der Abstand zwischen den Füßen etwa um anderthalb Hüftbreiten verkürzt wird (Abb. 59a–59b).

59.

Halbfrontale Reiterstellung *Kiba Kumite-dachi*

Der Hauptgrund dafür, daß *Kiba kumite-dachi* weniger häufig im Freikampf zur Anwendung kommt, kann darin gesehen werden, daß man dem Gegner gewöhnlich von Angesicht zu Angesicht gegenübersteht (in vielen Kulturen ist die Drehung des Rückens oder der Seite zum Gegner ein Zeichen von Feigheit und wird nicht anerkannt). In der Tat sollte diese Kampfstellung bei Begegnungen »von Auge in Auge mit dem Gegner« nicht angewandt werden; vielmehr nur dann, wenn die Situation eine seitliche Annäherung erfordert.

Die Abwehr nach unten (*Gedan barai*) und die Faustabwehr nach oben (*Age uke*) gehören zu denjeningen Abwehrtechniken, die sehr effektiv aus dieser Stellung ausgeführt werden können. Der Abwehr kann dann unmittelbar ein Halbkreis- oder Seitwärtstritt (mit dem Bein, das gegenüber der Seite des abwehrenden Arms steht) oder ein Seitwärtsschnapptritt folgen (mit dem Bein, das auf der gleichen Seite des Abwehrarms steht).

Beim Einnehmen von *Kiba kumite-dachi* werden beide Füße anderthalb Hüftbreiten auseinandergestellt (Abb. 60a–60b). Die Körperstandfläche bildet ein Rechteck mit dem Schwerpunkt zwischen den Füßen; das Körpergewicht ist gleichmäßig auf beide Beine verteilt.

a. b. 60.

Diagonale Seitwärtskampfstellung *Fudō Kumite-dachi*

Diese Stellung ermöglicht eine gute Beweglichkeit. Da sie dem Gegner nur die Seitenpartien des Körpers darbietet, ist die Angriffsfläche verringert, und es gibt bessere Möglichkeiten zum Ausweichen. Aus dieser Stellung kann gut ein Halbkreistritt oder eine Fegetechnik ausgeführt werden.

Das Einnehmen dieser Freikampfstellung erfolgt aus der normalen halbfrontalen Pferdesitzstellung durch Verringerung des Abstands zwischen den Füßen (etwa anderthalb Hüftbreiten). Die kleinere Körperstandfläche ergibt eine weniger stabile Stellung, doch ist dafür die Beweglichkeit bedeutend höher.

a. b. 61.

Kampfkatzenfußstellung *Neko Ashi Kumite-dachi*

Diese Stellung sieht man weniger oft beim Wettkampf als beispielsweise *Fudō kumite-dachi*, *Zenkutsu-dachi* oder *Kōkutsu kumite-dachi*, aber sie wird besonders bei Techniken auf engem Raum angewandt. Die Kampfstellung ist länger und niedriger als die normale Katzenfußstellung. Zahlreiche Tritt- und Stoßtechniken können aus dieser Kampfstellung ausgeführt werden, und sie bietet einen guten Schutz der Leistengegend auf engem Raum.

Die Kampfkatzenfußstellung wird – ausgehend von der entsprechenden Grundstellung – durch Vergrößerung der Distanz zwischen den Füßen auf anderthalb Hüftbreiten (Abb. 62a–62b) eingenommen. Die Körperstandfläche ist größer und die Kampfstellung standfester als bei der normalen Katzenfußstellung.

a. b. 62.

Kampfdreieckstellung *Sanchin Kumite-dachi*
Kampfhalbmondstellung *Hangetsu Kumite-dachi*

Bei beiden Stellungen wird der Abstand zwischen den Füßen vergrößert, wenn aus der Grundstellung in die Kampfvariante gewechselt wird. Dadurch wird die Stellung niedriger und die Körperstandfläche weiter (bessere Standfestigkeit). Diese Eigenschaften sind auf engem Raum wertvoll, wenn es zum Körperkontakt kommt und das Gleichgewicht gehalten werden muß.

Während in *Hangetsu kumite-dachi* der Abstand zwischen den Füßen kleiner wird, nimmt er bei *Sanchin-dachi* auf anderthalb Hüftbreiten zu, wenn *Sanchin kumite-dachi* eingenommen wird (Abb. 63a und 63c). Letztere Stellung wird aus der Halbmondstellung durch Verkürzung des Abstands zwischen den Füßen von zwei auf anderthalb Schulterbreiten erreicht (Abb. 63b und 63c). Jedenfalls sind beide Kampfstellungen beinahe identisch in ihren technischen Eigenschaften und können mit beiden Bezeichnungen benannt werden.

a. b. c. 63.

4. Verschieben des Körpers

Zweck, Grundlagen und Einteilung

Das Verschieben des Körpers in den Stellungen – *Tai sabaki* – ist nicht nur im Karate extrem wichtig, sondern auch in Kontaktsportarten wie Boxen, Ringen oder Judo. Es spielt ebenso im kontaktfreien Sport eine zentrale Rolle. Basketball und Baseball basieren in hohem Maß auf solchen Bewegungsabläufen, die den ganzen Körper in die Aktion einbeziehen. Dieses Einbeziehen stellt einen sehr hohen Anspruch an die physischen Fertigkeiten.

Im Karate erfolgen Körperverschiebungen aus den verschiedenen Stellungen, und zwar entweder allein oder in Kombination. Sie haben folgenden Sinn:

1. sich um einen wirklichen oder imaginären Gegner herumzubewegen;
2. sich an den Gegner heran- oder von ihm wegzubewegen;
3. sich den optimalen Abstand bei Abwehr- oder Angriffsaktionen zu verschaffen.

Der *Aktionsfluß* verläuft in mannigfaltigen Richtungen. Die günstigsten Stellungskombinationen müssen so ausgewählt werden, daß man jeder Situation begegnen kann. Gute Kombinationen sind deshalb eine der drei Faktoren der Bewegungsformen im Karate. Dies sollte genauso wichtig wie die Bewegungsgeschwindigkeit sein.

Die beiden anderen Faktoren sind eine sichere Abschätzung der Distanz (ein schwaches Distanzgefühl wird verschiedene Schwierigkeiten nach sich ziehen) und gutes Gleichgewicht und gute Koordination.

Die Bedeutung des Gleichgewichts in der Koordination wird deutlich, wenn man Karate mit Laufen, Schwimmen und Gehen vergleicht, also Aktivitäten, bei denen Richtungswechsel weniger deutlich sind. Im Karate erfordert der Wechsel der Richtung eine Bewegung von links nach rechts, von hinten nach vorne oder in eine andere Richtung eine Veränderung der Geschwindigkeit. Die Verminderung der Schnelligkeit kann allmählich geschehen, aber es wird sich mindestens ein momentaner Abfall auf Null einstellen. Trägheit, Geschwindigkeit, Körpergewicht und der Abstand wirken bei der Effektivität einer Aktion zusammen.

Das Verschieben des Körpers wird in drei Kategorien eingeteilt (Abb. 1):

1. Körperverschiebungen in der Grundtechnik – *Kihon Tai Sabaki*
2. Körperverschiebungen in der Kata – *Kata Tai Sabaki*
3. Körperverschiebungen im Kampf – *Kumite Tai Sabaki*

Es gibt zahlreiche Möglichkeiten der Körperverschiebung und eine fast unbegrenzte Anzahl an Kombinationen. In der Kata und den Kampfübungen können jedoch drei unterschiedliche Arten definiert werden:

1. *Einfache Körperverschiebungen – Regelung des Abstands.* Eine einfache Stellung oder auch verschiedene Stellungen werden eingesetzt, um eine falsche Distanz auszugleichen. Einfache Körperverschiebungen erscheinen sowohl im Training als auch bei der tatsächlichen Ausführung einer Kata und in den Kampfübungen.

2. *Komplexe Körperverschiebungen – Drehen.* Drehungen werden auf dem vorderen oder hinteren Bein ausgeführt. Sie können bis zu 360 Grad betragen.

3. *Nicht-komplexe Körperverschiebungen – Bewegungsaktionen.* Das Bewegen zu einem bestimmten Punkt kann durch Wiederholung einer einfachen Stellung oder einer Kombination von Stellungen erfolgen. Die Kombination von natürlichen Stellungen, Grund- und Kampfstellungen ist dabei förderlich.

1. Kategorien für Körperverschiebungen

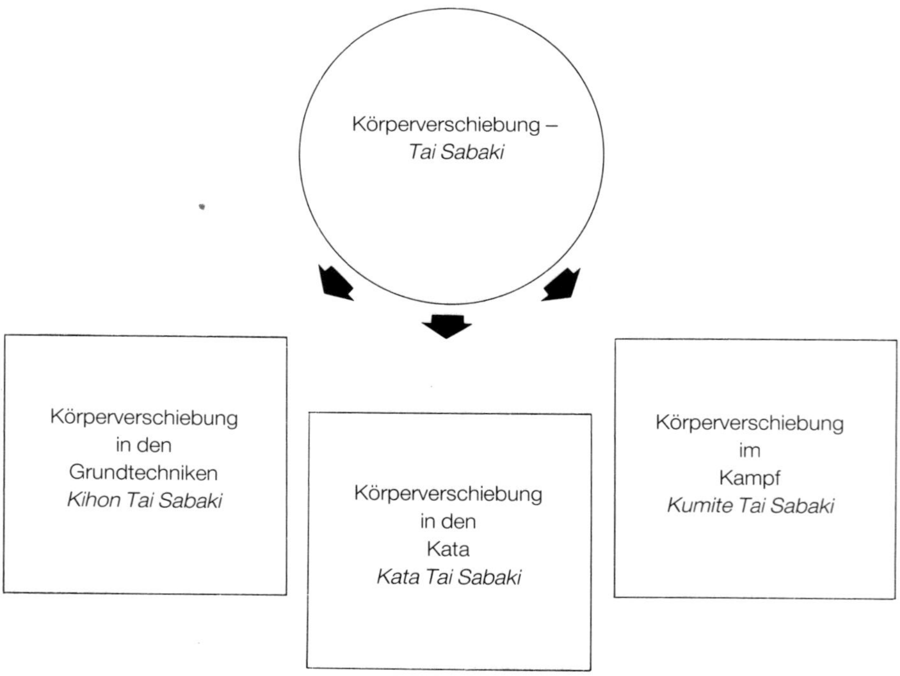

Körperverschiebung bei Grundtechniken

Eine der ersten Kombinationen, die im Karate gelernt werden, ist die Körperverschiebung, kombiniert mit einer Grundtechnik (*Kihon Tai Sabaki*, Abb. 2). Das Einüben kann beginnen, sobald die Grundkomponenten einer Technik gelernt werden.

2. Körperverschiebungen in den Grundtechniken

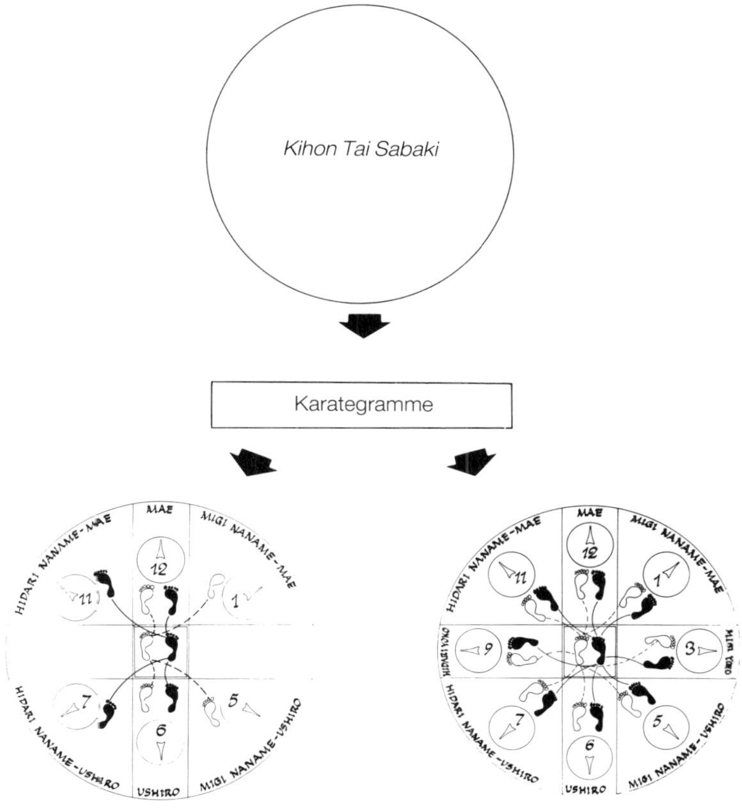

Von großem Wert für dieses Ziel sind die Karategramme der grundlegenden und fortgeschrittenen Richtungen. Schüler, die auf diese Weise üben, werden ein besseres Verhältnis zu dem sie umgebenden Raum und der Anwendungsmöglichkeit einer bestimmten Fertigkeit gewinnen. Die Standardisierung der Fachausdrücke erlaubt ein schnelleres Vorgehen bei den Übungen und macht das Training dynamischer. Wenn sich der Lernende erst einmal mit den Positionen und Aktionen vertraut gemacht hat, ist es auch für den Trainer ausreichend, zuerst einfach die auszuführende Technik zu nennen, wie zum Beispiel Vorwärtsstellung und gerader Fauststoß. Dann wird er die Positionen, in denen Stellung und Technik auszuführen sind, erklären.

Wie Abb. 3 zeigt, hat das Karategramm der Grundrichtungen sechs Positionen. Der Schüler steht in der Mitte des Kreises in der 12-Uhr-Stellung. Die Positionen können entweder durch einen Namen oder durch eine Nummer bezeichnet werden. Im folgenden sind die Richtungen dargestellt, in denen ein gerader oder ein seitenverkehrter Fauststoß aus der Frontalstellung ausgeführt werden kann.

3. Karategramm der Grundrichtungen

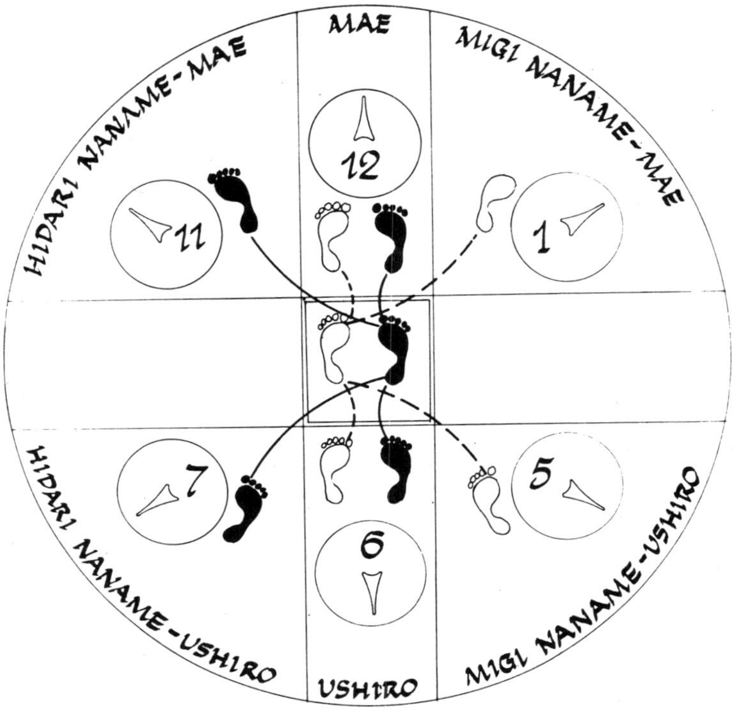

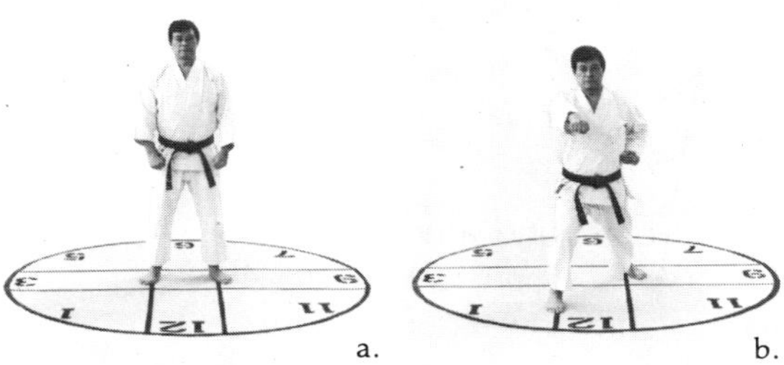

a. b.

4.

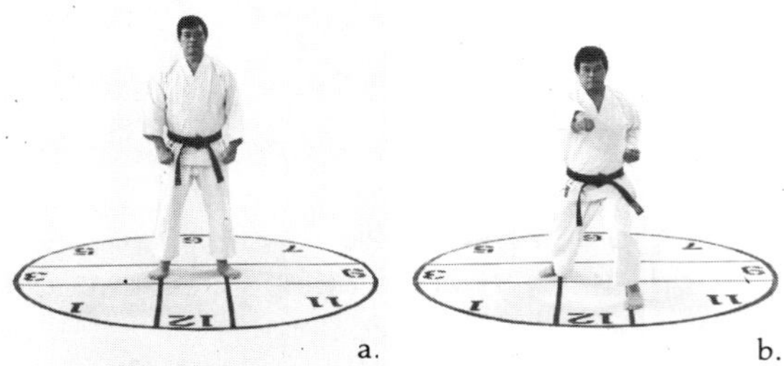

a. b.

5.

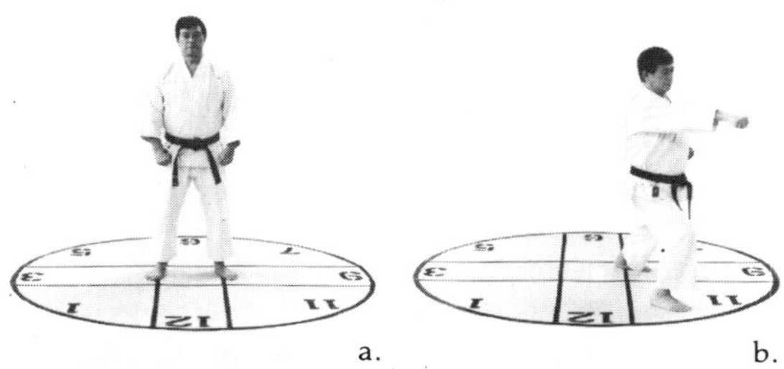

a. b.

6.

a. b.

7.

1. Bei Position 12 wird mit dem rechten Fuß nach vorne gegangen und gleichzeitig ein Fauststoß ausgeführt. Dann wieder in die Ausgangsposition zurückgehen und diese Bewegung mit Vorgehen des linken Fußes wiederholen (Abb. 4a–4b).
2. Bei Position 6 wird der rechte Fuß mit gleichzeitiger Ausführung der Technik nach hinten geführt. Dann wieder in die Ausgangsposition zurückkehren und die Übung mit dem linken Fuß wiederholen (Abb. 5a–5b).
3. Bei Position 11 wird das rechte Bein diagonal (45 Grad) nach links bewegt und gleichzeitig ein Fauststoß ausgeführt (Abb. 6a–6b).
4. Bei Position 1 wird das linke Bein diagonal (45 Grad) nach rechts geführt und ein Fauststoß ausgeführt (Abb. 7a–7b).
5. Bei Position 5 wird der linke Fuß zurück und zur Seite geführt; Blick auf Position 11 und gleichzeitiger Fauststoß (Abb. 8a–8b).
6. Bei Position 7: Zurückgehen und zur Seite mit dem rechten Fuß, Blick auf Position 1 und gleichzeitiger Fauststoß (Abb. 9a–9b).

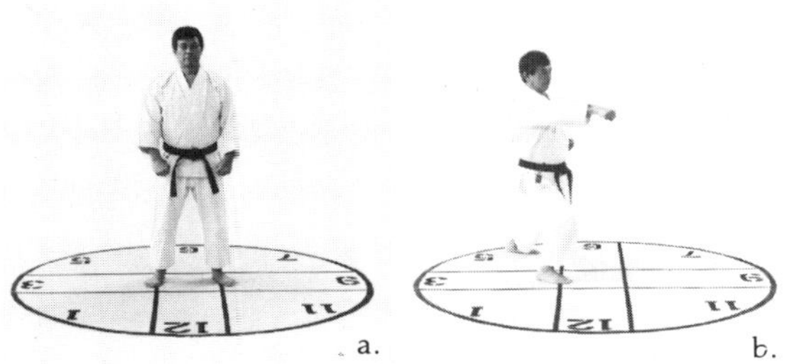

a. b.

8.

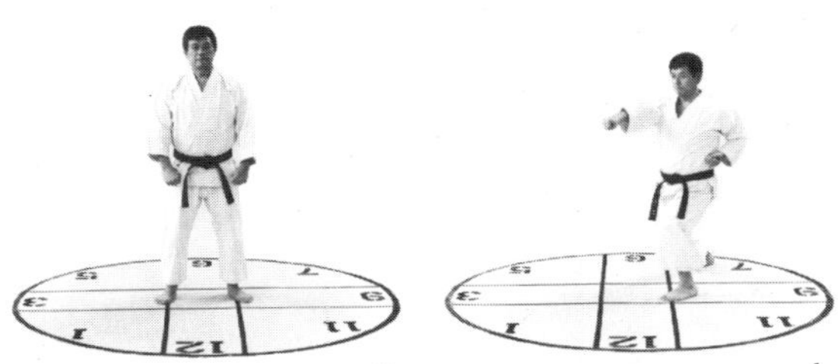

a. b.

9.

10. Karategramm der fortgeschrittenen Richtungen

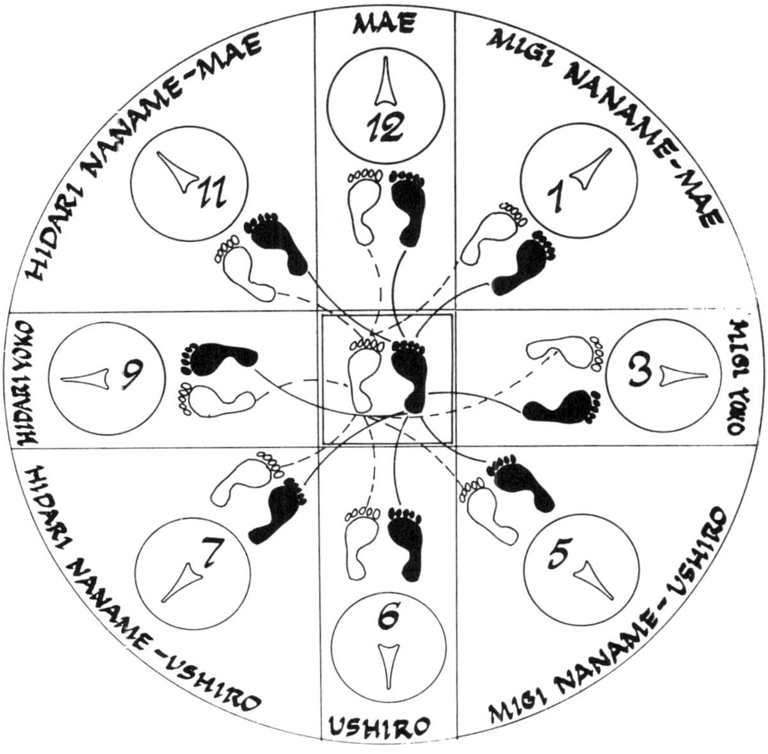

Nach einigen Trainingsmonaten mit dem Karategramm der Grundrichtungen, der Anwendung der verschiedenen Stellungen und Techniken sollte der Karatesportler einen Fertigkeitsgrad erreicht haben, der ihn dazu befähigt, zum Karategramm der fortgeschrittenen Richtungen überzugehen. Wie aus Abb. 10 zu sehen ist, hat dieses acht Richtungen. Die Ausübung erfolgt durch Vorgehen zuerst mit dem linken Bein, dann der Rückkehr in die Ausgangslage und Einnehmen der Position mit dem rechten Bein. Die Positionen 12, 6, 11, 1, 5 und 7 sind in den Abb. 4a–9b dargestellt, Position 3 in den Abb. 11a–11d und Position 9 in den Abb. 12a–12d.

Terminologie der Karategramme (im Uhrzeigersinn von Position 12 aus):
mae – vorne
migi naname mae – diagonal nach vorne rechts
migi yoko – rechte Seite
migi naname ushiro – diagonal nach hinten rechts
ushiro – hinten
hidari naname ushiro – diagonal nach hinten links
hidari yoko – linke Seite
hidari naname mae – diagonal nach vorne links

Die Bedeutung des Übens anhand des Karategramms kann nicht oft genug betont werden, weil ein volles Verständnis der Beziehung zwischen Technik und Raum nur durch große Routine erreicht werden kann.

11.

12.

Körperverschiebung in der Kata

Kata wurden aus einer Anzahl von Gründen konzipiert und ausgeführt, von denen einer darin besteht, die Selbstverteidigungstechniken und Kampfaktionen zu verbessern. Nichtsdestoweniger sind die Körperverschiebungen in der Kata (*Kata Tai Sabaki*) und bei Selbstverteidigungsaktionen sehr verschieden von dem, was in Turnierwettkämpfen zu sehen ist. Wir meinen, daß die einzige Erklärung für dieses Phänomen ein falsches Training ist, besonders die ungenügende Arbeit an der Kata im Hinblick auf die umfassende Entwicklung der Wettkampffertigkeiten.

13. Körperverschiebung in der Kata

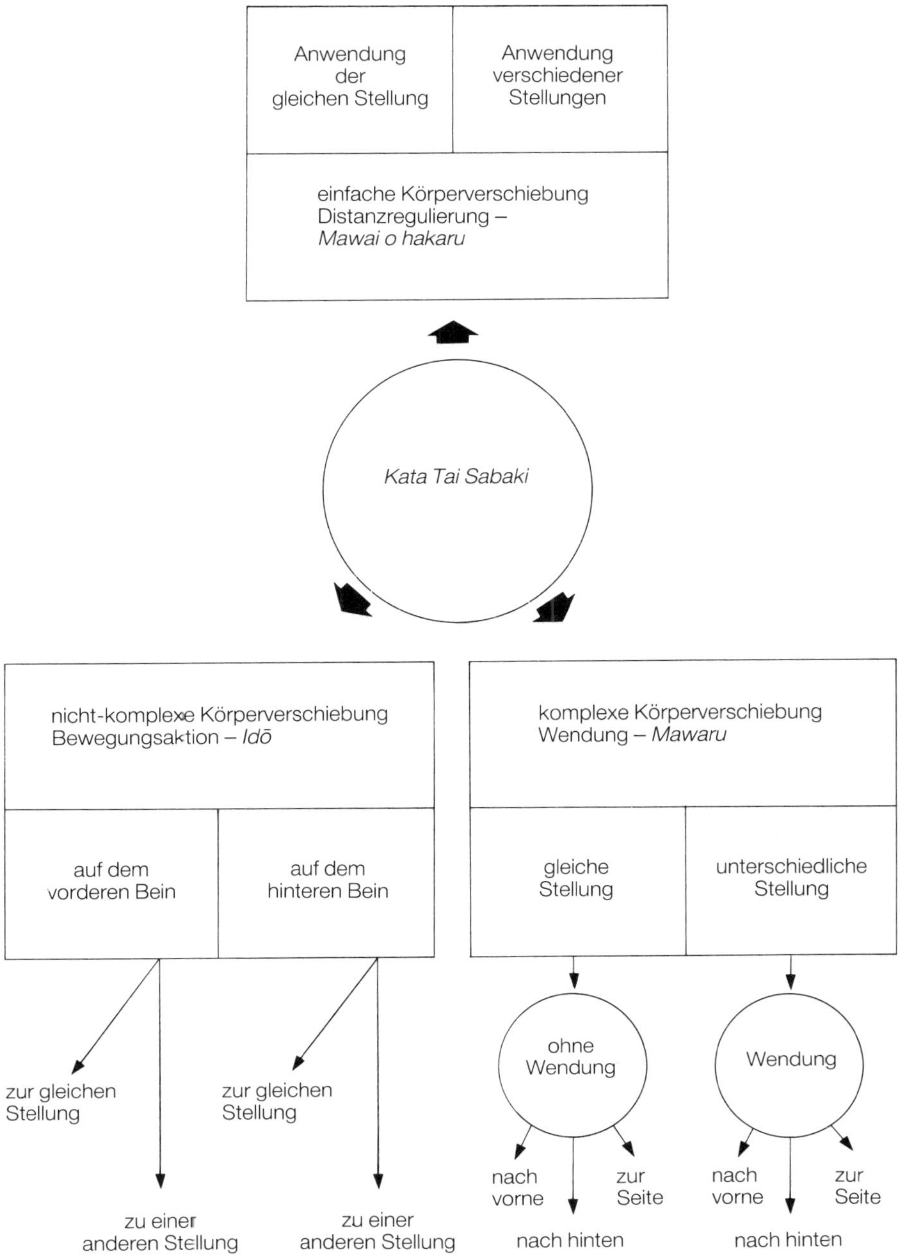

Die Bezeichnung der drei Kategorien von *Tai sabaki* zur Körperverschiebung in der Kata ist schematisch in Abb. 13 zu sehen:

Einfache Körperverschiebungen zur Regelung der Distanz sind in der Kata zu sehen, bei der die Distanzen vorgegeben sind und bewertet werden.

Die Abb. 14a–14c zeigt die Regelung der Distanz durch die Anwendung einer einfachen Stellung. Diese Folge ist aus der Kata Bassai Dai. Die Bewegung erfolgt nach vorne in die Frontalstellung, aus der ein Fauststoß ausgeführt wird.

Üblicher in der Kata ist die Distanzregelung durch die Anwendung verschiedener Stellungen bei gleichzeitiger Ausführung einer einzelnen oder unterschiedlichen Technik. Ein Beispiel dafür ist die Bewegung aus der Rückwärtsstellung in die Vorwärtsstellung bei der Kata Gankaku (Abb. 15a–15c).

Bei *komplexen Körperverschiebungen* (Bewegungen) ist die Hauptschwierigkeit für Anfänger das Gleichgewicht, insbesondere, wenn der Drehungswinkel 90 Grad oder mehr beträgt. Dieser Typ der Verschiebung erscheint früh beim Training in der Heian-Kata.

1. Abb. 16a–16c zeigen eine der vielen Wendungen in der Heian 1, wo das vordere Bein der Drehpunkt ist und die Abfolge mit der Frontalstellung beginnt und auch endet.
2. Das Wenden mit einem Wechsel der Stellungen ist komplexer, weil dabei der Schwerpunkt stark verschoben wird. Dies geschieht gegen Ende von Heian 1, wo die Stellung von der Frontalstellung in die Rückwärtsstellung wechselt (Abb. 17a–17c). Auch hier ist das vordere Bein der Drehpunkt. Diese Aktion erfordert mehr Zeit.
3. Das Wenden mit dem hinteren Bein als Drehpunkt findet sich ebenfalls in Heian 1 (Abb. 18a–18c). Die Stellung ist die gleiche – aus der Rückwärtsstellung in die linke Rückwärtsstellung.
4. Das Drehen auf dem hinteren Bein und das Wechseln von Stellungen ist in den Abb. 19a–19d gezeigt. Diese Abfolge stammt aus Heian 5. Der Wechsel erfolgt aus der Rückwärtsstellung in die Reiterstellung.

Komplexe Körperverschiebungen, kombiniert mit verschiedenen Stellungen, sind besonders in den Shorin-Kata enthalten (aber auch in den Shorei-Kata).

Nicht-komplexe Körperverschiebungen (Wendungen) besitzen eine große Bedeutung in der Kata, da diese den Rhythmus, das Zeitgefühl und das Kataverständnis bestimmen. Gleichgewichtserhaltung bei konstanter Verlagerung des Schwerpunkts macht eine Bewegung extrem schwierig und erfordert gute Fertigkeiten und großes Können. Ein Schlüssel für die Ausführung ist, den Oberkörper aufrecht und senkrecht zum Mittelpunkt der Stellung zu halten.

Wiederholungen der gleichen Stellung können dazu dienen, sich durch den Raum zu bewegen, wie es in vielen Kata zu sehen ist. Die Abb. 20a–20c verdeutlichen diese Art der Bewegung in der Heian 1.

Wenn zwei oder mehr Stellungen in einem Bewegungsablauf kombiniert werden, steht der Schwierigkeitsgrad meist in direktem Verhältnis zur Anzahl der Stellungen. Abb. 21a–21b zeigen nicht-komplexe Körperverschiebungen in Kombination mit komplexen (Abb. 21c–21d), und zwar in einer Folge aus Heian 3: Rückwärtsstellung – Frontalstellung – Reiterstellung.

Zur weiteren Untersuchung nicht-komplexer Körperverschiebungen in der Kata, wie zum Beispiel Abläufe mit oder ohne Drehung und Wiederholung einer oder mehrerer Stellungen, soll hier wieder auf Abb. 13 verwiesen werden.

14. einfach

15. einfach

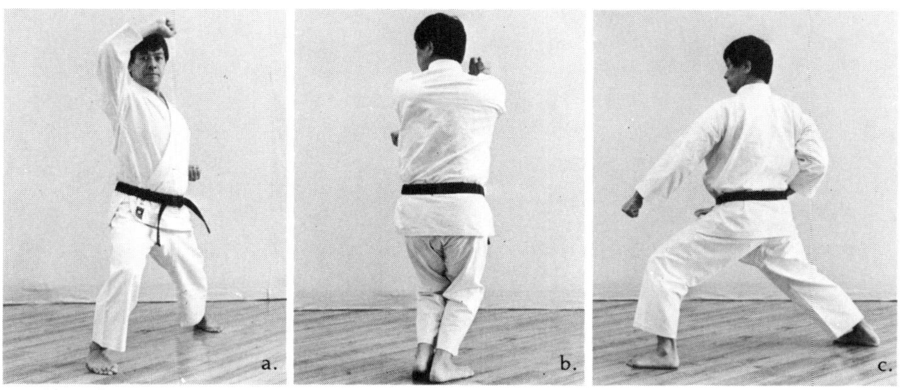

16. komplex

17. komplex

18. komplex

19. komplex

20. nicht-komplex

21. nicht-komplex

komplex

Körperverschiebung im Kampf

Kumite Tai Sabaki unterscheidet sich von der Körperverschiebung in der Kata in zwei Aspekten:

1. *Freie Kombination der Bewegungen.* Wegen der freien Art der Bewegungen ist die Körperverschiebung im Kampf abhängig von der eigenen Auswahl der Kombinationen im Hinblick auf bestimmte Situationen. Die Vielfalt der Aktionen stellt zweifelsohne eine Bereicherung für den Wettkampf dar. Gleichwohl zieht es eine große Anzahl von Wettkämpfern vor, einfache Techniken zu beherrschen – oder nur eine begrenzte Anzahl. Dies kann dann effektiv sein, wenn der einzige Zweck darin besteht, einen Wettkampf zu gewinnen; aber es verhindert eine Vielfalt an Fertigkeiten zu entwickeln und zu meistern.

2. *Art der während einer Aktion angewandten Stellung.* Wesentlich für den sportlichen Kampf sind Beweglichkeit und schnelle Aktionen, so daß der Karateka die Stellungen auswählen muß, die am besten die spezifischen Aktionen unterstützen. Die Mehrzahl der im Rahmen von Kampfübungen verwendeten Stellungen stammt aus der Kategorie 3, *Kumite-dachi.*

22. Körperverschiebungen im Freikampf

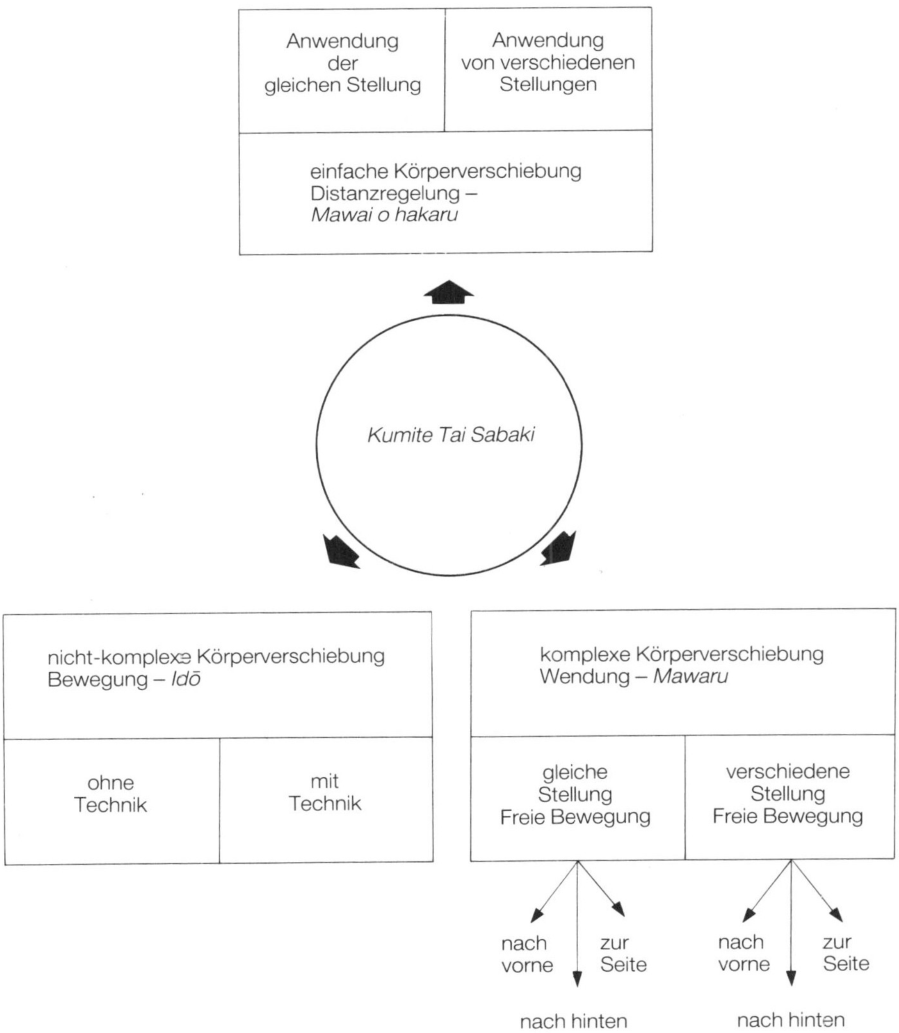

Einfache Körperverschiebungen zum Erhalt des richtigen Abstandes sind besonders wichtig für den Wettkämpfer. Um die richtige Distanz zu finden, muß er oft auf viele Stellungen zurückgreifen. Wenn er dann die korrekte Stellung gefunden hat, kann er seinen Angriff vorbereiten.

Dies kann anhand des Karategramms der Grundrichtungen besser verstanden werden, und zwar in Verbindung mit einer Grund- oder einer Kampfstellung, um in die Übung zwei der vielen wichtigen Kampftaktiken einzubringen. Die erste Taktik ist eine Reaktion auf den Angriff durch einen größeren Gegner, der eine kurze Technik (wie zum Beispiel einen Fauststoß) anbringen will – oder ein gleichgroßer Gegner attackiert mit einer weitreichenden Technik (zum Beispiel Tritt). Das Vermeiden des Angriffs durch eine Bewegung nach hinten zur Position 3 des Karategramms ist nicht ratsam, weil der Gegner früher oder später herankommt und einen Treffer landet (Abb. 23a–23c).

Die zweite Taktik ist eine Erweiterung der ersten: wenn der größere Gegner eine weitreichende Technik plant, ist es sinnvoll, entweder zu warten, um seiner Technik zuvorzukommen – bewegen Sie sich in die Position 12 und reagieren Sie, bevor seine Technik voll zur Entfaltung kommt –, oder durch Bewegen in die Position 5 bzw. 7 zu entkommen und gleichzeitig einen Gegenangriff auszuführen.

Die Bewegung zu Position 5 ist die fortgeschrittenere Form des Karatetrainings, und es erfordert Jahre, bis sie vollständig entwickelt ist. Diese Bewegungsform ist das Alpha im Freikampfalphabet. Um dies zu üben, geht man in eine der Kampfstellungen, wie zum Beispiel *Hidari fudō kumite-dachi*, und wartet auf den Angriff des Gegners. Wenn ein größerer Gegner mit einem Fauststoß zur Körpermitte angreift und man in Position 12 geht, wird der Gegner nach ein oder zwei Schritten einen Treffer landen können. Aber wenn dieselbe Ausgangsstellung eingenommen wird (*Hidari fudō kumite-dachi*), kann in dem Augenblick, in dem der Gegner uns beinah berührt, dem Angriff dadurch begegnet werden, indem der rechte Fuß in die Position 1 und der linke Fuß leicht nach links (Distanzsteuerung) bewegt wird. Danach erfolgt die Abwehr des Angriffs und gleichzeitig der Gegenangriff (Abb. 24a–24d). Die Aufmerksamkeit des Gegners ist kurzzeitig auf den Block gerichtet, wodurch der Gegenangriff volle Wirkung erhält.

Bei dieser Kombination ist es wegen der gegnerischen Position besser, eine Handtechnik einzusetzen, aber auch ein Tritt kann ausgeführt werden (Abb. 24d). Gleichwohl ist es nicht ratsam, die neue Position zu früh einzunehmen, weil dann der Gegner seinen Angriff umlenken kann, was den Verteidiger angreifbar macht.

Die Bewegung in Position 5 stellt eine gute Taktik dar, besonders für denjenigen mit besseren Bein- als Handtechniken. Zur Übung nehmen wir *Migi fudō kumite-dachi* ein, warten, bis der Angriff des Gegners fast angekommen ist und bewegen dann – unter Verwendung der größeren Beweglichkeit der Kampfstellung – den linken Fuß schnell in Position 11. Dann drehen wir uns mit dem linken Bein auf den Gegner zu – mit gleichzeitiger Anwendung einer Tritt- oder Handtechnik (Abb. 25a–25d). Mit welcher Technik wir dabei kontern, hängt von der Körperposition ab. Die Anpassung der Distanz erfolgt durch Verwendung derselben oder verschiedener Stellungen. Die Abbildungen 26a–26c zeigen einen gegenseitigen Fauststoß. In Abb. 26a ist die Distanz nicht richtig; der Oberkörper wird zurückgedrückt mit dem Ergebnis, daß das Gleichgewicht schwach und der Stoß ineffektiv ist. In Abb. 26b wird die optimale Distanz durch Entfernung vom Zielobjekt erreicht. Auf Abb. 26c ist die-

23.

24.

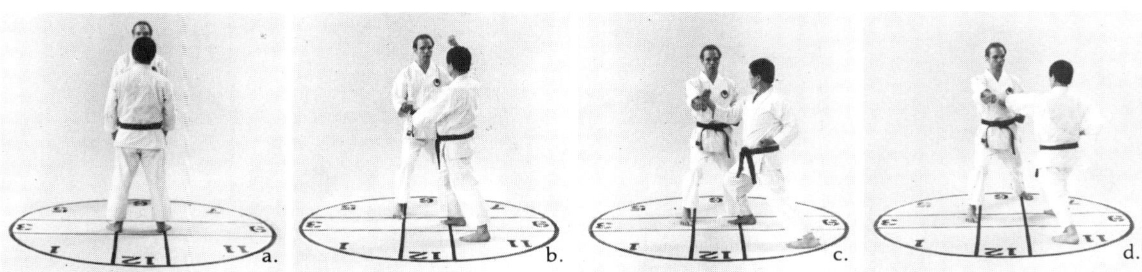

25.

selbe Technik aus einer anderen Stellung heraus ausgeführt. Die beiden letzteren stellen die besten Wege für die Distanzregulierung im Freikampf dar.

Nicht-komplexe Körperverschiebung bezeichnet eine Bewegungsaktion mit Anwendung einer einfachen Stellung oder kombinierter Stellungen nach vorne, nach hinten und zu den Seiten. Beide, komplexe und nicht-komplexe Körperverschiebung, können je nach Situation eingesetzt werden. Korrekte Distanz und ein gutes Gleichgewicht während einer Technik ist stets wichtig.

Komplexe Körperverschiebung (Wendung) im Kampf ist eine fortgeschrittenere Technik. Sie benötigt viel Übung und muß aus dem kontinuierlichen Gebrauch der nicht-komplexen Körperbewegungen abgeleitet sein. Für Wendungen kann ein Karateka verschiedene Stellungen auswählen, die nutzbringend angewandt werden können und die seinem Körpertyp und seinen Fähigkeiten entsprechen. Dabei kann er das Wenden mit einer Technik kombinieren, um eine starke, effektive Bewegung hervorzubringen.

26.

III

ARMTECHNIKEN

5. Stoßtechniken

Definition

Der Stoß ist eine spezielle Handtechnik, die direkt gegen ein ausgewähltes Ziel gerichtet ist und sich die Muskeln im Arm und Rumpf nutzbar macht. Da die betreffenden Muskelgruppen – an Händen, Armen, Brust und Bauch – groß sind, kann die *Auftreffwucht* sehr wirkungsvoll sein.

Tsuki waza wird gewöhnlich übersetzt mit »Stoßtechnik(en)«. Dies wird deutlich beim gestreckten Fauststoß (*Choku-zuki*), einer schnellen und starken Technik, die besonders auf kurze Distanz effektiv ist, wobei der Arm gerade nach vorne gestoßen wird, als wäre er ein Schwert. Dabei erfolgt die Übertragung der Kraft von den großen Muskelgruppen auf eine schmale Auftrefffläche (zwei Knöchel der stoßenden Faust), und mit der Drehung des Unterarmes um 180 Grad kann sich der *Tsuki* explosionsartig im Ziel auswirken.

Zielbereich

Die Kraftentfaltung der Schlagtechniken richtet sich auf einen bestimmten Zielbereich. Man unterscheidet drei Stufen: die obere Stufe (*Jōdan*) besteht aus Kopf und Hals. Die mittlere Stufe (*Chūdan*) geht vom Hals bis zur Linie, die waagrecht durch den Nabel geht. Die untere Stufe (*Gedan*) reicht vom Nabel bis zu den Knien.

Schließlich gibt es noch eine vierte Stufe für Angriffs- und Abwehrtechniken »unterhalb der Knie« (*Hiza shita*). Diese stellt jedoch keinen üblichen Zielbereich für Schlagtechniken dar.

Diese Aufteilung in die Bereiche obere Körperzone, mittlere Körperzone, untere Körperzone und untere Beinzone ist in Abb. 1 (Vorderansicht) und Abb. 2 (Rückansicht) dargestellt. Die zwei Ansichten des menschlichen Körpers sind bekannt als fundamentale Standpositionen. Da beide zusammen die Angriffs- und Abwehrzielflächen genau definieren, sind sie sehr effektiv und wertvoll für das Karatetraining.

Die fundamentale Standposition sollte jedoch nicht die Grundlage für das Verständnis der Körperbewegung bilden, besonders nicht derjenigen der Hände, der Unterarme und der Finger. In der Tat hat der in der Vergangenheit übliche Gebrauch der fundamentalen Standposition, um Körperbewegungen zu identifizieren, zu Verwirrungen geführt. Zu diesem Zweck ist die anatomische Standposition (Abb. 3) mit den nach vorne zeigenden Handflächen am geeignetsten, weil sie übereinstimmt mit den Fachausdrücken der Bewegungslehre und modernen Sportmedizin. In diesem Buch sind alle Körperbewegungen, Techniken und Körperteile, die im Rahmen von Angriff und Abwehr zur Geltung kommen, mit Bezug auf die anatomische Standposition bezeichnet.

Unter Berücksichtigung der korrekten Fachausdrücke sollte der Lernende bemüht sein, alle Aspekte der Körperaktionen zu verstehen. Kinesiologie, die wissenschaftliche Lehre von den Muskelbewegungen, ist eine Disziplin, die viele Hinweise für die Verbesserung der Karatefertigkeiten und die Verringerung der Verletzungsgefahr liefert.

1–2. Fundamentale Standposition

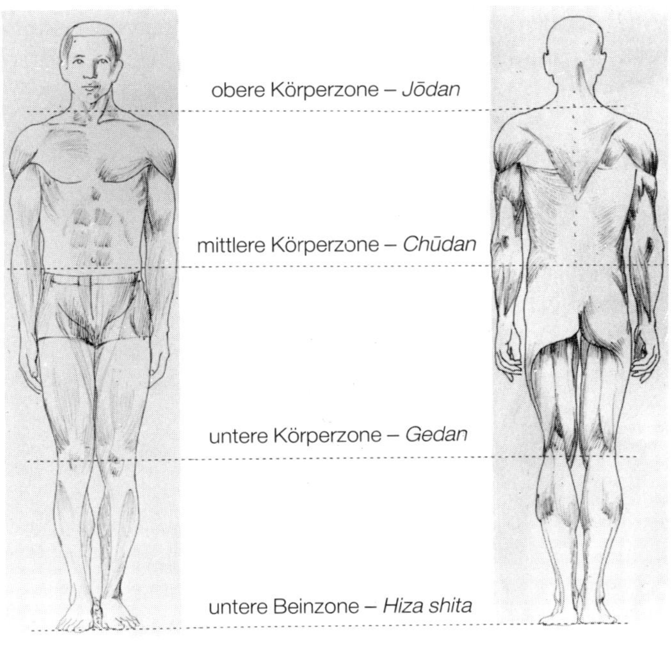

Vorderansicht *Rückenansicht*

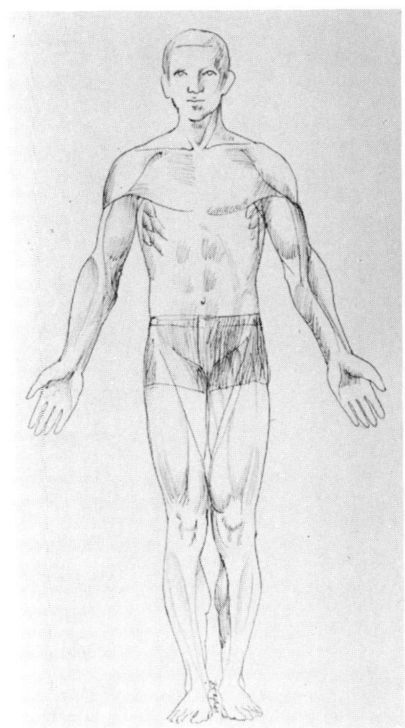

3. Anatomische Standposition

Grundlagen der Kraft

Kraft ist die Tätigkeit des Schlagens oder Stoßens gegen ein Ziel. Die Anwendung beim Karate variiert beim Auftreffen gemäß folgender fünf Faktoren:

1. *Größe.* Die Größe der Kraft hängt vom Querschnitt des Muskels und der Anzahl der Muskelfasern ab. Bei Männern entwickelt ein Quadratzentimeter des Muskels eine durchschnittliche Kraft von 9,2 kg. Diese Bandbreite bei verschiedenen Untersuchungen reicht von 3,6 bis 10 kg. Bei Frauen beträgt dieser Wert 7,1 kg/cm^2

2. *Richtung.* Im Prinzip sollte die Richtung der Kraft in Hinsicht auf das Ziel, auf welches sie angewandt wird, 90 Grad betragen. Dies gibt einem Stoß, Tritt oder Block maximale Kraft. Dieser Grundsatz sollte aber nicht als Anwendungsregel für jedwede Situation verstanden werden. Denn das Auftreffen eines Trittes auf einen abwehrenden Arm bei 90 Grad würde einen gebrochenen Arm zur Folge haben.

3. *Schnelligkeit.* Schnellkraft ist abhängig von der zu bewegenden Masse und dem zurückzulegenden Weg. Je größer die Schnelligkeit, desto größer ist auch die Kraftentfaltung. Und je höher die Beschleunigung, desto größer die Kraft.

4. *Bewegungsreichweite.* Kraft ist direkt proportional zur Bewegungsreichweite. Ein Weg, die Kraft zu steigern, besteht darin, die Distanz zu vergrößern: Dies ist auch der Grund, warum ein langer Fauststoß eine größere Kraft hat als ein kurzer (zum Beispiel ein Haken).

5. *Standfestigkeit.* Gute Körperstabilität ist für eine effektive Anwendung der Kraft notwendig.

Alle diese Faktoren müssen zusammenwirken, damit eine maximale Kraftentfaltung möglich wird. Es wäre ein Fehler, wenn man zum Beispiel nur die Muskelstärke ausbilden und die anderen Faktoren vernachlässigen würde.

Energiekonzentration (Fokussierung)

Die brennpunktartige Konzentration der Energie (*Kime*) bezeichnet den Prozeß der Verbindung aller wesentlichen Komponenten einer Karatetechnik. Nur durch das im Moment des Auftreffens bewußte Konzentrieren der physischen (und auch geistigen) Energie wird eine Technik effektiv. Dies ist ein komplexer Vorgang und erfordert die Einbeziehung folgender Faktoren:

1. *Distanz* (vom Ziel)
2. *Technik*
3. *Muskelspannung*
4. *Schnelligkeit*
5. *Zeitgefühl* (Timing)

Die Beziehung zwischen der Konzentration der Kraft und dem schockartigen Auftreffen im Ziel verdeutlicht Abb. 4 anhand der Ausführung des geraden Fauststoßes in der oberen Stufe (*Jōdan oi choku-zuki*). Besonders geachtet werden sollte auf die Auswirkungen einer falschen Distanz. Steht man zu dicht zum Ziel, so verhindert dies eine Vollendung der Technik. In diesem Fall kann die Muskelkontraktion nicht ihr Maximum erreichen; auch verminderte Schnelligkeit und fehlendes Timing sind die Folge. Es kommt zu keiner Konzentration der Energie im Ziel und damit auch zu keiner effektiven Kraftentfaltung.

Ist der Abstand zu groß, so verhindert dies eine große Kraftentfaltung. In diesem Fall kommt die Technik entweder nicht zum Abschluß oder ist bereits schon vorher beendet – alle Faktoren der Energiekonzentration sind beeinträchtigt.

4. Energiekonzentration und Kraftauswirkung im Ziel

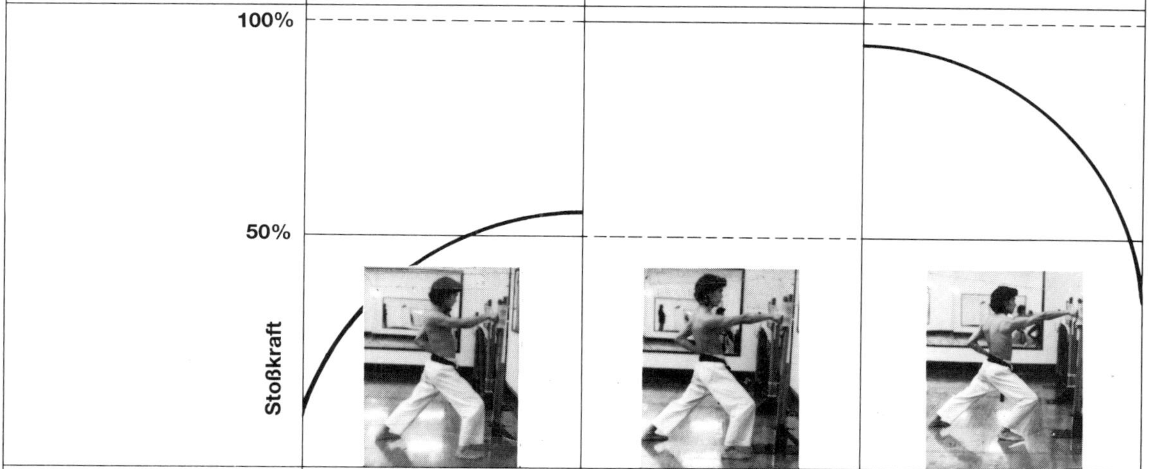

Brennpunkt	unvollständig	optimal	unvollständig
Distanz	zu nah	optimal	zu weit
Technik	unvollständig	korrekt	beendet
Muskelspannung	unvollständig	maximal	beendet
Schnelligkeit	langsam	maximal	angehalten
Timing	inkorrekt	optimal	inkorrekt

Bei der richtigen Distanz kann die maximale Stoßkraft erreicht werden, wenn dabei die vier anderen Faktoren stimmig sind. In diesem Fall ist der Oberkörper in aufrechter Haltung, wenn die Technik zum Abschluß kommt.

Wenn einer Technik diese Energiekonzentrierung fehlt, besteht die einzige Abhilfe darin, den inkorrekten Faktor zu verbessern.

Drehung der Faust

Die für den Karatefauststoß charakteristische Drehung ist einzigartig unter den Wettkampfsportarten. Unter den vielen Vorschlägen, die zur Erklärung des Werts dieser Stoßtechnik angeboten werden, sind einige, die, wie wir meinen, jeglicher logischen Grundlage entbehren, wie zum Beispiel diejenigen, die behaupten, daß dieser Fauststoß es dem Angreifer ermögliche, den Körper des Gegners – im wirklichen Kampf – zu durchschlagen. Meister Funakoshi berichtete von einem Mann, der damit prahlte, daß er so gut trainiert sei, daß er das Herz aus dem Körper eines Gegners herausreißen könne. Von Funakoshi aufgefordert, dies zu demonstrieren, versagte der Mann kläglich bei seinem Kunststück.

5. Vertikale Drehung der Faust

Zu erwähnen sind hier zwei Fakten – funktionaler bzw. physiologischer Art – im Hinblick auf die Faustdrehung, die deren Wert deutlich machen. Der Vertikalfauststoß (*Tate-zuki*) ist deshalb ungewöhnlich, weil er ohne Faustdrehung ausgeführt wird. Wenn aus der in Abb. 5 gezeigten Position die Faust langsam gedreht wird, so daß die Handfläche nach unten zeigt, kann der Stoß zuletzt noch um einen weiteren Zentimeter verlängert werden. Dieser zusätzliche Abstand kann den Unterschied zwischen Treffen und Verfehlen des Ziels ausmachen.

Aus physiologischer Sicht erlaubt die Drehung der Faust um 180 Grad den Unterarm-, Ellbogen- und Oberarmmuskeln ein Zusammenwirken mit den Brustmuskeln und eine Unterstützung durch diese. Dies hat zur Folge, daß der Rumpf fester hinter dem Stoßarm steht.

Stoßtechniken – *Tsuki waza*

Gruppe	
Ein-Hand-Stöße – *Tsuki*	**Zwei-Hand-Stöße – *Morote-zuki***
Gestreckter Fauststoß *Choku-zuki* Vertikalfauststoß *Tate-zuki* Prellstoß *Kizami-zuki* Fauststoß nach oben *Age-zuki* Halbkreisfauststoß *Mawashi-zuki* Hakenstoß *Kagi-zuki* Nahstoß *Ura-zuki*	Weiter U-Stoß *Yama-zuki* U-Stoß *Awase-zuki* Parallelstoß *Heiko-zuki* Scherenstoß *Hasami-zuki*

Einteilung

Auf der Grundlage der Auftreffpunkte der Faust werden die Stoßtechniken in zwei Gruppen eingeteilt. Die erste Gruppe besteht aus sieben Ein-Hand-Stößen, die zweite aus vier Zwei-Hand-Stößen.

Übungsstufen

Im allgemeinen kann das für jede Stoßtechnik notwendige Verstehen am besten dadurch erreicht werden, daß man in drei Stufen übt.

Im ersten Stadium kommt es auf das Verstehen der besonderen motorischen Fertigkeiten an. Für diesen Zweck sollte unserer Auffassung nach der Fauststoß zuerst aus einer natürlichen Stellung (zum Beispiel der offenen Beinstellung) geübt werden, wobei die darin einbezogenen Muskeln nur in einer minimalen Beziehung zur ausgeführten Stoßtechnik stehen. Dadurch kann die Konzentration vorrangig auf die technischen Fertigkeiten gerichtet werden, was alle Komponenten der Technik klar und leichtverständlich werden läßt.

Im zweiten Stadium wird die Stoßtechnik mit den Körperstellungen, die bedeutendere Muskelaktionen erfordern, verbunden. Ein Beispiel dafür ist die Ausführung des Stoßes zuerst in den Grundstellungen und später dann aus den fortgeschrittenen Kampfstellungen. Das zweite Stadium sollte erst nach erfolgreichem Abschluß des ersten begonnen werden.

Das dritte Stadium enthält die routinemäßigen Übungen, wie sie im Karategramm der grundlegenden und fortgeschrittenen Richtungen beschrieben sind (siehe dazu die Seiten 90–91). Nach Beendigung des dritten Stadiums können die erlernten Stoß-/Schlagtechniken im Rahmen der partnerbezogenen Kampfübungen getestet werden, wie zum Beispiel der Drei-Schritt-Übungsform (*Sanbon kumite*).

Hand, Unterarm und Ellbogen

Es gibt 21 Flächen des Armes, die als Stoß-, Schlag- und Abwehrflächen verwendet werden können. Die Ausbildung der Auftreffflächen allein wäre Zeitverschwendung; auch die anderen Körperteile müssen gleichzeitig vorbereitet werden, wenn positive Ergebnisse erwartet werden.

6.

Vorderfaust *Seiken*

Die auftreffende Fläche der Vorderfaust soll aus physikalischen Gründen möglichst klein sein – eingesetzt werden nur die Knöchel der Zeige- und Mittelfinger. Die Finger sollen möglichst im rechten Winkel eingerollt werden; der Daumen wird auf Zeige- und Mittelfinger gedrückt. Eine Kräftigung dieser Stoßfläche erfordert viele Trainingsstunden.

7.

Hammerfaust *Kentsui*

Hierbei ist die Auftrefffläche die fest zusammengeballte Faust auf der Seite des kleinen Fingers. Ein Karateka kann diese sehr effektiv einsetzen (Abb. 7a–7b).

Flache Faust *Hiraken*
Ein-Knöchel-Faust *Ippon Ken*

Diese Variationen sollten nur von fortgeschrittenen Karateka praktiziert werden, weil dabei Verletzungsgefahr besteht (Abb. 8a–8c).

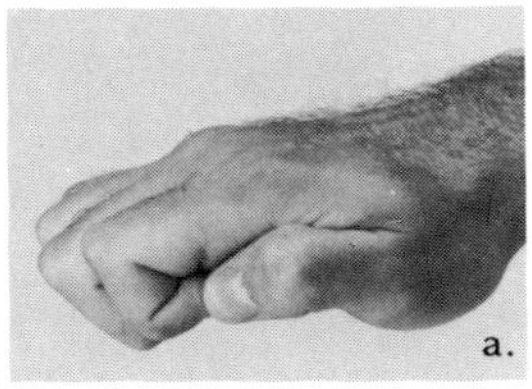
a.

b.

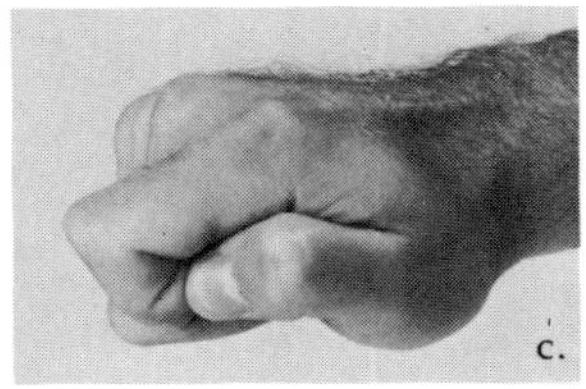
c.

8.

Faustrücken *Uraken*

Der Rücken der Faust kann, einmal ausgebildet, sehr kraftvoll eingesetzt werden. Ihre Konditionierung ist aufgrund der vielen Blutgefäße und Nervenfasern, die diese Fläche besitzt, schwierig und oft schmerzvoll (Abb. 9a–9b).

a.

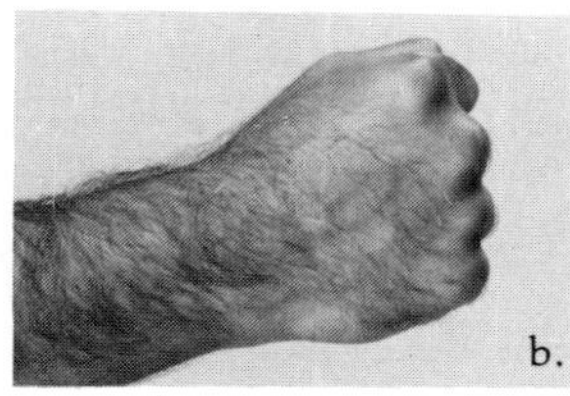
b.

9.

Adlerhand *Washide*
Beidhändiger Handwurzelstoß *Morote Teishō*
Ein-Finger-Speerhand *Ippon Nukite*

Fortgeschrittene Karateka finden diese Variationen nützlich beim Übungswettkampf – ausgeführt werden sie auch im Rahmen der Kata (Abb. 10a–10c).

10.

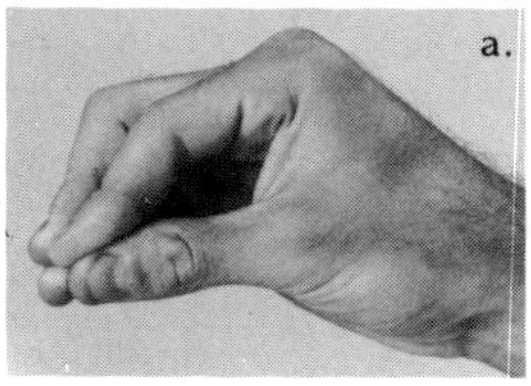
a.

b.

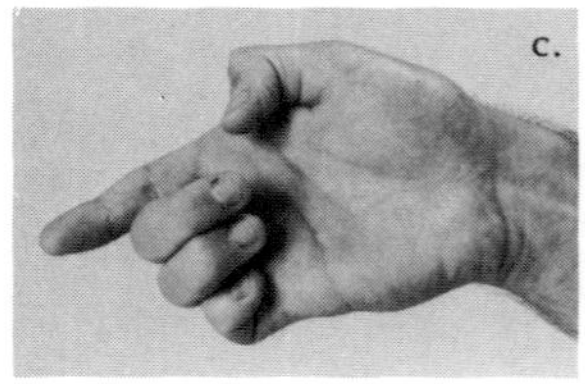
c.

Handrücken *Haishu*
Fingerspitzenstoß *Nukite*

Die Rückseite der offenen Hand und die Fingerspitzen werden bei Schlagtechniken angewandt. Die Ausführung ist schmerzhaft, und deshalb sieht man solche Techniken nur selten, obwohl sie sehr wirkungsvoll sind (Abb. 11a–11c).

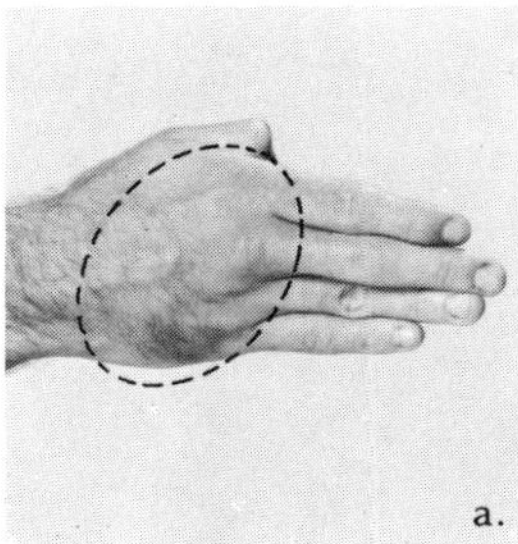
a.

b.

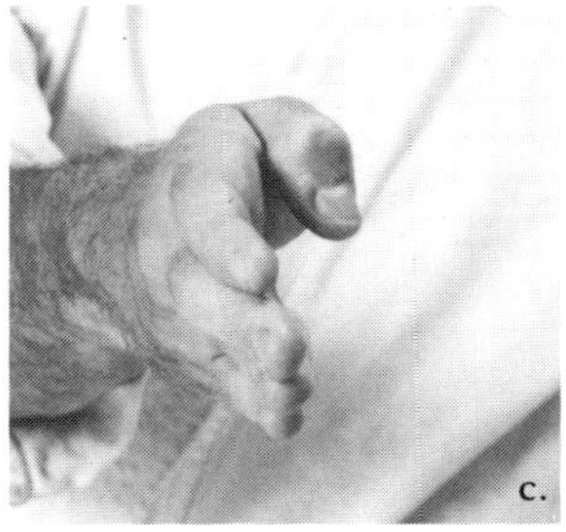
c.

11.

Bärenhand *Kumade*
Handwurzel *Teishō*

Die Finger werden eng im zweiten Fingergelenk abgeknickt, während die übrige Handfläche unverhüllt bleibt: Dies verleiht der Handformation das Aussehen einer Bärenpranke. Die Schlagfläche schließt die Handfläche wie auch die Finger ein (Abb. 12a).

Mit derselben Position der Finger kann die schlagende Fläche auch der Ansatz des Handballens von der Daumenwurzel bis zum kleinen Finger sein. Dies ist eine besonders starke Fläche (Abb. 12b).

a.

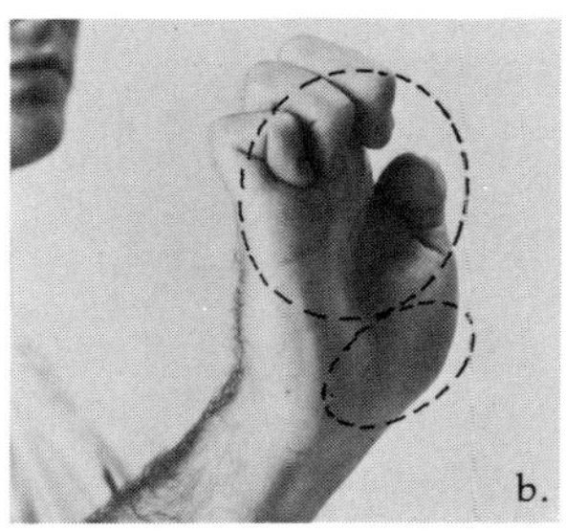
b.

12.

Schwerthand *Shutō*
Ochsenmaulhand *Seiryūtō*

Die Schwerthand wird mit der Kante der offenen Hand an der Kleinfingerseite gebildet. Bei angemessener Ausbildung ist diese extrem stark und ist recht populär bei solchen Karateka, die gerne Bruchtechniken praktizieren (Abb. 13a–13b).

Die zweite Version verwendet die gleiche Seite der offenen Hand. Dabei werden die ausgestreckten Finger gegen den Daumen abgebogen (Abb. 13c).

13.

Handinnenkante *Haitō*
Hahnenkammhand *Keitō*

Haitō wird mit der inneren Handkante auf der Seite des Daumens gebildet. Der Daumen ist angewinkelt. Diese Fläche ist extrem empfindlich und für die meisten Karateka ausgesprochen schwierig zu gebrauchen (Abb. 14a–14b).

Die Hahnenkammhand ist genau die Umkehrung der Ochsenmaulhand. Mit den gegen den Daumen gebogenen Fingern liegt die Auftrefffläche auf der Daumenseite (Abb. 14c).

14.

Gebogenes Handgelenk *Kakutō*

Diese Technik wird gebildet, indem die Finger nach innen gebogen und dann zusammengebracht werden, um einen geschlossenen Block zu bilden. Die gebogene Handgelenkfläche ist schmerzempfindlich (Abb. 15a–15c).

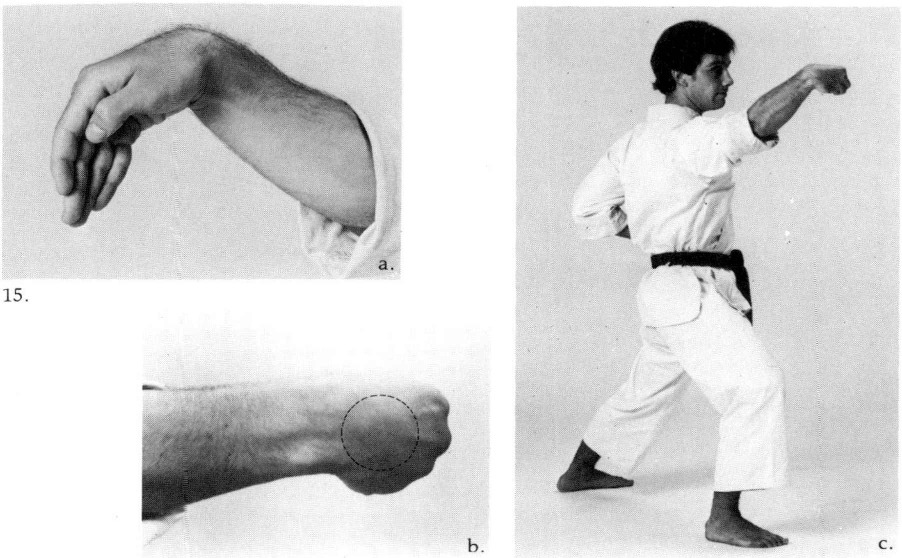

15.

Äußerer Unterarm *Gaiwan*
Innerer Unterarm *Naiwan*
Unterarmrücken *Haiwan*

Der Unterarm oberhalb des Handgelenks wird oft zur auftreffenden Fläche, besonders beim Abwehren. Im Hinblick auf die anatomische Standposition (Abb. 3, S. 103) wird deutlich, daß die Außenseite die des Daumens ist und die Innenseite die des kleinen Fingers; die Rückseite ist die Verlängerung des Handrückens (Abb. 16a–16b).

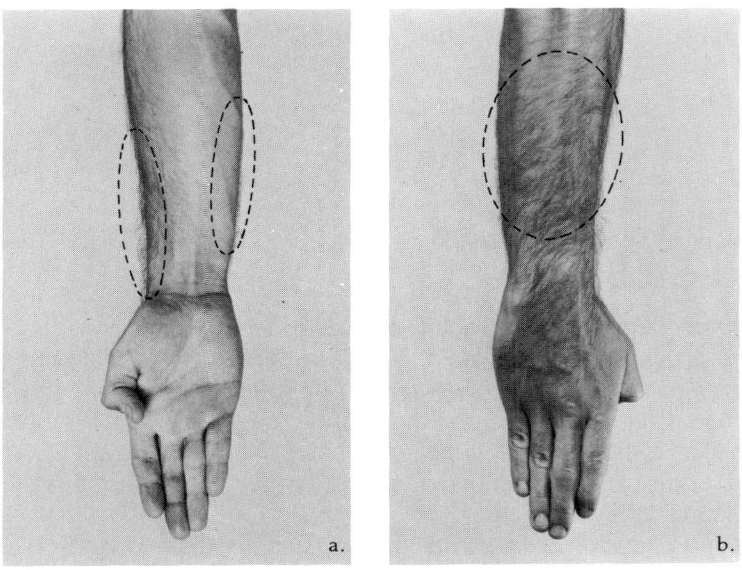

16.

Ellbogen *Empi*

Dies ist eine sehr kraftvolle Technik, die nach hinten, nach vorne und zur Seite ausgeführt werden kann (Abb. 17a–17d). Ellbogentechniken werden auch als Rammtechniken bezeichnet. Ein hartes Objekt mit der Ellbogenspitze zu treffen, kann schwere Verletzungen des Ellbogengelenks nach sich ziehen.

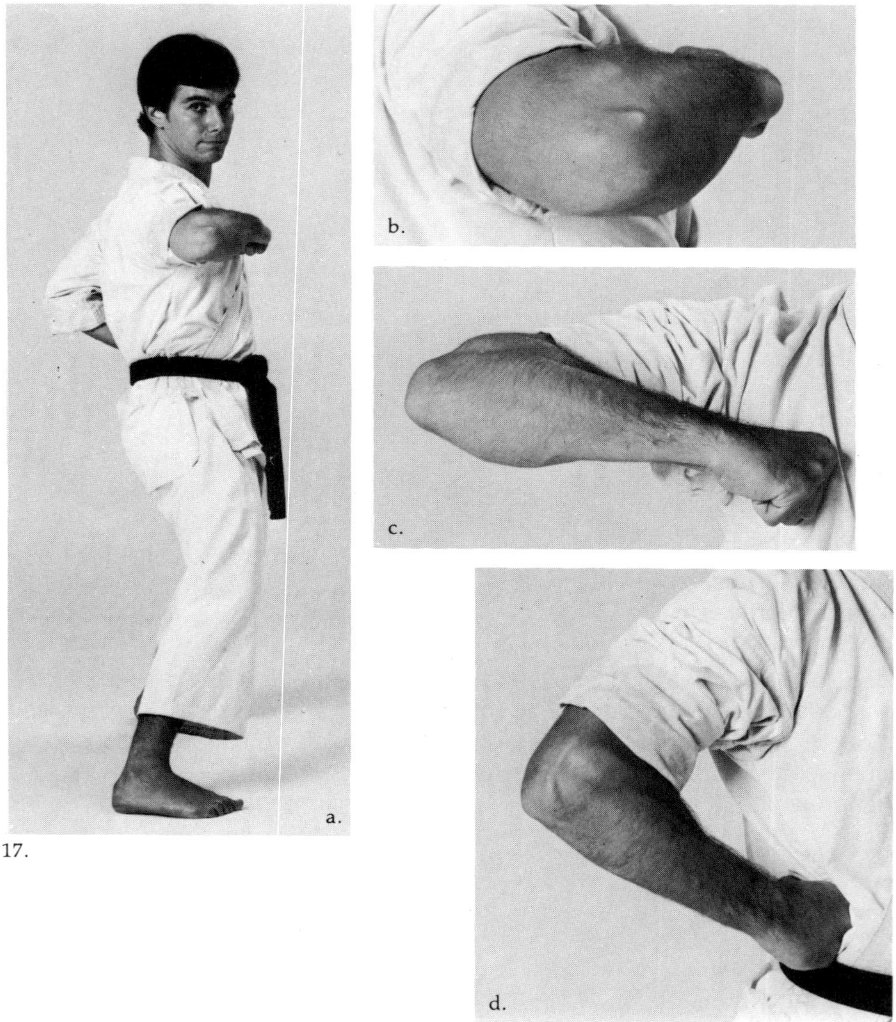

17.

Ein-Hand-Stöße

Es ist wichtig, die der Einteilung der Techniken in Gruppen zugrunde liegenden Fachausdrücke zu verstehen. Die erste Bezeichnung betrifft die Zielfläche. Dann erfolgt die Angabe, ob die Technik in der *Oi* (gleichseitigen) oder *Gyaku* (gegenseitigen) Form angeführt werden soll. Auf der nächsten Stufe werden dann die Techniken der speziellen Gruppe genannt. Schließlich wird die Richtung angezeigt, und zwar entsprechend den Karategrammen der grundlegenden und fortgeschrittenen Richtungen.

Die Abb. 18 und 19 zeigen die gleichseitigen und gegenseitigen Formen, die Abb. 20–26 die sieben Ein-Hand-Stöße.

Ein-Hand-Stöße – *Tsuki*

Zielbereich

18. *Gyaku* – gegenseitige Form

19. *Oi* – gleichseitige Form

20.

21.

22.

23.

24.

25.

26.

Karategramme der Grund- und fortgeschrittenen Richtungen

Gestreckter Fauststoß – *Choku-zuki* (Abb. 20)
Vertikalfauststoß – *Tate-zuki* (Abb. 21)
Prellstoß – *Kizami-zuki* (Abb. 22)
Fauststoß nach oben – *Age-zuki* (Abb. 23)
Halbkreisfauststoß – *Mawashi-zuki* (Abb. 24)
Hakenstoß – *Kiga-zuki* (Abb. 25)
Nahstoß – *Ura-zuki* (Abb. 26)

a. b. c. d.
27.

Gestreckter Fauststoß *Choku-zuki*

Dieser Fauststoß (*Choku-zuki*) ist die Grundform aller Stoßtechniken, die im Karate gelernt werden; er ist schnell und kann auf kürzere Entfernungen wirksam eingesetzt werden. Dieser Fauststoß ist die meistgebrauchte Technik in der Kata wie auch im Freikampf. Die Auftrefffläche ist die Vorderfaust.

Im Rahmen der ersten Stufe wird er in einer natürlichen Stellung gelernt (Parallelstellung oder offene Beinstellung). Begonnen wird mit der stoßenden Faust (Daumen zeigen nach oben) an der Hüfte, genauer gesagt: auf dem Hüftknochen (Abb. 27). Der andere Arm wird locker nach vorne zur Mitte ausgestreckt. Wenn sich nun die stoßende Faust nach vorne bewegt, wird gleichzeitig der vordere Arm synchron dazu zurückgezogen (Abb. 27b). Dieses schnelle Zurückziehen der gegenüberliegenden Hand festigt das Gleichgewicht und erhöht die Stoßkraft. Der Ellbogen soll die Körperseite berühren.

Wenn nun der Ellbogen des stoßenden Arms die Körperseite verläßt, beginnt die für jede Karatearmtechnik charakteristische Drehung (Abb. 27c). Die Faustdrehung ist dann vollendet, wenn der Stoßarm seine maximale Streckung erreicht hat (Abb. 27d). Gleichzeitig hat sich auch der Unterarm des zurückgehenden Arms gedreht, so daß die Faust wieder – mit dem Daumen nach oben – an der Hüfte liegt.

Eine gute Technik erfordert eine aufrechte Haltung des Körpers mit entspannten Schultern (sie dürfen nicht angehoben werden). Auch darf die Schulter des Stoßarmes nicht vorgeschoben werden, sonst wird die Übertragung der Kraft reduziert. Bei der Ausführung des geraden Stoßes (28a–28d) in Verbindung mit der offenen Stellung sind zu beachten: der diagonale Ablauf des Stoßes, die Kontaktaufnahme des Ellbogens mit der Hüfte, die synchrone Bewegung der stoßenden und zurückgehenden Faust, die 180-Grad-Drehung der Faust kurz vor dem Moment des Auftreffens und die gerade Position der Faust im Handgelenk (Faustrücken und Unterarm sollen eine Linie bilden).

Das beste Ergänzungstraining für das Verstehen der Technik und die Entwicklung der Muskelausdauer ist der Gebrauch des Gummi-Trainingsgerätes. Befestigen Sie dies am Schlagpfosten in Höhe des Solarplexus und üben Sie dann den geraden Stoß. Die Abb. 29a–29c zeigen die Ausführung; die Abb. 30a–30c das Üben der zurückziehenden anderen Hand. Ein zu dichtes Stehen am Schlagpfosten bedingt einen geringen Widerstand.

Um die Schnelligkeit zu verbessern, ist es wichtig, eine Stellung mit größerem Abstand vom Schlagpfosten einzunehmen und die Technik mit größtmöglicher Geschwindigkeit zu wiederholen. Der Widerstand ist hoch, so daß die Anzahl der Wiederholungen begrenzt wird, weil der Körper die rasch produzierte Milchsäure und andere Stoffwechselprodukte nicht vollständig abbauen kann. Deshalb liegt die normale Anzahl der Wiederholungen bei etwa zwölf. Ein paar Trainingsstunden pro Woche sind zu empfehlen, besonders für diejenigen, die an Wettkämpfen teilnehmen.

Der aus einer natürlichen Stellung ausgeführte gerade Fauststoß kann weniger Kraft freisetzen als der gleiche Stoß in Verbindung mit einer anderen Körperstellung. Dies hat seinen Grund darin, daß die Hüft- und Rumpfdrehung begrenzt ist (eine scharfe, kraftvolle Drehung der Hüften ist dabei nicht möglich) und damit auch die kraftvolle Übertragung auf die stoßende Faust, insbesondere bei Anfängern. Für ein optimales Timing ist die Entwicklung von Schnelligkeit und Geschmeidigkeit der Bewegungen unbedingt erforderlich.

Neben dieser Grundform des geraden Stoßes (*Choku-zuki*) gibt es noch den gegenseitigen Fauststoß (*Gyaku choku-zuki*) und den normalen oder gleich-

28.

29.

30.

seitigen Stoß (*Oi choku-zuki*). Einige Experten behandeln diese als drei getrennte Stöße, während wir der Auffassung sind, daß die beiden letzteren nur Variationen des *Choku-zuki* sind.

Die Ausführung des umgekehrten bzw. gegenseitigen Fauststoßes aus der Vorwärtsstellung, wie in der Abb. 31a und 31c dargestellt, besitzt viel Ähnlichkeit mit dem Grundfauststoß. Der Unterschied liegt in der Stellung der Füße, die eine Veränderung der Rumpfposition bewirkt. Die Anspannung der Bauchmuskeln leitet die Drehung des Rumpfes ein, gefolgt von einer Impulsübertragung auf den stoßenden Arm. Die Stoßkraft ergibt sich hierbei vor allem aus der scharf nach vorne gedrückten Hüfte (bei aufrechtem Oberkörper). Beim Abstoppen der Hüfte fliegt die Faust nach vorne weiter, verstärkt durch das ruckartige Durchstrecken des Stoßarmes im Ellbogen.

Der gegenseitige Fauststoß ist eine sehr starke Attacke in der mittleren Stufe und besonders effektiv, wenn er gegen den Solarplexus gerichtet wird. Die Abb. 32a–32d illustrieren den umgekehrten Fauststoß in der mittleren Stufe (*Chudan gyaku choku-zuki*).

Der normale bzw. gleichseitige Fauststoß unterscheidet sich von diesem hauptsächlich durch die geringere Hüftdrehung und in der weniger intensiven Beanspruchung der Rumpfmuskeln (Abb. 33a–33d). Dadurch ist er weniger kraftvoll als der umgekehrte (gegenseitige) gerade Fauststoß.

Die vorausgegangenen Bemerkungen sollten das große Kraftpotential des *Oi-* und *Gyaku choku-zuki* deutlich gemacht haben. In diesen wie auch in anderen Karatetechniken ist die starke Anspannung der Bauchmuskeln eine wesentliche Voraussetzung einer guten Ausführung (siehe Abb. 2, S. 17). Eine Warnung ist jedoch angebracht! Besonders Anfänger sind darauf aus, ihre Fertigkeiten mittels der stets populären Bruchtechniken auszuprobieren. Dies kann zu Verletzungen führen.

31.

32.

33.

Vertikalfauststoß *Tate-zuki*

Der Vertikalfauststoß ähnelt dem geraden Fauststoß. Bei einer natürlichen Stellung (Abb. 34a) als Ausgangsstellung folgt auf die Kontraktion der Bauchmuskeln die der Brust- und Handmuskeln. Am Ende des Stoßes ist die Vorderfaust in vertikaler Position (Abb. 34b–34d).

Hierbei gibt es zwei Formen: den *Oi tate-zuki* und den *Gyaku tate-zuki.* Beim umgekehrten Vertikalfauststoß werden, wie die Abb. 35a–35c verdeutlichen, die stoßende Hand und die Hüfte zusammen nach vorne bewegt; sie erreichen ihre maximale Streckung und Kraftentfaltung am Ende des Stoßes. Der Oberkörper ist gerade und das hintere Bein vollständig gestreckt. Beide Füße müssen fest am Boden stehen.

Der Vertikalfauststoß kann sich gegen die obere, mittlere oder untere Körperregion richten. Die Abb. 36a–36d zeigen diesen Fauststoß mit einer gleitenden Bewegung (Stellung: *Zenkutsu-dachi*). Ein fester Stand und ein aufrechter Oberkörper erhöhen die Wirksamkeit.

Wie schon oben angemerkt wurde, besteht das Ungewöhnliche des *Tate-zuki* darin, daß es bei ihm zu keiner vollständigen Drehung des Unterarmes kommt. Obgleich dies ein Nachteil ist, sollte dieser Stoß doch geübt werden, um die motorischen Fertigkeiten zu lernen und nicht genutzte Muskeln zu stärken (auch im Sinn einer Erweiterung des Wissens über Karate).

Die größte Bedeutung dieser Technik liegt in der Chintei Kata, aber auch in den Grund-Kata wie zum Beispiel der Heian 4 und 5 in Verbindung mit der Kreuzabwehr.

34.

35.

36.

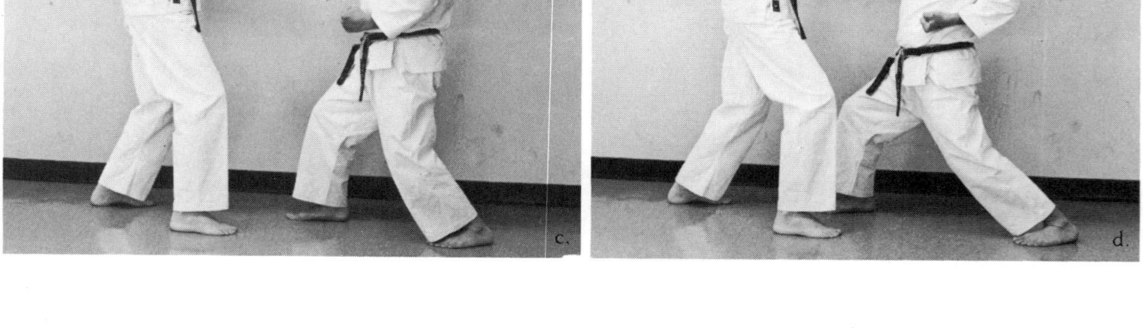

Prellstoß *Kizami-zuki*

Der Prellstoß oder Jab findet Anwendung in bestimmten Situationen, wie etwa der, daß man den Gegner für eine kraftvollere Technik »vorbereiten« will. Ein Beispiel dafür ist der kurze Stoß, dem unmittelbar ein umgekehrter gerader Stoß folgt.

Aus der offenen Stellung (Abb. 37a) wird der Prellstoß ausgeführt, indem man die Faust auf dem kürzesten Weg zum Ziel stößt, gewöhnlich zum Kopf, aber auch zur Brust. Diese Aktion wird, wie die Abb. 37b–37d zeigen, durch die Drehung der Hüften und des Rumpfes unterstützt. Die andere Hand wird gleichzeitig zurückgezogen.

Der Prellstoß kann mit einer Anzahl von Körperpositionen kombiniert werden – die Vorwärtsstellung ist eine der gebräuchlichsten. Die Abb. 38a–38d illustrieren die Ausführung dieses Fauststoßes. Man beginnt mit der Anspannung der Unterleibsmuskeln und setzt mit der Kontraktion der Brustmuskeln und der Hüftdrehung fort. Dies ist eine Aktion, bei der die Hände einander vor der Brust begegnen und die Schulter des stoßenden Armes nach vorne drückt (Abb. 38c–38d). Kraftentfaltung ist dabei nur mit der vollständigen Anspannung der unteren Bauch- und Brustmuskeln möglich. Beachten Sie die Haltung des Oberkörpers im Hinblick auf die Stellung. Kopf und Rumpf sind vertikal und auf der gleichen Linie. Die Augen sind während der ganzen Aktion auf das Ziel gerichtet.

Die Ausführung des *Kizami-zuki* erfolgt gewöhnlich in der normalen (seitlichen) Form. Die in den Abb. 39a–39c dargestellte Variation kann gegen einen größeren Gegner jedoch sehr effektiv sein.

Beim anfänglichen Üben dieser Techniken ist den Anfängern anzuraten, die Rumpfdrehung langsam vorzunehmen und mit der Atmung zu synchronisieren. In der in den Abb. 39a–39b dargestellten Positionen wird zuerst eingeatmet und am Ende dann ausgeatmet (39c). Wenn die Technik wiederholt wird, sollte – besonders wenn dies schnell geschieht – ein tiefer Atemzug für mehr als einen Stoß ausreichen, weil nur ein Teil der eingeatmeten Luft beim Ausatmen gebraucht wird. Dies wird einer möglichen Überlüftung (Hyperventilation) vorbeugen.

Die beschränkte Anwendung des Prellstoßes sollte nicht zu dem Schluß verleiten, daß dieser keine kraftvolle Technik ist. Zweifelsohne kann er kraftvoll sein, wenn er richtig und unter Einsatz aller Körperteile eingesetzt wird. Auf der anderen Seite findet man ihn nur selten in einer Kata; er kommt in Jion vor, aber in den Pflicht-Kata nur in Heian 4.

37.

a.

b.

c.

38.

d.

a.

39.

b.

c.

Fauststoß nach oben *Age-zuki*

Beim Erlernen der Komponenten dieses Fauststoßes wird aus der offenen Beinstellung begonnen (Abb. 40a). Stoßziel ist die obere Partie des Körpers, Auftrefffläche sind die Knöchel von Zeige- und Mittelfinger.

Aus der Ausgangsstellung wird die Faust gerade nach vorne gestoßen. Im ersten Drittel der Bewegung zeigt die Handfläche nach oben. Dann vollführt der Unterarm und dadurch die Faust bis zur Streckung des ganzen Armes eine Drehung um 180 Grad (Abb. 40b–40d).

Der Aufwärtsstoß wird in der *Oi*- und in der *Gyaku*-Form ausgeführt.

Als Ausgangsposition für den seitengleichen Aufwärtsstoß kann *Heisoku-dachi* dienen (Abb. 41a). In der vorbereitenden Bewegung ist die stoßende Hand genau über der Hüfte. Sie wird dann mit größter Schnelligkeit nach vorne gestoßen. Der Fauststoß trifft genau in dem Moment auf, in dem der vordere Fuß aufsetzt (Abb. 41b–41d).

Der seitenverkehrte Aufwärtsstoß erfolgt aus der Vorwärtsstellung (Abb. 42a–42d). Die Faust wird auf geradem Weg nach oben gestoßen. Das Drehen der Faust beginnt, wenn sie sich auf halbem Weg zum Ziel befindet. Aus den Abb. 42c–42d wird deutlich, daß dieser Teil der Technik eine große Ähnlichkeit mit dem gegenseitigen Stoß besitzt. Die Bauchmuskelspannung muß einsetzen, bevor die Faust die Ausgangsposition verläßt. Die Kontraktion verläuft von den unteren Bauchmuskeln zur Schulter und stoßenden Hand. Damit die Technik effektiv ist, muß der Ellbogen entspannt sein und eine schnappende Bewegung des Handgelenks und Ellbogens im Moment des Auftreffens erfolgen.

Die Abb. 43a–43d zeigen die Seitenansicht des gleichseitigen Aufwärtsstoßes. Wichtig ist hier die kraftvolle Drehung der Hüfte, die sich auf die aufwärtsstoßende Faust überträgt. Der Oberkörper ist aufrecht, und die Augen sind während der ganzen Aktion in Kontakt mit dem Ziel, dem Kinn. Besondere Aufmerksamkeit sollte der Haltung der Schultern im Moment des Auftreffens entgegengebracht werden: sie dürfen nicht angehoben sein.

Die einleitende Bewegung des Aufwärtsstoßes richtet sich gegen den Solarplexus. Die plötzliche Richtungsänderung zum Kinn kann den Gegner leicht verwirren und es für ihn schwierig machen, den Stoß abzuwehren.

Der Aufwärtsstoß findet sich in den Kata. Ein Beispiel dafür ist Empi.

a. b. c. d.

40.

41.

42.

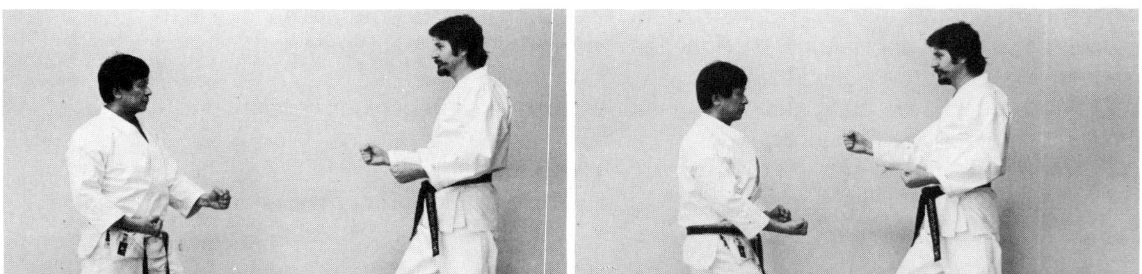

43.

Halbkreisfauststoß *Mawashi-zuki*

Diese Technik wird nur im Übungskampf angewandt; sie ist auch weder Teil der verlangten noch der empfohlenen Kata, weil sie erst nach 1935 ins Karate eingeführt wurde, also erst nach jener Zeit, in der Meister Funakoshi bereits schon die Kata-Bewegungen standardisiert hatte.

Der Hauptunterschied zwischen dem Halbkreisfauststoß und den anderen Stößen mit einer Hand besteht darin, daß dieser keine gerade oder beinahe gerade Linie zum Ziel (meist die Kopfseite) beschreibt. Dadurch wird die Schnelligkeit vermindert und die Stoßkraft reduziert. Der Vorteil des Halbkreisstoßes kann darin gesehen werden, daß er von der Ausgangsposition an in einem Bogen zum Ziel geführt wird (»Stoß um die Ecke«) und so zum Beispiel den Abwehrarm umgehen kann. Die Stoßfläche ist die Vorderfaust.

Die Grundübung des *Mawashi-zuki* erfolgt aus der offenen Beinstellung (Abb. 44a). Sobald der Ellbogen die Hüfte verläßt, wird die stoßende Faust gedreht und beschreibt einen Halbkreis zum Ziel (44b–44d).

Der umgekehrte bzw. gegenseitige Halbkreisstoß kann aus der Frontalstellung ausgeführt werden, verbunden mit der unteren Abwehrposition (Abb. 45a). Die Abfolge der Aktion – Kontraktion der unteren Bauchmuskeln, Vorwärtsbewegung der stoßenden Hand und Unterarmdrehung – unterscheidet sich nicht von den anderen Stößen (Abb. 45b–45d).

Bei der Rückansicht des *Oi mawashi-zuki* sollte beachtet werden, daß der Oberkörper während der Drehung aufrecht gehalten wird (Abb. 46a–46d), andernfalls geht das Gleichgewicht verloren, und die Stoßkraft wird vermindert. Eine lange Reichweite ist notwendig; weil aber die Schulter stark nach vorne geschoben ist, können ein paar zusätzliche Zentimeter für die Stoßbewegung herausgeholt werden.

Der gegenseitige Halbkreisfauststoß gegen die obere Stufe ist in den Abb. 47a–47d dargestellt. Diese Form des Stoßes kann anhand der Karategramme der grundlegenden und fortgeschrittenen Richtungen geübt werden.

Der konditionelle Wert des Halbkreisstoßes ist ausgezeichnet.

44.

45.

46.

47.

Hakenstoß *Kagi-zuki*

Kagi-zuki ist eine traditionelle Technik, die größere Bedeutung hatte, als Karate in erster Linie noch als Kunst der Selbstverteidigung ausgeübt wurde. Da hierbei der Ellbogen gebeugt ist, ist auch die Kraftentfaltung nicht so groß, aber *Kagi-zuki* kann sehr effektiv auf engem Raum eingesetzt werden.

Wie auch der Halbkreisstoß verwendet der Hakenstoß die Knöchel von Zeige- und Mittelfinger der Vorderfaust. Dabei wird die Faust gedreht, sobald der Ellbogen des Stoßarmes die Hüfte verläßt, und genau im rechten Winkel zur Seite gestoßen. Über die technische Anwendung hinaus ist dieser Stoß auch wichtig für die Ausbildung der Schultergelenke und bestimmter Muskelpartien.

Die offene Beinstellung ist für das Erlernen der Elemente dieses Stoßes ohne überflüssige Bewegungen geeignet (Abb. 48a). Die Kontraktion der unteren Bauchmuskeln festigt die Stellung. Wenn sich die Schultermuskeln zusammenziehen, verläßt die stoßende Faust die Ausgangsstellung (48b–48c). Die Faust beschreibt einen Halbkreis und geht dann unmittelbar auf ihr Ziel zu. In der Endphase wird die Faust eingedreht. Der Auftreffpunkt liegt genau vor der Seite des Körpers. Auch hier zeigt sich eine starke Spannung vor allem der Bauchmuskulatur (Abb. 48d).

Nach Abschluß des eingeführten Trainings sollte mit der Übung und der Anwendung der schon erwähnten Karategramme fortgefahren werden. Auf dieser Stufe wird der gegenseitige Hakenstoß kraftvoller empfunden als die gleichseitige Form.

48.

Nahstoß *Ura-zuki*

Beim *Ura-zuki* wird der stoßende Arm nicht ganz ausgestreckt; er wird deshalb nur im Nahkampf angewandt. Eine größere Bewegungsreichweite des Stoßes bedingt auch eine verstärkte Kraftentfaltung. Der kurze Weg, den dieser Stoß zurücklegt, erklärt auch, warum die Kraft geringer ist. Trotzdem ist diese Technik im Nahkampf unerläßlich. Die Auftrefffläche ist die Vorderfaust, die in gerader Linie nach vorne zum Unterleib gestoßen wird (Leber oder Solarplexus), aber auch zum Kinn.

Die Abb. 49a–49c illustrieren die Ausführung des Nahstoßes aus der offenen Stellung. Dabei wird die Faust nicht gedreht oder höchstens etwas nach außen, so daß der Ellbogen etwas vor den Körper kommt. Am Ende des Stoßes ist die Handfläche aufwärts gerichtet.

Ura-zuki ähnelt der ersten Hälfte des gestreckten Fauststoßes, aber der Gebrauch der Muskeln ist verschieden.

Die Anwendung des Nahstoßes erfolgt in der gleichseitigen, vor allem aber auch in der gegenseitigen Form (mit verschiedenen Körperpositionen).

49.

Zwei-Hand-Stöße

Diese Techniken werden dann eingesetzt, wenn zwei Körperteile gleichzeitig angegriffen werden sollen. Die Angriffsbereiche sind gewöhnlich die mittlere und die obere Stufe. Angriffe zur unteren Stufe sind zwar möglich, aber selten. Da beide Hände simultan eingesetzt werden, fallen die *Oi*- und *Gyaku*-Formen weg; Zwei-Hand-Stöße – U- und weiter U-Stoß – besitzen indessen eine linke und rechte Version. Die vollständige Terminologie umfaßt die Stufen, den Stoß und die Richtung: *Jōdan-chūdan awase-zuki mae* bezeichnet den U-Stoß in der oberen-mittleren Stufe (beim Vorgehen). Die Auftreffflächen sind die Vorderfäuste.

Zwei-Hand-Stöße sind nur selten im Kampf wie auch in der Kata zu sehen, teilweise auch ihrer Begrenzungen wegen:

1. Hüft- und Rumpfdrehung sind eingeschränkt. Dadurch wird die Kontraktion der großen Muskelgruppen sehr stark reduziert (weniger Kraft).
2. Der Einsatz beider Hände während einer Aktion schließt aus, daß eine Hand für die Abwehr oder einen Gegenangriff verfügbar ist.

3. Am Ende der Ausführung einer Zwei-Hand-Technik befindet sich der Körper sehr dicht am Gegner und ist damit für einen Angriff exponiert.

4. Da beide Hände in dieselbe Richtung gehen, kann das Gleichgewicht leicht verlorengehen.

Trotzdem sollten Zwei-Hand-Stöße nicht vernachlässigt werden. Die gleichzeitige Anwendung beider Hände bedeutet eine spezielle Beanspruchung der Empfindungsorgane und der Muskeln, um Balance zu halten. Sie sind beim Karatetraining unbedingt notwendig. Die vier Zwei-Hand-Stöße sind in den Abb. 50–53 dargestellt.

Zwei-Hand-Stöße – *Morote-zuki*

Zielbereich

50.

51.

52.

53.

Karategramme der Grund- und fortgeschrittenen Richtungen

weiter U-Stoß – *Yama-zuki* (Abb. 50)	Parallelstoß – *Heiko-zuki* (Abb. 52)
U-Stoß – *Awase-zuki* (Abb. 51)	Scherenstoß – *Hasami-zuki* (Abb. 53)

Weiter U-Stoß *Yama-zuki*

Der Name *Yama-zuki* ist eine weitere Karatetechnik, die ihren Namen aus ihrem Erscheinungsbild ableitet. Mit der einen Hand über und der anderen Hand unter dem Kopf haben Arme und Schultern die Form des Buchstabens U.

Die Grundkomponenten dieses Zwei-Hand-Stoßes können anhand der offenen Beinstellung ohne große Verlagerung des Schwerpunktes erlernt werden (Abb. 54a). Aus dieser Stellung heraus wird der Körper leicht zu einer Seite gedreht (zur linken in Abb. 54b) und beide Fäuste dort plaziert, und zwar so, daß die rechte Hand über der linken zu liegen kommt. Dann werden beide Fäuste nach vorne gestoßen (Abb. 54c). Die Abb. 54d zeigt die Endposition der Fäuste. Die Handflächen sind einander zugekehrt, und die Fäuste liegen eine halbe Schulterbreite auseinander. Der Kopf ist näher zur oberen Hand.

Die Ausführung dieses Stoßes sollte auch in der gegenüberliegenden Richtung geübt werden.

Die Abb. 55a–55d illustrieren die Anwendung des weiten U-Stoßes während des Einnehmens der Frontalstellung. Aufgrund der damit einhergehenden Verschiebung des Körperschwerpunktes besitzt die Ausführung einen größeren Schwierigkeitsgrad. Das Vorwärtskatapultieren in die Stellung muß synchronisiert werden mit der Ausführung des Stoßes (am Ende steht der Körper wie ein fester Block). Die Kraft des Stoßes hängt vom Grad der Anspannung der Rumpf- und Schultermuskeln ab.

Die nächsten Schritte beim Erlernen des Stoßes bestehen im Üben anhand der vorher erwähnten Karategramme.

Die Anwendung des *Yama-zuki* im Nahbereich ist in den Abb. 56a–56d zu sehen. Die obere Faust zielt zum Kopf, die untere zum Körper. Die Fäuste sind gut getrennt, und der leicht nach vorne gelagerte Körper wird ganz in den Stoß hineingelegt. Die Faust des Gegners wird abgewehrt, bevor die untere Faust das Ziel erreicht hat (Abb. 56c).

Die Vorderfäuste und das Verhältnis der Hände zueinander im Moment des Auftretens sind in Abb. 57 dargestellt. Der Mangel an Schutz bei dieser Technik erfordert einen hohen Grad an Genauigkeit und ein perfektes Timing.

Wegen der weit geöffneten Position und der Nähe zum Gegner ist der *Yama-zuki* beim Kampf von begrenztem Wert.

54.

55.

56.

57.

U-Stoß *Awase-zuki*

Awase-zuki ist ein Angriff zur mittleren und oberen Körperpartie. Er gleicht dem weiten U-Stoß in der Erscheinungsform, unterscheidet sich aber darin, daß die Hände dichter beieinander liegen. Der Oberkörper ist gerade, der Kopf kommt nicht zwischen die Hände. *Awase-zuki* ist wie eine Kombination aus zwei Ein-Hand-Fauststößen; die obere Hand bewegt sich wie beim gestreckten Fauststoß und die untere wie beim Nahstoß.

Das Üben beginnt hierbei – wie auch beim weiten U-Stoß – aus der offenen Stellung, damit der Schwerpunkt nur geringfügig verlagert wird. Aus der Ausgangsstellung werden beide Hände gleichzeitig zum Ziel gestoßen (Abb. 58a–58b). Die Spannung der unteren Bauchmuskeln und der Atmungsmuskeln festigt den Rumpf und gibt dem Stoß die notwendige Kraft. Die obere Hand vollführt eine Drehung um 180 Grad und trifft in einem Winkel von 90 Grad auf das Ziel (Abb. 58c–58d). Der Hauptfaktor für das Aufrechterhalten des Gleichgewichts ist der, die Schultern nicht anzuheben.

Wie schon vorher erwähnt, gibt es bei diesem Stoß keine *Oi*- und *Gyaku*-Formen. Ausschlaggebend ist hierbei nur die Kennzeichnung durch die linke oder rechte Hand, das heißt, welche Hand oben ist.

Die Ausübung gemäß der Karategramme der Grund- und fortgeschrittenen Richtungen ist besonders wichtig, weil dies ein stabiles Gleichgewicht während der Körperverschiebung erfordert.

Awase-zuki erscheint häufiger in der Kata (zum Beispiel Nijūshihō) als im Wettkampf.

58.

Parallelstoß *Heiko-zuki*

In der Erscheinung ist *Heiko-zuki* wie zwei gerade Stöße. Er ist gegen die Körperseiten des Gegners gerichtet, besonders gegen die Rippenpartien unterhalb des Brustkorbs. Die Reichweite ist etwas begrenzt; wegen der Nähe zum Gegner ist ein gutes Zeitgefühl erforderlich, um Gegenangriffe zu vermeiden.

Beim Üben der Einzelbewegungen aus einer natürlichen Stellung (Abb. 59a–59d) werden die Hände zuerst an die Körperseiten gezogen (die Vorderfäuste zeigen in Zielrichtung). Die Schultern müssen in entspannter Haltung sein und dürfen nicht angehoben werden. Dies dient der Festigung der Muskeln, die beim Stoßen eingesetzt werden. Im Gegensatz zu vielen anderen Stößen findet keine Körperdrehung statt, auch kein Zurückziehen der Hand, damit ein verstärktes Einbeziehen der Muskeln möglich ist. Der maximale Effekt hängt in erster Linie von der Schnelligkeit ab.

Die Anwendung des Parallelstoßes, verbunden mit der Frontalstellung, ist in den Abb. 60a–60d zu sehen. Der entscheidende Punkt ist hier, die Beziehung zwischen dem Stoß und dem Hineingehen in die Aktion zu verstehen, was sich aber durch viele Wiederholungen einschleifen wird. Die Abb. 61a–61d zeigen eine Schrägansicht dieser Bewegungsfolge.

Anfänger neigen dazu, den Stoß auszuführen, noch bevor die Stellung vollendet ist. Zur Verbesserung ist es sinnvoll, die Abfolge in zwei Schritte aufzuteilen. Zuerst wird der Vorwärtsschritt gemacht, dann der Stoß ausgeführt. Dieses Vorgehen soll nur dazu dienen, das Lernen zu erleichtern.

Heiko-zuki sollte nach verschiedenen Richtungen geübt werden.

59.

60.

61.

Scherenstoß *Hasami-zuki*

Hasami-zuki ist ein gleichzeitiger Angriff zu den Seiten des Körpers mit beiden Vorderfäusten. Er besitzt praktischen Wert, sollte aber auch zur Steigerung der motorischen Fertigkeiten und zur Stärkung spezieller Muskelgruppen, die man anderweitig nicht genügend beansprucht, ausgeübt werden.

Aus der offenen Beinstellung werden beide Hände an die Körperseiten herangezogen und dann nach vorne gestoßen (Abb. 62a–62b). Die Kontraktion der unteren Bauchmuskeln leitet den Stoß ein und stabilisiert den Oberkörper. Die Fäuste bewegen sich in einem Halbkreis. Die Handflächen sind bis etwa zum halben Weg nach oben gerichtet und liegen dabei weit auseinander (Abb. 62c). In der letzten Hälfte der Bewegung stoßen die Hände nach innen gegen ihr Ziel (Abb. 62d). Während der ganzen Bewegung sind die Schultern abgesenkt; der Oberkörper ist aufrecht. Das Anheben der Schultern wie auch das Lehnen nach einer Seite gefährdet das Gleichgewicht und die Stabilität der Armmuskeln.

Üben Sie den Scherenstoß nach dem Grundtraining durch Vorgehen aus der natürlichen Stellung in die Vorwärtsstellung, wie es die Abb. 63a–63d zeigen. Stellung und Stoß fallen in der Endphase zusammen. Anfänger neigen meist dazu, den Stoß auszuführen, bevor die Stellung abgeschlossen ist, was entscheidend die Stoßkraft mindert.

Wenn ohne Partner geübt wird, sollte dieser Stoß beendet sein, wenn die Fäuste etwa eine Hüftbreite auseinander sind.

62.

63.

6. Schlagtechniken

Definition

Der Schlag ist eine spezielle Handtechnik, die direkt gegen ein ausgewähltes Ziel gerichtet ist und die Kraft des Armes einsetzt.

In Kapitel 5 wurde gezeigt, daß die Stoßtechniken mit dem Nachvornstoßen eines Schwertes verglichen werden können. Bei Stoßtechniken ist der Ellbogen gerade, der Unterarm gestreckt. Die Kraftübertragung erfolgt in einer geraden Linie über den Unterarm zur Stoßfläche.

Schlagen ist einem scharfen Schwerthieb vergleichbar. Die Kraft in Schlagtechniken wird seitlich übertragen, wobei Ellbogen oder Schulter als Drehpunkt dienen. Schlagtechniken bedürfen eines bogenförmigen Ausholens und basieren auf Schnappbewegungen des Unter- oder Oberarms. In jedem Fall ist die Schulterpartie für die Unterstützung und Stabilisierung der schnappenden Bewegungen wichtig.

Im Vergleich zu den Stößen hat ein Schlag im allgemeinen eine begrenztere Reichweite. Die Kraftentfaltung ist deshalb geringer, und ein Schlag ist meist auch weniger effektiv als ein Stoß, besonders bei Anfängern. Der Grund dafür ist, daß Schläge in starkem Maß von der Genauigkeit und der Schnelligkeit abhängen, aber auch von der Stärke der Schlagfläche, die lange entsprechend konditioniert werden muß.

Die motorischen Fertigkeiten bei den Schlagtechniken sind notwendigerweise komplex, weil die Richtung, die der Schlag nimmt, gewöhnlich nicht in einer geraden Linie zum Zielobjekt verläuft. Dabei werden viele Muskeln, die sonst anderweitig nicht angeregt werden, einbezogen, und das Üben der Schlagtechniken ist sowohl für das motorische Vermögen als auch zur Verbesserung der Koordination wertvoll.

Zielbereich

Auch bei den Schlagtechniken unterscheiden wir drei Stufen, gegen die Angriffe möglich sind: die obere, die mittlere und den oberen Bereich der unteren Stufe. Schläge können gegen ein Ziel gerichtet werden, das geradeaus oder auf der Körperseite des Gegners liegt.

Schlagtechniken – *Uchi waza*

Gruppe		
Faustschläge – *Kobushi Uchi*	**Schläge mit der offenen Hand – *Kaishō Uchi***	**Ellenbogenschläge – *Hiji Uchi***
Rückfaustschlag nach unten	*Schwerthandschlag nach unten*	Ellbogenschlag nach vorne
Otoshi uraken uchi	*Otoshi shutō uchi*	*Mae empi uchi*
Rückfaustschlag nach außen	Schwerthandschlag nach innen	Ellbogenschlag nach hinten
Soto uraken uchi	*Uchi shutō uchi*	*Ushiro empi uchi*
Hammerfaustschlag nach innen	Schwerthandschlag nach außen	Ellbogenschlag zur Seite
Uchi kentsui uchi	*Soto shutō uchi*	*Yoko empi uchi*
Hammerfaustschlag nach außen	Innenhandkantenschlag	Ellbogenschlag nach oben
Soto kentsui uchi	*Uchi haitō uchi*	*Tate empi uchi*
Hammerfaustschlag nach unten	Innenhandkantenschlag nach außen	Ellbogenschlag nach unten
Otoshi kentsui uchi	*Soto haitō uchi*	*Otoshi empi uchi*
Doppel-Hammerfaustschlag	Handwurzelschlag nach oben	Halbkreisellbogenschlag zur Seite
Kentsui hasami uchi	*Age teishō uchi*	*Yoko mawashi empi uchi*
	Handwurzelschlag nach innen	
	Uchi teishō uchi	

Einteilung

Die schlagende Fläche ist entweder die Faust, die offene Hand oder der Ellbogen: Dies ist die Grundlage für die Einteilung in die oben dargestellten drei Gruppen. Die erste Gruppe enthält die Faustschläge – *Kobushi uchi* –, die zweite Gruppe die Schläge mit der offenen Hand – *Kaishō uchi* – und die dritte Gruppe die Ellbogenschläge – *Hiji uchi*. Die bei den Schlagtechniken verwendeten Teile der Hand, des Arms und Ellbogens sind auf den Seiten 107–112 dargestellt.

Faustschläge – *Kobushi Uchi*

Zielbereich

1. *Gyaku* – gegenseitige Form

2. *Oi* – gleichseitige Form

3.

4.

5.

6.

7.

8.

Karategramme der Grund- und fortgeschrittenen Richtungen

Rückfaustschlag nach unten – *Otoshi uraken uchi* (Abb. 3)
Rückfaustschlag nach außen – *Soto uraken uchi* (Abb. 4)
Hammerfaustschlag nach innen – *Uchi kentsui uchi* (Abb. 5)
Hammerfaustschlag nach außen – *Soto kentsui uchi* (Abb. 6)
Hammerfaustschlag nach unten – *Otoshi kentsui uchi* (Abb. 7)
Doppel-Hammerfaustschlag – *Kentsui hasami uchi* (Abb. 8)

Faustschläge

Rückfaustschlag nach unten *Otoshi Uraken Uchi*

Dieser Rückfaustschlag ist eine von zwei Schlagtechniken mit dem Faustrükken (die andere ist der äußere Rückfaustschlag). Geschlagen wird mit den Knöcheln von Zeige- und Mittelfinger. Zielbereiche sind in erster Linie die Kopfseite, das Gesicht, weiche Körperpartien oder die Schulter.

Die Ausführung des abwärts zielenden Rückfaustschlages erfolgt zum Üben der offenen Stellung (Abb. 9a). Dabei wird die schlagende Faust waagrecht zur gegenüberliegenden Schulter geführt. (Handfläche zeigt nach unten). Die andere Hand bewegt sich vor den Körper (Mittellinie, Abb. 9b). An diesem Punkt der Ausführung sollte deutlich die Spannung der Brustmuskeln gespürt werden. Dann wird die Faust in einer kreisförmigen Bewegung von oben nach unten geschlagen, so daß die Handfläche nach außen zeigt (Abb. 9c). Der Schlagarm holt grundschulmäßig über dem Kopf aus. Im Moment des Auftreffens wird die Faust so gedreht, daß die Rückseite zum Ziel zeigt. Der Drehpunkt für die schnappende Bewegung ist das Ellbogengelenk (Abb. 9d). Wie tief die Faust herabgeführt wird, hängt vom Ziel ab.

Die Verbindung des Rückfaustschlags mit der halbfrontalen Reiterstellung wird in den Abb. 10a–10c gezeigt. Die wichtigsten Punkte hierbei sind die auf-

9.

rechte Haltung des Oberkörpers, die Unterstützung und Stabilisierung des Schlagarmes durch den anderen Arm und die Funktion des Ellbogens als Drehpunkt, der immer auf das Ziel gerichtet ist.

Diese Kombination wird, wie auf den Abb. 11a–11d zu sehen, zur Seite gegen einen Gegner angewandt. Ziel ist das Gesicht. Der Oberkörper ist gerade, ungeachtet der Körperverschiebung, die dazu dient, die Distanz zum Gegner zu überbrücken. Wichtig sind bei dieser Aktion die andere, nichtschlagende Hand und der Einsatz der Rumpfmuskeln. Kraftvoll wird die Technik dann, wenn im Moment des Einrastens die Kraftübertragung auf die Schlaghand erfolgt und alle Bewegungen zur gleichen Zeit zusammenkommen.

Eine effektive Technik hängt hauptsächlich von der schnappenden, herauspeitschenden Bewegung von Schulter und Ellbogen ab; die Kraft des Aufpralls ist direkt proportional zur Schnelligkeit der Schnappbewegung im Moment des Auftreffens. Gleichwohl erhöhen ein übertriebenes Schnappen und überhöhte Schnelligkeit das Verletzungsrisiko, besonders für Anfänger, die sich sehr leicht den Ellbogen und, weniger häufig, die Schulter und das Handgelenk verletzen können. Bei solchen Verletzungen sollte besondere Aufmerksamkeit walten, weil hier eine falsche Behandlung sehr leicht zu einem chronischen Problem führen kann. Siehe Anhang B: Untersuchung der Gelenke und Anlegen von Verbänden.

Otoshi uraken uchi ist Teil der Kata Heian 3, Heian 4, Kankū Dai und Kankū Sho.

10.

11.

Rückfaustschlag nach außen *Soto Uraken Uchi*

Soto uraken uchi ist die zweite der Schlagtechniken mit dem Faustrücken. Verglichen mit dem Rückfaustschlag nach unten spielen hierbei die Rückenmuskeln und Schultern eine bedeutende Rolle.

Die Ausführung erfolgt zum Üben aus der offenen Beinstellung, wobei die Schlaghand zur gegenüberliegenden Körperseite unter den anderen Arm gebracht wird. Beide Handflächen zeigen nach unten (Abb. 12a–12b). Mit dem Ellbogengelenk als Drehpunkt wird dann aus der Ausholposition zuerst der Ellbogen zur Seite gestoßen, dann schnappt der Unterarm im waagrechten Halbkreis zum Ziel (Abb. 12c–12d). Kurz vor dem Ziel, das gewöhnlich in einem 90-Grad-Winkel getroffen wird, wird die Faust schnappend zum Ziel gedreht (dabei treffen die Knöchel von Zeige- und Mittelfinger auf). Wichtig ist hierbei auch die zurückgehende Faust, weil sich dadurch eine Gegenkraft auf die schlagende Faust überträgt. Spannen Sie die unteren Bauchmuskeln und die seitlichen Rumpfmuskeln bei der Ausführung des Schlages!

Die Kombination von äußerem Rückfaustschlag mit der schrägen Seitwärtsstellung ist in den Abb. 13a–13d zu sehen. Diese Technik verläßt sich auf die Aktion aller Muskeln des Rumpfes, welcher besonders durch das Zurückziehen des anderen Armes stabilisiert wird. Auch in diesem Fall vollführt der Unterarm eine Drehung, um das Ziel in einem Winkel von 90 Grad zu treffen.

12.

13.

Ein Rückfaustschlag nach außen zur Seite der Brust während des Einnehmens der Vorwärtsstellung ist in den Abb. 14a–14d dargestellt. Bei Beginn der Schlagbewegung wird die schlagende Faust unter die Achselhöhle gebracht. Aus dieser Position wird sie dann in einem Halbkreis direkt zum Ziel geschlagen (der Arm ist parallel zum Boden). Beide, die schlagende Faust wie auch die abwehrende Hand, werden zur gleichen Zeit in der Endstellung arretiert.

Die Anwendung des *Oi soto uraken uchi* kann aus der vorderen Freikampfstellung erfolgen. Bei der Aktion ist die Schlaghand in Höhe der gegenüberliegenden Seite des Kopfes angehoben – die Handfläche zeigt zum Ohr (Abb. 15a–15b). Der Ellbogen muß abgesenkt sein. Wird er zu hoch gehalten, führt dies zu einer Beeinträchtigung der Sicht und durch Mangel an Standfestigkeit auch zur Abschwächung des Schlages. Der Oberkörper ist gerade zu halten. Beide Hände erreichen ihre optimale Position gleichzeitig (Abb. 15c–15d).

Die Abb. 16a–16d zeigen den umgekehrten Rückfaustschlag nach außen, kombiniert mit der Vorwärtskampfstellung. Die Drehung des Oberkörpers ist größer als in der gleichseitigen Version. *Gyaku soto uraken uchi* ist am effektivsten im Nahkampf.

14.

15.

16.

Diese Technik kann auch in Form eines diagonalen Zurückgleitens mit anschließendem Hereingehen mit dem linken Fuß angewandt werden, um *Soto uraken uchi* auszuführen (Abb. 17a–17d). Diese Aktion ist infolge der Körperverschiebung komplex und auch schwierig, weil sie die Anwendung der gegenseitigen Form beim Schlagen voraussetzt. Ein wirksamer Abstand ist notwendig, um sich hier voll auf das *Kime* konzentrieren zu können – was von der Armlänge des Karateka (auch der Länge der Beine) und seinem Fertigkeitsniveau abhängt.

Der umgekehrte Rückfaustschlag nach außen zur oberen Körperpartie (*Jōdan gyaku soto uraken uchi*) in den Abb. 18a–18d erfordert eine geringere Körperverschiebung. Die Ausführung des Schlages erfolgt mit dem Gleiten aus der Kampfstellung in die Frontalstellung. Neben der Unterstützung der Schlagaktion wird die andere Hand in die Ausgangsposition zurückgezogen, wobei sie unmittelbar zur Abwehr weiterer Angriffe oder für Gegenangriffe bereitgehalten wird.

Im Rahmen der Kata ist *Soto uraken* in Heian 2, Heian 4, Kankū Dai, Kankū Sho und Sōchin zu finden.

17.

18.

Hammerfaustschlag nach innen *Uchi Kentsui Uchi*

Diese oft in Kata zu sehende Technik verwendet die Innenseite (Kleinfingerseite) der geballten Faust. Außer der schnappenden Bewegung des Unterarmes entwickelt dieser Schlag Kraft durch die großen Muskelgruppen der Brust und des Schultergürtels. Alle Körperpartien sind mögliche Ziele, besonders aber der Kopf, die Schultern und die Brust.

Um unnötige Komplikationen zu vermeiden, schlagen wir vor, daß das Üben in drei Schritten geschieht. Beginnen Sie aus *Heisoku-dachi* und mit dem Hammerfaustschlag nach innen. Fahren Sie fort mit der Einübung des gleichseitigen Hammerfaustschlages nach innen und schließlich der Ausführung des umgekehrten Hammerfaustschlages nach innen.

Die Ausführung des Hammerfaustschlages von außen nach innen aus der offenen Beinstellung beginnt, indem die Schlaghand neben das Ohr geführt wird. Die Handfläche zeigt nach vorne, der Oberarm ist parallel zum Boden (Abb. 19a–19b). Die Anspannung der hinteren Muskeln auf der Seite des Schlagarmes stellt ein Energiepotential für die Einleitung der Technik dar. Wenn die Faust in einer halbkreisförmigen Bewegung abwärts geführt wird, führt sie eine Drehung von 180 Grad aus, so daß die Innenseite der Faust das Ziel trifft (Abb. 19c–19d). Dabei wird die andere, nicht schlagende Faust nach vorne und dann zu der Körperseite zurückbewegt.

Der Hammerfaustschlag nach innen besitzt eine gleichseitige und umgekehrte Form der Ausführung. Die Stellung für die *Oi*-Form kann eine beliebige Stellung aus einer der drei Gruppen sein.

19.

In den Abb. 20a–20d ist der *Oi uchi kentsui uchi* gegen die untere Partie der Rippen gerichtet. Die Stellung wechselt von der Frontalkampfstellung in die einfache Frontalstellung. Dies erfolgt im mittleren bis nahen Bereich. Hier wird eine natürliche oder eine Kampfstellung zur Grundstellung erweitert, während die Technik zur Ausführung kommt. Dies erfordert eine geringere Körperverschiebung als bei einer größeren Entfernung, bei der ein oder mehrere Schritte erfolgen müssen, um an den Gegner heranzukommen.

Weitaus komplexer und damit schwieriger ist der umgekehrte Hammerfaustschlag von außen nach innen (Abb. 21a–21d). Dabei wechselt der Stand von der natürlichen in die Frontalstellung. Die Rumpfdrehung ist größer.

Uchi kentsui uchi ist Teil der Chintei und kann in der Anwendung der Kankū Dai, Empi und Jion gesehen werden.

20.

21.

Hammerfaustschlag nach außen *Soto Kentsui Uchi*

Der zweite Hammerfaustschlag ist *Soto kentsui uchi*.

Die Ausgangsstellung für das Erlernen der Elemente dieses Schlages ist die offene Beinstellung (Abb. 22a). Beide Arme werden angehoben und die Fäuste zu den gegenüberliegenden Seiten der Brust gebracht. Der Schlagarm befindet sich unter dem zurückziehenden Arm (die Handfläche ist parallel zur Brust). Die Handfläche der anderen Hand zeigt nach unten (Abb. 22b). Die Anspannung der Brustmuskeln an diesem Punkt bildet einen Gegenwiderstand zur Einleitung des Schlages. Mit der vertikal gehaltenen Faust bewegt sich die Schlaghand in einem Halbkreis zum Ziel – mit anfänglicher Unterstützung durch die Schulter (Abb. 22c). In der Endstellung wird der Ellbogen gerade. Der Unterarm hat eine 90-Grad-Drehung ausgeführt, so daß die Handfläche nach unten kommt (Abb. 22d). Beim Zurückziehen des anderen Armes wird dieser dicht zur Innenseite bewegt.

Die Verschiebung des Körperschwerpunktes beim *Oi soto kentsui uchi* wird in den Abb. 23a–23d deutlich. Die aufrechte Körperhaltung fördert die Vorwärtsbewegung. Ziel ist die mittlere oder obere Körperpartie. Besondere Aufmerksamkeit sollte der Beziehung zwischen den Stufen der Stellung und dem Verlauf der Schlagausführung zukommen (Stärke der Stoßkraft).

a. b. c. d.

22.

a. b. c. d.

23.

Das Hineingehen in den Gegner mit einem umgekehrten Hammerfaustschlag nach außen ist in den Abb. 24a–24d illustriert. Diese Art des Körperschlags kann, besonders gegen die unteren Rippen, vernichtend sein.
Soto kentsui uchi kommt in Heian 3 und Kankū Dai vor.

24.

Hammerfaustschlag nach unten *Otoshi Kentsui Uchi*

Dieser Schlag ist die dritte der mit einer Hand ausgeführten Hammerfausttechniken. *Otoshi kentsui uchi* ist eine der wenigen Karatetechniken, die auf mehrere Arten ausgeführt werden können. Drei Variationen sind heute üblich.

Die erste besteht darin, die schlagende Faust mit der nach unten zeigenden Handfläche zur gegenüberliegenden Körperseite zu bringen (Abb. 25a–25b). Dann wird die Hand über den Kopf hochgezogen (Abb. 25c). Aus dieser Position wird der Schlag in einer nach unten zielenden halbkreisförmigen Bewegung vollendet, wobei man den Arm so eindreht, daß die Hammerfaust gerade nach unten zielt (Abb. 25d). Die andere Hand wird vor den Körper gebracht und dann an die Hüfte zurückgezogen.

Diese Variation kann entweder mit maximaler oder mit geringerer Geschwindigkeit und maximaler Muskelkontraktion ausgeführt werden. Bei reduzierter Geschwindigkeit kann die Atmung mit der Bewegungsabfolge synchronisiert werden, um die Atmungsmuskeln zu trainieren. Das Einatmen erfolgt, wenn die Faust über den Kopf bewegt wird, die Ausatmung während der Ausführung der Technik. Die Anspannung der unteren Bauchmuskeln ist sehr wichtig.

Bei der zweiten Variation dieses Hammerfaustschlages wird die Faust neben das gegenüberliegende Ohr gebracht. Die Handfläche zeigt nach außen (Abb. 26a–26b). Der halbkreisförmige Verlauf des Schlages ist etwas kürzer, und die Drehung der Faust ist nicht so groß (Abb. 26c–26d). Diese schnellere, aber weniger kraftvolle Ausführung kann man wählen, wenn nicht genügend Zeit zur Ausführung der ersten Variation verfügbar ist.

Die dritte Variation des Hammerfaustschlages nach unten wird gewöhnlich mit einer Stellung kombiniert (hier der Frontalstellung, Abb. 27a–27d). Bei der Ausführung dieses umgekehrten Hammerschlages muß die Faust hinter den Kopf geführt und dann nach vorne geschnappt werden. Bedeutend ist dabei der Hüftimpuls und die Unterstützung durch die Rumpf- und Schultermuskeln. Maximale Kraft ist nur dann möglich, wenn Stellung und Technik zur gleichen Zeit zum Abschluß kommen.

Otoshi kentsui uchi ist Bestandteil der Kata Heian 1 und Chintei.

25.

26.

27.

Doppel-Hammerfaustschlag *Kentsui Hasami Uchi*

Bei dieser Technik werden beide Fäuste gleichzeitig als Schlagflächen eingesetzt. *Kentsui hasami uchi* erscheint oft in der Kata und ist auch eine wichtige Selbstverteidigungstechnik. Besonders effektiv auf engem Raum, kann diese Schlagtechnik dann eingesetzt werden, wenn man vom Gegner gepackt wird. Weil diese Art der Aktion im Karatewettkampf nicht vorkommt, ist sie auch selten im Rahmen des Partnertrainings zu sehen. Der Doppel-Hammerfaustschlag ist weniger praktikabel als andere Techniken: Der Einsatz der beiden Hände in einer gleichzeitigen Attacke läßt den Körper ungeschützt. Diese Technik ist beim Karatetraining jedoch unbedingt notwendig, um spezifische Muskelgruppen zu stärken. Gleichzeitig ist diese Technik geeignet, um die Atmungsmuskeln zu trainieren und die Beziehung zwischen Atmung und Ausführung von Karatetechniken zu lernen.

Der Doppel-Hammerfaustschlag wird zuerst aus der offenen Beinstellung geübt (Abb. 28a). Die Fäuste werden über den Kopf gehoben, wobei die Handflächen nach außen und etwas nach oben zeigen (Abb. 28b). Beide Fäuste bewegen sich dann in einer halbkreisförmigen Bewegung in Richtung des Ziels (Abb. 28c). Die Unterarmdrehung geschieht zu Beginn langsamer. Gegen Ende intensiviert sich die Drehung, und der Schlag wird in Form einer schnappenden Bewegung in der Endstellung arretiert (Abb. 28d). Beide Hände sind in Höhe des Solarplexus (normale Ausführung). In der Praxis aber variiert die Höhe der Fäuste und der Abstand zwischen ihnen im Moment des Auftreffens – je nach Position des Gegners und der spezifischen Zielpunkte.

Nach der Grundform sollte der Doppel-Hammerfaustschlag in wechselnden Stellungen ausgeübt werden. Die Abb. 29a–29d zeigen diese Ausführung während des Vorgehens in die rechte Rückwärtsstellung (Ausgangsposition: offene Beinstellung). Der Oberkörper ist dabei stets aufrecht, aber der Schwerpunkt verlagert sich auf das hintere Bein. Eine gute Technik für Gegenangriffe.

28.

Die Abb. 30a–30d verdeutlichen diese Schlagtechnik, beginnend mit der offenen Beinstellung. Anschließend erfolgt eine Beugung der beiden Knie und das Hochreißen der Fäuste über den Kopf (beide sind diagonal nach außen gerichtet). Aus dieser Position erfolgt der Schlag nach vorne, während gleichzeitig die Bewegung in die Frontalstellung erfolgt. Die Effektivität des Schlages resultiert auch hier wieder aus der schnappenden Bewegung der Unterarme. Wenn die Hände über den Kopf hochgezogen werden, stellt sich die Spannung in den Muskeln der Schultergürtel ein, während die Muskeln auf der Vorderseite des Körpers vergleichsweise gelockert sind. In der Endstufe erfolgt die Kontraktion der Bein-, Bauch- und Brustmuskeln, damit die Schlagarme eine maximale Unterstützung erhalten.

Kentsui hasami uchi ist Teil der Bassai Dai, Gojūshihō Sho, Gojushihō Dai.

29.

30.

Schläge mit der offenen Hand

Von den sieben Schlägen dieser Art machen drei Gebrauch von der Schwerthand als Schlagfläche, zwei von der Innenhandkante und zwei von der Handwurzel. Unter diesen sind einige der meistgebrauchten Techniken im Karate.

Zuerst eine Warnung für die Anfänger. Schlagtechniken erfordern den Gebrauch der großen Muskelgruppen, und die beim Auftreffen erzeugte Kraft kann erheblich sein. Weil die offene Hand mit ihren empfindlichen Gelenkstrukturen einbezogen ist, muß auch die mögliche Verletzungsgefahr bedacht werden. Um das Risiko möglichst klein zu halten, sollte die Konditionierung der Auftreffflächen stets mit dem Fortgang der gelernten Techniken Schritt halten.

Schläge mit der offenen Hand – *Kaishō Uchi*

Zielbereich

31. *Gyaku* – gegenseitige Form

32. *Oi* – gleichseitige Form

33.

34.

35.

36.

37.

38.

39.

Karategramme der Grund- und fortgeschrittenen Richtungen

Schwerthandschlag nach unten – *Otoshi shutō uchi* (Abb. 33)
Schwerthandschlag nach innen – *Uchi shutō uchi* (Abb. 34)
Schwerthandschlag nach außen – *Soto shutō uchi* (Abb. 35)
Innenhandkantenschlag – *Uchi haitō uchi* (Abb. 36)
Innenhandkantenschlag nach außen – *Soto haitō uchi* (Abb. 37)
Handwurzelschlag nach oben – *Age teishō uchi* (Abb. 38)
Handwurzelschlag nach innen – *Uchi teishō uchi* (Abb. 39)

Schwerthandschlag nach unten *Otoshi Shutō Uchi*

Otoshi shutō uchi ist eine der bekanntesten Schlagtechniken. Die Auftrefffläche ist die Kleinfingerseite der Schwerthand (Abb. 13a–13b, S. 110). Die offene Hand wird so gespannt, daß die mit dem Zielobjekt in Kontakt kommende Schlagfläche den höchstmöglichen Widerstand bietet. Der Daumen wird scharf abgewinkelt und auf die Handfläche gepreßt. Die Schnappbewegung der Schwerthand erfolgt aus der Streckung des Unterarmes und nützt die Arbeit des Trizeps.

Obgleich wir nicht der Auffassung sind, daß Bruchtechniken im heutigen Karate wichtig sind, sind wir uns doch im klaren darüber, daß es viele Schulen gibt, wo diese noch ausgeübt werden: Der Schwerthandschlag nach unten ist dazu besonders populär. Diejenigen, die Bruchtechniken ausführen wollen, sollten sich nicht nur über das Ausmaß der möglichen Verletzungen bewußt sein – was von einfachen Verstauchungen bis zu chronischen Schädigungen und Verkrüppelungen reicht –, sondern sie sollten auch bedenken, daß unbeschadet der paar zertrümmerten Bretter auch die Abhärtung der Handfläche obligatorisch ist. Wir beziehen nicht die Übungen ein, die für diese besondere Art des Trainings notwendig sind; aber sie sind in anderen Karatebüchern enthalten, besonders in solchen aus den frühen 60er Jahren.

Das anfängliche Üben des Schwerthandschlags abwärts erfolgt aus der offenen Beinstellung (Abb. 40a). Der Arm holt mit der Hand in Höhe der gegenüberliegenden Schulter aus (Handfläche zeigt nach unten). Die andere Hand wird vor die Brust geführt, und zwar unter den Schlagarm (Abb. 40b). Nun wird die Schlaghand in einer kontinuierlichen Bewegung über den Kopf geschwungen (Abb. 40c–40d) und nach unten zum Ziel geschlagen (Schnappbewegung aus dem Ellbogen). In der letzten Phase der Schlagbewegung wird die Hand so gedreht, daß der Daumen nach oben zeigt und die Schwerthand das Ziel in einem 90-Grad-Winkel trifft.

Der nächste Schritt zur Entwicklung einer guten Technik besteht darin, die gleichseitige und umgekehrte Form dieser Schlagtechnik anhand der oben erwähnten Karategramme zu praktizieren.

40.

Der gleichseitige Handkantenschlag nach unten in der Frontalstellung ist in den Abb. 41a–41d dargestellt. Die schlagende Hand wird nach hinten über den Kopf hochgeführt, wobei diese Bewegung mit einer Drehung koordiniert wird, welche die Hüften und den Rumpf nach vorne in die Ausgangsposition verlagert. Die Schlaghand wird dann mit höchstmöglicher Schnelligkeit nach vorne bewegt, um kraftvoll von oben das Ziel in einem 90-Grad-Winkel zu treffen. Die elementare Körperverschiebung und die dabei einbezogenen großen Muskelgruppen tragen zu einem kraftvollen Schlag bei.

Beim gegenseitigen Schwerthandschlag (Abb. 42a–42d) wird zuerst die schlagende Hand über den Kopf hochgezogen und dann in einer halbkreisförmigen Bewegung nach vorne geschlagen. Dabei geschieht die Rumpfdrehung während der Ausführung des Schlages, und die Schulter und Hüfte auf der Seite des schlagenden Armes werden nach vorne gedrückt, wobei die maximale Streckung am Ende der Technik erfolgt.

Beim Vergleich werden bedeutende Unterschiede in der Aktion des Oberkörpers, zwischen Körpergrundhaltung und schlagendem Arm deutlich.

41.

42.

In der Seitenansicht des *Otoshi shutō uchi* (Abb. 43a–43d) sollte der Verlauf des Schlages bezüglich der Körperdrehung und der Haltung des Oberkörpers in Hinsicht auf die Stellung beachtet werden. Der Oberkörper wird während der ganzen Bewegung gerade gehalten. Die Vorwärtsbewegung von Schulter und Hüfte auf der Seite der Schlaghand ist perfekt synchronisiert mit dem Ablauf des Schlages. Die Vorwärtsstellung erreicht ihre vollständige Entwicklung am Ende der Schlagausführung.

Das hauptsächliche Ziel beim Schwerthandschlag nach unten ist die Schulterpartie, besonders in der Nähe des Halsansatzes. Der *Jōdan gyaku otoshi shutō uchi* in den Abb. 44a–44d ist ein Beispiel für diese Anwendungsform. Die Ausführung des Schlages ist mit der Bewegung in die Frontalstellung kombiniert, um den Abstand zum Gegner zu überbrücken.

43.

44.

Schwerthandschlag nach innen *Uchi Shutō Uchi*

45.

Diese Technik ist oft in den Kata und beim Wettkampf zu sehen. Außerdem ist sie die am häufigsten in der Selbstverteidigung angewandte Schlagtechnik. Wenn dieser Schlag richtig ausgeführt wird und die Rumpfmuskeln die Bewegung unterstützen, können die Schnappbewegungen des Unterarmes und die Muskeln des Schultergürtels eine sehr große Schlagkraft entwickeln.

Wenn dieser Handkantenschlag von außen nach innen anfänglich aus der offenen Beinstellung geübt wird, soll die Schwerthand so hochgehoben werden, daß die Fingerspitzen zum Ohr zeigen und die Handfläche nach oben und zur Seite gedreht ist. Dies erfordert eine leichte Drehung der Hüfte nach hinten, wodurch die Schulter auf dieser Seite etwas nach hinten kommt. Der obere Arm ist parallel – oder fast parallel – zum Boden. Der andere Arm wird mit leicht gebeugtem Ellbogen vor dem Körper ausgestreckt (Abb. 45a–45b). Aus dieser Position werden dann Oberarm und Schulter nach vorn bewegt, und die schlagende Hand mit dem Ellbogen als Drehpunkt in einem Halbkreis nach vorne bewegt (Abb. 45c). In der nächsten Stufe erzeugt der Oberarm die schnappende Bewegung, was mit maximaler Schnelligkeit und Genauigkeit geschehen muß. Im Moment des Auftreffens ist der Schlagarm vollständig gestreckt, und sämtliche einbezogenen Muskeln werden maximal angespannt (Abb. 45d).

Ein Zielpunkt des gegenseitigen Schwertschlages nach innen ist der Hals des Gegners (oder die Kopfseite). Aus der Ausgangsstellung (Abb. 46a) erfolgt das Hineingehen in den Gegner, während die Schlaghand gegen das Ziel geführt wird. Die kreisende Bewegung des Armes, verbunden mit der Drehung des Oberkörpers, wird in den Abb. 46b–46c deutlich.

46.

Die Abb. 47a–47c illustrieren die Seitenansicht des umgekehrten Schwerthandschlages nach innen. Die Drehung des Rumpfes – von hinten nach vorne auf der Seite des Schlagarms – und von vorne nach hinten auf der gegenüberliegenden Seite – ist eine kraftvolle Bewegung und ausgesprochen kompliziert in ihrer Mechanik. Sie sollte so ausgeführt werden, daß der Oberkörper stets aufrecht ist. Wird der Körper zur Seite geneigt, beeinflußt dies den Schlag negativ.

Die Abb. 48a–48d zeigen *Jōdan oi uchi shutō uchi* in Verbindung mit einem Gleitschritt nach vorne. Um die Distanz zum Gegner zu überbrücken, ist eine Verlagerung des Schwerpunkts erforderlich: Dies muß fließend erfolgen, weil der Schwerpunkt sehr eng mit dem Gleichgewicht verbunden ist und eine große Auswirkung auf die Ausführung von Techniken hat. Auch hier sollte die Haltung des Oberkörpers beachtet werden, da sonst das Gleichgewicht gefährdet wird. Ist der Abstand zum Gegner nicht angemessen, so muß er durch Berichtigung der Stellung korrigiert werden. Dies ist der einzige Weg, um Distanz in optimaler Reichweite zu halten.

Uchi shutō uchi findet sich in Heian 4 und 5, Bassai Dai und Kankū Dai.

47.

48.

Schwerthandschlag nach außen *Soto Shutō Uchi*

Der dritte Schlag mit der Schwerthand, *Soto shutō uchi*, kommt in der Kata Gojūshihō Sho vor und wird auch im Kampf eingesetzt. Dieser Schlag kann sehr effektiv sein.

Die Übung geschieht zuerst aus der offenen Beinstellung heraus (Abb. 49a). Die Hand holt auf der gegenüberliegenden Seite des Kopfes aus (Handfläche zum Ohr). Die andere Hand ist nach vorne ausgestreckt, der Ellbogen leicht gebeugt, und die Handfläche zeigt nach unten (Abb. 49b). In dieser Haltung breitet sich die Muskelspannung unmittelbar vom Bauch zu den Schultern aus. Die Anregung der hinteren Schultermuskeln auf der Seite des Schlagarmes beeinflußt die Bewegung des Ellbogens und die Streckung des Unterarmes (Abb. 49c). Das Zurückziehen der anderen Hand muß koordiniert werden und darf weder schneller noch langsamer sein. In der Endstufe wird der Unterarm so gedreht, daß die Schwerthand das Ziel mit der äußeren Handkante trifft (Handfläche nach unten). Die Handfläche der zurückgehenden Hand kommt nach oben, der Ellbogen wird nach hinten gezogen (Abb. 49d). Die Auftreffwucht hängt hauptsächlich von der schnappenden Bewegung und der beim Auftreffen erfolgenden Konzentration aller Muskeln (*Kime*) ab.

Für das Üben des gleichseitigen Schlages nach außen in Verbindung mit der Frontalstellung ist der Ausgang die Frontalstellung und der (gleichseitige) Abwärtsblock (Abb. 50a). Wenn die Schwerthand in der Weise hochgezogen ist, daß die Handfläche zum gegenüberliegenden Ohr zeigt, sind Ellbogen und Unterarm unterhalb der Augen zu halten, damit die Sicht nicht beeinträchtigt wird. Für das Gleichgewicht ist der andere Arm gänzlich ausgestreckt (Abb. 50b). Die schlagende Hand bewegt sich in einem Halbkreis zum Ziel, die andere wird gleichzeitig zur Hüfte zurückgezogen (Abb. 50c). In der Endposition werden beide Unterarme gedreht. Die Handfläche der Schwerthand kommt nach unten, die der zurückziehenden Faust nach oben (Abb. 50d).

Im Fall des gleichseitigen Schlages nach außen ist die Drehung des Oberkörpers größer als bei der gegenseitigen Form. Die Hüfte auf der Seite der schlagenden Hand wird nach vorne geschoben. Übereinstimmend mit der aufrechten Haltung des Rumpfes, werden das Gleichgewicht und die für den Schlag notwendige Unterstützung durch das Zurückziehen der anderen Schulter und des Armes bestimmt. Siehe Abb. 51a–51c.

49.

50.

51.

Innenhandkantenschlag *Uchi Haitō Uchi*

Bei dieser Technik ist die Schlagfläche die Daumenseite der offenen Hand (siehe Abb. 14a–14b, S. 110). Um den Daumen vor Verletzungen zu schützen, muß er unter die Handfläche gewinkelt werden. Die Innenkante der Hand ist weniger durch Muskeln geschützt. Wenn diese Fläche beim Schlagen gebraucht wird, gibt es weniger Widerstand, und dies kann sich sehr schmerzhaft auswirken.

Die maximale Schnappbewegung ist dann möglich, wenn der Ellbogen gebeugt ist und der Arm in der Schlußphase gestreckt wird. Beim Innenhandkantenschlag nach außen ist der Arm bereits ausgestreckt, und die Kraft im Moment des Auftreffens hängt von der durch die Schulter initiierten Schnappbewegung ab (Schulter als Drehpunkt). Das Schnappen wird von der Muskelspannung während des Schlags begrenzt, obwohl diese Technik eine gewisse Kraft durch das Einwärtsdrehen des Unterarms erhält.

Bei der Ausführung des Innenhandkantenschlags aus der offenen Beinstellung wird die andere, nicht-schlagende Faust etwas vor den Körper gebracht (Handfläche nach unten). Der leicht gebeugte Schlagarm (Ellbogenwinkel etwa 170 Grad) wird zur Seite des Körpers bewegt, wobei die offene Handfläche nach oben zeigt (Abb. 52a–52b). Mit der Schulter als Drehpunkt wird dann die Hand in einem großen Bogen zum Ziel geführt. Gleichzeitig wird die innere Hand zurückgezogen (Abb. 52c). Kurz vor dem Ziel wird die schlagende Hand in Form einer 180-Grad-Drehung nach innen geschnappt. In der Endposition wird der Ellbogen des anderen Armes dann an die Hüftseite zurückgezogen (Abb. 52d).

Diese Technik kann, wenn ihre Komponenten erst einmal erlernt sind, mit anderen Körperstellungen kombiniert werden. Die Abb. 53a–53d zeigen den gegenseitigen Schlag mit der Innenhandkante während des Gleitens in die Frontalstellung, um die Distanz zum Gegner zu überbrücken. Dabei bewegt sich die Schlaghand von einer Schutzposition (vor dem Körper) zur Seite. Mit der Veränderung der Stellung werden auch Schulter und schlagender Arm scharf nach vorne bewegt, wodurch Schnelligkeit und Kraft erzeugt werden. Die Hüftdrehung ist im Moment des Auftreffens vollständig abgeschlossen. Das Ziel ist meist das Gesicht oder, wie hier gezeigt, die Körperseite.

53.

52.

Das Ziel des in den Abb. 54a–54d dargestellten umgekehrten Innenhandkantenschlags ist der Kopf. Im Vergleich mit der gleichseitigen Form wird hierbei die Rumpfdrehung stärker betont und die Schlaghand in einem weiteren Bogen geschwungen. Bei der Ausübung dieses Schlages werden solche Muskeln trainiert, die in der *Oi*-Form nicht stimuliert werden.

Der *Oi uchi haitō uchi* kann auch, wie die Abb. 55a–55d zeigen, mit einem Hineingehen in den Gegner kombiniert werden. Der Schlag ist gegen die unteren Rippen des Gegners gerichtet, die sehr empfindlich sind. Um die Leber zu schützen, müssen vor dem Kontakt die Bauchmuskeln angespannt werden.

Unsu und Nijūshihō sind Kata, in denen *Uchi haitō uchi* vorkommt.

54.

55.

Innenhandkantenschlag nach außen *Soto Haitō Uchi*

Die Unterarmdrehung in *Soto haitō uchi* ist das Gegenteil der Technik des Schlages nach innen – von der Handfläche unten zur Handfläche oben. Die Streckung des Unterarmes und der starke Einsatz des Trizeps liefert dieser Technik mehr Schwung.

Ausgehend von der offenen Beinstellung, wird die schlagende Hand am Körper vorbei unter den anderen Arm gebracht. Die Handflächen beider Hände zeigen nach unten (Abb. 56a–56b). Der Ellbogen der Schlaghand ist etwa 90 Grad gebeugt. Ausgeführt wird der Schlag durch Anwendung der Schnappbewegung des Ellbogens bei der Streckung und der Drehung des Unterarmes nach außen (Abb. 56c). Die volle Streckung ist erreicht, wenn die Innenhandkante ins Ziel trifft (Abb. 56d).

Diese Schlagtechnik ist in den Abb. 57a–57d dargestellt. Die Bewegung der schlagenden Hand erfolgt gleichzeitig mit der Hüftdrehung. Das Vorstoßen der Hüfte auf derselben Seite verbessert die Drehbewegung und vergrößert die Schlagreichweite. Der Oberkörper ist in aufrechter Haltung.

Die Anwendung des Innenhandkantenschlages nach außen verbindet die Schlagtechnik mit dem Wechsel von der oberen Kampfstellung zur Vorwärtsstellung (Abb. 58a–58c). Die Seite des gegnerischen Kopfes ist Ziel des Angriffs.

Dieser Schlag kann in Verbindung mit der Rückwärtsstellung sehr effektiv sein. In der gleichseitigen Form ist das Ziel der Oberkörperbereich (Abb. 59a–59d). Der Verlauf von Stellung und Schlag geschieht allmählich. Das vordere Bein steht fest am Boden, wenn die Innenhandkante das Ziel erreicht. Eine Verzögerung in einem Teil dieses Ab|aufs wird die Schlagkraft vermindern.

Die Abb. 60a–60c illustrieren die Streckung der bogenförmigen Handbewegungen in *Jōdan oi soto haitō uchi*. Aus der Position mit der über die gegenüberliegende Schulter ausgestreckten Schlaghand erfolgt der Schlag zum Ziel mit der Oberkörperdrehung. Die Kraft der Bauch- und Brustmuskeln, die durch die Schulter übertragen wird, stabilisiert die Schlaghand.

Soto haitō uchi ist Teil der Kata Bassai Sho und Jitte.

56.

57.

58.

59.

60.

Handwurzelschlag nach oben *Age Teishō Uchi*

Die Auftrefffläche bei dieser Technik ist die Handwurzel (siehe Abb. 12b, S. 109). Die Finger sind abgewinkelt, der Daumen ist gebogen und zur Seite zurückgezogen. Die ganze Hand ist zum Handgelenk hin angewinkelt. Auf diese Weise kann die Handwurzel im Ziel auftreffen, ohne daß dabei die Finger ins Spiel kommen. Die Handwurzel ist weniger schmerzempfindlich als andere Teile der Hand, da sie durch eine starke Muskel- und Gewebestruktur geschützt wird. Deshalb ist der Handwurzelschlag nach oben in der Selbstverteidigung vorzuziehen, obgleich er weniger oft im Wettkampf zu sehen ist.

Der zweite Grund ist, daß er eine enorme Auftreffwucht besitzt, weil die Kraft von den großen Muskelgruppen durch den Ober- und Unterarm zur kleinen Fläche der Handwurzel übertragen wird.

Die grundschulmäßige Ausführung des Handwurzelschlags nach oben erfolgt aus der offenen Beinstellung. Die Schlaghand wird gerade gegen das Ziel bewegt (Abb. 61a–61d). Der Rumpf und das Zurückziehen der anderen Hand stabilisieren die Bewegung.

Bei der Kombination des Handwurzelschlags mit der Halbkreisstellung werden Schlag und Stellung gleichzeitig ausgeführt (Abb. 62a–62d). Die Vorwärtsdrehung der Hüfte unterstützt die Schlagausführung.

Wie in den Abb. 63a–63c zu sehen ist, wird *Oi age teishō uchi* durch Wechsel von der Kampfstellung (nach vorne) in die Frontalstellung angewandt. Während der Oberkörper aufrecht ist, um das Gleichgewicht zu halten, bewegt sich die auf der Seite des Schlagarmes liegende Schulter nach vorne (als Reaktion auf die Rumpfdrehung und den zurückgeführten anderen Arm). Die Kraftentfaltung im Moment des Auftretens hängt von der gleichzeitigen Anspannung aller zum Einsatz kommenden Muskeln ab.

61.

62.

63.

Handwurzelschlag nach innen *Uchi Teishō Uchi*

Uchi teishō uchi ist weniger kraftvoll als der Handwurzelschlag nach oben. Auch wird diese Technik nicht so oft im Rahmen der Selbstverteidigung verwendet (zu viele »offene Stellen« für Gegenangriffe). Gleichwohl sollte dieser Handwurzelschlag im Hinblick auf den konditionellen Wert geübt werden.

In der offenen Beinstellung wird die schlagende Hand zur Seite bewegt, wobei der Unterarm so gedreht wird, daß die Handwurzel nach oben zeigt, wenn sie sich dem Ziel nähert (Abb. 64a–64b). Die Schlaghand wird dann aus dieser etwas außenliegenden Position mit höchstmöglicher Schnelligkeit zum Ziel geschlagen (Abb. 64c). Die Rumpfdrehung folgt dabei dieser Aktion in der Weise, daß die Schulter ihre optimale Position am Ende des Schlages erreicht. Die andere Hand wird zur Seite zurückgezogen (Abb. 64d).

64.

65.

66.

Bei der Verbindung des Handwurzelschlages nach innen mit der Frontalstellung (Abb. 65a–65d) ist die Hüftdrehung notwendig, damit die Schlaghand aus ihrer hinteren Position gegen das Ziel gebracht werden kann. Die andere Hand unterstützt den Schlag während der ganzen Zeit. In der Endausführung wird die Spannung der Bauch- und Brustmuskeln auf der Seite der schlagenden Hand durch die Anspannung der hinteren Muskeln der gegenüberliegenden Seite ausgeglichen. Diese Spannung muß gleichzeitig erfolgen, damit die Muskeln optimal eingesetzt werden können.

Die Abb. 66a–66d zeigen die Anwendung des *Oi uchi teishō uchi*. Der Abstand zum Gegner muß so weit verkürzt werden, daß ein effektiver Schlag möglich ist. Die Hüfte auf der Seite des schlagenden Armes wird soweit wie möglich nach vorne gestoßen; der Oberkörper bleibt während dieser Bewegung in aufrechter Haltung. Beide Füße müssen fest am Boden haften. Diese beiden Faktoren sind von größter Wichtigkeit für die Erzeugung der maximalen Kraft im Moment des Auftreffens.

Uchi teishō uchi erscheint in der Kata Jion, Jitte und Chintei.

Ellbogenschläge

Die dritte Gruppe der Schlagtechniken besteht aus den Ellbogenschlägen. Viele Experten betrachten sie als Spezial- oder Raumtechnik *Ate-waza*. Obgleich sie keine reinen Schläge sind, werden sie in diese Kategorie eingeordnet, weil sie in der Ausführung den Schlägen näher sind als den Stoßtechniken.

Die Merkmale dieser sechs Techniken bestehen darin, daß sie die Partien des Unter- und Oberarmes in der Nähe des Ellbogens als Schlagflächen verwenden. Dies macht sie besonders geeignet für Aktionen auf engem Raum.

Die Ellbogenschläge sind in den Abb. 69–74 dargestellt. Wie auch bei den anderen Techniken sollte sich die vollständige Terminologie nach dem Zielbereich, der Form des Schlages und der spezifischen Technik richten. So ist *Chūdan gyaku mae empi uchi* ein umgekehrter Ellbogenschlag vorwärts in die mittlere Körperregion.

Ellbogenschläge – *Hiji Uchi*

Zielbereich

67. *Gyaku* – gegenseitige Form

68. *Oi* – gleichseitige Form

69.

70.

71.

72.

73.

74.

Karategramme der Grund- und fortgeschrittenen Richtungen

Ellbogenschlag nach vorne – *Mae empi uchi* (Abb. 69)
Ellbogenschlag nach hinten – *Ushiro empi uchi* (Abb. 70)
Ellbogenschlag zur Seite – *Yoko empi uchi* (Abb. 71)
Ellbogenschlag nach oben – *Tate empi uchi* (Abb. 72)
Ellbogenschlag nach unten – *Otoshi empi uchi* (Abb. 73)
Halbkreisellbogenschlag zur Seite – *Yoko mawashi empi uchi* (Abb. 74)

Ellbogenschlag nach vorne *Mae Empi Uchi*

Mae empi uchi ist eine äußerst starke Technik und besitzt bei richtiger Ausführung die Kraft, auch sehr starke Objekte zu zertrümmern. Er ist Bestandteil verschiedener Kata, populär in der Selbstverteidigung und eine sehr wirksame Nahkampftechnik.

Ein wichtiger Punkt ist, daß der Ellbogen scharf angewinkelt sein sollte, wenn er mit dem Ziel in Berührung kommt. Ist dies nicht der Fall, so wird der Schock absorbiert und die Schlagkraft vermindert.

Ausgeführt wird der Ellbogenschlag nach vorne aus der offenen Beinstellung, damit die Komponenten dieser Technik besser gelernt werden können (Abb. 75a). In dieser Stellung wird die Faust des Schlagarmes zur Seite des Körpers hochgezogen (Handfläche oben). Die andere Hand wird vor den Körper mit leicht gebeugtem Ellbogen ausgestreckt (Abb. 75b). Dann wird der Ellbogen durch den Einsatz der Hüfte und des Schultergürtels halbkreisförmig nach vorne zum Ziel gestoßen (Abb. 75c). Die andere Hand wird dicht am Körper entlang zurückgezogen, so daß die Faust an der Hüfte einrastet (Abb. 75d).

In den Abb. 76a–76c ist der gegenseitige Ellbogenschlag nach vorne mit der Frontalstellung kombiniert. In diesem Falle ist die Aufprallenergie aufgrund der Rumpfdrehung und der dabei einbezogenen großen Muskelgruppen deutlich größer.

Der gleichseitige Ellbogenschlag nach vorne in seiner üblichen Anwendungsform ist in den Abb. 77a–77c dargestellt. Das Ziel dieser Aktion ist die Kopfseite des Gegners. Der Schlag kommt stets ganz von der Schulter, aber die Hüftdrehung ist ein mitwirkender Faktor.

Abb. 78a–78c zeigen den Ellbogenschlag vorwärts im Rahmen einer längeren Reichweite. Da bei dieser Distanz ein Schlag oder Stoß gebräuchlicher ist, kommt der Ellbogenschlag unerwartet und überraschend für den Gegner, was von Vorteil sein kann. Wenn die Gleitbewegung in den Gegner mit dem Schlag gleichzeitig abläuft, kann die Stärke der Rumpfmuskeln (plus Körpergewicht) in den Schlag gelegt werden. Eine Technik dieser Art ist mehr in der Selbstverteidigung als im Sportkarate zu sehen.

Der Ellbogenschlag nach vorne kommt vor in Heian 4, Heian 5, Tekki 1, Tekki 2, Kankū Dai, Bassai Dai und Sōchin.

75.

76.

77.

78.

Ellbogenschlag nach hinten

Ushiro Empi Uchi

Bei dieser Technik wird die Kraft nach hinten gerichtet. Der *Ushiro empi uchi* ist eine Verteidigungstechnik auf engem Raum gegen einen Gegner, der von hinten angreift. Der Ellbogen wird dicht am Körper entlang nach hinten gestoßen, so daß die Faust an der Hüfte einrastet. Das Ziel ist der Solarplexus. Der zurückgehende Arm unterstützt die Technik.

Die Ausführung des Ellbogenschlages nach hinten ist in den Abb. 79a–79d dargestellt. Als Schlagfläche dient jener Bereich des Oberarmes, der unmittelbar über dem Ellbogen liegt.

Größere Kraft kann entwickelt werden, wenn der Ellbogenschlag mit der Rückwärtsstellung kombiniert wird (Abb. 80a–80d). Die durch das Einnehmen der Rückwärtsstellung erzeugte Stoßkraft (plus Körpergewicht) wird dazu beitragen, den Schlag stärker und die Körperposition stabiler zu machen.

Ushiro empi uchi kommt in Heian 3 vor.

79.

80.

Ellbogenschlag zur Seite *Yoko Empi Uchi*

Yoko empi uchi setzt bei seiner Weiterbewegung nach außen die starken Muskeln des Schultergürtels ein und ist, wie auch der Ellbogenschlag nach unten, die kraftvollste unter den Ellbogentechniken. Er kann in der Nahdistanz gegen den Solarplexus oder die Brust sehr effektiv sein.

Die Ausführung des Ellbogenschlages zur Seite aus der offenen Beinstellung (Abb. 81a) erfolgt so, daß zuerst die Arme vor der Brust überkreuzt werden. Die Handfläche der nicht-schlagenden Faust weist nach unten. Die Faust des schlagenden Armes ist vertikal, die Handfläche zeigt nach hinten (Abb. 81b). Wenn der schlagende Ellbogen nach außen zum Ziel bewegt wird, wird der Unterarm um 90 Grad gedreht, so daß die Handfläche nach unten zu liegen kommt. Die andere Hand wird mit einer Drehung von 180 Grad zur Hüftseite gezogen (Abb. 81c–81d). Die Technik hängt ganz vom Einsatz der Schultermuskeln und der Hüftdrehung ab.

Die Abb. 82a–82d zeigen eine Kombination, die am häufigsten beim Freikampf wie auch beim Training vorkommt. Dabei wird der Ellbogenschlag zur Seite aus der Seitwärts- oder Reiterstellung ausgeführt. Stellung und Schlag müssen am Ende gut koordiniert werden, weil hierbei das Gleichgewicht den kritischen Faktor hinsichtlich der Auftreffwucht darstellt. Wenn dabei nur ein Fuß fest am Boden steht, wird die Effektivität des Schlages vermindert.

81.

82.

Ellbogenschlag nach oben *Tate Empi Uchi*

Wenn der Kopf das Ziel darstellt, kann der *Tate empi uchi* sehr effektiv gegen einen Gegner eingesetzt werden, der gleich groß oder etwas größer ist.

Die Abb. 83a–83d zeigen den Ellbogenschlag nach oben aus der offenen Beinstellung. Dabei wird der Ellbogen – scharf angewinkelt – so nach oben gerissen, daß die Faust in Höhe des Ohres liegt. Es wird meist zum Kinn geschlagen. Wie auch beim Ellbogenschlag nach vorne, muß der Ellbogen im Moment des Auftreffens vollständig gebeugt sein. Andernfalls wird der Schock absorbiert und die Aufprallenergie vermindert. Auf der anderen Seite wird eine zu frühe Beugung des Ellbogens die Kraft im Moment des Auftreffens infolge der Einschränkung der Bewegungsreichweite beeinträchtigen.

Beim gegenseitigen Aufwärtsellbogenschlag, wie er in den Abb. 84a–84c zu sehen ist, erfolgt der Bewegungsfluß des Schlages von hinten nach vorne. Entscheidend ist die starke Hüftdrehung auf der Seite des Schlagarmes.

83.

84.

In Verbindung mit der Bewegung nach vorne kann der gleichseitige Aufwärtsschlag mit dem Ellbogen als Überraschungstaktik angewandt werden. Wie auf den Abb. 85a–85c dargestellt, wird das Gleiten in die Frontalstellung im Moment des Auftreffens vollendet. Auch hier ist die Beziehung zwischen der Ellbogenbeugung und der Auftreffwucht extrem wichtig, und die stärkste Technik ergibt sich aus dem scharfen Hochreißen des Ellbogens.

Die Anwendung dieser Technik im Nahkampf ist in den Abb. 86a–86c dargestellt. Ziel ist das Kinn des Gegners. Die Stellung wechselt von der Freikampfstellung vorwärts in die normale Frontalstellung. Die Wahl des richtigen Abstandes ist wesentlich, um einem unstabilen Stand vorzubeugen.

Tate empi uchi erscheint in den Kata Gankaku und Nijūshihō.

85.

86.

Ellbogenschlag nach unten *Otoshi Empi Uchi*

Otoshi empi uchi kann durch den kombinierten Einsatz der Bauch- und Schultermuskeln sehr große Kraft entwickeln. Die Schlagfläche ist der Oberarm nahe am Ellbogen, wo der Knochen direkt unter der Oberfläche liegt, aber von den Sehnen des Trizeps bedeckt wird. Dieser Bereich ist hart und überträgt die Stoßkraft gut.

Zum Üben dieser Technik aus der offenen Beinstellung wird zuerst die Faust der schlagenden Hand über den Kopf gehoben (Handfläche nach außen und unten). Der andere Ellbogen ist leicht gebeugt; die Hand steht etwas vor dem Körper (Abb. 87a–87b). Aus dieser Position wird der Ellbogen gerade nach unten zum Ziel geführt (Abb. 87c–87d). In der Endstellung des Schlags zeigt die Handfläche zum Körper.

Die häufigste Form dieser Technik ist der gegenseitige Ellbogenschlag nach unten, wie er in Abb. 88a–88d gezeigt wird. Die Ausführung ist komplexer als bei der obigen Version, da Stellung und Technik genau gleichzeitig abgeschlossen werden müssen. Der Vergleich der beiden Versionen und die Untersuchung der Unterschiede durch den Stellungswechsel ist lehrreich.

87.

88.

Die Abb. 89a–89d zeigen *Oi otoshi empi uchi* im Zusammenhang mit der Frontalstellung. Die Ausgangsposition ist die offene Beinstellung. Stellung und Schlag beginnen gleichzeitig. Der rechte Fuß gleitet nach vorne, die Faust des ausführenden Armes wird über den Kopf angehoben. Der Ellbogen ist gebeugt und auf das Ziel gerichtet. Dem Vorgleiten in die Frontalstellung folgt das Abwärtsschlagen des Ellbogens. Wenn Stellung und Technik nicht genau zum Abschluß kommen, führt dies zu einer schwächeren Kraftentfaltung.

Bei der in Abb. 90a–90d gezeigten umgekehrten (gegenseitigen) Ausführung ist die Stellung fast schon in der Endposition, während der Schlag noch unterwegs ist. Selbst in diesem Fall müssen Stellung und Technik gleichzeitig abgeschlossen werden. Bei der Ausführung dieser Kombination spielen die Bauchmuskeln eine große Rolle. Ebenso wichtig ist, daß sich der ganze Körper harmonisch zum Schlagarm bewegt. Zur Entfaltung der vollen Kraft muß ein richtiges Gefühl für den Bewegungsablauf entwickelt werden.

89.

90.

Halbkreisellbogenschlag zur Seite *Yoko Mawashi Empi Uchi*

Der Name dieses Ellbogenschlags ist gut gewählt, da seine Ausführung in einer weiten halbkreisförmigen Bewegung erfolgt. Diese Technik beansprucht die Drehung des Oberkörpers. Der *Yoko mawashi empi uchi* soll auch im Hinblick auf seine kräftigende Wirkung geübt werden.

Jede Phase des Kreisellbogenschlages zur Seite sollte aus der offenen Beinstellung gelernt werden (Abb. 91a–91d). Wie zu sehen ist, wird der Bewegungsablauf des schlagenden Ellbogens mit der Drehung des Rumpfs kombiniert. Die Auftrefffläche ist die Außenseite des Unterarmes, das häufigste Ziel ist die Kopfseite des Gegners.

Die Abb. 92a–92d zeigen den *Yoko mawashi empi uchi* in Verbindung mit der Halbmondstellung (Drehung des Oberkörpers).

91.

92.

7. Abwehrtechniken mit den Armen

Definition

Die Abwehrtechniken sind derart wichtig, daß sie in gewisser Weise das eigentliche Wesen des Karate ausmachen.

Ein Block ist eine Karatetechnik, die gegen ein bestimmtes Ziel – Hand, Fuß, Bein oder Arm des Gegners – mit der Absicht gerichtet ist, einen Angriff abzuwehren oder abzulenken. Die meistverwendeten Abwehrtechniken sind die mit der Hand oder dem Arm (*Te-ude uke waza*); es gibt aber auch einige Beinabwehrtechniken (*Ashi uke*, siehe Kapitel 10).

Die Anzahl der Armabwehrtechniken ist größer als die der Stoß- und Tritttechniken zusammen. Dies hat seinen Grund darin, daß in der geschichtlichen Entwicklung des Karate als einer Kampfkunst die reinen Selbstverteidigungsfertigkeiten von vorrangiger Bedeutung waren.

Der geschichtliche Aspekt erklärt auch, warum sich die technischen Merkmale der Blocks, die heutzutage im sportlichen Wettkampf angewandt werden, ein wenig von denjenigen unterscheiden, die im Rahmen des Karate als einer Kampfkunst eingesetzt werden. Die große Mehrzahl der Abwehrtechniken wurde schon vor langer Zeit entwickelt, als es erforderlich war, sich zum Beispiel gegen Angreifer mit Schwertern, Lanzen oder anderen Waffen zu verteidigen, ebenso wie auch gegen einen unbewaffneten Gegner.

Die große Vielfalt der Abwehrtechniken gibt dem Karateka viele Auswahlmöglichkeiten. Er kann die Techniken verwenden, die er bevorzugt, oder solche, die besonders für seinen Körpertyp geeignet sind und die seiner Schnelligkeit und Stärke entgegenkommen. Bei der Auswahl des geeigneten Blocks vermag er mangelnde Muskelkraft und begrenzte Bewegungsreichweite bestimmter Körperteile auszugleichen.

Aktionsfluß

Beim Abwehren verläuft der Aktionsfluß in viele Richtungen. Der Abwehrarm kann nach oben, nach unten oder, wie es meist geschieht, zu einer Seite des Körpers bewegt werden. Im Vergleich mit Stößen, bei denen die Hand gerade nach vorne gestoßen wird, besitzt ein Block nach links oder rechts nicht dieselbe Kraftentfaltung. Die Tatsache, daß die Aufprallenergie sich über eine breite Fläche verteilt, beeinflußt dabei auch das Endresultat.

Kraft und Schnelligkeit

Die Kraft einer Abwehr fällt verschieden aus. Sie kann verheerend sein, aber in vielen Fällen vermag sie doch nicht die Kraft eines Stoßes zu erreichen, weil die Arm- und Rumpfmuskeln, die dabei zum Einsatz kommen, andere sind. Wenn ein Block stark ist, kann er einen Gegner von einer weiteren Aktion abhalten. In anderen Situationen wird die Kraft die Richtung des Angriffs ablenken.

Eine ablenkende Aktion vermittelt manchmal den Eindruck einer schwachen Kraftentfaltung. Einige glauben dann, daß das Abwehren keine aggressive Aktion sei, da das Wort *blocken* leicht mit Rückzug in Zusammenhang gebracht wird. Was in dieser Hinsicht bedacht werden sollte ist, daß es keinen großen Unterschied in der Ausführung zwischen einem Block und anderen Techniken gibt. Ebenso wie bei einem Stoß oder Tritt vermag auch ein Block zugleich Schnelligkeit und Kraft im Hinblick auf den größten Effekt zu steigern; ebenso kann nur einer dieser beiden Faktoren für einen bestimmten Zweck betont werden.

Unabhängig davon, wie stark ein Karateka ist, ist es niemals ratsam, der vollen Kraft eines Angriffs zu begegnen. Vielmehr ist es weitaus günstiger, den Block als ersten Schritt einer komplexen Aktion auszuführen, während man dabei zu einer Seite gleitet, zurückweicht oder in den Gegner hineingeht. (Die Grundlagen der Kraft sind im Kapitel 5, Seite 104, aufgeführt und sollten gleichermaßen auch bei den Abwehrtechniken herangezogen werden.

Grundlagen der Bewegung

Eine stoßende Faust oder ein tretender Fuß sind bewegliche Objekte. Die vier hierbei auftretenden Bewegungen sind:

1. Um eine Bewegung einzuleiten, ist es notwendig, eine Kraft anzuwenden, die größer ist als die Trägheit des zu bewegenden Objekts. Die Bewegung verhält sich proportional zu der Intensität der Kraft, die sie einleitet.

2. Um die Bewegung eines Objekts zu stoppen, muß die Bremskraft größer sein als diejenige, die das Objekt in Bewegung setzt. Dies hat besondere Bedeutung für Abwehrtechniken, die einen Angriff abstoppen sollen.

3. Der Kraftbedarf, der nötig ist, um ein Objekt abzulenken, ist im allgemeinen geringer als die für die einleitende Bewegung benötigte Kraft. Wenn der günstigste Zeitpunkt für eine Richtungsablenkung ausgewählt wird, ist zum Abwehren eines Stoßes, Trittes oder einer anderen Angriffstechnik wenig Kraft erforderlich.

4. Die Veränderung der Geschwindigkeit eines Objekts hängt von der richtigen Beurteilung der Bewegungsrichtung ab. Um es zu beschleunigen, sollte die Kraftanwendung in der Bewegungsrichtung des Objekts verlaufen; um es zu verlangsamen, in der entgegengesetzten Richtung.

Prinzipien der Abwehr eines Angriffs

Abwehren wird dann effektiver sein, wenn die folgenden vier Prinzipien verstanden und im Gedächtnis behalten werden.

1. Wenn ein Angriff mit der Hand oder dem Fuß mit großer Wucht erfolgt, kann dieser durch Zurückweichen vermieden werden. Wenn die Aktion langsamer erfolgt, wie bei einem Stoß, kann sie dadurch pariert werden, indem das Körpergewicht in Richtung des Zusammenstoßes verlagert wird. Das Körpergewicht sollte nicht zu weit verlagert werden, um dem Verlust des Gleichgewichts vorzubeugen.

2. Wie schon in Kapitel 3 erwähnt, hat eine größere Körperstandfläche bessere Standfestigkeit zur Folge und wird oft mit der Kombination von Stellung, Technik und Bewegung zur Auftrefffläche verbunden. Der Wechsel von der Frontalkampfstellung in die grundlegende Frontalstellung zur Abwehr ist ein Beispiel dafür, wie einer Kraft mit Kraft begegnet wird.

3. Der Angriff wird abgeschwächt, wenn man sich zur Seite wegbewegt.

4. Wenn der Zusammenstoß unvermeidbar ist, sollte bedacht werden, daß sich die Druckwelle weniger zerstörend auswirkt, wenn die absorbierende Fläche breiter ist, weil sich in diesem Fall die Auftreffwucht verteilt.

Übungsstufen

Der geeignete Weg zum Erlernen der Abwehrtechniken ist der gleiche wie der zum Erlernen der Stöße und anderer Techniken. In der ersten Ausübungsstufe erfolgt der Block in einer Körperhaltung, bei der man sich voll auf die Ausführung konzentrieren kann. Sind erst einmal die Grundkomponenten der Technik vollständig gelernt worden, sollte der Nachdruck auf den Konditionierungsprozeß gelegt werden. Auf dieser Stufe vermag ein zufriedenstellender Grad der Abwehrfertigkeiten durch die Ausführung von Abwehr und Stellung gemäß des Karategramms der grundlegenden und fortgeschrittenen Richtungen erreicht werden (siehe dazu Seiten 90f.). Wir legen das Schwergewicht auf die Ausübung der sechs Grundrichtungen, und zwar wegen der Verbindung der Abwehr mit schnellen Körperverschiebungen in allen Richtungen. Dies ist die Form des Trainings, die am besten die Fähigkeit entwickelt, den Block und die Stellung in einer Aktion auszuführen.

Abwehrtechniken sind sowohl in ihrer gleichseitigen (*Oi*) als auch umgekehrten (*Gyaku*) Form zu praktizieren. Dadurch wird Vielseitigkeit erzeugt, die dann im Rahmen von Kampfübungen und, was noch bedeutender ist, für die Entwicklung unterschiedlicher Muskelgruppen und für die Steigerung motorischer Fertigkeiten nutzbar gemacht werden kann. Durch den Gebrauch der korrekten Technik beim Üben kann die Aktion in alle geeigneten Richtungen ausgeführt werden. Durch Konzentration und Timing wird es möglich, eine geeignete Abwehrtechnik zu entwickeln. Unzählige Wiederholungen werden nötig sein, um dies zu erreichen. Es sollte aber niemals vergessen werden, daß die Wiederholung das Geheimnis für den Erfolg ist.

Einteilung

Es gibt zwei Arten von Abwehrformen: Abwehren mit einer Hand – *Sekiwan Uke* – und Abwehren mit zwei Händen – *Ryōwan Uke* –, die je nach zu schützender Körperpartie in drei Kategorien unterteilt sind. Es gibt 20 Abwehrtechniken, um die obere Körperpartie zu schützen (*Jōdan*), 22 in der mittleren

Armabwehrtechniken – *Te-Ude Uke Waza*

Arten: Einhand-Blocks – *Sekiwan Uke*/Zweihand-Blocks – *Ryōwan Uke*		
Kategorie		
Obere Stufe – *Jōdan Uke*	**Mittlere Stufe – *Chūdan Uke***	**Untere Stufe – *Gedan Uke***
Gruppe		
von unten nach oben ***Jōhō Uke***	**von oben nach unten** ***Otoshi Uke***	**von oben nach unten** ***Otoshi Uke***
Faustabwehr nach oben *Age uke* Handgelenkabwehr *Kakutō uke* Abwehr mit der Hahnenkammhand *Keitō uke* Handwurzelabwehr nach oben *Age teishō uke* Schwerthandkreuzabwehr *Shutō jūji uke*	Unterarmabwehr nach unten *Otoshi ude uke* Druckabwehr mit dem Unteram *Maeude deai osae uke* Handflächenabwehr nach unten *Otoshi teishō uke* Gepreßte Handabwehr *Te osae uke* Ochsenmaulabwehr *Seiryūtō uke* Hakenhandgelenkabwehr *Tekubi kake uke*	Handflächenabwehr nach unten *Otoshi teishō uke* Ochsenmaulabwehr nach unten *Otoshi seiryūto uke* Kreuzabwehr mit den Fäusten *Ken jūji uke* Doppelte Handwurzelabwehr *Teishō awase uke*
von außen nach innen ***Naihō Uke***	**von außen nach innen** ***Naihō uke***	**von außen nach innen** ***Naihō Uke***
Innen-Unterarmabwehr *Uchi ude uke* Handflächenabwehr *Mawashi teishō uke* Fegesperre mit der Hand *Te nagashi uke* Halbkreisförmige Hahnenkamm-handgelenk-Abwehr *Mawashi keitō uke* Greifabwehr mit beiden Händen *Morote tsukami uke*	Innen-Unterarmabwehr *Uchi ude uke* Kreisförmige Handflächenabwehr *Mawashi teishō uke* Fegesperre mit der Hand *Te nagashi uke* Greifabwehr mit beiden Händen *Morote tsukami uke* Kreisförmige Ellbogenabwehr *Mawashi empi uke*	Abwehr nach unten mit dem äußeren Unterarm *Gaiwan gedan uke* Schwerthandabwehr einwärts *Uchi shutō uke* Innen-Schaufelabwehr *Uchi sukui uke* Schaufelabwehr mit beiden Händen *Morote sukui uke*
von innen nach außen ***Gaihō Uke***	**von innen nach außen** ***Gaihō Uke***	**von innen nach außen** ***Gaihō Uke***
Äußere Unterarmabwehr *Soto ude uke* Schwerthandabwehr *Shutō uke* Hakenschwerthandabwehr *Kake shutō uke* Vertikale Schwerthandabwehr *Tate shutō uke* Handrückenabwehr *Haishu uke* Fegeabwehr mit dem äußeren Unterarm *Gaiwan nagashi uke* Fegesperre mit dem Unterarmrücken *Haiwan nagashi uke* Fegesperre mit dem inneren Unterarm *Naiwan nagashi uke* Verstärkte Unterarmabwehr *Morote uke* Seitenabwehr mit beiden Händen *Sokumen awase uke*	Äußere Unterarmabwehr *Soto ude uke* Schwerthandabwehr *Shutō uke* Vertikale Schwerthandabwehr *Tate shutō uke* Haken-Schwerthandabwehr *Kake shutō uke* Handrückenabwehr *Haishu uke* Handgelenkabwehr *Kakutō uke* Abwehr mit der Hahnenkammhand *Keitō uke* Verstärkte Unterarmabwehr *Morote uke* Handinnenkantenabwehr nach außen *Haitō uke* Bassai-Abwehr *Bassai uke* Beidhändiges Auseinanderdrücken *Kakiwake uke*	Abwehr nach unten *Gedan barai* Außen-Schwerthandabwehr *Soto shutō uke* Hakenhandgelenkabwehr *Tekubi kake uke* Außen-Schaufelabwehr *Soto sukui uke*

(*Chūdan*) und 12 in der unteren Körperpartie (*Gedan*). Innerhalb jeder Kategorie sind die Abwehrtechniken auf die Richtung, in der sie ausgeführt werden, nochmals eingruppiert – von unten nach oben (*Jōhō*), von oben nach unten (*Otoshi*), von außen nach innen (*Naihō*) und von innen nach außen (*Gaihō*).

Aufgrund der Vielzahl von Abwehrtechniken hat der Karateka eine hervorragende Chance, sich gegen einen Angriff zu verteidigen. Für jeden Angriff stehen mehrere Abwehrtechniken zur Verfügung.

Abwehrtechniken in der oberen Stufe

Da diese Abwehrtechniken für eine mittlere Reichweite verwendet werden, bewegt sich der abwehrende Arm in einer mittleren Distanz vom Ausgangspunkt zum Ziel. Die Wirksamkeit der Technik hängt von der Aktion der Hüft- und Rumpfmuskeln ab. Die abwehrende Hand holt die Kraft aus einer schnappenden Bewegung des Unterarms. Die Unterarmdrehung kann dabei je nach Abwehrart nach innen oder außen erfolgen.

Die 20 Abwehrtechniken in dieser Gruppe haben alle, mit Ausnahme von vier (Schwerthandkreuzabwehr, Greifabwehr mit beiden Händen, verstärkter Unterarmblock und Zweihand-Seitenblock) eine gegenseitige und eine umgekehrte Form.

Die Abb. 3–22 zeigen die Endstufe der einzelnen Abwehrtechniken in der oberen Stufe. Die Merkmale jeder Abwehrform sollten beachtet werden, ebenso auch die Terminologie. Zuerst ist das Ziel spezifiziert, dann entweder die *Oi*- oder *Gyaku*-Form, gefolgt vom Namen der jeweiligen Technik und der Richtung, in der die Abwehr ausgeführt wird. *Jōdan gyaku age uke mae* ist zum Beispiel der Hebeblock nach vorne in der gegenseitigen Form gegen Angriffe zur *Jōdan*-Stufe.

Abwehrtechniken obere Körperpartie – *Jōdan Uke*

1. *Gyaku* – gegenseitige Form

2. *Oi* – gleichseitige Form

3.

4.

5.

6.

7.

Faustabwehr nach oben – *Age uke* (Abb. 3)
Handgelenkabwehr – *Kakutō uke* (Abb. 4)
Abwehr mit der Hahnenkammhand – *Keitō uke* (Abb. 5)
Handwurzelabwehr nach oben – *Age teishō uke* (Abb. 6)
Schwerthandkreuzabwehr – *Shutō jūji uke* (Abb. 7)
(Fortsetzung nächste Seite)

8.

9.

10.

11.

12.

13.

14.

15.

16.

17.

18.

19.

20.

21.

22.

Innenunterarmabwehr – *Uchi ude uke* (Abb. 8)
Kreisförmige Handflächenabwehr – *Mawashi teishō uke* (Abb. 9)
Fegesperre mit der Hand – *Te nagashi uke* (Abb. 10)
Halbkreisförmige Hahnenkamm-Handgelenkabwehr – *Mawashi keitō uke* (Abb. 11)
Greifabwehr mit beiden Händen – *Morote tsukami uke* (Abb. 12)
Außen-Unterarmabwehr – *Soto ude uke* (Abb. 13)
Schwerthandabwehr – *Shutō uke* (Abb. 14)
Hakenschwerthandabwehr – *Kake shutō uke* (Abb. 15)
Vertikale Schwerthandabwehr – *Tate shutō uke* (Abb. 16)
Handrückenabwehr – *Haishu uke* (Abb. 17)
Fegesperre mit dem Unterarmrücken – *Gaiwan nagashi uke* (Abb. 18)
Fegesperre mit dem Unterarmrücken – *Haiwan nagashi uke* (Abb. 19)
Fegesperre mit dem inneren Unterarm – *Naiwan nagashi uke* (Abb. 20)
Verstärkte Unterarmabwehr – *Morote uke* (Abb. 21)
Seitenabwehr mit beiden Händen – *Sokumen awase uke* (Abb. 22)

Abwehrtechniken
von unten nach oben
Jōhō Uke

23.

24.

25.

26.

27.

Faustabwehr nach oben – *Age uke* (Abb. 23)
Handgelenkabwehr – *Kakutō uke* (Abb. 24)
Abwehr mit der Hahnenkammhand – *Keitō uke* (Abb. 25)
Handwurzelabwehr nach oben – *Age teishō uke* (Abb. 26)
Schwerthandkreuzabwehr – *Shutō jūji uke* (Abb. 27)

Abwehrtechniken unten-oben

Faustabwehr nach oben — *Age Uke*

Age-uke – ausgeführt von unten nach oben (*Jōhō*) – wird häufig beim Freikampf wie auch in der Kata gebraucht.

Die Ausführung des Hebeblocks erfolgt aus der offenen Beinstellung (Abb. 28a–28d). Dabei wird die abwehrende Faust von der Seite des Körpers in einer bogenförmigen Bewegung hochgezogen. Wenn die Faust in Augenhöhe ist, beginnt sie die Drehung, die mit der Handfläche nach vorne endet. In der Endposition steht sie rund 5 cm über dem Kopf. Der Winkel des Ellbogens beträgt etwa 60 Grad. Während die Abwehrfaust nach oben geht, wird die andere Faust zur Körperseite gezogen. Die Festigkeit dieses Blocks kommt von dem starken Zurückziehen des nicht-abwehrenden Arms und der Zusammenziehung der Bauch- und Brustmuskeln.

28.

Bei der gleichseitigen Form, die beim Wechsel der offenen Beinstellung in die Frontalstellung ausgeführt wird, ist die Bewegung wie die oben beschriebene, aber wegen den beteiligten großen Muskelgruppen wird größere Kraft erzeugt (Abb. 29a–29d).

Die Abb. 30a–30d verdeutlichen die Anwendung des Hebeblocks in der gleichseitigen Form gegen einen geraden Fauststoß. Der Unterschied hierbei ist, daß der Block vor dem Körper gut ausgeführt wird, den Stoßarm aufhaltend, bevor dieser sein Ziel erreicht und seine volle Kraft entfaltet hat. Der Abwehrarm kommt von unten und berührt den Angriffsarm etwas oberhalb des Handgelenks. Die Einwärtsdrehung des Arms spielt eine wichtige Rolle beim Ablenken des Angriffs. Der Oberkörper ist aufrecht; Block und Stellung erfolgen zusammen.

Obgleich die Hüft- und Rumpfdrehung hier weitaus komplexer ist, läßt sich die gegenseitige Anwendung des Hebeblocks in Verbindung mit der Frontalstellung leichter ausführen, wie in den Abb. 31a–31d gezeigt wird. Auf korrektes Timing muß geachtet werden. Gerade wenn die abwehrende Hand ihre Endstellung erreicht, muß auch die Stellung abgeschlossen sein (mit der Streckung des hinteren Beines und der Kontraktion der beteiligten Muskeln). Anfänger werden dies schwierig finden und können in zwei Schritten üben. Zuerst wird die Stellung eingenommen und dann so schnell wie möglich die Abwehrtechnik ausgeführt.

Bei der Anwendung des seitenverkehrten Hebeblocks sollte die Hüftdrehung die abwehrende Hand so weit wie möglich nach vorne drücken (Abb. 32a–32d). Die Füße sollen dabei fest am Boden haften.

Age uke ist eine wichtige Technik in den ersten Kata, Heian 1 und Heian 2; sie erscheint später in den fortgeschrittenen und schwierigen Kata.

29.

30.

31.

32.

Handgelenkabwehr *Kakutō Uke*

Die Abwehr kann sehr stark sein, weil sie von den großen Muskelgruppen Gebrauch macht. *Kakutō uke* wird mit nach unten zeigender Handfläche der Abwehrhand ausgeführt. Die Auftrefffläche ist das abgewinkelte Handgelenk (siehe die Abb. 15a–15c, S. 111). Es gibt eine Reihe von kleinen Knochen und Bändern, zahlreiche Blutgefäße und Nervenfasern in diesem Bereich, von denen einige dicht unter der Hautoberfläche liegen. Die Tatsache, daß die schnappende Bewegung des Arms stark ist, kann die bereits gestreckten Bänder überdehnen, was zu Verletzungen im Handgelenk führt. Eine korrekte Technik ist sowohl für die Effektivität als auch den Schutz gegen Verletzungen unabdingbar. Im Kampf sollte keine Anwendung dieses Handgelenkblocks versucht werden, bevor nicht entsprechendes Können und angemessene Konditionierung erreicht sind.

Das Erlernen der Elemente des gebogenen Handgelenkblocks erfolgt mit der offenen Beinstellung (Abb. 33a–33d). Aus der Ausgangsposition wird das abwehrende Handgelenk vor den Körper bewegt und dann gerade zum Ziel geschlagen. Wenn das Handgelenk im Moment des Auftreffens nicht vollständig gebeugt ist, kann dies Verletzungen zur Folge haben. Um die Drehung des abwehrenden Armes auszubalancieren, muß der andere Arm zur Hüftseite gezogen werden.

Das Hineingehen in den Angriff, der mit *Jōdan oi choku-zuki* erfolgt und mit *Gyaku kakutō uke* abgewehrt wird, ist in den Abb. 34a–34d demonstriert. Stellung und Abwehr erfolgen gleichzeitig mit der Angriffstechnik, so daß die stoßende Hand abgewehrt wird, noch bevor der Angriff sich entwickeln kann.

33.

34.

Abwehr mit der Hahnenkammhand *Keitō Uke*

Die Abwehrfläche ist das Handgelenk mit der Daumenwurzel (siehe Abb. 14c, S. 110). Bei der soweit wie möglich in Richtung der Kleinfingerseite abgewinkelten Hand werden alle Bänder und Gelenkkapseln maximal gestreckt. Aufgrund der Handstellung bei dieser Abwehr sind besonders die Schnappbewegung des Unterarmes und die Ellbogenbeugung wichtig.

Die Ausführung der Abwehr mit der Hahnenkammhand erfolgt in der offenen Beinstellung; die abwehrende Fläche bewegt sich aufwärts in Richtung der Abwehr (Abb. 35a–35d). Im Moment des Aufpralls wird die Wirkung der Schulterspannung mit der Beugung des Ellbogens kombiniert.

Die Anwendung dieser Abwehrtechnik gegen einen gleichseitigen geraden Fauststoß wird in den Abb. 36a–36d gezeigt. Die abwehrende Hand trifft den Arm des Gegners und stößt ihn vom Ziel weg. Der an die Hüfte zurückgezogene andere Arm ist – wenn nötig – bereit für einen Gegenangriff.

Keitō uke ist Teil der Unsu-Kata.

35.

36.

Handwurzelabwehr nach oben *Age Teishō Uke*

Bei dieser Abwehr ist die Auftrefffläche ein sehr starker Teil der Hand. In der Endstellung ist die Schulter gespannt, der Unterarm nach außen gedreht, der Ellbogen gebeugt, und die Handfläche zeigt nach oben. Die Ausführung dieser Abwehr sollte schnell und mit einer schnappenden Bewegung erfolgen.

Geübt wird die Handwurzelabwehr nach oben in der offenen Beinstellung (Abb. 37a). Von der ersten Stufe dieser Abwehr aus (Abb. 37b) wird die abwehrende Handfläche gerade nach oben zum Ziel geschlagen. Der Unterarm dreht nach außen, so daß die Handfläche zum Ziel zeigt (Abb. 37c). Gleichzeitig wird der andere Arm an die Hüfte zurückgezogen, und in der Endstellung liefert der nach innen gedrückte Ellbogen dieser Abwehr noch zusätzliche Unterstützung (Abb. 37d).

Die Abb. 38a–38d zeigen die gleichseitige Handwurzelabwehr gegen einen Fauststoß zur oberen Körperstufe. Dabei ist die richtige Distanz notwendig, um wirksam abwehren zu können: Dies geschieht hier durch den Wechsel von der Kampfstellung in die Frontalstellung. Durch diese kombinierten Aktionen wird der Fauststoß abgewehrt, bevor er das Ziel erreicht.

Age teishō uke findet sich in den Kata Empi und Jitte.

37.

38.

Schwerthandkreuzabwehr *Shutō Jūji Uke*

Shutō jūji uke ist eine Abwehrtechnik mit beiden Händen in die obere Stufe. Der Name dieser Technik kommt von der Ähnlichkeit der gekreuzten Arme mit dem Buchstaben X.

Die Ausübung der Grundtechnik erfolgt durch Einnehmen der offenen Beinstellung und das Hochstoßen beider Arme nach oben, um ein X zu bilden. Während des ersten Drittels der Bewegung sind die Fäuste noch zusammengeballt (Abb. 39a–39b). Dann werden sie geöffnet und die Arme an den Handgelenken gekreuzt (Abb. 39c–39d). Am Ende dieses Blocks stehen beide Hände genau über dem Kopf, damit eine klare Sicht möglich ist.

In den Abb. 40a–40d ist der Kreuzblock mit der Frontalstellung kombiniert. Die Abwehr wird ausgeführt, nachdem die Stellung eingenommen ist; der Bewegungsablauf ist dem gerade beschriebenen ähnlich. Beachten Sie die Position der Handflächen in den Abb. 40c–40d.

39.

40.

Die Seitenansicht der Schwerthandkreuzabwehr gegen einen geraden Fauststoß (Abb. 41a–41d) ist eine mögliche, wenn auch nicht die gebräuchlichste Anwendungsform. Beginnend aus der offenen Beinstellung, wird die Frontalstellung eingenommen. Im Endstadium ist das hintere Bein vollständig gestreckt. Der Oberkörper ist während der ganzen Aktion aufrecht, und die Bewegung der abwehrenden Arme wird durch die Kraft des Angriffs beeinflußt. Die Abwehr wird durch die Aktion der Schultergelenkmuskeln sowie der Ellbogen- und Unterarmdrehung vollendet.

Beim Übungskampf ist der Kreuzblock eine gute Technik gegen Schläge, die von oben gegen den Kopf gezielt sind (Abb. 42a–42d). Besonders sollte hier bemerkt werden, wie die Entwicklung der Stellung und die des Blocks in Beziehung zum gegnerischen Angriff verläuft. Wenn der Block korrekt ausgeführt wird, muß der Angriffsarm vom Ziel weggestoßen sein, bevor es zum Kontakt kommt.

Shutō jūji uke ist in den Kata Heian 5, Kankū Dai und Gankaku zu sehen.

a.

b.

c.

d.

41.

42.

a.

b.

c.

d.

43.

Abwehrtechniken von außen nach innen

Naihō Uke

44.

45.

46.

47.

Innen-Unterarmabwehr – *Uchi ude uke* (Abb. 43)
Kreisförmige Handflächenabwehr – *Mawashi teishō uke* (Abb. 44)
Fegesperre mit der Hand – *Te nagashi uke* (Abb. 45)
Halbkreisförmige Hahnenkammhandgelenk-Abwehr – *Mawashi keitō uke* (Abb. 46)
Greifabwehr mit beiden Händen – *Morote tsukami uke* (Abb. 47)

Abwehr von außen nach innen

Innen-Unterarmabwehr *Uchi Ude Uke*

Uchi ude uke ist eine Technik, die von vielen Karateka zum Schutz des Oberkörpers bevorzugt wird. Die Abwehr wird ausgeführt, indem die abwehrende Hand von außen nach innen geschlagen wird (zur Körpermittellinie).

Geübt wird diese Abwehr in der offenen Beinstellung, wobei die Abwehrfaust nahe beim Ohr ausholt; die Handfläche zeigt nach vorne und leicht zur Seite (Abb. 48a–48b). Die Kontraktion der Rumpfmuskeln zieht die Schulter auf dieser Seite etwas zurück und überträgt sich direkt in den abwehrenden Arm. Der nicht-abwehrende Arm steht vor dem Körper, und die Schulter ist nach vorne gerichtet, um den Abwehrarm auszubalancieren. Die Abwehr erfolgt durch die scharfe Drehung aus der Hüfte, mit der Schulter als Drehpunkt (Abb. 48c). Entscheidend bei der Ausführung dieser Abwehr ist die schnappende Bewegung des Unterarmes (Abb. 48d).

Die Abb. 49a–49d zeigen die Anwendung der gleichseitigen Unterarmabwehr nach innen während des Wechsels von der Frontalkampfstellung in die normale Frontalstellung. Abwehr und Körperverschiebung sind hierbei kombiniert, um den Angriff vom Ziel wegzufegen.

Unsu ist eine Kata, in denen *Uchi ude uke* vorkommt.

48.

49.

Kreisförmige Handflächenabwehr *Mawashi Teishō Uke*

Mawashi teishō uke verbindet den Gebrauch einer starken Fläche der Hand mit einer weiten Bewegung von außen nach innen: zwei Faktoren, die das Wesen eines guten Blocks ausmachen. Es könnte erwartet werden, daß diese Abwehrtechnik häufig angewandt wird; Tatsache ist aber, daß dies nur selten geschieht. Einer der Hauptgründe dafür ist, daß die Wirksamkeit in hohem Maß von der schnellen Aktion der Muskeln im Schultergürtel abhängt. Dieser Bewegungsablauf ist in den täglichen Aktivitäten wenig gebräuchlich und deshalb schwierig auszuführen.

Der zweite Grund ist der Mangel an Nachdruck, der während des Trainings auf den Wert eines solchen Blocks gelegt wird. Um die Abwehr richtig zu erlernen, sollte sie zuerst in einer natürlichen Stellung (offene Beinstellung) geübt werden und erst dann in Verbindung mit einer Grundstellung (wie der Frontalstellung), und zwar sowohl in der *Oi-* als auch in der *Gyaku*-Form. Wenn die Drehung des Oberkörpers korrekt ist, vermag dies zusätzliche Kraft in die Abwehr zu bringen. Nachdem einmal die Grundkomponenten erlernt sind, sollte der Block im Rahmen von Kampfübungen getestet werden.

Bei der Ausführung der kreisförmigen Handflächenabwehr in der offenen Beinstellung wird der Abwehrarm von der Schulter aus in einer geraden Linie zur Seite ausgestreckt. Die Handfläche ist gewöhnlich in Höhe des Kopfes und zeigt nach außen und abwärts (Abb. 50a–50b). Die abwehrende Hand vollführt eine weite halbkreisförmige Bewegung, was dieser Abwehr ihren Namen gibt. Wenn die Handfläche das Ziel erreicht, wird der Unterarm so gedreht, daß die Handfläche nach innen zeigt und in einem Winkel von 90 Grad auftrifft (Abb. 50c–50d).

Gyaku mawashi teishō uke kann – wie in den Abb. 51a–51d illustriert – angewandt werden. Die richtige Distanz wird durch den Wechsel von einer Kampfstellung in die Frontalstellung gefunden. Die Abwehr ist dann am wirkungsvollsten, wenn die Handfläche den gegnerischen Arm so nahe wie nur möglich bei der angreifenden Faust berührt.

51.

50.

Fegesperre mit der Hand *Te Nagashi Uke*

Diese Abwehr findet sich sowohl in der Kata als auch beim Sparring. Sie macht Gebrauch von der fegenden Bewegung des Unterarmes von außen nach innen, um den Angriff abzulenken. Dies erfordert weniger Kraft als die anderen Abwehrtechniken. Entscheidend bei der Ausführung dieser Technik ist ein gutes Timing. Sind die wesentlichen Komponenten dieser Fegeabwehr erst einmal erlernt, kann der Karateka sowohl in der gleichseitigen als auch umgekehrten Form üben (in allen Richtungen der Karategramme der grundlegenden und fortgeschrittenen Richtungen).

Beim Üben der Fegesperre in der offenen Beinstellung (Abb. 52a) wird die abwehrende Hand aus einer hohen, äußeren Haltung zur Kopfseite des Gegners bewegt (Abb. 52b–52d). Zu Beginn dieser Technik zeigt die Handfläche nach vorne, aber auch etwas nach oben und außen. Dann wird die halbkreisförmige Fegebewegung durch Kontraktion der Rumpf-, Schulter- und Armmuskeln eingeleitet. Der andere Arm wird zur gleichen Zeit an die linke Hüfte zurückgezogen. Die Handfläche der abwehrenden Hand zeigt nach hinten und nach innen. Die andere Hand wird zur Hüfte gebracht.

Die Anwendung des *Oi jōdan te nagashi uke* gegen *Jōdan oi choku-zuki* ist in den Abb. 53a–53d verdeutlicht. Aus der Kampfstellung wird der Abwehrarm zur Körperseite hochgezogen und dann während des Nach-Vorne-Gleitens abgewehrt. In der Endposition ist der Oberkörper halb zur Seite gedreht. Die Schulter des abwehrenden Arms steht vorne; die andere Schulter ist durch Kontraktion der Schultermuskeln gespannt und zurückgezogen.

Bei der Fegesperre, wie sie in den Abb. 54a–54d gezeigt ist, bewegt sich die abwehrende Hand von der Ausgangsposition über dem Kopf in einer weiten bogenförmigen Bewegung, um den gegnerischen Stoß abzulenken. Die Muskelspannung geht vom Bauch beginnend bis zum Arm. Verbunden mit dem scharfen Eindrehen der Hüfte fegt die Handfläche den angreifenden Arm zur Seite. Die abgeschlossene Frontalstellung in der Endstufe der Ausführung ist für die Wirksamkeit der Fegesperre notwendig.

Einige der Kata, in denen *Te nagashi uke* Anwendung findet, sind Heian 5, Kankū Dai, Kankū Sho und Basai Dai.

52.

a. b. c. d.

53.

54.

Halbkreisförmige Hahnenkammhandgelenk-Abwehr *Mawashi Keitō Uke*

Diese Abwehr gebraucht die am nächsten zum Daumen liegende Fläche der Hand (siehe Abb. 14c, S. 110). Die Bewegung ist weit und halbkreisförmig, von außen nach innen. Diese Technik ist sowohl für ihren praktischen als auch konditionellen Wert wichtig. Die von außen nach innen erfolgende Bewegung des Arms kann zusammen mit der plötzlichen Drehung der Handfläche nach unten eine erhebliche Belastung für die Schultergelenke bedeuten.

Die halbkreisförmige Hahnenkammhandgelenk-Abwehr wird zuerst in der offenen Beinstellung geübt (Abb. 55a–55d). Die abwehrende Hand beginnt aus einer Position außerhalb zur Körperseite, wobei die Handfläche nach vorne zeigt. Dann wird die abwehrende Hand in einem Bogen zum Körper bewegt. Am Ende der Ausführung steht der Abwehrarm gerade vor der Schulter, und die Hand ist etwas höher als die Schulter. Während des letzten Drittels dieser Aktion dreht sich der Abwehrarm um 90 Grad.

Die Kombination von *Mawashi keitō uke* mit der Frontalstellung zur Abwehr eines Faustschlages ist in den Abb. 56a–56d dargestellt. Die scharfe Vorwärtsdrehung der Hüften ist ein wichtiger Teil dieser Aktion.

55.

56.

Greifabwehr mit beiden Händen *Morote Tsukami Uke*

Bei dieser zupackenden und ziehenden Bewegung wird die Kraft beider Arme benötigt, um den Stoß oder Schlag des Gegners zu unterbrechen und abzulenken. Dies läßt nicht nur die Angriffsenergie ins Leere laufen, sondern lenkt den Gegner auch in eine Richtung, die einen Gegenangriff begünstigt.

Die Ausführung des *Morote tsukami uke* erfolgt in der offenen Beinstellung (Abb. 57a). Die Hände bewegen sich aufeinander zu und werden im Endstadium zu Fäusten geformt. Der Abstand zwischen den abwehrenden Händen kann variieren, sollte aber etwa 20–25 cm betragen (Abb. 57b–57c). Die eine Hand ergreift das Handgelenk des Gegners, die andere hält seinen Ellbogen. Der am Handgelenk zupackende Arm ist etwas höher als der andere Arm (Ellbogenbeugung ca. 110 Grad). Der Unterarm ist in einer horizontalen Position. Derjenige Arm, der den Ellbogen festhält, bewegt sich von unten und bleibt unter dem anderen Arm. Der Ellbogen hat etwa einen Winkel von 45 Grad, der Unterarm steht diagonal (Abb. 57d). Die Spannung der Bauch-, Brust- und Armmuskeln sollte im Endstadium gleichzeitig erfolgen.

In der Anwendung des *Morote tsukami uke* gegen einen Faustangriff, wie es die Abb. 58a–58d zeigen, wird der Angriffsarm nach erfolgtem Kontakt in dieselbe Richtung abgelenkt, in die der Angriff des Gegners erfolgte. Leichte Ablenkung des Stoßes und Körperverschiebung zur Seite können mit einem Schlag verbunden werden, um den gegnerischen Angriff auszuschalten. Dies ist eine der günstigen Positionen, aus denen heraus eine Wurftechnik – falls erforderlich – eingeleitet werden kann.

a. b. c. d.

58.

a. b. c. d.

57.

Abwehrtechniken von innen nach außen

Gaihō Uke

59.

60.

61.

62.

63.

64.

65.

66.

67.

68.

Äußere Unterarmabwehr – *Soto ude uke* (Abb. 59)
Schwerthandabwehr – *Shutō uke* (Abb. 60)
Haken-Schwerthandabwehr – *Kake shutō uke* (Abb. 61)
Vertikale Schwerthandabwehr – *Tate shutō uke* (Abb. 62)
Handrückenabwehr – *Haishu uke* (Abb. 63)
Fegeabwehr mit dem äußeren Unterarm – *Gaiwan nagashi uke* (Abb. 64)
Fegesperre mit dem Unterarmrücken – *Haiwan nagashi uke* (Abb. 65)
Fegesperre mit dem inneren Unterarm – *Naiwan nagashi uke* (Abb. 66)
Verstärkte Unterarmabwehr – *Morote uke* (Abb. 67)
Seitenabwehr mit beiden Händen – *Sokumen awase uke* (Abb. 68)

Abwehr von innen nach außen

Äußere Unterarmabwehr *Soto Ude Uke*

Diese Abwehr ist eine starke und häufig gebrauchte Technik unter Einsatz der Außenseite des Unterarmes (*Gaiwan*, siehe Abb. 16a–16b, S. 111). Die Abwehrfläche ist die Daumenseite des Unterarmes dicht beim Handgelenk. Diese Technik wird in der Kata und im Kampf angewandt.

Ausgeführt wird die äußere Unterarmabwehr in der offenen Beinstellung (Übungsform), wobei der blockende Arm mit der Handfläche nach unten gerade vor die gegenüberliegende Schulter hochgezogen wird (Abb. 69a–69b). Der Unterarm steht parallel zum Boden; der Ellbogen ist in einem Winkel von 90 Grad gebeugt. Der andere, nicht-abwehrende Arm steht vor dem Körper (Ellbogen leicht angewinkelt und Handfläche nach unten). Mit dem Ellbogen als Drehpunkt bewegt sich dann der abwehrende Arm in einer halbkreisförmigen Bewegung nach außen. Der Oberarm dreht nach außen, verbleibt aber beinahe auf derselben Stelle (Abb. 69c). Die Endstufe dieser Technik bildet die Außendrehung des Unterarmes, um eine starke Wirkung beim Abwehren zu erzielen (Abb. 69d). Der andere Arm wird an die Hüfte zurückgezogen.

In der Anwendung der Unterarmabwehr von innen nach außen (Abb. 70a–70d) trifft die Außenseite des Unterarmes die Angriffsfaust in der Nähe des gegnerischen Handgelenks. Die Hüfte wird weggedreht. Der Armwinkel beträgt in der Endposition etwa 90 Grad. Die zurückgezogene Faust ist bereit für einen Gegenangriff.

Soto ude uke kommt in Heian 5 und Bassai Dai vor.

70.

69.

a. b. c. d. 71.

Schwerthandabwehr *Shutō Uke*

Diese Technik erhält ihre Kraft durch die schnappende Drehung des Unterarms. Sie entspricht dem hakenförmigen Handkantenschlag von innen nach außen, nur daß die abwehrende Hand am Schluß nicht nach unten zieht. Die Auftreffläche ist die Kleinfingerseite der Hand.

Die Abb. 71a–71d zeigen die Anwendung der Schwerthandabwehr in der offenen Beinstellung. Der Abwehrarm holt mit der Hand in der Nähe des Ohres auf der gegenüberliegenden Seite aus. Die Handfläche zeigt nach innen zum Kopf und schräg nach unten. Die Ausführung der Technik geschieht, indem die Handkante mit einer Schnappbewegung aus dem Ellbogen im Halbkreis zum Ziel geschlagen wird. Am Schluß erfolgt die einrastende Drehung des Unterarmes. In der Endstellung befinden sich die Fingerspitzen in Höhe der Schulter, und der Ellbogen steht im Winkel von 90 Grad. Die Handfläche der Schwerthand bildet einen Winkel von etwa 45 Grad. Die andere Hand wird in der Grundform mit der Handfläche nach oben an die Hüfte zurückgezogen.

Die seitenverkehrte Handkantenabwehr gegen einen Fauststoß ist in den Abb. 72a–72d dargestellt. Die Entwicklung von Abwehr und Stellung muß abgestimmt werden, damit der Angriff wirksam gekontert werden kann. Wie auch bei gewissen Abwehrtechniken ist die Hüftdrehung ein bedeutendes Element bei dieser Aktion.

72.

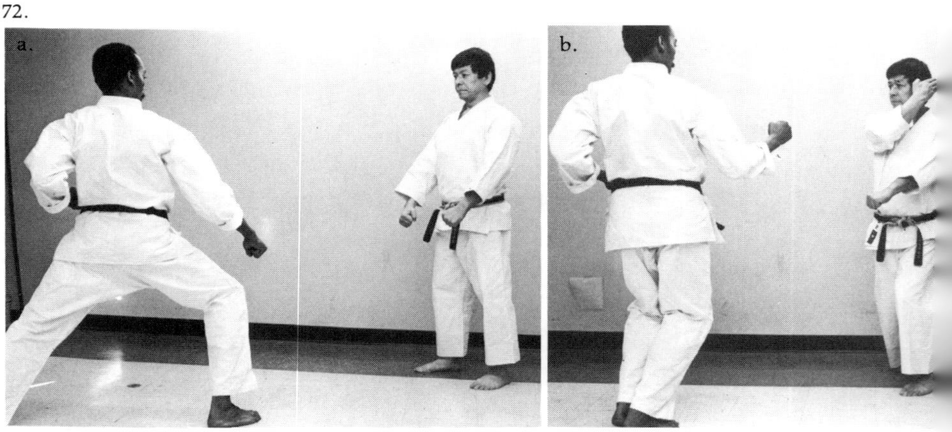

a. b.

74.

a. b.

Haken-Schwerthandabwehr *Kake Shutō Uke*

Diese Abwehr ist bei richtiger Ausführung besonders effektiv gegen Angriffe mit Schlagtechniken. Aufgrund der weiten halbkreisförmigen Bewegung vor dem Körper kann sie zum Schutz beider Körperseiten eingesetzt werden. In diesem Punkt hat sie große Ähnlichkeit mit der Handkantenabwehr nach unten und läßt sich auf ähnlichem Weg einsetzen.

Beim Erlernen dieser Abwehr in der offenen Beinstellung wird die Schwerthand zur gegenüberliegenden Kopfseite gebracht (Abb. 73a–73d); der Daumen berührt dabei das Ohr. Die andere Hand wird vor der Körpermitte ausgestreckt (die Handfläche zeigt nach unten). Die abwehrende Hand beschreibt dann eine halbkreisförmige Bewegung (Abb. 73c). Diese Aktion verbindet das Strecken des Ellbogens und die Anspannung der Muskeln im Schultergürtel. In der Endstellung ist der Ellbogen fast gerade; die Finger der Schwerthand sind ganz gestreckt und zurückgebogen (Abb. 73d). Der andere Arm wird an die Hüfte zurückgezogen, um die Abwehr zu stabilisieren.

In der Anwendung des *Kake shutō uke* (Abb. 74a–74d) ergreift die abwehrende Hand den Angriffsarm des Gegners und zieht ihn nach hinten.

c. d.

c. d.

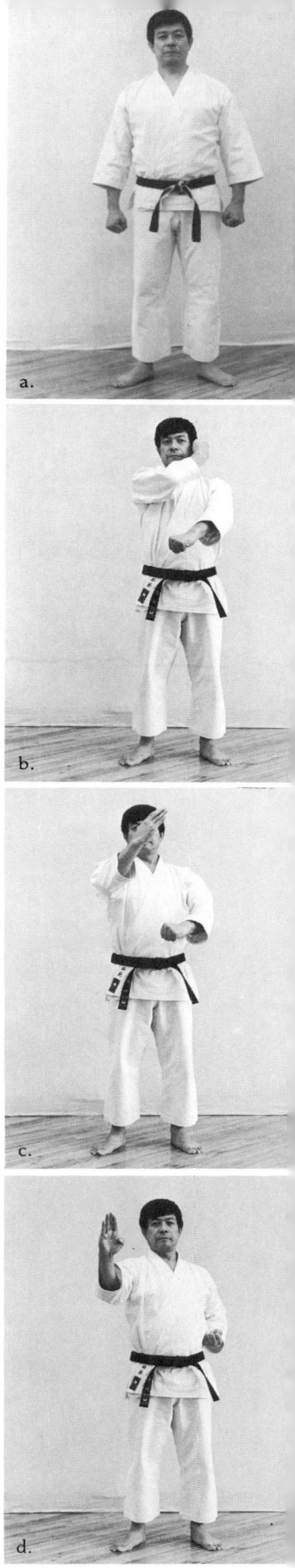

a. b. c. d.

73.

75.

Vertikale Schwerthandabwehr *Tate Shutō Uke*

Bei dieser Technik ist die Abwehrfläche die Kleinfingerseite der Hand, die in der Endstellung vertikal steht. Diese Abwehr wird vorrangig für gegen den Kopf zielende Stöße oder Schläge eingesetzt.

Die Ausführung der vertikalen Schwerthandabwehr in der offenen Beinstellung wird in den Abb. 75a–75d gezeigt. Die abwehrende Hand wird zuerst an das gegenüberliegende Ohr gebracht (Handfläche zeigt zum Kopf). Diese Position ist identisch mit dem ersten Schritt bei der Haken-Schwerthandabwehr. Finger, Hand und Handgelenk bilden eine gerade Linie. Die Abwehr wird in einer halbkreisförmigen Bewegung bei maximaler Geschwindigkeit ausgeführt. Mit dem schnellen Zurückziehen der anderen Hand sowie der schnappenden Bewegung des Unterarmes in der Endstellung erhält diese Abwehr ihre nötige Kraft. Im Moment des Auftreffens wird die Hand ganz zurückgebogen.

Oi tate shutō uke wird gegen einen Faustangriff (Abb. 76a–76d) eingesetzt. Die Abwehraktion ist kombiniert mit dem Wechsel von der Frontalkampfstellung in die normale Frontalstellung.

76.

Handrückenabwehr *Haishu Uke*

Diese Technik kann gegen einen Schlag oder Stoß zum Kopf angewandt werden. Um *Haishu uke* in der Grundform zu üben, werden die Arme vor dem Körper gekreuzt – der abwehrende Arm kommt unter den zurückziehenden, während man sich in der offenen Beinstellung befindet (Abb. 77a). Die Abwehrhand ist offen, die andere Hand zur Faust geballt; beide Handflächen zeigen nach unten. Wenn die abwehrende Hand sich in einer weiten halbkreisförmigen Bewegung aufwärts und nach außen bewegt, ist der Ellbogen zuerst leicht gebeugt und dann am Ende der Abwehr fast gerade (170 Grad, Abb. 77b–77d). Der Arm dreht so, daß die Handfläche nach vorn zeigt. Die andere Hand wird bei leichter Hüftdrehung rasch zurückgezogen.

Geübt werden sollte in der gleichseitigen (*Oi*) und umgekehrten (*Gyaku*) Form in Verbindung mit den Grundstellungen.

Die Anwendung von *Oi haishu uke*, kombiniert mit *Hangetsu-dachi* gegen einen oberen Fauststoß (Abb. 78a–78d), ist grundsätzlich dieselbe wie die oben beschriebene. Beachten Sie dabei die Drehung der Hüfte in Richtung der Abwehr, wobei die Schulter auf dieser Seite nach vorn kommt.

78.

77.

Fegeabwehr mit dem äußeren Unterarm *Gaiwan Nagashi Uke*

Es gibt drei fegende Unterarmblocks in der Gruppe der Abwehrtechniken von innen nach außen gegen Angriffe zur oberen Stufe: mit der Außenseite des Unterarms (*Gaiwan*), dem Unterarmrücken (*Haiwan*) und der Unterarminnenseite (*Naiwan*). Bezüglich der richtigen Fachausdrücke sei hier auf die anatomische Stellung (S. 103) und die Abb. 16a–16b, S. 111, hingewiesen.

Beim Üben von *Gaiwan nagashi uke* in der offenen Beinstellung liegen in der Vorbereitungsphase die Arme vor dem Körper (Abb. 79a). Der abwehrende Arm wird dann angehoben, um die Faust neben das auf der gleichen Körperseite liegende Ohr zu bringen (die Handflächen zeigen nach hinten). Danach dreht der Unterarm nach außen. In der Endstellung ist der Ellbogen maximal gebeugt (Abb. 79b–79d).

Oi gaiwan nagashi uke in der Frontalstellung ist in den Abb. 80a–80d dargestellt. Vergleichen Sie diese Ausführung mit der vorhergehenden Technik und beachten Sie die Unterschiede.

79.

80.

Die Abb. 81a–81c zeigen die umgekehrte Fegeabwehr mit der Unterarmaußenseite in der Frontalstellung. Diese Version gehört zwar zu den Abwehrtechniken in der oberen Stufe, ist aber ebenso wirksam als Verteidigung gegen einen Angriff zur mittleren Stufe, der gerade von vorne erfolgt.

Das Hineingehen und die Anwendung der Fegeabwehr mit dem Unterarm gegen einen Faustangriff wird in den Abb. 82a–82d illustriert, wo die bogenförmige Abwehrbewegung und äußere Drehung des Unterarmes besonders deutlich werden. Die Berührung mit dem stoßenden Arm geschieht knapp unter dem Handgelenk: der Stoßarm wird nach außen geschlagen. Der Wechsel der Stellung erfolgt aus der vorderen Kampfstellung in die Frontalstellung.

Gaiwan nagashi uke ist Teil der Sochin-Kata.

81.

82.

a.

b.

c.

d.

83.

Fegesperre mit dem Unterarmrücken *Haiwan Nagashi Uke*

Die Auftrefffläche bei dieser Technik ist die Rückseite der Hand, des Handgelenks und des Unterarms. Sie läßt sich besonders wirksam gegen einen Angriff von vorne einsetzen.

Die Komponenten dieser Abwehrtechnik können am besten in der offenen Beinstellung gelernt werden (Abb. 83a). Die abwehrende Hand wird aufwärts bewegt (Faustfläche neben das Ohr), wie es die Abb. 83b–83d verdeutlichen. Die Faust bewegt sich zuerst vor den Kopf und dann zur Seite. Während der ersten Hälfte dieser Aktion zeigt die Faustfläche nach unten, und der Ellbogen ist beinahe vollständig gestreckt. Die Drehung des Unterarmes läßt die Handfläche zum Kopf zeigen. In der Endstellung ist der Ellbogen stark gebeugt und nach außen gerichtet. Die andere Hand wird nach hinten gezogen.

Die Ausführung von *Oi haiwan nagashi uke* ist in den Abb. 84a–84c gezeigt. Der abwehrende Arm ist zuerst ausgestreckt. Dann wird die Faust zum Ohr zurückgezogen (Faustfläche zeigt zum Kopf). Der Unterarm dreht nach außen. Die Schulter auf dieser Seite wird zurückgezogen und durch die Rumpfdrehung unterstützt. Der Oberkörper steht in aufrechter Haltung.

Haiwan nagashi uke ist Teil der Tekki-Kata.

a.

84.

b.

Fegesperre mit dem inneren Unterarm *Naiwan Nagashi Uke*

Der dritte Unterarmblock zum Schutz der Oberkörperpartie ist der *Naiwan nagashi uke.*

Die abwehrende Hand wird in der offenen Beinstellung vor dem Körper ausgestreckt und aufwärts bewegt. Die Faustfläche zeigt nach unten, bis sie die Schulterhöhe erreicht (Abb. 85a–85b). Die Faust wird dann mit der Handfläche nach vorne zum Ohr zurückgezogen (Abb. 85c–85d). Der Oberarm steht horizontal zum Boden, und mit leichter Drehung der Hüfte weist der Ellbogen nach außen.

Der umgekehrte Fegeblock mit dem Unterarm (Innenseite) ist in den Abb. 86a–86c dargestellt. Der Unterschied zwischen diesem und dem in der offenen Stellung ausgeführten Block sollte deutlich werden. Die abwehrende Hand bewegt sich zurück und nach oben. Der Oberkörper steht aufrecht, obgleich er eine deutliche Drehung ausführt. Der Oberkörper ist parallel zum Boden (der Ellbogen zeigt nach außen). Die Vorwärtsbewegung des anderen Armes ist notwendig, um die Rückwärtsbewegung des abwehrenden Armes auszubalancieren.

85.

86.

87

Die Anwendung der gleichseitigen Unterarmfegeabwehr ist in den Abb. 87a–87c deutlich gezeigt: Sie unterscheidet sich leicht von der umgekehrten Form. Die Hüftdrehung spielt eine bedeutende Rolle.

Die Abb. 88a–88d zeigen die Anwendung des gegenseitigen Unterarmfegeblocks gegen einen zum Kopf gezielten geraden Fauststoß. Nach Unterbrechung des Stoßes mit dem Unterarm (Kleinfingerseite) wird die Angriffsfaust nach außen weggeprellt. Die Hüftdrehung hat dabei zwei Funktionen: Sie unterstützt die Abwehr und bringt den anderen Arm in die günstigste Position für einen Gegenangriff.

Ein wichtiger Punkt in der Ausführung dieser drei Fegesperren mit dem Unterarm ist die Haltung des Ellbogens des blockenden Arms. Abb. 89 zeigt die beste Position des Ellbogens des Abwehrarmes, und zwar auf die Richtung, in die der Körper zeigt. Bei der Fegesperre mit der Unterarmaußenseite (*Gaiwan nagashi uke*) weist der Ellbogen fast nach vorne. Er bildet mit der Linie A einen Winkel von 20 bis 30 Grad. Bei der Fegesperre mit der Unterarmrückseite (*Haiwan nagashi uke*) ist der Ellbogen viel weiter zurückgezogen; der Winkel beträgt hier etwa 70 bis 80 Grad.. Bei der Fegesperre mit der Unterarminnenseite (*Naiwan nagashi uke*) weist der Ellbogen stark nach hinten, und der Winkel beträgt 90 bis 100 Grad oder mehr. Es sollte eine sorgsame Untersuchung dieser Ellbogenpositionen stattfinden, um ein Verständnis im Hinblick auf die richtige Anwendung dieser Abwehrtechniken zu gewinnen.

88.

89. **Haltungen des Ellbogens bei Ellbogen-Abwehrtechniken**

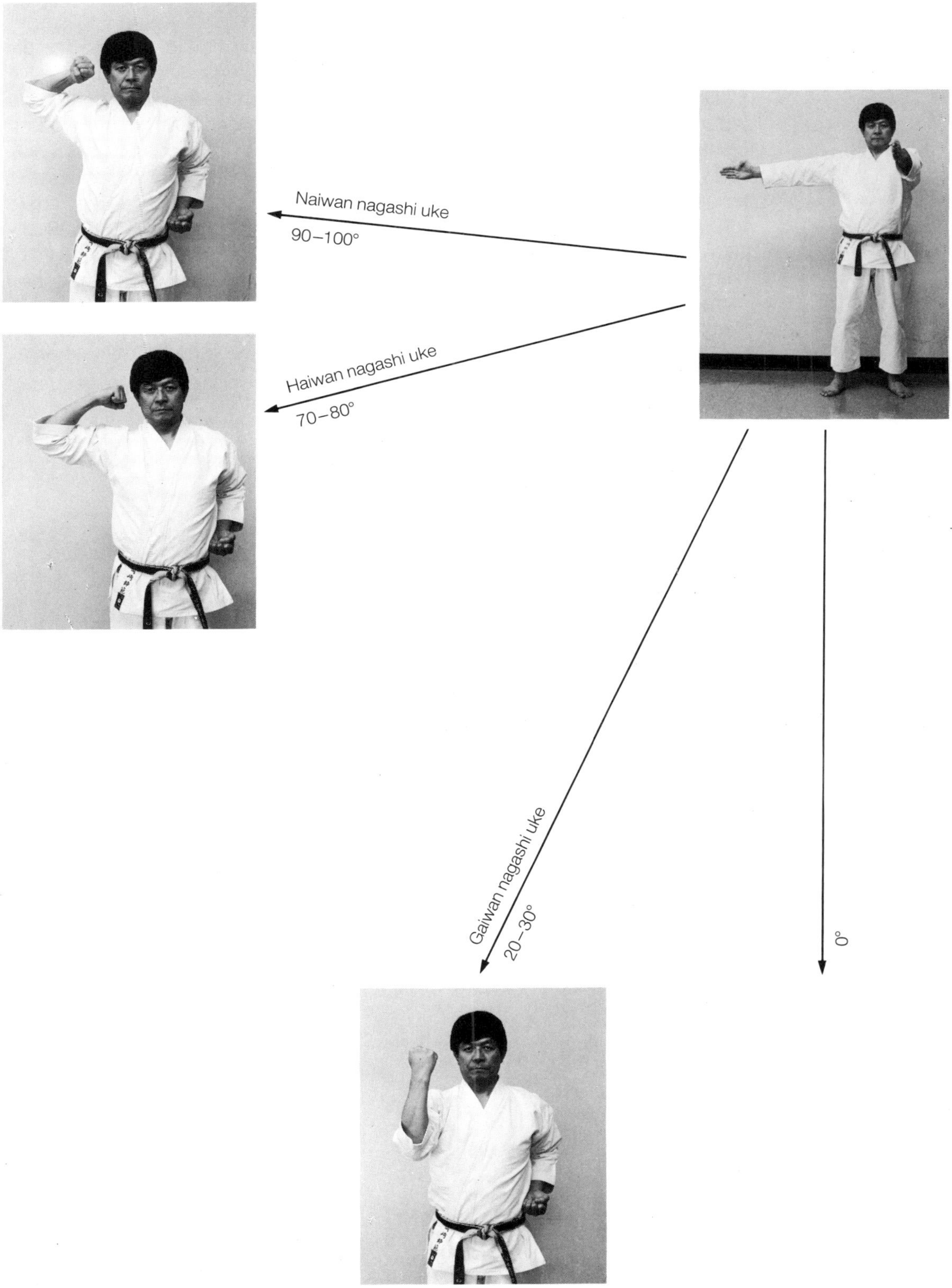

Verstärkte Unterarmabwehr *Morote Uke*

Morote Uke ist eine sehr kraftvolle Technik, weil sie die Aktion beider Arme verbindet. Ihr Nachteil besteht darin, daß der Gebrauch beider Arme den Körper ungeschützt läßt. Obgleich diese Abwehr nicht sehr häufig in den Kata erscheint, kann sie gegen beliebige Angriffstechniken eingesetzt werden.

Der verstärkte Unterarmblock kann in der offenen Beinstellung geübt und später dann mit anderen Stellungen kombiniert werden. Die Fäuste werden zuerst vor den Körper gebracht, die eine Faust über die andere (Abb. 90a–90b). Die obere Faust zeigt mit der Handfläche nach unten. Der andere Arm ist angewinkelt, und die Faust steht in vertikaler Haltung. Dann werden die Fäuste getrennt und gleichzeitig nach oben in die Endstellung bewegt (Abb. 90c–90d). Der Ellbogen des oberen Armes ist gebeugt, und die Handfläche zeigt zum Kopf. Die andere Faust befindet sich am Ellbogen des höher stehenden Armes (Handfläche zeigt nach hinten). Die Bewegung des unteren Armes unterstützt die des oberen Armes und stabilisiert die Abwehr.

Die Anwendung der verstärkten Unterarmabwehr gegen einen Fauststoß ist in den Abb. 91a–91d gezeigt. Die kraftvolle Aktion der beiden Arme wehrt den Stoß ab und prellt ihn vom Ziel weg.

Morote uke ist Teil der Jion-Kata.

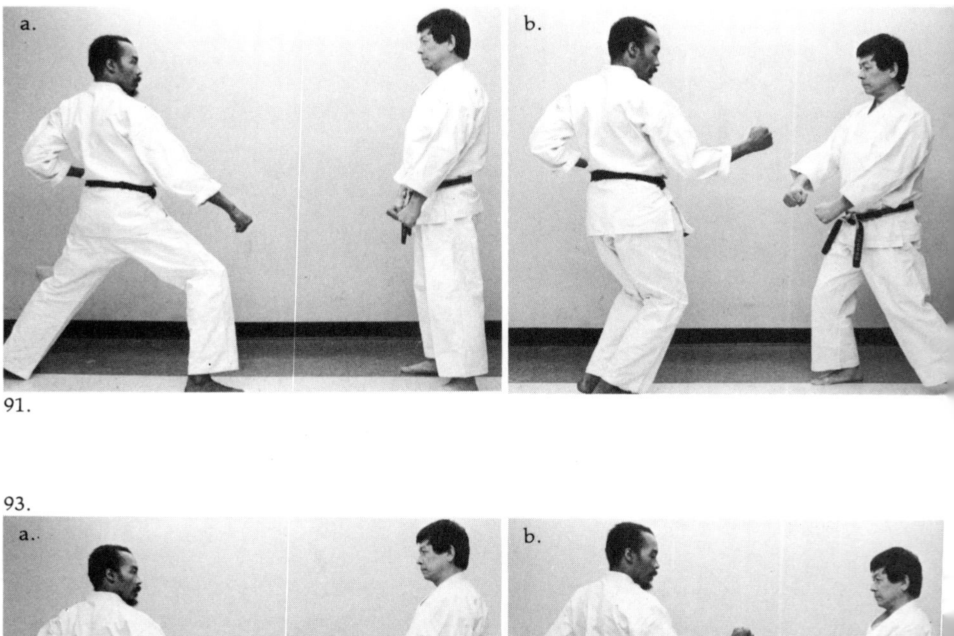

91.

93.

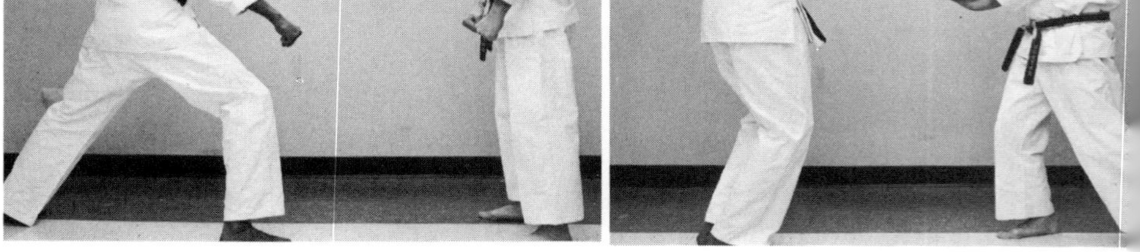

90.

Seitenabwehr mit beiden Händen *Sokumen Awase Uke*

Sokumen awase uke, die letzte der Innen-Außen-Techniken in der oberen Stufe, kann sehr effektiv sein, insbesondere gegen einen von der Seite kommenden Angriff. Weil es sich um eine offene Handabwehr handelt, ist eine anschließende Greiftechnik besonders wirksam.

Die Ausübung der beidhändigen Seitenabwehr in der offenen Beinstellung ist in Abb. 92a–92d dargestellt. Aus der Ausgangsstellung werden die Arme gekreuzt (an den Handgelenken) und dann in einer weiten halbkreisförmigen Bewegung von innen nach außen bewegt. Dabei dienen die Schultern als Drehpunkte.

Sokumen awase uke läßt sich sehr wirkungsvoll gegen *Oi choku-zuki* zum Gesicht einsetzen, wie es die Abb. 93a–93d zeigen. Während des Hineingleitens zur Distanzüberbrückung entwickelt sich die Abwehr. Nachdem der angreifende Arm abgeblockt ist, wird er in einer kraftvollen seitlichen Aufwärtsbewegung vom Ziel weggedrückt.

Sokumen awase uke ist in der Gankaku-Kata zu sehen.

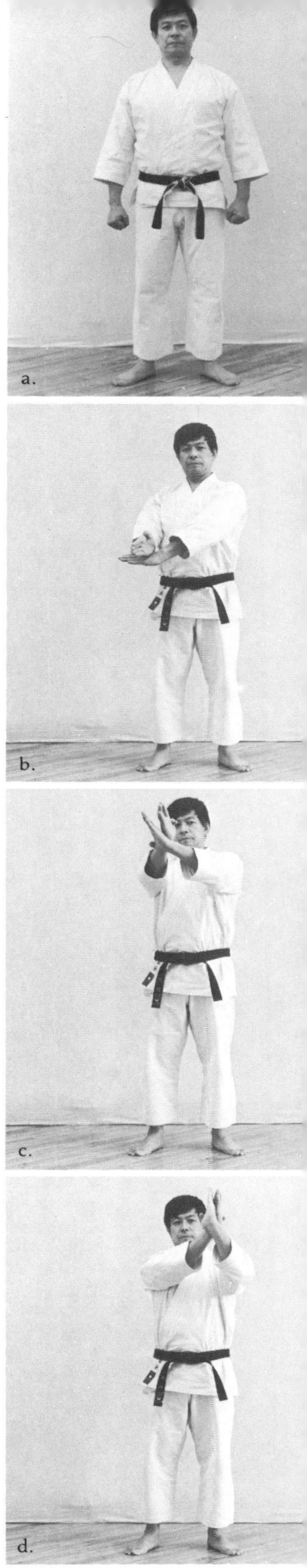

92.

Abwehrtechniken mittlere Stufe – *Chūdan Uke*

Unterarmabwehr nach unten – *Otoshi ude uke* (Abb. 96)
Druckabwehr mit dem Unterarm – *Maeude deai osae uke* (Abb. 97)
Handflächenabwehr nach unten – *Otoshi teishō uke* (Abb. 98)
Gepreßte Faustabwehr – *Te osae uke* (Abb. 99)
Ochsenmaulabwehr – *Seiryūtō uke* (Abb. 100)
Hakenhandgelenkblock – *Tekubi kake uke* (Abb. 101)
Innen-Unterarmabwehr – *Uchi ude uke* (Abb. 102)
Kreisförmige Handflächenabwehr – *Mawashi teishō uke* (Abb. 103)
Fegesperre mit der Hand – *Tenagasi uke* (Abb. 104)
Greifabwehr mit beiden Händen – *Morate tsukami uke* (Abb. 105)
Kreisförmige Ellbogenabwehr – *Mawashi empi uke* (Abb. 106)
Äußere Unterarmabwehr – *Soto ude uke* (Abb. 107)
Schwerthandabwehr – *Shutō uke* (Abb. 108)
Vertikale Schwerthandabwehr – *Tate shutō uke* (Abb. 109)
Haken-Schwerthandabwehr – *Kake shutō uke* (Abb. 110)
Handrückenabwehr – *Haishu uke* (Abb. 111)
Handgelenkabwehr – *Kakutō uke* (Abb. 112)

94. *Gyaku* – gegenseitige Form

95. *Oi* – gleichseitige Form

96.

97.

98.

99.

100.

101.

102.

103.

104.

105.

106.

107.

108.

109.

110.

111.

112.

113.

114.

115.

116.

117.

Abwehr mit der Hahnenkammhand – *Keitō uke* (Abb. 113)
Verstärkte Unterarmabwehr – *Morote uke* (Abb. 114)
Äußerer Handinnenkantenschlag – *Haitō uke* (Abb. 115)
Bassai-Abwehr – *Bassai uke* (Abb. 116)
Beidhändiges Auseinanderdrücken – *Kakiwake uke* (Abb. 117)

118.

Abwehrtechniken von oben nach unten
Otoshi Uke

119.

120.

121.

122.

123.

Unterarmabwehr nach unten – *Otoshi ude uke* (Abb. 118)
Druckabwehr mit dem Unterarm – *Maeude deai osae uke* (Abb. 119)
Handflächenabwehr nach unten – *Otoshi teishō uke* (Abb. 120)
Gepreßte Handabwehr – *Te osae uke* (Abb. 121)
Ochsenmaulabwehr – *Seiryūtō uke* (Abb. 122)
Hakengelenkabwehr – *Tekubi kake uke* (Abb. 123)

Abwehrtechniken von oben nach unten

Unterarmabwehr nach unten *Otoshi Ude Uke*

Diese Abwehrtechnik läßt sich am besten gegen einen von vorne kommenden Faustangriff anwenden. Sie kann aber auch als Vielzweckabwehr sowohl gegen Tritte als auch Schläge oder Stöße betrachtet werden. Obwohl *Otoshi ude uke* vorwiegend zum Schutz des Solarplexus dient, kann dieser Block auch sehr wirksam gegen Angriffe zur mittleren Körperpartie eingesetzt werden. Die abwehrende Fläche ist die Unterarminnenseite (*Naiwan*).

Bei der Anwendung der Unterarmabwehr nach unten in der offenen Beinstellung wird der abwehrende Arm zuerst über den Kopf hochgezogen (Handfläche nach vorne). Der Ellbogen ist gebeugt und zeigt zur Seite. Der andere Arm ist leicht angewinkelt und steht vor dem Körper (Abb. 124a–124b). Aus dieser Position – die Schulter dient als Drehpunkt – wird die abwehrende Hand in einer bogenförmigen Bewegung nach unten geschlagen (Abb. 124c–124d). Die Drehung des Unterarmes beginnt in Schulterhöhe, so daß die Faust in einer vertikalen Position zum Stillstand kommt. In der Endstellung ist der abwehrende Arm noch immer abgewinkelt. Das Zurückziehen des anderen, nicht-abwehrenden Arms gleicht die Aktion aus und gibt die nötige Stabilität.

124.

125.

Die Verbindung der umgekehrten Unterarmabwehr nach unten mit der Frontalstellung ist in den Abb. 125a–125d verdeutlicht. Verglichen mit der Ausführung in der offenen Stellung starten hierbei die Fäuste etwas weiter hinten und enden in einer etwas niedrigeren Position. Besonders beachtet werden sollte die Hüftdrehung und die Vorwärtsbewegung der Schulter und des Abwehrarmes. Die wesentliche Kraft wird durch die weite Bewegung der abwehrenden Hand erzeugt.

Der auf der Abb. 126a–126d gezeigte *Oi otoshi ude uke* wird nicht oft beim Übungskampf angewandt; er sollte aber nichtsdestoweniger im Hinblick auf seinen konditionellen Wert praktiziert werden. Der Wechsel von der offenen Stellung in die Frontalstellung muß mit der Ausführung des Blocks synchron verlaufen. Die Unterschiede zwischen dieser Ausführung und der umgekehrten Form, wie sie oben beschrieben wurde, sollten beachtet werden.

Bei der Anwendung der umgekehrten Unterarmabwehr nach unten gegen eine Stoßtechnik ist die Abwehr mit der Bewegung des Hineingehens in die Aktion kombiniert, um den optimalen Abstand zum Gegner zu halten (Abb. 127a–127d). Abwehr und Stellung bilden eine Aktionseinheit. Der Stoß wird direkt nach unten abgeblockt und vom Angriffsziel abgelenkt.

Oi otoshi ude uke kommt in der Jion-Kata vor.

127.

126.

Druckabwehr mit dem Unterarm *Maeude Deai Osae Uke*

Bei dieser Abwehrtechnik wird der Unterarm eingesetzt, um den Angriffsarm nach unten zu drücken. Der Unterschied zur Unterarmabwehr nach unten (*Otoshi ude uke*) besteht beim *Maeude deai osae uke* in der Aktion des abwehrenden Armes und der abwehrenden Fläche: Letztere ist hierbei näher am kleinen Finger, bestehend aus Muskeln und Sehnen, und vermag den Anprall besser zu absorbieren.

Die Druckabwehr mit dem Unterarm wird am Anfang in der offenen Beinstellung geübt (Abb. 128a). Die abwehrende Hand wird dabei zur gegenüberliegenden Schulter hochgezogen; die Faust steht mit der Handfläche nahe am Ohr (Abb. 128b). Der Abwehrarm wird nach unten bewegt, und zwar in einer Bewegung, die vom Schultergelenk und den Muskeln des Schultergürtels abhängig ist (Abb. 128c). Der abwehrende Arm wird etwas gestreckt und der Unterarm gedreht. In der Endstellung steht der Abwehrarm vor dem Körper, und die Faust ist fast parallel zum Boden (Abb. 128d).

Der Unterschied zwischen diesem Bewegungsablauf und der Druckabwehr mit dem Unterarm in Verbindung mit der Frontalstellung wird deutlich durch den Vergleich mit den Abb. 129a–129c. Hier soll daran erinnert werden, daß die Beherrschung von Karatetechniken das Einüben von mehr als nur einer Kombination erforderlich macht.

Die Anwendung des *Oi maeude deai osae uke* gegen *Oi choku-zuki* ist in den Abb. 130a–130d gezeigt. Das Ziel besteht darin, den Angriff zu stoppen, bevor er sich voll entwickeln kann. Die Druckabwehr ist nur in einer frühen Stufe des Angriffs wirksam; deshalb müssen das Hineingehen und die Endstellung mit der Entwicklung der Abwehr zeitlich gut abgestimmt werden.

Die Abb. 131a–131c zeigen die seitenverkehrte Druckabwehr mit dem Unterarm. Das Verhältnis zwischen der Hüftdrehung und der Entwicklung der Abwehr ist ein bedeutender Punkt. Trotz der Rumpfdrehung muß der Oberkörper gerade gehalten und darf nicht zur Seite gelehnt werden, weil dies das Gleichgewicht gefährden und die Wirksamkeit herabsetzen würde.

Das Abwehren eines Angriffs mit der umgekehrten Druckabwehr ist in den Abb. 132a–132d verdeutlicht. Wie auch bei den anderen Abwehrtechniken muß hierbei die richtige Distanz mit einem guten Timing in Einklang gebracht werden und der Karateka in einer günstigen Position für einen Gegenangriff sein.

a b c. d.

128.

129.

a. b. c.

130.

131.

132.

Handflächenabwehr nach unten *Otoshi Teishō Uke*

Diese Abwehrtechnik schützt die mittlere Körperpartie gegen verschiedene Angriffstechniken. Die Abwehrfläche ist die starke Handwurzelfläche, die sehr viel Druck absorbieren kann. Bei dieser Abwehr besteht die Absicht jedoch darin, ein frontales Zusammentreffen zu vermeiden, da es besser ist, den Angriff abzulenken. Diese Abwehrtechnik erscheint sowohl in der Kata als auch beim Übungswettkampf.

Beim Erlernen der Handflächenabwehr in der offenen Stellung wird die abwehrende Hand mit der nach vorne zeigenden Handfläche über den Kopf hochgerissen (Abb. 133a–133b). Dann wird sie in einer weiten halbkreisförmigen Bewegung schnell nach unten geschlagen, unter Einsatz der Schultern und des Ellbogens des abwehrenden Armes. Dabei ist die schnappende Bewegung des Unterarmes sehr wichtig (Abb. 133c–133d). In der Endstellung zeigt die Handfläche nach unten; der Ellbogen ist gerade, was aber, abhängig von der Höhe des Angriffs, variieren kann.

Die Abb. 134a–134d zeigen den *Oi otoshi teishō uke* gegen einen Faustangriff. Der Abwehrarm ist einen Moment lang oben, bevor er die Abwärtsbewegung zum Angriffsarm ausführt. Der Oberkörper ist gerade, damit ein gutes Gleichgewicht gewahrt bleibt. Wichtig ist auch das Hineingehen in die Stellung und ein gutes Timing.

Otoshi teishō uke ist Teil der Kata Empi und Jitte.

a. b. c. d.

134.

a. b. c. d.

133.

Gepreßte Handabwehr *Te Osae Uke*

Diese Technik kann gegen eine Vielzahl von Angriffen angewandt werden. Besonders wirksam ist sie aber gegen Fauststöße, die zum Solarplexus gezielt sind. *Te osae uke* kann sehr schnell erlernt werden.

Es gibt zwei Wege, auf denen die Komponenten der gepreßten Handabwehr in der offenen Stellung erlernt werden können. Der erste Weg ist in den Abb. 135a–135d dargestellt: Die abwehrende Hand wird mit der nach vorne zeigenden Handfläche vor dem Körper hochgezogen. In einer Bewegung, welche die Aktion der Schulter und des Ellbogens verbindet, wird dann die Abwehrhand nach unten in die Endstellung gebracht. Der abwehrende Arm ist beinahe vollständig gestreckt, und die Hand dreht so, daß die Handfläche nach unten zum Ziel zeigt.

Die zweite Möglichkeit der Ausführung dieser Abwehr in der offenen Stellung ist in den Abb. 136a–136d gezeigt. Die Ausgangsposition der abwehrenden Hand liegt mehr an der Körperseite, mit den Fingern nahe am Ohr und der Handfläche nach unten. Die Endstellung der abwehrenden Hand ist ungefähr dieselbe wie in der ersten Version.

135.

136.

Die Abb. 137a–137d zeigen die allgemein übliche Anwendung der Druckhandabwehr, die darin besteht, einen gleichseitigen Fauststoß zur mittleren Körperpartie abzuwehren. Wenn der abwehrende Arm den gegnerischen Fauststoß unter Kontrolle bringt, sollte gleichzeitig der andere Arm in der günstigsten Position für einen Gegenangriff sein.

Die gleichseitige Druckhandabwehr kann mit einem Zurückgehen zur Abwehr des gegnerischen Fauststoßes kombiniert werden (Abb. 138a–138d). Diese Verteidigungsaktion synchronisiert die Drehung der Hüfte mit der Abwehrbewegung, während der Abstand so sein sollte, daß die Abwehr erfolgt, bevor der Angriff sich voll entfalten kann.

Te osae uke ist in der Nijūshihō-Kata zu finden.

a.

b.

c.

137.

d.

138.

a.

b.

c.

d.

Ochsenmaulabwehr *Seiryūtō Uke*

Diese Abwehr ist sehr kraftvoll, weil sie den Teil der Hand einsetzt, der am nächsten zum Handgelenk (Kleinfingerseite) liegt. Trotz der Unempfindlichkeit dieser Auftrefffläche gegen Schmerzen ist eine direkte Konfrontation mit dem Ziel nicht ratsam, um Verletzungen zu vermeiden.

Beim Üben dieser Abwehrtechnik in der offenen Beinstellung wird die abwehrende Hand über den Kopf angehoben. Der andere Arm wird vor den Körper gebracht (Abb. 139a–139b). Die Ausführung des Blocks geschieht mit einer starken und schnellen Abwärtsbewegung, wobei die Abwehrhand plötzlich angehalten wird (Abb. 139c–139d). In der Endposition sind die Finger der abwehrenden Hand in Richtung des Daumens angewinkelt.

Die Kombination dieser Abwehrtechnik mit der Frontalstellung ist in den Abb. 140a–140d veranschaulicht. Die abwehrende Hand wird von hinten nach vorne geschlagen. Hierbei bestimmt die Hüftdrehung die Entfaltung der Kraft. Die Muskelspannung beginnt im Unterleib und pflanzt sich zu den Schultern und nach außen in den abwehrenden Arm fort. Alle dabei einbezogenen Muskeln müssen im selben Moment angespannt werden.

139.

140.

Der gleichseitige *Seiryūtō-uke* ist in den Abb. 141a–141c von der Seite zu sehen. Die Entwicklung der Stellung ist ein wesentlicher Teil der Abwehraktion. Der Oberkörper darf nicht nach vorne, hinten oder zur Seite gelehnt werden.

Die Abb. 142a–142d zeigen die Anwendung der gleichseitigen Form dieser Abwehrtechnik. Der Angriffsarm des Gegners wird mit der Hand abgeblockt, indem man ihn in einer bogenförmigen Bewegung nach unten schlägt. Die andere Hand ist für einen möglichen Gegenangriff bereit.

141.

142.

Hakenhandgelenkabwehr *Tekubi Kake Uke*

Die Ausführung dieser Abwehrtechnik schließt die nach außen erfolgende Drehung des Unterarmes ein, während der gegnerische Arm festgehakt und nach unten gedrückt wird. Beim Stoß gegen den Solarplexus ist diese Abwehr sehr günstig.

Das Erlernen von *Tekubi kake uke* erfolgt in der offenen Beinstellung. Die Arme werden vor dem Körper gekreuzt (der abwehrende Arm ist unter dem anderen Arm), die Handflächen zeigen nach unten, und die Finger der abwehrenden Hand sind ausgestreckt (Abb. 143a–143b). Die Abwehrhand wird dann in einer halbkreisförmigen Bewegung nach oben in Schulterhöhe und dann in die Endstellung geführt. Diese Bewegung wird durch die Außendrehung des Unterarmes bestimmt, die Handfläche kommt nach oben (Abb. 143c–143d).

Diese Form sollte mit dem auf den Abb. 144a–144d gezeigten gleichseitigen Hakenblock verglichen werden, bei dem die Verbindung von Abwehr und Stellung die Aktion komplexer macht.

143.

144.

Die Anwendung des gleichseitigen Hakenblocks mit dem Handgelenk gegen einen Faustangriff ist in den Abb. 145a–145d verdeutlicht. Achten Sie dabei auf die Bewegung des abwehrenden Armes. Er bewegt sich bogenförmig aufwärts, aber nur so weit wie der gegnerische Angriffsarm. Dann ändert er die Richtung und bewegt sich nach unten. Um ein gutes Gleichgewicht während dieser Aktion zu halten, muß der Oberkörper aufrecht bleiben.

Die Abb. 146a–146d zeigen die umgekehrte Form dieser Abwehrtechnik. Der abwehrende Arm wird mit der Hüftdrehung nach vorne gebracht. Die Hüfte auf der Seite des Abwehrarmes wird dabei so weit wie nur möglich nach vorne gestoßen. Die Muskelanspannung beginn im Unterleib und setzt sich dann in die Brust- und Armmuskeln fort.

Tekubi kake uke ist Teil der Kata Nijūshiō und Unsu.

145.

146.

147.

Abwehrtechniken
von außen nach innen
Naihō Uke

148.

149.

150.

151.

Innen-Unterarmabwehr – *Uchi ude uke* (Abb. 147)
Kreisförmige Handflächenabwehr – *Mawashi teishō uke* (Abb. 148)
Fegesperre mit der Hand – *Te nagashi uke* (Abb. 149)
Greifabwehr mit beiden Händen – *Morote tsukami uke* (Abb. 150)
Kreisförmige Ellbogenabwehr – *Mawashi empi uke* (Abb. 151)

Außen-Innen-Abwehrtechniken

Innen-Unterarmabwehr *Uchi Ude Uke*

Diese Abwehr ist zum Schutz der mittleren Körperpartie gegen Stöße und Tritte sehr geeignet. Sie ist häufig in den Kata zu sehen und wird von Karatesportlern bevorzugt, gerade weil sie von einer starken Abwehrfläche Gebrauch macht (der Kleinfingerseite des Unterarmes über dem Handgelenk).

Der abwehrende Arm wird in der offenen Beinstellung neben den Kopf hochgezogen (Handfläche zeigt nach vorne). Ellbogen und Schulter sind aufgrund der Anspannung der hinteren Muskeln des Schultergürtels und der Hüfte etwas zurückgezogen (Abb. 152a–152b). Der abwehrende Arm wird mit maximaler Geschwindigkeit nach vorne bewegt (Abb. 152c–152d): Auch hierbei verläuft der Schlag halbkreisförmig. Wichtig bei der Ausführung dieser Abwehrtechnik sind die Drehung des Unterarmes von außen nach innen, wobei in der Endstellung die Handfläche zum Körper zeigt. Der Ellbogen ist etwa um 90 Grad angewinkelt, und das Handgelenk steht gerade.

Die Vorderansicht der umgekehrten Unterarmabwehr nach innen in Verbindung mit der Frontalstellung ist in den Abb. 153a–153d dargestellt. Die Rumpfdrehung ist hierbei sehr bedeutend, und die Aktion erhält ihre Unterstützung von Schulter und Hüfte auf der Seite des Abwehrarmes.

152.

153.

Die Abb. 154a–154d machen deutlich, wie eine starke Technik (hier: der Seitwärtsfußtritt) abgewehrt werden kann. Dies geschieht durch die Verlagerung des Körpers, um die Distanz zum Gegner zu verkürzen. In der Endstellung der Abwehr (*Oi uchi ude uke*) gleitet der Körper zur Seite, und der Tritt wird abgelenkt. Der Stellungswechsel erfolgt von der Frontalstellung in die diagonale Pferdesitzstellung.

Der gleichseitige Unterarmblock nach innen zur Abwehr eines gegen den Magen gezielten Faustst0ßes ist in den Abb. 155a–155d veranschaulicht. In diesem Fall ist die Körperverlagerung nicht so groß, da ein Fauststoß gewöhnlich nicht so kraftvoll ist wie ein Tritt.

Tekki 3 und Bassai Dai sind Kata, in denen *Uchi ude uke* vorkommt.

154.

155.

Kreisförmige Handflächenabwehr *Mawashi Teishō Uke*

Diese Abwehr wird in einer weiten halbkreisförmigen Bewegung ausgeführt. Der Block kann auch als Angriffstechnik angewandt werden und kommt sowohl im Übungskampf als auch in Kata vor.

Geübt wird *Mawashi teishō uke* in der offenen Beinstellung, wobei die abwehrende Hand zur Körperseite geführt wird. Die Hand ist offen und zeigt mit der Fläche nach vorne (Abb. 156a–156b). Die Schulter ist etwas zurückgezogen, und die andere Faust steht vor dem Körper (Handfläche nach unten). Gebraucht werden hauptsächlich die Muskeln des Rumpfes, der Schultergelenke und des Schultergürtels. Die abwehrende Hand bewegt sich bogenförmig vor den Körper und die andere Hand nach hinten an die Hüfte, um den Oberkörper zu stabilisieren (Abb. 156c). Wichtig sind die Drehung der Hüfte und die abschließende Schnappbewegung des Unterarmes (Abb. 156d).

Die halbkreisförmige Handflächenabwehr kann gegen einen vorgehenden Gegner angewandt werden, der einen Fauststoß zur mittleren Körperstufe versucht, wie es die Abb. 157a–157d zeigen. Gehen Sie zurück in *Zenkutsu-dachi* und schlagen Sie gleichzeitig die Handfläche von außen nach innen gegen das Handgelenk des Gegners.

Mawashi teishō uke ist Teil der Kata Jion und Jitte.

157.

156.

Fegesperre mit der Hand *Te Nagashi Uke*

Die weite halbkreisförmige Bewegung dieser Abwehrtechnik ist ähnlich der des halbkreisförmigen Handflächenblocks, aber der Gebrauch der offenen Hand macht die Aufprallwucht weniger stark. Die Aktion der abwehrenden Hand ermöglicht es, einen Angriff zur mittleren Körperpartie (von der Seite oder von vorne) mit der Hand beiseite zu fegen.

Beim Üben der Fegesperre in der offenen Beinstellung wird die abwehrende Hand mit der Handfläche nach oben zur Kopfseite geführt (Abb. 158a). Wenn die Hand dann vor den Körper fegt und die andere Körperseite kreuzt, vollführt der Unterarm eine Drehung um etwa 180 Grad (Abb. 158b–158d). Die andere Hand wird dabei zur Stabilisierung an die Hüfte gezogen.

Die Abb. 159a–159d zeigen den gleichseitigen Fegehandblock zusammen mit der Frontalstellung. In diesem Fall wird durch die größere Drehung des Oberkörpers mehr Kraft beim Abwehren erzeugt.

a. b. c. d.

158.

a. b. c. d.

159.

Die Anwendung des umgekehrten Fegeblocks gegen *Oi choku-zuki* ist in den Abb. 160a–160d gezeigt. Die Abwehr muß mit der Stellung gleichlaufen und die andere Hand für einen möglichen Gegenangriff bereit sein.

Oi te nagashi uke gegen einen Faustangriff ist in den Abb. 161a–161d gezeigt. Besonders zu beachten ist dabei der Weg, auf dem der Oberkörper seine Drehung vollführt, um den Gegner vom Angriffsziel wegzulenken. Diese Aktion bietet auch die günstigste Körperposition für einen Gegenangriff mit der Faust, insbesondere zur mittleren Stufe.

a.

160.

b.

c.

d.

a.

b.

161.

c.

d.

Greifabwehr mit beiden Händen *Morote Tsukami Uke*

Diese Abwehr ist nicht nur im Karate zu finden, sondern auch in anderen Selbstverteidigungsarten. Dabei wird der Schwung des gegnerischen Angriffs ausgenutzt. Wesentlich bei dieser Technik sind das Timing und die optimale Körperverlagerung während der ganzen Aktion. Es gibt bei dieser Abwehrtechnik zwei Variationen.

Geübt wird der *Morote tsukami uke* in der offenen Beinstellung (Abb. 162a). Die Hände liegen jeweils seitlich an den Oberschenkeln. Die Hand auf der Abwehrseite ist etwas höher als die andere Hand (Abb. 162b). Dann werden beide Hände diagonal nach unten bewegt (Abb. 162c–162d). In der Mitte wechselt dann die Bewegung der Hände; sie gehen mehr nach außen und um die Brust herum. In der Endstellung zeigen beide Handflächen nach unten. Diese Abwehr sollte mit maximaler Geschwindigkeit ausgeführt werden.

Wenn die beidhändige Greifabwehr in der Frontalstellung praktiziert wird, gibt es einige Unterschiede (Abb. 163a–163c).

162.

163.

In der Anwendung, wie sie in den Abb. 164a–164d dargestellt ist, wird der Stoßarm des Gegners zurückgezogen und dann zur Seite bewegt. Stellung und Abwehr entwickeln sich gleichzeitig. Dabei ist es wichtig, etwas zur Seite zu gleiten, während man den Gegner nach hinten zieht. Kommt der Angriff des Gegners schnell und stark, kann man ihn mit wenig Aufwand zu Fall bringen.

Die in den Abb. 165a–165d vorgeführte Variation der Greifabwehr ist gut bekannt, weil sie in der Bassai Dai-Kata praktiziert wird. Diese Abwehr umfaßt zwei Aktionen. Die eine besteht in der Bewegung der Hand von oben nach unten, die zweite kombiniert den Block mit dem Zurückziehen von außen nach innen. Diese komplexe Aktion mit beiden Händen macht die Ausführung der Technik etwas schwierig.

Die Anwendung dieser Variation des *Morote tsukami uke* wird in den Abb. 166a–166c vorgeführt. Dabei wird die angreifende Hand gleichzeitig mit beiden Händen gepackt und vom Ziel weggezogen. Die Körperverlagerung durch Wechsel von der offenen Beinstellung in die Frontalstellung ist wichtig.

164.

166.

165.

Kreisförmige Ellbogenabwehr *Mawashi Empi Uke*

Mawashi empi uke ist die einzige Technik, die den Ellbogen als Abwehrfläche gebraucht. Sie kann beim Übungswettkampf angewandt werden, wenn der Gegner sehr dicht herangekommen ist. Diese Abwehrtechnik ist auch geeignet zur Entwicklung der Rumpf- und Hüftdrehung. Die schnappende Bewegung der Hüfte ist schwierig, kann aber durch Üben erlernt werden.

Geübt wird der kreisförmige Ellbogenblock anfänglich in der offenen Stellung, indem die Faust des Abwehrarmes zur Körperseite geführt wird. Die Knöchel des Zeige- und Mittelfingers werden gegen den Hüftknochen gepreßt, und der Faustrücken zeigt nach vorne. Bei der Verteidigung gegen einen Angriff kann sich die Hand von der Hüftposition wegbewegen, abhängig vom Angriffsziel. Die Abb. 167a–167d zeigen die starke Hüftdrehung, die nötig ist, um die Abwehrkraft zu erzeugen. Die abwehrende Fläche ist die Seite des Ellbogens und der Arm (gerade über und unter dem Ellbogen).

Die Abb. 168a–168d zeigen die kreisförmige Ellbogenabwehr in der normalen (gleichseitigen) Form. Die Rumpfdrehung ist hierbei sehr wichtig. Diese Kombination der Abwehr mit der Rückwärtsstellung ist eine gute Übung, um Koordination und Gleichgewicht zu verbessern.

Mawashi empi uchi ist in Heian 3 und Gankaku zu sehen.

168.

a. b. c. d.

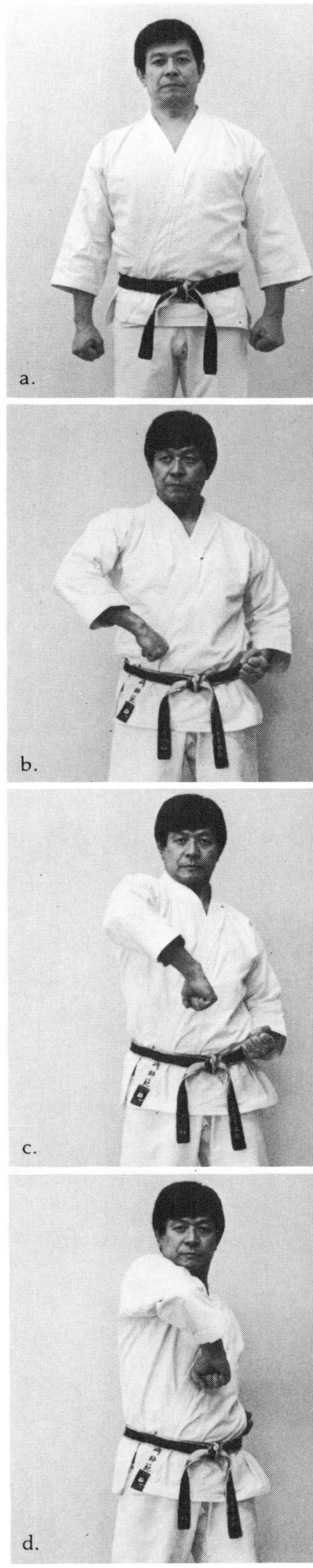

a. b. c. d.

167.

Abwehrtechniken von innen nach außen

Gaihō Uke

169.

170.

171.

172.

173.

174.

175.

176.

177.

178.

179.

Äußere Unterarmabwehr – *Soto ude uke* (Abb. 169)
Schwerthandabwehr – *Shutō uke* (Abb. 170)
Vertikale Schwerthandabwehr – *Tate shutō uke* (Abb. 171)
Haken-Schwerthandabwehr – *Kake shutō uke* (Abb. 172)
Handrückenabwehr – *Haishu uke* (Abb. 173)
Handgelenkabwehr – *Kakutō uke* (Abb. 174)
Abwehr mit der Hahnenkammhand – *Keitō uke* (Abb. 175)
Verstärkte Unterarmabwehr – *Morote uke* (Abb. 176)
Handinnenkantenabwehr nach außen – *Haitō uke* (Abb. 177)
Bassai-Abwehr – *Bassai uke* (Abb. 178)
Beidhändiges Auseinanderdrücken – *Kakiwake uke* (Abb. 179)

Abwehrtechniken von innen nach außen

Äußere Unterarmabwehr *Soto Ude Uke*

Soto ude uke und die Innenabwehr mit dem Unterarm sind wahrscheinlich die am meisten verwendeten Abwehrtechniken in der mittleren Stufe. Die Stärke der abwehrenden Fläche und die große Reichweite der Bewegung machen den äußeren Unterarmblock zu einer besonders starken Technik.

Die Arme werden in der offenen Beinstellung vor dem Körper gekreuzt. Der abwehrende Arm befindet sich unter dem anderen Arm, und beide Fäuste zeigen nach unten (Abb. 180a–180b). Der abwehrende Arm beschreibt dann eine Bewegung nach außen; der Ellbogen dient als Drehpunkt. Diese Aktion wird durch das Zurückziehen des anderen Armes unterstützt (Abb. 180c). In der Endstellung wird der Unterarm nach außen gedreht (Handfläche ist innen). Der Ellbogen ist um 90 Grad gebeugt und eine Faustbreite vom Körper entfernt. Die Faust ist gerade (Abb. 180d).

In den Abb. 181a–181d ist der gleichseitige Unterarmblock mit der Vorwärtsstellung kombiniert. Der abwehrende Arm kommt in einer weiten Bewegung von der Seite und schützt vollständig die Körpermitte. Unterstützung erhält diese Abwehr durch die andere Hand und den Rumpf.

180.

181.

Die Anwendung des *Oi soto ude uke* gegen eine Stoßtechnik ist in den Abb. 182a–182d vorgeführt. Sehr wichtig ist hierbei das richtige Timing in Abhängigkeit von der korrekten Entwicklung der Stellung, der Haltung des Oberkörpers und dem Bewegungsfluß der abwehrenden Hand.

Die Abb. 183a–183d zeigen den umgekehrten Unterarmblock außen, abgestimmt mit der Aktion des Hineingehens. Die Rumpfdrehung ist bedeutend, und Kraft verläuft von den Bauchmuskeln zur abwehrenden Hand. In der Endstellung dieser Abwehr sind alle Muskeln angespannt, und der Körper bildet eine Einheit.

Soto ude uke ist Teil von Heian 2, Heian 3, Heian 4, Bassai Dai und Hangetsu.

182.

183.

Schwerthandabwehr *Shutō Uke*

Die Auftrefffläche beim *Shutō uke* ist die Kleinfingerseite der offenen Hand, die sehr wirksam eingesetzt werden kann. *Shutō uke* ist ein gutes Beispiel für eine Abwehrtechnik, die sich nur gering von einer Angriffstechnik unterscheidet.

Geübt wird der Schwerthandblock in der offenen Beinstellung, wobei die abwehrende Hand neben das gegenüberliegende Ohr gezogen wird (die Handfläche zeigt zum Kopf). Der andere Arm ist mit der Handfläche nach unten vor dem Körper ausgestreckt (Abb. 184a). Unter Einsatz der Schulter und des Ellbogens wird die abwehrende Hand diagonal schnell nach unten geschlagen und nach außen (Abb. 184b). Der Unterarm macht eine Drehung nach innen, während der abwehrende Arm eine Bahn wie bei einem Schwerthieb beschreibt (Abb. 184c). Beim Erreichen der Endstellung zeigt die Handfläche in Höhe der Brust schräg nach unten (Abb. 184d).

Die Abb. 185a–185d zeigen die Anwendung der gleichseitigen Schwerthandabwehr gegen einen geraden Fauststoß. Während der Oberkörper aufrecht bleibt, verlagert sich das Schwerezentrum von einer vorderen Position weiter nach hinten (Erreichen der angemessenen Distanz zum Gegner). Der einzig richtige Weg, dies zu erreichen, ist ein Stellungswechsel.

Shutō uke ist zu sehen in Heian 1, Heian 2, Heian 4, Empi, Bassai Dai, Bassai Sho, Kankū Dai und Sochin.

184.

185.

Vertikale Schwerthandabwehr *Tate Shutō Uke*

Der Unterschied dieser Abwehrtechnik zum Schwerthandblock besteht darin, daß hier die abwehrende Hand in einer vertikalen Position endet. Der *Tate shutō uke* ist zwar in Kata zu sehen, wird aber im Übungskampf weniger eingesetzt als der Schwerthandblock.

Die Anfangsbewegung aus der offenen Beinstellung ist dieselbe wie bei der Schwerthandabwehr (Abb. 186a–186b). Der abwehrende Arm wird dann rasch in einer weiten diagonalen Bewegung nach außen geschlagen (Abb. 186c). Das Handgelenk ist ganz zurückgebogen. Der Unterarm beschreibt eine Drehung nach innen, damit das Handgelenk in der Endstellung nach außen zeigt (Abb. 186d). Der Ellbogen des anderen Armes wird zur Innenseite zurückgezogen.

Die Abb. 187a–187d zeigen den vertikalen Schwerthandblock in der Frontalstellung. Vergleichen Sie dies mit der in der offenen Stellung ausgeführten Version.

a. b. c. d.

186.

a. b. c. d.

187.

Ein Faustangriff zur mittleren Körperstufe kann mit *Oi tate shutō uke* abgewehrt werden, wie es in den Abb. 188a–188d gezeigt wird. Der Abstand vom Gegner, die einzelnen Phasen der Abwehr und Stellung sind wichtig.

Das Vorgleiten bei der Anwendung der umgekehrten vertikalen Schwerthandabwehr gegen einen geraden Stoß zur mittleren Stufe ist in den Abb. 189a–189d vorgeführt. Die Schwerthand trifft hierbei das gegnerische Handgelenk und lenkt den Angriff vom Ziel ab.

Tate shutō uke ist Teil der Kata Heian 3, Bassai Dai und Kankū.

188.

189

Haken-Schwerthandabwehr *Kake Shutō Uke*

Diese Abwehrtechnik verbindet die zupackende und ziehende Bewegung zu einer fließenden, schnellen Technik, mit welcher der Gegner über sein Angriffsziel hinaus zurückgezogen werden kann.

Das anfängliche Üben der hakenförmigen Schwerthandabwehr sollte in der offenen Beinstellung geschehen (Abb. 190a). Die abwehrende Hand wird in einem weiten Halbkreis zur gegenüberliegenden Körperseite bewegt (Abb. 190b). Wenn der abwehrende Arm dann weiter zurückgeschlagen ist, wird die Drehung nach innen beendet, und zwar auf der in Abb. 190c gezeigten Stufe. Der Ellbogen wird gestreckt, und die Schwerthand ist um etwa 60 Grad angewinkelt. Der Daumen steht abgespreizt, die Finger sind stark zusammengepreßt, um eine feste Abwehrfläche zu bilden. Nachdem der Kontakt mit dem gegnerischen Angriffsarm erfolgt ist, wird der Unterarm als Teil der zugreifenden Aktion wieder nach innen gedreht (Abb. 190d). Die abwehrende Hand wird dann etwa um 30 Grad, der Ellbogen um etwa 90 Grad gebeugt. Der gegnerische Arm wird zur Körperseite gezogen und vom Angriffsziel abgelenkt.

Die Anwendung der hakenförmigen Schwerthandabwehr ist in den Abb. 191a–191d vorgeführt. Vergleichen Sie mit vertikalem Schwerthandblock.

Kake shutō uke kommt in der Kata Tekki 2 vor.

190.

191.

Handrückenabwehr *Haishu Uke*

Diese Abwehrtechnik dient zum Schutz der mittleren und oberen Körperpartie.

Die Arme werden vor dem Körper gekreuzt; der Schlagarm holt grundschulmäßig unter der gegenüberliegenden Achselhöhle aus (Abb. 192a). Die Hand ist offen, und die Handfläche zeigt nach unten. Dann wird der abwehrende Arm mit Einsatz der Schultern und des Ellbogens nach außen geschlagen (Abb. 192b–192c). Der Handrücken wird im Moment des Auftreffens wieder so gedreht, daß die abwehrende Fläche nach außen und die Handfläche zur Körpermitte zeigt (Abb. 192d). Die Unterarmdrehung beträgt etwa 90 Grad.

Beim Vergleich dieser Handrückenabwehr mit dem umgekehrten Handrückenblock, wie er in den Abb. 193a–193d gezeigt wird, ist die Rolle des Oberkörpers und das Verhältnis zwischen den Phasen der Abwehr und der Stellung zu beachten. Beide Versionen sollten geübt werden, um die motorischen Fertigkeiten zu verbessern.

192.

193.

Die Abb. 194a–194d zeigen den gleichseitigen Handrückenblock, bei dem die abwehrende Hand unter Einsatz von Schulter und Ellbogen von hinten nach vorne geschlagen wird. Der Arm wird gestreckt und nach außen gedreht. Der andere Arm wird synchron dazu an die Hüfte zurückgezogen, um Gleichgewicht und Stabilität zu gewährleisten.

Die Anwendung dieser Abwehr gegen einen Faustsstoß geschieht durch Vorwärtsgleiten (Abb. 195a–195d). Wie auch bei anderen Abwehrtechniken ist es wichtig, den Angriff abzuwehren, bevor er sich voll entfalten kann. Kombinationen wie diese sollten sorgsam untersucht werden, denn sie dienen dem Verständnis derjenigen Prinzipien, die bei jeder Technik ins Spiel kommen.

Haishu Uke ist Teil von Heian 5 und Bassai Dai.

194.

195.

Handgelenkabwehr *Kakutō Uke*

Diese Abwehrtechnik, bei der die Auftrefffläche die Spitze des angewinkelten Handgelenks darstellt, läßt sich wirksam auf engem Raum einsetzen.

Beim Üben in der offenen Beinstellung kann eine Ausgangsstellung eingenommen werden, bei der beide Arme vor der Brust gekreuzt werden (Abb. 196a–196b). Wenn der Arm gestreckt wird, kann der Ellbogen ganz gerade sein oder – in der Nahdistanz – annähernd gerade. Wenn der abwehrende Arm zur gegenüberliegenden Seite des Körpers geführt wird, zeigt das Handgelenk zum Ziel, und die Hand (Finger zusammen) ist zur Handfläche hin angewinkelt (Abb. 196c–196d). Die Abwehrgeschwindigkeit wird durch die schnappende Bewegung des Armes erzielt. In der Endstellung zeigt die abwehrende Fläche nach außen.

Die Anwendung des *Gyaku kakutō uke* gegen einen Faustangriff wird in den Abb. 197a–197d gezeigt.

a.

197.

b.

c.

d.

a.

b.

c.

d.

196.

Abwehr mit der Hahnenkammhand *Keitō Uke*

Keitō uke wird vorrangig gegen einen Angriff in mittlerer Reichweite angewandt. Aufgrund der speziellen Position des abwehrenden Armes ist diese Technik bei kürzeren oder längeren Distanzen weniger effektiv. Das Üben dieser Abwehr ist auch gut geeignet, die für das Karate so wichtige schnappende Drehbwegung zu entwickeln.

Die Ausführung von *Keitō uke* beginnt damit, daß der abwehrende Arm mit der Handfläche nach unten unter den anderen Arm gebracht wird (Abb. 198a). Eingeleitet wird die Abwehraktion durch Anspannung der Muskeln des Schultergürtels (Abb. 198b). Die Handfläche des abwehrenden Armes zeigt nach unten, bis im letzten Drittel des Bewegungsablaufs eine rasche Drehung die Schnappbewegung erzeugt, wobei die Handfläche nach oben kommt (Abb. 198c–198d). Die Auftrefffläche ist die äußere Kante der Hand.

Der Hahnenkamm-Handgelenkblock in Verbindung mit der Katzenfußstellung ist in den Abb. 199a–199d dargestellt. Diese Übung hilft, Koordination und Gleichgewicht zu verbessern.

Keitō uke ist Teil der Unsu-Kata.

198.

199.

Verstärkte Unterarmabwehr *Morote Uke*

Diese Abwehrtechnik kann entweder gegen Arm- oder Beinangriffe eingesetzt werden. Obwohl sie eine beidhändige Abehr ist, wird nur eine Hand wirklich zur Abwehr gebraucht, während die andere zur Unterstützung dient. *Morote uke* und *Bassai uke* sind wahrscheinlich die stärksten Abwehrtechniken zum Schutz der mittleren Körperstufe.

Bei der Ausführung des verstärkten Unterarmblocks in der offenen Stellung werden die Hände leicht angespannt zur Seite und ein wenig vor den Körper gebracht. Die Faustflächen zeigen nach unten. In den Abb. 200a–200d bildet die rechte Hand den eigentlichen Block; sie bewegt sich als erste in die Endstellung, wobei die abwehrende Hand eine Drehung nach außen beschreibt. Die andere Hand wird dann mit der Handfläche nach oben an die Innenseite des Ellbogens des abwehrenden Armes gebracht. In der Endstellung zeigt die Handfläche der Abwehrhand nach oben; die Abwehrfläche ist die Außenseite des Unterarmes nahe beim Handgelenk.

Der Unterschied zwischen dieser Abwehr und der in der Frontalstellung ist in den Abb. 201a–201c aufgezeigt.

200.

201.

Im Fall der verstärkten Unterarmabwehr gegen einen *Oi chūdan choku-zuki,* wie es die Abb. 202a–202d zeigen, führt die linke Hand die Abwehr aus. Die Aktion startet von der rechten Hüftseite, um die für einen wirksamen Block nötige weite Bewegung der Arme zu ermöglichen. Der Oberkörper ist in gerader Haltung, trotz der Entfaltung der Stellung zur Distanzüberbrückung.

Die Abb. 203a–203d zeigen den *Gyaku morote uke.* Wichtig sind hierbei die Drehung des Oberkörpers und das Vorstoßen von Schulter und Hüfte auf der Seite des abwehrenden Armes. Die aufrechte Haltung des Oberkörpers liefert dabei die maximale Unterstützung.

Morote uke ist Teil von Heian 2, Heian 4 und Jion.

202.

203.

Handinnenkantenabwehr nach außen *Haitō Uke*

Die Auftrefffläche dieser Abwehrtechnik sind Daumen und Zeigefinger. Die Finger sind gerade und der Daumen angewinkelt (siehe Abb. 14a–14b, S. 110). Diese Technik ist in der mittleren Stufe sehr effektiv, aber kann ebenso gegen Angriffe zur oberen und unteren Stufe eingesetzt werden.

Die Abb. 204a–204d zeigen die Anwendung der Innenhandkantenabwehr nach außen in der offenen Stellung. Der Block beginnt mit dem Überkreuzen der Arme vor der Brust, Handflächen unten, und endet mit der abwehrenden Hand in Höhe des Solarplexus (Handfläche oben). Der Oberarm berührt teilweise die Brustseite, der Ellbogen ist um rund 90 Grad gebeugt und steht etwa eine Faustbreite vor dem Körper.

Bei der Kombination des *Haitō uke* mit einem Wechsel von der offenen Stellung in die Frontalstellung wird die Drehung des Oberkörpers kraftvoller (Abb. 205a–205d). Die Konzentration der gesamten Kraft in der Abwehr ist nur durch optimale Anspannung aller beteiligter Muskeln möglich.

Jitte und Bassai Sho sind Kata, in denen *Haitō uke* vorkommt.

204.

205.

Bassai-Abwehr *Bassai Uke*

Diese Abwehr hat ihren Namen von der Kata Bassai Dai erhalten. Sie ist besonders kraftvoll gegen Arm- oder Beinangriffe. Diese Technik ähnelt stark dem verstärkten Unterarmblock (*Morote uke*), ist aber etwas stabiler, weil die Hilfe des anderen Armes die seitliche Bewegung des abwehrenden Unterarmes besser unterstützt.

Die Ausführung des *Bassai uke* in der offenen Beinstellung wird in den Abb. 206a–206d gezeigt. Beide Hände werden von ihrer Position auf der Körperseite von innen nach außen bewegt. Die abwehrende Hand bildet eine Faust und beschreibt eine Drehung nach außen wie im Fall des verstärkten Unterarmblocks. Die Finger der anderen Hand kommen an die Innenseite des Handgelenks des Abwehrarmes. Wenn die nichtblockende Hand zu nahe am Ellbogen liegt, geht die Stabilität verloren.

Die Abb. 207a–207c zeigen den Bassai-Block in Verbindung mit der Vorwärtsstellung. Die Arme werden in einer weiten halbkreisförmigen Bewegung von hinten nach vorne geführt. Wichtig ist dabei die Drehung des Oberkörpers zur Unterstützung der Aktion. Während der ganzen Bewegung müssen die Schultern unten gehalten werden, damit größtmögliche Stabilität des abwehrenden Armes und ein gutes Körpergleichgewicht gewährleistet sind.

Tekki 2 ist eine weitere Kata, in welcher *Bassai uke* vorkommt.

206.

207.

Beidhändiges Auseinanderdrücken *Kakiwake Uke*

Diese Abwehrtechnik stellt den einzigen Block von innen nach außen dar, bei dem beide Arme gleichzeitig eingesetzt werden.

Es gibt hierbei zwei Variationen. Die erste kann dann angwandt werden, wenn der Gegner zuzupacken oder einen Doppelstoß versucht (wie *Heikō-zuki*). Die Ausgangsposition ist die offene Beinstellung (Abb. 208a). Die Arme werden vor dem Körper gekreuzt und berühren sich unter den Handgelenken. Beide Handflächen zeigen zum Gesicht (Abb. 208b). Wenn sich dann beide Arme etwas nach unten und nach außen bewegen, ermöglicht die Einwärtsdrehung der Unterarme die für die Abwehr nötige Drehung. In der Endstellung zeigen beide Handflächen nach unten (Abb. 208c–208d). Abgeblockt wird mit den Unterarmen unterhalb der Handgelenke auf der Kleinfingerseite.

Das beidhändige Auseinanderdrücken in der Frontalstellung (Abb. 209a–209d) ist ident sch mit der Ausführung in der offenen Stellung. Es gibt eine nur geringe Drehung der Hüfte, und die Bewegung der Arme erfolgt gleichzeitig. Die Armdrehung nach außen kommt von den Schultern und den Unterarmen. Diese Varition des *Kakiwake uke* wurde von Meister Funakoshi in die Kata Heian 4, Jion und Gankaku eingeführt.

208.

209.

Die zweite Variation des beidhändigen Auseinanderdrückens wird in den Abb. 210a–210d vorgeführt. In der Ausgangsposition sind die Arme wie bei der ersten Variation gekreuzt, aber die Handflächen zeigen nach vorne. Wenn sich die Arme nach unten und nach vorne bewegen, erzeugt ihre Drehung nach außen im allgemeinen mehr Kraft als die innere Drehung bei der ersten Version. Dies hat seinen Grund in der Struktur der Gelenke und der günstigeren Wirkungsweise der einbezogenen Muskeln. Die Endstellung der Arme – Fäuste etwas zur Außenseite, Ellbogen dicht am Körper – ist umgekehrt wie bei der ersten Variation. Die hauptsächliche Anwendung dieser Abwehrtechnik besteht darin, einen zupackenden Angriff des Gegners zu brechen.

Das Abwehren eines Faustangriffes mit Hilfe des beidhändigen Auseinanderdrückens ist in den Abb. 211a–211c dargestellt. Besonders zu beachten ist dabei die kraftvolle Außendrehung des Unterarmes in der letzten Phase der Abwehr.

Beim beidhändigen Auseinanderdrücken gegen einen Greifversuch, wie ihn die Abb. 211a–211c zeigen, ist die Ausgangsposition der Hände niedriger. Eine derartige Position kann im Moment des Zusammenstoßes mehr Kraft erzeugen, da es von Vorteil ist, den Angriff zu stoppen, bevor dieser sich ganz entfalten kann.

Die Abb. 213a–213c zeigen eine Schrägansicht des beidhändigen Auseinanderdrückens. Die Handflächen zeigen zu Beginn der Aktion nach hinten; sie kommen dann mit der äußeren Drehung des Unterarmes nach unten und vorne. Die Arme werden genau vor den Schultern gekreuzt.

210.

a. b. c. d.

211.

213.

212.

Abwehrtechniken untere Stufe
Gedan Uke

214. *Gyaku* – gegenseitige Form

215. *Oi* – gleichseitige Form

216.

217.

218.

219.

220.

221.

222.

223.

224.

225.

Handflächenabwehr nach unten – *Otoshi teishō uke* (Abb. 216)
Ochsenmaulabwehr nach unten – *Otoshi seiryūtō uke* (Abb. 217)
Kreuzabwehr mit den Fäusten – *Ken juji uke* (Abb. 218)
Doppelte Handwurzelabwehr – *Teishō awase uke* (Abb. 219)
Abwehr nach unten mit dem äußeren Unterarm – *Gaiwan gedan uke* (Abb. 220)
Schwerthandabwehr einwärts – *Uchi shutō uke* (Abb. 221)
Innen-Schaufelabwehr – *Uchi sukui uke* (Abb. 222)
Schaufelabwehr mit beiden Händen – *Morote sukui uke* (Abb. 223)
Abwehr nach unten – *Gedan barai* (Abb. 224)
Außen-Schwerthandabwehr – *Soto shutō uke* (Abb. 225)
Hakenhandgelenkabwehr – *Tekubi kake uke* (Abb. 226)
Außen-Schaufelabwehr – *Soto sukui uke* (Abb. 227)

226.

227.

Abwehrtechniken in der unteren Stufe

Abwehrtechniken gegen Angriffe in die untere Stufe werden entweder mit beiden Händen oder mit einer Hand ausgeführt; sie stellen sehr starke Techniken dar. Ein Grund dafür ist, daß Beinangriffe häufiger gegen die untere Körperpartie gerichtet sind als gegen die mittlere oder obere Stufe.

228.

229.

230.

231.

Handflächenabwehr nach unten – *Otoshi teishō uke* (Abb. 228)
Ochsenmaulabwehr nach unten – *Otoshi seiryūtō uke* (Abb. 229)
Kreuzabwehr mit den Fäusten – *Ken jūji uke* (Abb. 230)
Doppelte Handwurzelabwehr – *Teishō awase uke* (Abb. 231)

Abwehr von oben nach unten

Handflächenabwehr nach unten *Otoshi Teishō Uke*

Diese Abwehr wird hauptsächlich gegen Stoß- und Schlagangriffe angewandt. Wenn sie gegen Tritte eingesetzt wird, so ist eine komplexere Körperverschiebung notwendig. Die *Oi-* und *Gyaku*-Formen sollten in allen Richtungen der grundlegenden und fortgeschrittenen Karategramme geübt werden.

Beim Erlernen der Grundlagen in der offenen Beinstellung wird die abwehrende Handfläche über den Kopf hochgezogen (Abb. 232a–232b) und dann in einer schnellen Bewegung nach unten geschlagen (Abb. 232c–232d). Es gibt dabei eine leichte Innendrehung des Unterarmes am Ende der Abwehr, wobei die Schnappbewegung eingesetzt wird (Handfläche unten).

Die Abb. 233a–233d zeigen den *Otoshi teishō uke* kombiniert mit einem Vorwärtsgleiten, um den Faustangriff zu stoppen. Der gegnerische Arm wird abgewehrt, noch bevor sich der Angriff ganz entfalten kann.

Otoshi teishō uke ist Teil der Kata Empi und Jitte.

232.

233.

Ochsenmaulabwehr nach unten *Otoshi Seiryūtō Uke*

Die Auftrefffläche bei dieser Abwehr ist die Ochsenmaulhand (siehe Abb. 13c, S. 110). Im Moment des Kontakts sollte die Abwehrhand so weit wie möglich angewinkelt sein (Finger gespannt). Dies macht den Block stark und vermindert die Verletzungsgefahr. Angewandt wird diese Abwehrtechnik vorwiegend gegen Stöße und Schläge. Weil *Otoshi seiryūtō uke* neueren Ursprungs ist, erscheint er auch nicht in den durch Meister Funakoshi vorgestellten Kata.

Die Ausführung in der offenen Beinstellung ist in den Abb. 234a–234d gezeigt. Die abwehrende Hand wird zuerst mit gestreckten Fingern über den Kopf gehoben, wobei die Abwehrfläche nach oben zeigt. Dann wird sie schnell und kraftvoll nach unten geschlagen, und die Abwehr endet mit einer schnappenden Bewegung. Der andere Arm startet vor dem Körper und wird dann an die Hüfte zurückgezogen, um den Block zu unterstützen.

Die Abb. 235a–235d zeigen diese Abwehr in Verbindung mit der Rückwärtsstellung. Durch Zurückgehen wird der Abstand geregelt, weil der Gegner einen raschen Angriff nach vorne ausführt. Übungen wie diese sollten ein fester Bestandteil des Karatetrainings sein.

235.

234.

Kreuzabwehr mit den Fäusten *Ken Jūji Uke*

Ken jūji uke ist wahrscheinlich die kraftvollste Abwehrtechnik im Karate und wird am häufigsten gegen Tritte eingesetzt. Bei der gekreuzten Stellung der Arme bilden die Handgelenke die Abwehrflächen. Durch die zusammengehaltenen Arme und die geballten Fäuste bildet dieser Block eine starke Einheit, was die Verletzungsgefahr erheblich vermindert. Die Kreuzabwehr kommt auch in Kata vor.

Geübt wird in der offenen Beinstellung (Abb. 236a). Die Fäuste werden mit den Handflächen nach oben an die Körperseiten gezogen; die Arme sind gebeugt, und die Ellbogen stehen nach hinten (Abb. 236b). Die Arme werden dann nach unten zur Körpermitte gestoßen. In der Endstellung zeigen die Handflächen schräg nach unten (Abb. 236c–236d). Die Unterarmdrehung nach innen beginnt auf halbem Weg und wird im Moment des Auftreffens abgeschlossen. Das rechte Handgelenk wird über dem linken gekreuzt, aber dies ist nicht obligatorisch und kann auch umgekehrt ausgeführt werden.

Bei der Kreuzabwehr, wie sie in den Abb. 237a–237d vorgeführt ist, muß der richtige Zeitpunkt für die Abwehr des Vorwärtsschrittes gewählt werden. Der Aufprallschock wird durch die Hüfte und die Aktion der abwehrenden Arme absorbiert.

Ken jūji uke findet sich in den Kata Heian 5, Gankaku und Jion.

a. b. c. d.

237.

a. b. c. d.

236.

Doppelte Handwurzelabwehr *Teishō Awase Uke*

Diese Abwehrtechnik mit beiden Händen wird hauptsächlich gegen Tritte eingesetzt, obgleich sie nicht so stark ist wie die Kreuzabwehr. Wesentlich für die Effektivität dieser Abwehr ist das Timing: Der Tritt muß abgefangen werden, noch bevor er sich vollständig entfalten kann.

Geübt wird die doppelte Handwurzelabwehr in der offenen Beinstellung. Die Hände werden mit den Handflächen nach oben zu den Körperseiten hochgezogen (Abb. 238a–238b). Aus dieser Ausgangsposition werden dann beide Hände schräg nach unten gestoßen, um den Angriff abzuwehren (Abb. 238c–238d). Anschließend kann man eine Wurf- oder Kontertechnik ausführen.

Die Abb. 239a–239d zeigen die doppelte Handwurzelabwehr aus der Frontalstellung. Beim Vergleich dieser zwei Versionen ist die Haltung des Oberkörpers wie auch die Bewegung der abwehrenden Arme zu beachten. Die Abwehrkraft wird durch die Anspannung der Armmuskeln erzeugt, unterstützt durch die Muskeln des Unterleibs, der Hüfte und des Schultergürtels.

Teishō awase uke ist Teil der Kata Hangetsu.

238.

239.

Abwehr von außen nach innen

Naihō Uke

240. 241. 242. 243.

Abwehr nach unten mit dem äußeren Unterarm – *Gaiwan gedan uke* (Abb. 240)
Schwerthandabwehr einwärts – *Uchi shutō uke* (Abb. 241)
Innen-Schaufelabwehr – *Uchi sukui uke* (Abb. 242)
Schaufelabwehr mit beiden Händen – *Morote sukui uke* (Abb. 243)

Abwehr von außen nach innen

Abwehr nach unten mit dem äußeren Unterarm *Gaiwan Gedan Uke*

Bei dieser Abwehr wird die Daumenseite des Handgelenks und des Unterarms eingesetzt (siehe Abb. 16a–16b, S. 111). Das Studieren dieser Abwehr und der Vergleich mit anderen Techniken ist für das Verstehen der Ausgangsposition der Hand und deren Weg von außen nach innen in die Endstellung lehrreich.

In der Ausgangsposition zeigt die abwehrende Hand mit nach unten weisender Handfläche zur Seite, und zwar in Schulterhöhe (Abb. 244a). Der andere Arm steht leicht angewinkelt vor der Körperseite. Die abwehrende Hand wird dann – mit der Schulter als Drehpunkt – bis zur Körpermittellinie nach unten geführt (Abb. 244b–244c). Charakteristisch ist dabei das plötzliche Abstoppen der Abwehrhand (Abb. 244d).

Die Seitenansicht (Abb. 245a–245d) verdeutlicht die Ausführung dieser Abwehrtechnik in der Frontalstellung. Die Unterschiede hinsichtlich der veränderten Körperposition sollten beachtet werden.

Die Abb. 246a–246d zeigen *Gyaku gaiwan gedan uke,* die Abb. 247a–247d *Oi gaiwan gedan uke.* Bei jeder Technik hat der Abstand zwischen der Ausgangsposition und der Endstellung einen direkten Einfluß auf das endgültige Ergebnis der Bewegung. Dies ist einer der Gründe, warum die Ausgangsposition des abwehrenden Armes entsprechend der Angriffstechnik variiert. Bei einer Aktion auf engem Raum oder gegen Armangriffe startet die abwehrende Hand im allgemeinen auf einer horizontalen Ebene. Wird ein Tritt mit einem Unterarmblock abwärts abgewehrt, wird die abwehrende Hand meist über der horizontalen Stufe in die Ausgangsposition gebracht. Diese beiden Variationen zeigen, was eine starke Abwehrtechnik auszeichnet.

Die Anwendung des gegenseitigen (umgekehrten) Unterarmblocks abwärts gegen einen Vorwärtstritt wird in den Abb. 248a–248d gezeigt. Die Ausgangsposition der abwehrenden Hand hinter dem Körper gibt der Technik aufgrund des langen Weges, den der Arm bis zum Ziel zurücklegt, die nötige Kraft. Beim Abwehren des Trittes kommt voll die Verlagerung des Körpers (scharfer Hüftimpuls) zum Einsatz, um das Auftreffen des Angriffstritts mit voller Kraft zu vermeiden. Der Oberkörper ist während der gesamten Aktion aufrecht.

244.

245.

246.

247.

248.

Schwerthandabwehr einwärts *Uchi Shutō Uke*

Diese Abwehrtechnik ist leicht auszuführen und verwendet als Blockfläche die starke Kleinfingerseite der Hand. *Uchi shutō uke* ist eine besonders nützliche und sehr effektive Abwehr zum Schutz der unteren Körperpartie vor Fußangriffen.

Geübt wird die Schwerthandabwehr einwärts in der offenen Beinstellung. Die Hand wird mit gebeugtem Ellbogen zur Seite geführt, so daß sie mit gestreckten Fingern in Ohrhöhe steht (Abb. 249a–249b). Unter Einsatz der Schulter und des Ellbogens wird dann die abwehrende Hand in einem Bogen nach unten geschlagen (Abb. 249c). Kurz vor dem Auftreffen erfolgt die Streckung und Drehung im Handgelenk von außen zur Körpermitte (Abb. 249d).

Die Abb. 250a–250d zeigen *Uchi shutō uke* zur Abwehr eines Seitwärtstritts. Die möglichst frühzeitig vorgenommene Körperverlagerung ist von äußerster Wichtigkeit, wenn das Angriffsbein abgewehrt und vom Ziel abgelenkt werden soll.

250.

249.

Innen-Schaufelabwehr *Uchi Sukui Uke*

Bei dieser Abwehr wird die offene Hand eingesetzt, um das gegnerische Bein in einer schaufelförmigen Bewegung vom Ziel wegzulenken. Beide Hände befinden sich auf der Seite des nicht-abwehrenden Armes. Der Abwehr kann dann eine Kontertechnik (zum Beispiel ein Wurf) folgen.

Die Ausübung des *Uchi sukuki uke* in der offenen Beinstellung ist in den Abb. 251a–251d dargestellt. Die offene Abwehrhand wird zuerst mit der Handfläche nach oben zum Kopf geführt und dann in einer halbkreisförmigen Bewegung von außen nach innen abwärts geschlagen (zur gegenüberliegenden Seite). Die Handfläche zeigt in der Endstellung nach oben; die andere Hand wird gleichzeitig an die Hüfte gezogen.

Die Abb. 252a–252d zeigen die Schaufelabwehr von außen nach innen aus der Frontalstellung. Die aus der unterschiedlichen Stellung resultierenden Differenzen in den Techniken sollten beachtet werden.

251.

252.

Nachdem die Grundlagen dieser Abwehr erlernt sind, sollte *Uchi sukui uke* in komplexeren Formen praktiziert werden. Die Stellung in den Abb. 253a–253d ist die Frontalstellung. Beide Hände bewegen sich in einem einheitlichen Fluß, und der Rumpf vollführt eine Drehung zur Seite des anderen, nicht-abwehrenden Armes, ohne dabei die Stellung aus dem Gleichgewicht zu bringen.

Die Anwendung der Schaufelabwehr gegen einen Tritt ist in den Abb. 254a–254d dargestellt. Von einer hohen Position aus wird der abwehrende Arm in einer weiten Bewegung gegen das angreifende Bein geschlagen. Ein gutes Timing ist notwendig, um das Hineingehen in den Angriff und das Einnehmen der Stellung zu koordinieren. Wichtig ist dabei auch die Verlagerung des Körpers zur Seite, wenn das Angriffsbein abgefangen und seitwärts abgelenkt wird.

253.

254.

Schaufelabwehr mit beiden Händen *Morote Sukui Uke*

Diese Abwehr basiert, wie der Name sagt, auf der schaufelnden Aktion der beiden gleichzeitig eingesetzten Hände.

Morote sukui uke wird in der offenen Beinstellung (Abb. 255a) geübt. Zuerst werden beide Hände etwas vor dem Körper angehoben (Abb. 255b). Die Handfläche der höherliegenden Hand zeigt nach vorne; der niedrigere Arm ist gebeugt, und die Handfläche zeigt nach unten. Beide Hände werden diagonal nach unten zur gegenüberliegenden Körperseite geführt (Abb. 255c–255d). In der Endstellung zeigen die Handflächen nach oben.

Es gibt zwei Variationen der beidhändigen Schaufelabwehr. Bei der in den Abb. 256a–256d gezeigten Ausführung werden beide Hände annähernd in gleicher Höhe angehoben (Handflächen außen). Die Hände werden dann zusammen nach unten geführt. Die Drehung der Arme ist weniger komplex.

Die zweite Version dieser Abwehrtechnik ist in den Abb. 257a–257d (offene Beinstellung) und den Abb. 258a–258d (Frontalstellung) veranschaulicht. In der offenen Beinstellung wird eine Hand über die Schulter hochgezogen, wobei die Handfläche nach vorne und zur Seite zeigt. Die andere Hand liegt niedriger (Brusthöhe) und mit der Handfläche nach unten. Beide Hände werden dann gleichzeitig nach vorne geführt. Die Abwärtsbewegung der höher stehenden Hand erzeugt einen drehähnlichen Effekt, während der untere Arm nach außen dreht. Die Drehung ist komplex.

Die Abb. 259a–259c zeigen die Schaufelabwehr mit beiden Händen in Anwendung gegen einen Vorwärtstritt. Das Wesentliche bei der Anwendung dieser Technik, um einen Tritt wegzufegen oder anderweitig zu neutralisieren, liegt in der bezeichnenden Körperverschiebung, wodurch es möglich wird, den Gegner aus dem Gleichgewicht zu bringen und ihn von einem weiteren Angriff abzuhalten. Dies ist der ideale Zeitpunkt für einen Gegenangriff.

Morote sukui uke ist in den Abb. 257a–257d vorgeführt und kommt in der Nijūshihō-Kata vor.

a. b. c. d.

255.

a. b. c. d.

256.

257.

258.

259.

Abwehr-
techniken von
innen nach außen

Gaihō Uke

260.

261.

262.

263.

Abwehr nach unten – *Gedan barai* (Abb. 260)
Außen-Schwerthandabwehr – *Soto shutō uke* (Abb. 261)
Hakenhandgelenkabwehr – *Tekubi kake uke* (Abb. 262)
Außen-Schaufelabwehr – *Soto sukui uke* (Abb. 263)

Abwehr von innen nach außen

Abwehr nach unten *Gedan Barai*

Die Abwehrfläche bei dieser Technik ist der äußere knochige Rand des Handgelenks und des Unterarms. *Gedan barai* ist eine Abwehrtechnik, die in den Kata am häufigsten zu finden ist. Anfänger lernen sie in der ersten Kata, Heian 1, und sie erscheint auch in zahlreichen der fortgeschrittenen Kata.

Zuerst wird die Abwehr nach unten in der offenen Beinstellung geübt (Abb. 264). Die abwehrende Hand holt mit der Faustfläche am gegenüberliegenden Ohr aus, und der andere Arm wird locker nach unten ausgestreckt (Abb. 264b). Dann wird mit einer schnappenden Drehung aus dem Ellbogen der Unterarm nach außen und unten geführt. Wichtig dabei ist die Auswärtsdrehung des Handgelenks (Abb. 264c–264d). Diese Bewegung wird durch das Zurückziehen des anderen Armes (Faust zur Hüfte) ausbalanciert.

Beim umgekehrten Abwärtsblock aus der Frontalstellung, wie ihn die Abb. 265a–265d zeigen, sollte die deutliche Drehung des Oberkörpers beachtet werden.

Die Abb. 266a–266d zeigen den gleichseitigen Abwärtsblock in der Frontalstellung. Der abwehrende Arm wird in der Ausgangsposition gebeugt, dann nach vorne und unten geführt und steht in der Endstellung gerade. Der Bewegungsfluß des Armes und die Hüftdrehung spielen eine wichtige Rolle bei dieser Abwehr. Das Zurückreißen des anderen Armes gibt dem Block die nötige Unterstützung und stabilisiert die eingesetzten Muskeln.

264.

265.

266

Der umgekehrte Abwärtsblock ist in den Abb. 267a–267d vorgeführt. Einer der wichtigsten Unterschiede ist die größere Rumpfdrehung. Damit die Abwehrhand eine maximale Reichweite erhält, müssen Schulter und Rumpf auf dieser Körperseite gut nach vorne gedreht sein.

In den Abb. 268a–268d wird *Oi gedan barai* gegen einen *Oi choku-zuki,* der gegen die untere Körperpartie gezielt ist, eingesetzt. Gewechselt wird dabei in die Frontalstellung. Der Oberkörper ist in aufrechter Haltung.

Wie eine Trittechnik durch einen *Gyaku gedan barai* gestoppt wird, ist in den Abb. 269a–269d gezeigt. Wesentlich für die Effektivität in dieser Situation ist die seitliche Körperverschiebung.

Zur Abwehr eines Tritts kann der Block entweder gegen die Innen- oder Außenseite der Wade gerichtet sein. Der Knochen der Wadeninnenseite (*Tibia*) ist hart und stark, liegt aber dicht unter der Haut und hat zahlreiche schmerzempfindliche Stellen. Wenn der Gegner einen Vorwärtstritt anwendet, ist es schwierig, ihn aus dem Gleichgewicht zu bringen, weil er seine Stabilität halten kann, indem er sein Bein zur Seite bewegt. Gleichwohl kann dieser Block aufgrund des scharfen Schmerzgefühls wirksam sein, wenn die *Tibia* vom abwehrenden Arm getroffen wird. Ebenso wird das Gleichgewicht des Angreifers gestört.

Die Außenseite der Wade ist von Muskeln bedeckt und deshalb weniger schmerzempfindlich. Wenn aber das tretende Bein von außen nach innen weggestoßen wird, kann es sich ohne Gleichgewichtsverlust des Oberkörpers nicht mehr weiterbewegen.

267.

a. b. c. d.

268.

269.

Außen-Schwerthandabwehr *Soto Shutō Uke*

Die Stärke der abwehrenden Fläche beim *Soto shutō uke* ist ein Grund dafür, warum diese Abwehrtechnik gerade zerstörerisch zur Wirkung kommt. Sie ist geeignet zum Schutz der unteren Körperpartie der mittleren und oberen Stufe. Ist ein zufriedenstellender Fertigkeitsgrad erreicht, sollte die Schwerthandabwehr im Rahmen anderer Kombinationen trainiert werden.

In der offenen Beinstellung holt der Abwehrarm über der gegenüberliegenden Schulter aus, wobei die offene Handfläche zum Ohr zeigt (Abb. 270a–270b). Die andere Hand steht vor dem Körper. Die abwehrende Hand wird dann von oben nach unten geschlagen (Abb. 270c). Der Ellbogen dient als Drehpunkt für die ganze Bewegung. Das Schnappen wird hauptsächlich durch das Durchstrecken des abwehrenden Armes bewirkt. In der letzten Phase dieser Abwehr ist die innere Drehung des Unterarmes wichtig (Abb. 270d).

Die Abb. 271a–271d verdeutlichen die Anwendung der Außen-Schwerthandabwehr gegen einen Seitwärtstritt. Eine genaue Beobachtung des Angriffsbeines ist hierbei notwendig, um die Abwehr auf den Angriff abzustimmen. Wichtig ist hierbei das Gleiten in die Rückwärtsstellung bei gleichzeitigem Abwehren des Trittes.

Soto shutō uke kommt in Gankaku, Kankū Dai und Kankū Sho vor.

270.

271.

Hakenhandgelenkabwehr *Tekubi Kake Uke*

Diese Abwehr ist eine der weniger verwendeten Techniken. Das Üben ist jedoch aufgrund seines konditionellen Wertes und der Entwicklung von allseitigen Fertigkeiten wichtig.

Das Einüben dieser Abwehr erfolgt in der offenen Beinstellung (Abb. 272a). Die abwehrende Hand wird auf die gegenüberliegende Körperseite gebracht; die Finger sind ausgestreckt, und die Handfläche zeigt nach unten (Abb. 272b). In der Schlußphase wird der abwehrende Arm gestreckt, der Unterarm nach außen gedreht, und die Hand ist so weit wie nur möglich nach hinten abgewinkelt (Abb. 272c–272d).

Tekubi kake uke in Verbindung mit einem Wechsel von der offenen Beinstellung in die Rückwärtsstellung ist in den Abb. 273a–273d zu sehen. Der Ellbogen ist gerade, und die abwehrende Hand um etwa 70 bis 80 Grad abgewinkelt.

272.

273.

Außen-Schaufelabwehr *Soto Sukui Uke*

Diese Abwehrtechnik wird hauptsächlich gegen Tritte eingesetzt und ist dann sehr effektiv, wenn der Tritt direkt gegen die Körpermitte gerichtet ist.

Beim Einüben der Schaufelabwehr in der offenen Beinstellung holt die abwehrende Hand auf der gegenüberliegenden Schulterseite aus (Abb. 274a–274b). Die Handfläche zeigt nach hinten. Wenn dann die abwehrende Hand nach unten geschlagen wird, wird der Arm gestreckt, und der Unterarm macht eine Drehung nach innen (Abb. 274c). In der Endstellung zeigt die Handfläche des Abwehrarmes nach oben (Abb. 274d).

In den Abb. 275a–275d wird ein Tritt mit dem *Soto sukui uke* abgewehrt. Die Körperverlagerung ist stark und für die gelungene Ausführung dieser Abwehr von höchster Wichtigkeit. Alternativ dazu ist auch ein Ausweichen zur Seite möglich, um den Tritt abzuwehren.

274.

275.

IV

BEINTECHNIKEN

8. Trittechniken

Definition

Neben den Händen sind im Karate auch die Beine wichtige und wirksame Waffen gegen ein ausgewähltes Ziel in einer der vier Körperstufen. Die Trittfläche ist der Fuß (auch das Knie), und Tritte können entweder als Abwehr- oder Angriffstechniken eingesetzt werden.

Der Gebrauch der Beine ist in der Selbstverteidigung nicht unüblich. Die vielfältige Anwendung von Beintechniken im Karate stellt jedoch einen der wesentlichen Unterschiede zu anderen Kampf- und Kontaktsportarten dar, die in der westlichen Welt bekannt sind. Ein gut trainierter Karatesportler vermag 16 Grundtritte auszuführen, und weitere Fußtechniken können im Rahmen von sportlichen Wettkämpfen beobachtet werden.

Beintechniken sind äußerst kraftvoll und von großer Reichweite; die enorme Kraft von Tritten, die durch die großen Beinmuskeln erzeugt wird, macht sie auch in anderen Kampfsportarten und Selbstverteidigungsfertigkeiten populär. Infolge des Einbezugs der großen Muskelgruppen wird das kardiorespiratorische System (Herz/Atmung) sehr gut angeregt, und der konditionelle Wert ist groß.

Die Muskelkontraktion bei Beintechniken beginnt mit den Bauchmuskeln, auf welche die Muskelgruppen des Beines und weiter die des Oberkörpers folgen. Diese Reihenfolge ist nicht nur für die Kraftentfaltung wichtig, sondern auch für Gleichgewicht und Stabilität. Ob ein Tritt während einer Vorwärtsbewegung oder aus einer Standposition ausgeführt wird, die Abfolge der Muskelkontraktion ist dieselbe.

Die beim Treten einbezogenen individuellen Muskeln und die Muskelgruppen sind in den Abb. 1 (Vorderansicht) und 2 (Rückansicht) zu sehen. Verallgemeinert und stark vereinfacht läßt sich sagen, daß die Muskeln vorn im Bein

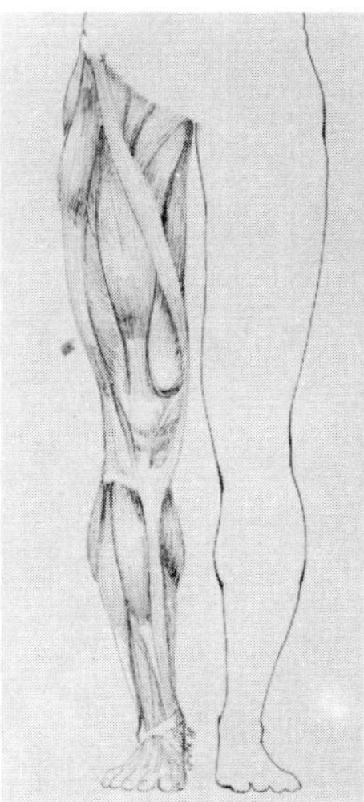

Vorderansicht

sich während der Vorwärtsbewegung des Trittes zusammenziehen und die Muskeln hinten im Bein während der Aktion des Zurückziehens vom Ziel angeregt werden.

Die Position des unteren Beines und der Beugungsgrad des Fußknöchels sind wichtige Faktoren für den Bewegungsfluß bei Trittechniken.

Der richtige Gebrauch der unteren Gliedmaßen erfordert einen großen Flexibilitätsgrad wie auch Schnelligkeit und Ausdauer. Wie auch bei anderen Grundfertigkeiten sollte das Üben der Grundtechniken mit dem Bein in drei Stufen erfolgen. Die erste Stufe enthält das Erlernen der einzelen Bewegungen des Trittes. In der zweiten Stufe wird mit dem Üben unter Anwendung der Karategramme der grundlegenden Richtungen fortgefahren. Das dritte Stadium umfaßt die Anwendung der Karategramme der fortgeschrittenen Richtungen und schließt komplexe Bewegungen ein.

Aufwärm- und Dehnungsübungen sind wichtig: Sie bereiten den Körper für schwierige Übungen vor und vermindern die Verletzungsgefahr.

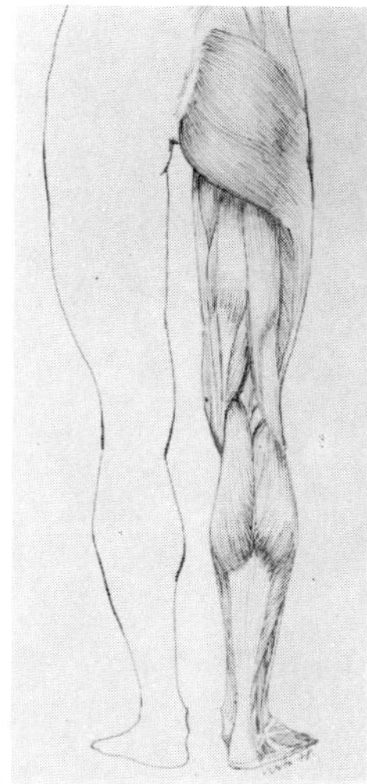

Rückenansicht

Zielbereich

Tritte werden in vielen Richtungen angewandt. Ziele können von einer beliebigen Richtung aus erreicht werden und umfassen alle Stufen (Kopf bis Fuß).

Die einzigen Tritte, die ausschließlich auf eine Körperstufe gerichtet werden, sind der seitliche Stechtritt (*Fumikiri-geri*) und der Stampftritt (*Fumikomi-geri*), deren Ziel die untere Beinpartie (*Hiza shita*) ist. Andere Techniken, wie etwa

Beintechniken – *Keri Waza*

Gruppe		
Vorwärtstritte – *Zenpō-geri*	**Seitwärtstritte – *Sokumen-geri***	**Rückwärtstritte – *Kōhō-geri***
Gerader Tritt nach vorne	Seitwärtsschnapptritt	Gerader Rückwärtstritt
Mae-geri kekomi	*Yoko-geri keage*	*Ushiro-geri kekomi*
Schnapptritt nach vorne	Gerader Seitwärtstritt	Rückwärtsschnapptritt
Mae-geri keage	*Yoko-geri kekomi*	*Ushiro-geri keage*
Halbmondtritt	Seitlicher Stechtritt	Halbkreistritt nach hinten
Mikazuki-geri	*Fumikiri-geri*	*Ushiro mawashi-geri*
Halbkreistritt	Stampftritt	
Mawashi-geri	*Fumikomi-geri*	
Umgekehrter Halbkreistritt	Halbkreistritt zur Seite	
Gyaku mawashi-geri	*Yoko mawashi-geri*	
Knietritt nach vorne		
Mae shittsui-geri		
Halbkreisknietritt		
Mawashi shittsui-geri		
Umgekehrter Halbkreisknietritt		
Gyaku mawashi shittsui-geri		

Knietritte (*Shittsui-geri*) sind Angriffe zur oberen, mittleren oder unteren Körperstufe. Bei den Vorwärts-, Halbkreis- und Rückwärtstritten (*Mae-geri, Mawashi-geri* und *Ushiro-geri*) kann das Ziel in Abhängigkeit von der Bewegungsreichweite durch die Hüftaktion variieren, die wiederum vom Grad der Fertigkeit und Flexibilität des einzelnen Karateka abhängt. In diesem Fall läßt sich sagen, daß die Reichweite der Bewegung den Angriff bestimmt.

Einteilung

Die Grundlage für die Unterscheidung der Beintechniken in drei Kategorien – vorwärts, zur Seite und rückwärts – liefert die Richtung, in der ein Tritt am wirkungsvollsten ausgeführt werden kann.

Fuß und Knie

Wenn der Fuß zum Angriff gegen ein Ziel eingesetzt wird, kann die zu verarbeitende Auftreffwucht außerordentlich groß sein. Der Fuß kann jedoch durch häufiges Üben trainiert werden. Die Verletzungshäufigkeit bei fortgeschrittenen Karateka ist deshalb weitaus geringer, als man erwartet. Fuß und Knie sind die Teile des Beines, die bei Trittechniken eingesetzt werden.

Spann *Haisoku*

Beim Angriff mit einem Halbkreistritt zur Körperseite, zum Kopf oder Rumpf kommt der Spann zum Einsatz, ebenso auch beim Vorwärtstritt, wenn die Leistengegend das Ziel darstellt (Abb. 3a–3b).

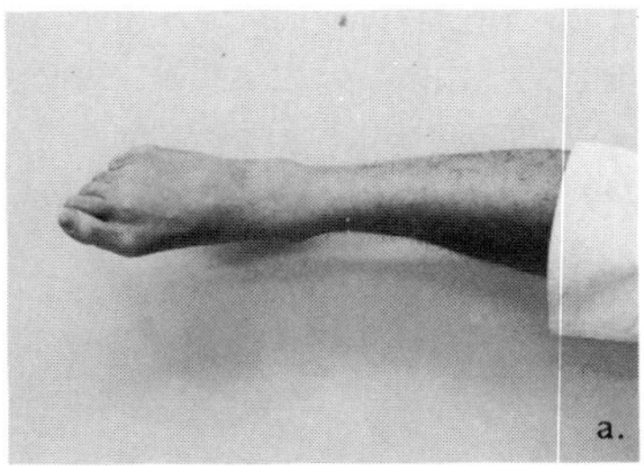
a.

3.

b.

Fersenrücken *Ushiro Kakato*

Der Fersenrücken wird beim Halbkreistritt gegen Ziele wie Kopf und Solarplexus gerichtet. Diese Auftrefffläche wird auch bei Fußfegetechniken angewandt (Kap. 9) (Abb. 4a–4b).

a.

4.

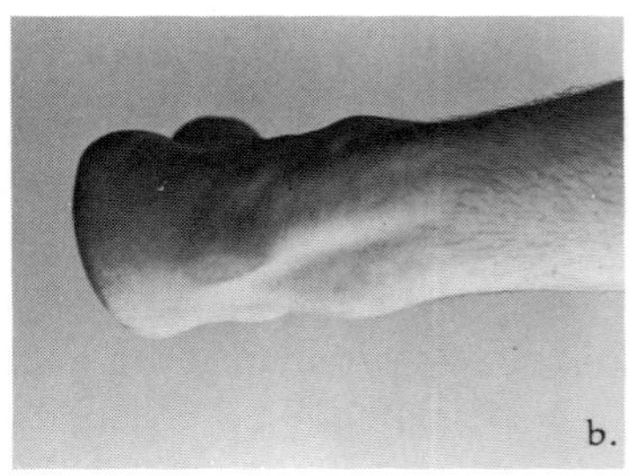
b.

Fersensohle *Kakato*

Die hauptsächliche Anwendung der Fersensohle erfolgt im geraden Vorwärts- und Rückwärtstritt, aber manchmal auch als Trittfläche bei Stampftritten (Abb. 5a–5b).

5.

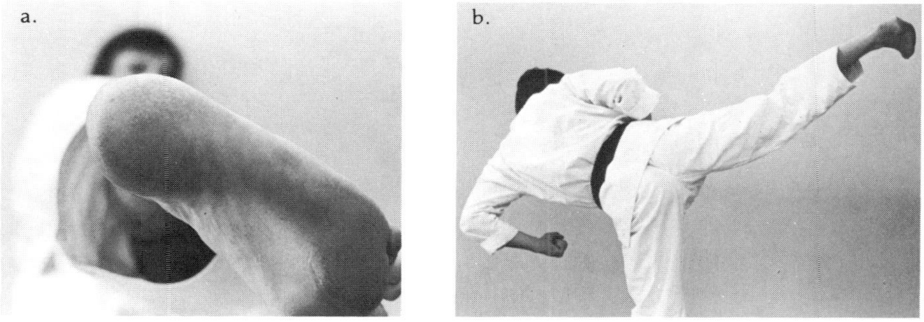

a. b.

Knie *Shittsui*

Das Knie wird auf engem Raum als Angriffswaffe eingesetzt. Die Kniescheibe (*Hizagashira*; *Patella*) sollte dabei als Schlagfläche gebraucht werden. Die Unterleibspartie ist das allgemeine Ziel (Abb. 6a–6b).

6.

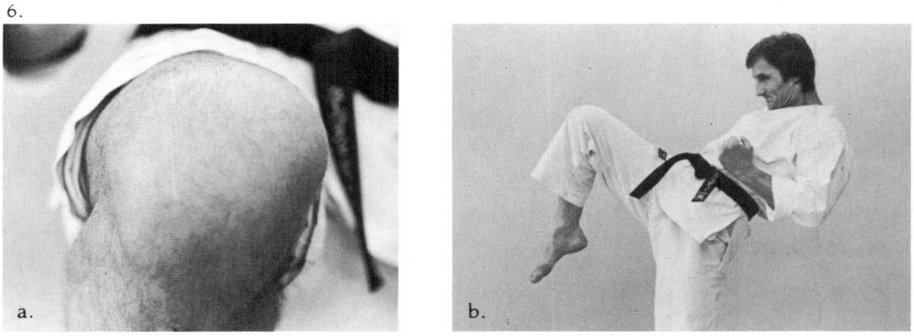

a. b.

Fußballen *Koshi*

Verschiedene Tritte aller drei Kategorien verwenden den Ballen des Fußes. Um Verletzungen zu vermeiden, sollten die Zehen bei Einsatz des Fußballens angezogen sein: Auftreffen mit den Zehen kann bei einem stärkeren Stoß sehr schmerzhafte Folgen haben. Ziel ist zumeist eine weiche Körperpartie.

7.

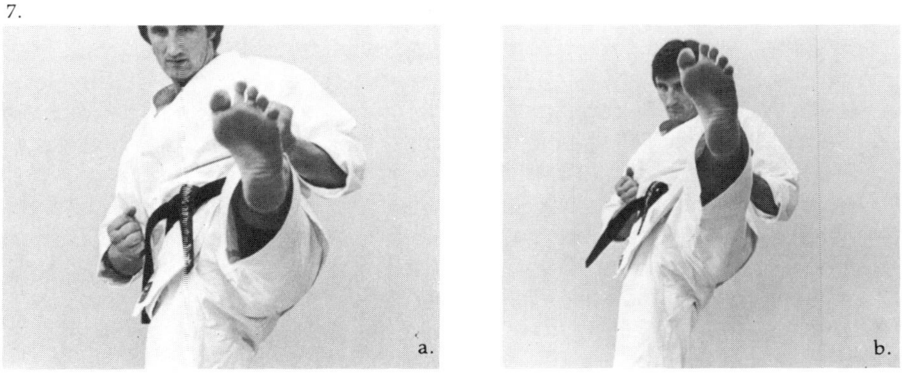

a. b.

Schwertfuß *Sokuto*
Fußsohle *Teisoku*

Die Außenkante der Ferse (Schwertfuß, Abb. 8a) und die Fußsohle (Abb. 8b) werden oft bei Vorwärts-, Seitwärts- und Rückwärtstritten eingesetzt. Um diese Flächen wirksam zu gebrauchen, muß der Fußknöchel stabilisiert werden (Abb. 8c).

8.

a. b. c.

Vorwärtstritte

Bei Vorwärtstritten sind vier Punkte zu beachten.

1. Die Richtung, in der Vorwärtstritte ausgeführt werden, ist gerade oder beinahe gerade (nach vorne). Dies macht sie sehr für Angriffe geeignet, während man vorgeht und in die Abwehr des Gegners eindringt.
2. Diese Tritte sind relativ leicht auszuführen, weil die Vorwärtsbewegung wie beim Gehen eine natürliche ist. Das Körpergleichgewicht ist leicht zu halten, deshalb sind diese Tritte besonders für Anfänger geeignet. Deshalb bilden sie einen ersten Schritt beim Erlernen von Karatetechniken.
3. Die Trittfläche ist entweder der Fuß oder das Knie.
4. Die Hüfte auf der Seite des tretenden Beines wird in einer geraden Linie nach vorne gestoßen, wie beim geraden Vorwärtstritt oder Schnapptritt, oder sie bewegt sich in einer weiten halbkreisförmigen Bewegung, wie beim Halbkreistritt. Weil diese Bewegung sowohl die technischen Merkmale als auch die Kraftentfaltung des Trittes betrifft, sollte sie schon früh im Training entsprechend betont und beachtet werden.

Bei Vorwärtstritten wird der Fuß weniger häufig zum Oberkörper und zur mittleren Körperpartie als zur unteren Körperpartie oder zur unteren Beinregion gerichtet. Das Hauptziel von Knietritten ist die untere Körperstufe.

Die acht Vorwärtstritte und die entsprechenden Fachausdrücke sind in den Abb. 9–16 wiedergegeben. Als erstes wird das Ziel bezeichnet, dann der Tritt, gefolgt von der Richtung, in der er ausgeführt wird.

Vorwärtstritte – *Zenpō-geri*

Zielbereich

9.

10.

11.

12.

13.

14.

15.

16.

Karategramme der Grund- und fortgeschrittenen Richtungen

Gerader Tritt nach vorne – *Mae-geri kekomi* (Abb. 9)
Schnapptritt nach vorne – *Mae-geri keage* (Abb. 10)
Halbmondtritt – *Mikazuki-geri* (Abb. 11)
Halbkreistritt – *Mawashi-geri* (Abb. 12)
Umgekehrter Halbkreistritt – *Gyaku mawashi-geri* (Abb. 13)
Knietritt nach vorne – *Mae shittsui-geri* (Abb. 14)
Halbkreisknietritt – *Mawashi shittsui-geri* (Abb. 15)
Umgekehrter Halbkreisknietritt – *Gyaku mawashi shittsui-geri* (Abb. 16)

Gerader Tritt nach vorne *Mae-geri Kekomi*

Bei dieser Technik wird das Bein direkt nach vorne gestoßen. Das Ziel wird möglichst in einem Winkel von 90 Grad getroffen und ist meist die mittlere oder untere Körperstufe – Solarplexus, Unterleib oder Leistengegend. Der Stoß erfolgt mit dem Ballen oder der Ferse.

Die Kraft dieses Trittes wird durch die großen Muskelgruppen des Beines erzeugt. Trotzdem ist der gerade Fußtritt nach vorne weniger oft zu sehen, als zu erwarten wäre, weil in der Endstellung der tretende Fuß für einen Augenblick stehen bleibt und der Gegner das Bein ergreifen kann, wenn der Tritt sein Ziel verfehlt. Daher sollte der Fuß auch nach dem Stoß schnell wieder zurückgerissen werden.

Aus der Grundstellung (*Heisoku-dachi*) wird zuerst das gebeugte Knie energisch hochgerissen: Es muß in Zielrichtung zeigen (Abb. 17a–17b). Dann schnappt sofort der Unterschenkel aus dem Streckimpuls direkt nach vorne zum Ziel (Abb. 17c–17d). Der Oberkörper spielt dabei eine aktive Rolle bei der Unterstützung des Trittes (wichtig: das direkte Hineinwerfen der Hüfte). Auftreffpunkt ist der Fußballen, wobei die Zehen stark nach oben gebogen werden. Das Ziel des *Chūdan mae-geri kekomi* ist die mittlere Körperstufe. Wenn die untere Stufe angezielt wird (*Gedan*), sollte das Knie in einer niedrigeren Position als der in Abb. 17b gezeigten gehalten werden.

17. a. b. c. d.

In der Seitenansicht des geraden Tritts nach vorne (Abb. 18a–18d) ist der Hacken der Auftreffpunkt. Die Höhe des Knies wie auch dessen Position zum Ziel sollte beachtet werden. Die Fußsohle des Standbeines sollte mit der ganzen Fläche am Boden bleiben.

Bei dem in den Abb. 19a–19d gezeigten *Chūdan mae-geri kekomi* hat die Technik infolge des Vorwärtsgehens während der Ausführung eine größere Reichweite. Auch hierbei kommt dem Oberkörper eine bedeutende Rolle zu, und die Kraftübertragung durch den Hüfteinsatz ist offensichtlich. Das rasche Zurückziehen des Fußes nach dem Stoß sollte zur Selbstverständlichkeit werden, wie auch die Wahrung des Gleichgewichts.

Mae-geri kekomi ist Teil der Unsu-Kata.

18.

19.

Schnapptritt nach vorne *Mae-geri Keage*

Der Schnapptritt mit dem Fußballen als Auftreffpunkt wird zunächst in *Heisoku-dachi* (Füße zusammen), später in *Zenkutsu-dachi* geübt. Ziel der Angriffe kann die untere, mittlere oder obere Körperpartie sein.

Trifft der Fußballen in der unteren Stufe auf, müssen die Zehen in einem Winkel von etwa 20 Grad zum Fußrücken hin angezogen sein (Rückbeugung). Vorwärtstritte zur mittleren Stufe erfordern einen größeren Beugungsgrad (etwa 45 Grad). Angriffe zum Kopf (hauptsächlich zum Kinn) mit dem Fußballen bedürfen einer Beugung von etwa 70 bis 80 Grad. Die Beugung der Hüfte ist von der Höhe des Ziels abhängig.

Um die Komponenten des Schnapptritts nach vorne zur oberen Stufe zu erlernen, sollte zuerst in *Heisoku-dachi* geübt werden (Verringerung der Gleichgewichtsprobleme). Das Bein wird mit dem Knie so hoch wie möglich angezogen; das Knie des Standbeines ist dabei leicht gebeugt. Das Knie des hochgezogenen gebeugten Beines hat einen maximalen Beugungswinkel, die Zehen sind zum Fußrücken hin angezogen (Abb. 20a). Nun läßt man den Unterschenkel des angezogenen Beines nach vorne und oben schnappen. Dabei dient das Knie als Drehpunkt, verbunden mit dem Hüftstoß nach vorne (Abb. 20b–20c). In der Endphase ist das Bein gestreckt. Der angezogene Oberschenkel bestimmt die Höhe des Fußstoßes (Abb. 20d). Die Sohle des Standbeines muß während der ganzen Bewegung fest am Boden bleiben.

Eine gute Trittechnik ist nur dann möglich, wenn der Körper als geschlossene Einheit reagiert. Die wechselseitige Ergänzung des Rumpfes und der unteren Gliedmaßen beginnt in der ersten Phase des Trittes (Abb. 20a) mit der Kontraktion der vorderen und seitlichen Bauchmuskulatur sowie der tiefen Bauchmuskeln. Wenn sich die unteren Bauchmuskeln zusammenziehen, wird die Verbindung mit den seitlichen und hinteren Rumpfmuskeln, den vorderen Brustmuskeln sowie den Beuge- und Streckmuskeln des Beines hergestellt.

20.

Die Abb. 21a–21d zeigen *Jōdan mae-geri keage* in der Grundform aus *Heisoku-dachi* (Füße zusammen). Wenn das tretende Bein hochgezogen wird, zeigen Knie und Fußballen in Zielrichtung. Bei Beginn des Trittes steht der Oberkörper direkt über dem Standbein. Aus dem Streckimpuls des Standbeines schnappt dann der Unterschenkel unter Einsatz des Hüftimpulses nach vorne zum Ziel.

Derselbe Tritt mit dem hinteren Bein aus *Zenkutsu-dachi* ist in den Abb. 22a–22d dargestellt. Das Knie zeigt in der ersten Phase in Zielrichtung und der Oberschenkel parallel zum Boden. In der nächsten Phase bestimmt dann der angezogene Oberschenkel die Zielhöhe des Fußstoßes. Nun wird scharf aus dem Kniegelenk schnappend mit dem Fußballen nach oben zum Ziel gestoßen. Wenn der Oberkörper der Vorwärtsbewegung folgt, wird der Schwerpunkt in Trittrichtung verlagert.

21.

22.

Bei der Anwendung des nach vorne schnappenden Fußschlages in den Abb. 23a–23d muß der Abstand zum Gegner durch die Vorwärtsbewegung geschlossen werden, so daß das hintere Bein den Tritt ausführt. Der Aufwärtsschlag des tretenden Beines zum Kopf des Gegners muß dabei sehr schnell erfolgen. Dann muß das Bein sofort wieder an den Körper zurückgeschnappt werden, damit der Gegner keine Gelegenheit zum Kontern hat. Auftreffpunkt ist der Fußballen, die Zehen müssen stark nach oben gebogen werden.

Die Abb. 24a–24d zeigen *Chūdan mae-geri keage.* Dabei wird die Hüfte des tretenden Beines scharf nach vorne gestoßen. Nach dem Zurückführen des Beines wird die Hüfte zurückgenommen. Der Oberkörper bewegt sich nach vorne. Die Verschiebung des Körperschwerpunktes hängt von der Entfernung zum Gegner ab.

Mae-geri keage kommt in den Kata Heian 2, Heian 4, Hangetsu, Jion, Kankū Dai und Kankū Sho vor.

23.

24.

Halbmondtritt *Mikazuki-geri*

Beim *Mikazuki-geri* und bei vier der fünf übrigen Vorwärtstritte wird mit Fußsohle oder Ferse bei senkrecht gehaltenem Fuß halbkreisförmig nach vorne oder zur Seite des Körpers geschlagen. Ausnahme: der Knietritt nach vorne.

25.

26.

27.

28.

29.

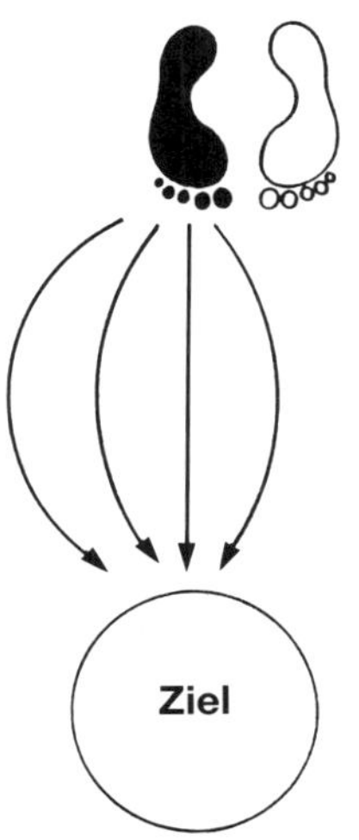

Ein Vergleich der Einleitungsbewegung des Halbmond-, Halbkreis- und umgekehrten Halbkreistrittes mit dem geraden Vorwärtstritt oder dem Schnapptritt in den Abb. 25–29b zeigt wesentliche Unterschiede in der Position des tretenden Beines und Knies sowie im Verlauf des Trittes.

1. *Mae-geri*. Der Weg des geraden Tritts nach vorne ist eine gerade Linie – die kürzeste Distanz – direkt nach vorne zum Ziel. Der angezogene Unterschenkel steht gerade und bildet einen 0-Grad-Winkel mit der Körpermittellinie (Abb. 28a–28b).

2. *Mikazuki-geri*. Der Halbmondtritt besteht aus einer einwärtsgerichteten Bewegung nach vorne, wobei der tretende Fuß von einer etwas außen liegenden Position kommt. Diese äußere Haltung des Unterschenkels ist bekannt als Abduktion (Wegbewegung von der Mittellinie). Im Fall des Halbmondtrittes beträgt der Winkel etwa 30 bis 35 Grad. Dies wird durch die Einwärtsdrehung des Oberschenkels ermöglicht (Abb. 27a–27b).

3. *Mawashi-geri*. Der Halbkreistritt erfolgt in Form einer weiten halbkreisförmigen Bewegung von außen nach innen. Die Einwärtsdrehung des Oberschenkels bringt den Unterschenkel so nach außen, daß ein Winkel von etwa 80 Grad mit der Mittellinie des Körpers gebildet wird (Abb. 26a–26b).

4. *Gyaku mawashi-geri*. Der umgekehrte Halbkreistritt wird nicht nach innen getreten, sondern nach außen. Aufgrund der anatomischen Begrenzungen der Hüftgelenke ist die halbkreisförmige Bewegung nicht so groß wie beim normalen Halbkreistritt. Die einleitende Drehung des Oberschenkels erfolgt nach außen, wobei der Unterschenkel nach innen an das Standbein gebracht wird. Diese Aktion wird als Adduktion (Hinbewegung zur Mittellinie) bezeichnet (Winkel ist negativ). Der durch den angezogenen Unterschenkel gebildete Winkel beträgt etwa 45 Grad (Abb. 29a–29b).

Der Halbmondtritt erscheint schon 1935 in Kata (*Karate-dō Kyōhan*, Heian 5). Es ist möglich, daß die bogenförmige Beinbewegung beim Halbmondtritt die Grundlage für die Entwicklung des Halbkreisfußtrittes gewesen ist.

Die Ausführung des Halbmondtrittes aus der Grundstellung (Füße zusammen) erfolgt durch Hochreißen des tretenden Beines und Anwinkeln der Unterschenkel um etwa 30 bis 35 Grad (Abb. 30a–30b). Das Knie des Trittbeines zeigt dabei in Zielrichtung. Dann vollführt der Fuß eine halbkreisförmige Bewegung und trifft das Ziel annäherungsweise in einem Winkel von 45 Grad (Abb. 30c–30d). Getreten wird mit dem Fußballen zum Solarplexus oder zur Seite des Kopfes. Wird die Leistengegend angegriffen, so kann der Spann eingesetzt werden.

30.

Die Anwendung des Halbmondtrittes zur Kopfseite des Gegners ist in den Abb. 31a–31d gezeigt. Das Vorwärtsgleiten dient zur Überbrückung des Abstandes und bringt das tretende Bein in eine günstige Position. Die halbkreisförmige Schnappbewegung des Fußes erfolgt zur Körperseite des Gegners. Der Oberkörper sollte so gerade wie nur möglich gehalten werden und die Fußsohle fest am Boden bleiben. In der Endphase des Trittes wird die Hüfte nach vorne gestoßen und das tretende Bein voll gestreckt.

Die Abb. 32a–32d zeigen den *Mikazuki-geri* unter Anwendung des Fußballens gegen die Kieferseite des Gegners: Dies erfordert eine Einwärtsdrehung des tretenden Beines, wenn diese Drehung auch geringer ist als beim Halbkreisfußtritt. Das Standbein bleibt auf derselben Stelle, kann aber eine leichte Drehung nach außen aufweisen.

31.

32.

Halbkreistritt *Mawashi-geri*

Dieser Fußtritt hat seinen Namen aufgrund der weiten halbkreisförmigen Bewegung des tretenden Beines. Diese kreisförmige Bewegung dient zum Umgehen eines Hindernisses, wie z. B. des abwehrenden Armes des Gegners.

Getroffen wird beim *Mawashi-geri* mit dem Fußballen oder Spann. Die Zehen sind hochgebogen, der Fuß scharf zum Schienbein hin angewinkelt. Wird der Spann eingesetzt, so ist der Fuß mehr ausgestreckt.

Es wird angenommen, daß der Halbkreistritt infolge seines Fehlens in den Kata neueren Ursprungs ist; gleichwohl wird er in *Karate-dō Kyōhan* erörtert. Spätere Texte beschreiben ihn detaillierter und heben die bogenförmige Bewegung des Beines hervor.

Geübt werden kann der Halbkreistritt aus *Heisoku-Dachi* (Füße zusammen). Kraft und Schnelligkeit werden allmählich gesteigert. Wenn das tretende Bein zur Seite angezogen wird, sollte der Oberkörper so gerade wie nur möglich sein (Abb. 33a). Ober- und Unterschenkel stehen fast parallel zum Boden, und das angewinkelte Knie zeigt in Zielrichtung. Das Standbein ist wieder leicht gebeugt. Aus dieser Haltung wird zuerst die Hüfte scharf nach vorne gedreht, dann der Unterschenkel halbkreisförmig nach vorn – das Knie wird hier wieder als Drehpunkt benutzt – und trifft mit dem Fußballen auf (Abb. 33b–33d). Zum Ausgleich der Gewichtsverlagerung sollte der Standfuß beim Auftreffen höchstens 90 Grad zur Seite gedreht sein (Fußsohle fest am Boden). Der tretende Fuß sollte beim Auftreffen mit dem Fußballen leicht nach unten zeigen; der Oberkörper wird dabei zum Ziel gedreht. Zur Stabilisierung der Auftrefffläche muß der Fuß während der gesamten Bewegung stark angewinkelt sein.

a. b. c. d.

33.

34.

a. b. c. d.

Die Abb. 34a–34d zeigen eine Situation, bei der der Gegner für einen Faustangriff zu weit entfernt steht und ein gerader Vorwärtstritt abgewehrt werden könnte. Wie zuvor beschrieben, wird das Bein so angezogen, daß es fast parallel zum Boden steht; das Knie ist maximal angewinkelt, ebenso der Fuß. Das Knie bildet hier mindestens einen Winkel von 90 Grad mit dem Ziel. Durch eine Vergrößerung dieses Winkels kann mehr Auftreffwucht erzeugt werden. Maximale Kraftentfaltung ergibt sich bei einem Winkel von etwa 150 Grad. Wenn der Winkel zwischen Knie und Ziel 180 Grad erreicht, ist eine starke Drehung des Standbeines aufgrund der verminderten Flexibilität und Bewegungsreichweite beider Beine notwendig. Dies kann die Schnelligkeit reduzieren und macht die Technik für viele Sportler schwierig in der Ausführung. Die Antriebskraft für diesen Angriff zur oberen Stufe mit dem Fußballen wird durch die Vorwärtsbewegung der Hüfte auf der Seite des Trittbeines erzeugt.

Die Anwendung des Halbkreistrittes auf engem Raum ist in den Abb. 35a–35d verdeutlicht – die Endstellung ist insbesondere bei einem größeren Gegner beinahe eine volle Grätsche. Die auf diese Weise mit einer sehr weiten Bewegung ausgeführte Technik kann sehr wirksam sein, erfordert jedoch ein recht fortgeschrittenes Können. Je höher man das Bein anzieht, desto schwieriger wird das Strecken und die scharfe Hüftdrehung (Verletzungsgefahr bei Anfängern). Eine gute vorangehende Gymnastik ist daher zur Vermeidung von Sehnen- und Muskelrissen unerläßlich. Gleichzeitig bildet die Ausführung des Trittes sowohl mit und ohne Aufwärmen einen einfachen Test dafür, welchen Wert das Aufwärmen und Dehnen für eine solche Technik besitzt.

35.

36.

Umgekehrter Halbkreistritt *Gyaku Mawashi-geri*

Dieser Fußtritt stellt eine komplexe Technik dar, und als eine fortgeschrittene Übung sollte er erst dann trainiert werden, wenn *Mawashi-geri* und *Mae-geri* erlernt und gänzlich verstanden worden sind. Der Auftreffpunkt ist der Fußballen (oder Spann). Das Ziel kann ein beliebiger Teil des Körpers sein; am häufigsten wird jedoch zum Solarplexus angegriffen. Der Aktionsfluß beim umgekehrten Halbkreistritt ist das Gegenteil zum normalen Halbkreistritt. Der Weg ins Ziel ist bei *Gyaku mawashi-geri* ausgesprochen unüblich. Dies kann den Gegner unvorbereitet treffen und läßt ihm nur wenig Chancen, den Angriff abzuwehren. Der *Gyaku mawashi-geri* ist nicht in den Kata zu sehen, da er neueren Ursprungs ist.

Die Stellung mit beiden Füßen zusammen (*Heisoku-dachi*) ist die beste Ausgangsposition zum Erlernen der Elemente dieses Halbkreistrittes (Abb. 36a). Zuerst wird das gebeugte Bein hochgezogen, wobei der Oberschenkel parallel zum Boden gehalten wird. Das Knie passiert die Körpermitte und zeigt 30 bis 40 Grad vom Ziel weg. Der Winkel des gebeugten Knies ist so, daß der Fuß eine maximale Beugung (zum Schienbein hin) besitzt (Abb. 36b). Bei der Ausführung des Trittes wird die Hüfte auf der Seite des tretenden Beines scharf nach vorne in Zielrichtung gestoßen (Kraftübertragung auf Knie und Fuß). Der Tritt verläuft bogenförmig, und das Ziel wird in einem Winkel von etwa 40 Grad getroffen. Wenn das Bein in der Endphase des Trittes nach außen schnappt, muß die Außendrehung so ausfallen, daß die Innenseite des Fußes soviel wie nur möglich mit dem Ziel in Kontakt kommt (Abb. 36d). Geschieht diese Drehung zu früh, so wird die Reichweite des Trittes nach außen stark vermindert.

Bei der Ausführung des umgekehrten Halbkreistrittes aus der Frontalstellung (Abb. 37a–37d) kommt das tretende Bein von hinten. Wenn das Bein hochgerissen wird, bildet es einen kleineren Winkel mit dem Ziel – etwa 20 Grad – als in der vorhergehenden Übung.

37.

Die ausgesprochen komplizierte Bewegung der Hüfte in der Ausführung des *Chūdan gyaku mawashi-geri* ist in den Abb. 38a–38d gezeigt. Zusätzliche Unterstützung für das tretende Bein kommt von der richtigen Haltung der Hände und des Oberkörpers sowie der nach vorne gestoßenen Schulter auf der Seite des Standbeines.

Die Abb. 39a–39d zeigen eine schwierige Anwendung des umgekehrten Halbkreistrittes in die obere Stufe – das Kinn des Gegners wird mit den Fußballen angegriffen. Das Ziel ist klein, und das zeitliche Zusammenlaufen der Muskelaktion muß derart erfolgen, daß der Tritt mit einem hohen Grad an Genauigkeit ausgeführt werden kann. Beim Kampf kann eine nur geringe Fehleinschätzung der Distanz zur schweren Verletzung beim Gegner führen.

38.

39.

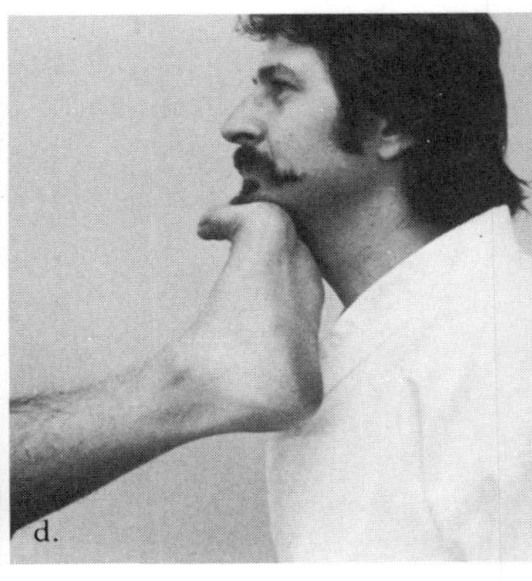

40. Knietritt nach vorne — *Mae Shittsui-geri*

Bei dieser Technik wird das Knie gerade nach vorne gestoßen, wobei die Kniescheibe (*Hizagashira*) als Auftrefffläche eingesetzt wird. Die Reichweite ist viel kürzer als bei anderen Beintechniken, so daß die Aufprallkraft vergleichsweise geringer ist. Kniestöße sind meist gegen den Solarplexus oder Unterleib gerichtet; auch das Ergreifen des gegnerischen Kopfes bei gleichzeitigem Kniestoß ist möglich, wie es in der Kata Heian 4 zu sehen ist. Ein Kniestoß kann auch auf andere Weise mit dem Gebrauch der Arme kombiniert werden. Außerdem ermöglicht die Nähe zum Gegner nach der Ausführung des Trittes eine Reihe von Wurftechniken.

Der Überraschungseffekt des Knietritts nach vorne ist hoch, und er ist deshalb für die Selbstverteidigung besonders geeignet, wo er mehr gebraucht wird als beim Wettkampf. Eine solche Nahkampftechnik kann bei Partnerübungen eingesetzt werden, um einem Gegner die Initiative zu entreißen, dessen Tritte besser als seine Handtechniken sind.

Heisoku-dachi (Füße zusammen) ist die Ausgangsstellung für die anfängliche Ausübung des *Shittsui-geri* (Abb. 40a). Ähnlich wie auch bei anderen Techniken beginnt die Muskelkontraktion im Unterleib und verbreitet sich dann auf die Muskelgruppen des Oberschenkels. Die Anspannung aller Muskeln erreicht ihr Maximum, wenn das stoßende Knie so hoch wie möglich angezogen ist (Abb. 40b–40c). Ein wichtiger Faktor bei der Ausführung eines starken Knietrittes besteht darin, die Hüfte auf der Seite des Trittbeines so weit wie nur möglich herauszustoßen und den ganzen Körper nach vorne zu bringen (Abb. 40d).

Die Anwendung des Vorwärtskniestoßes ist in den Abb. 41a–41d vorgeführt, wo der Gegner zu nahe für einen Tritt mit vollständiger Beinstreckung steht. Um hier einen Kniestoß wirksam landen zu können, muß allerdings die Distanz zum Gegner noch weiter verkleinert werden.

41.

Halbkreisknietritt *Mawashi Shittsui-geri*

Dieser Knietritt ist eine äußerst wirksame Nahkampftechnik, bei der die bogenförmige Bewegung des Beines zur Anwendung kommt. Die erforderliche Flexibilität, eine weite Hüftbewegung und unübliche Bewegungen machen die Schwierigkeit beim Erlernen dieses Trittes aus und erfordern ein gutes Aufwärmen. Die Ausführung hängt hauptsächlich von der Kontraktion der Bauch- und Beinmuskeln ab; die Rolle der Rumpfmuskeln und des Standbeines ist besonders wichtig.

Das Ziel des Halbkreiskniestoßes ist die untere Körperregion. Geübt wird dieser Tritt aus der Stellung mit beiden Füßen zusammen (*Heisoku-dachi*) (Abb. 42a). Das tretende Bein wird mit gebeugtem Knie zuerst zur Körperseite hochgezogen und steht parallel zum Boden (Abb. 42b). Eine Drehung auf dem Standbein bringt das Knie vor den Körper. Das Standbein ist wieder leicht gebeugt. Der angezogene Oberschenkel bestimmt die Höhe des Kniestoßes. Das Standbein und der Rumpf liefern die Stabilität für diese Technik (Abb. 42c). In der Endstufe sind alle einbezogenen Muskeln angespannt. Das Knie, scharf angewinkelt und parallel zum Boden, trifft das Ziel in einem Winkel von fast 90 Grad (Abb. 42d).

42.

Umgekehrter Halbkreisknietritt *Gyaku Mawashi Shittsui-geri*

Dieser Knietritt hat seinen Namen von der Ähnlichkeit mit dem Halbkreisknietritt, nur daß er in umgekehrter Richtung ausgeführt wird. Diese ergänzende Beziehung stellt einen wichtigen Grund für das Praktizieren dieses Kniestoßes dar. Außerdem ist er ebenso wertvoll für die Verbesserung der Hüftbeugung und des Gleichgewichts. Das Einstudieren dieser Technik sollte daher beim Training nicht vernachlässigt werden.

Ausgangsstellung zum Üben ist *Heisoku-dachi* (Füße zusammen), Knie leicht gebeugt. Zuerst wird das gebeugte Knie hochgerissen und zur Körpermittellinie hin bewegt. Die Drehung des Oberschenkels nach außen bringt den Unterschenkel nach innen und den Fuß geradewegs vor das Standbein (Abb. 43a–43d). Eine scharfe Bewegung aus dieser Position peitscht das Trittbein nach außen (Abb. 43d). Maximale Stoßkraft kann nur dadurch erzeugt werden, wenn Standbein, Arme und Oberkörper in der Lage sind, die notwendige Balance aufrechtzuerhalten.

Eine bedeutende Rolle kommt den Rumpfmuskeln zu. Um sicherzustellen, daß die schnappende Bewegung aus der Hüfte gleichzeitig mit dem vollen Anspannen der Rumpfmuskeln erfolgt, müssen Bauch- und Rumpfmuskeln in der ersten Phase dieser Technik die Kontraktion einleiten (Abb. 43b). Der Grund dafür ist, daß die Anspannung dieser Muskelpartien langsamer verläuft, als dies bei den Beinmuskeln der Fall ist.

43.

Seitwärtstritte – *Sokumen-geri*

Zielbereich

44.

45.

46.

47.

48.

Karategramme der Grund- und fortgeschrittenen Richtungen

Seitwärtsschnapptritt – *Yoko-geri keage* (Abb. 44)
Gerader Seitwärtstritt – *Yoko-geri kekomi* (Abb. 45)
Seitlicher Stechtritt – *Fumikiri-geri* (Abb. 46)
Stampftritt – *Fumikomi-geri* (Abb. 47)
Halbkreistritt zur Seite – *Yoko mawashi-geri* (Abb. 48)

Seitwärtstritte *Sokumen-geri*

Von den Seitwärtstritten sind zwei – Stechtritt und Stampftritt – ausschließlich gegen die untere Körperregion gerichtet. Das Ziel für die anderen Tritte kann in der unteren, mittleren oder oberen Körperstufe liegen. Die Richtung des Trittes kann durch Drehung des Standbeines zu dem günstigsten Angriffswinkel variiert werden.

Seitwärtstritte sind schwierig zu beherrschende Techniken, die Muskelaktionen einschließen, die nur selten im Rahmen von alltagspraktischen Aktivitäten oder anderen Sportarten vorkommen. Sie sind insgesamt weitaus komplizierter als die Vorwärtstritte und sollten erst eingeübt werden, wenn man diese sicher beherrscht. Um die Beweglichkeit der Hüften zu verbessern und die Muskeln zu kräftigen, sind meist spezielle Trainingsprogramme wünschenswert.

Wie auch bei anderen Techniken sollte das Erlernen der Grundkomponenten anhand der Karategramme der Grund- und fortgeschrittenen Richtungen erfolgen. Die Benennung ist dieselbe wie die der Vorwärtstritte: Ziel, Name des Trittes und Richtung gemäß der Karategramme (Abb. 44–48).

Seitwärtsschnapptritt *Yoko-geri Keage*

Bei dieser Technik kann das Ziel vom Knie bis zum Kopf reichen. Besonders wirksam ist dieser Schnapptritt jedoch zum Arm, Solarplexus oder Kinn. Auftreffpunkt ist die Fußkante, d. h. die äußere Kante beim Fußgelenk, weil sie die größte Stabilität besitzt (Absorbieren des Aufprallschocks, geringere Verletzungsgefahr). Beim Auftreffen muß der Fuß scharf zum Schienbein hin angewinkelt sein.

Der Seitwärtsschnapptritt ist einer der ersten Tritte zur Seite, die zu erlernen sind. Die große Mehrzahl der Anfänger hat dabei Schwierigkeiten bezüglich der Schnappbewegung. Die beste von uns gefundene Lösung ist die, die Tritte in folgender Reihenfolge zu unterrichten: Knietritt nach vorne (*Mae shittsui-geri*), Schnapptritt nach vorne (*Mae-geri keage*) und Seitwärtsschnapptritte (*Yoko-geri keage*).

Grundform: Stellung Füße zusammen (*Heisoku-dachi*), Knie des angehobenen Trittbeines ist vor dem Körper (wie bei *Mae shittsui-geri*, *Mae-geri kekomi* und *Mae-geri keage*) (Abb. 49a–49b). Das Bein wird leicht nach außen gedreht, und der Fuß ist angezogen. Der Kopf fixiert das Ziel. Der Unterschenkel schwingt nun in einem Bogen aufwärts – das Knie als Drehpunkt benutzend – in Zielrichtung. Das Knie des Standbeines ist gebeugt, um dem Tritt die nötige Unterstützung zu geben (Abb. 49c). Mangel an Flexibilität in der Hüfte kann manchmal durch ein Drehen zur Seite – bei aufrechtem Oberkörper – kompensiert werden. Im Moment des Auftreffens bewegen sich die Arme in Trittrichtung, um das Gleichgewicht zu stärken und erforderlichenfalls in der Lage zu sein, einen Gegenangriff abzuwehren (Abb. 49d). Nach dem Stoß wird das Bein sofort an den Körper zurückgezogen (an das Knie des Standbeines).

Die Endstufe beim Ausüben des *Yoko-geri keage* ist in den Abb. 50a–50d dargestellt. Die Ausgangsposition des Knies liegt um 30 bis 40 Grad außerhalb der Körpermittellinie beinahe diagonal zum Ziel. Wenn das tretende Bein in einem Bogen aufwärts zum Ziel schnappt, ist das Knie der hauptsächliche Drehpunkt. Der Oberkörper darf nicht zu weit zurückgelehnt werden, weil dadurch eine Übertragung der Kraft auf den tretenden Fuß verhindert wird. Die beste Ausführung wird durch optimale Anspannung der Unterleibsmuskeln, verbunden mit dem richtigen Hüftimpuls, gewährleistet.

a.

b.

c.

d.

49.

Die Anwendung des *Jōdan yoko-geri keage* beginnt mit der Verlagerung des Körpers seitwärts zum Gegner durch Drehung des Standbeines. Gleichzeitig wird der tretende Fuß hinter das Knie des Standbeines gebracht – in *Sagi ashi-dachi* (Abb. 51a–51b). Die bei dieser Aktion aufgebaute Muskelspannung wird dann während des Tritts wieder freigesetzt. Während der Tritt mit maximaler Schnelligkeit und Genauigkeit erfolgt, muß der Oberkörper so gerade wie möglich sein (Abb. 51c–51d). Die Bewegung des Oberkörpers nach vorne oder hinten beeinflußt die Standfestigkeit stark. Die Augen sollen während der ganzen Aktion den Gegner fixieren. Nach der Ausführung des Trittes sollte der tretende Fuß so schnell wie möglich wieder an das Knie des Standbeines zurückgeschnappt werden.

50.

51.

Gerader Seitwärtstritt *Yoko-geri Kekomi*

Hierbei handelt es sich um eine starke Trittechnik, die auch oft im Turnierwettkampf und in den Kata zu sehen ist. Auftreffpunkt ist die Ferse des Schwertfußes. Die Ziele können in der unteren, mittleren und oberen Körperregion liegen.

Yoko-geri, wie er ursprünglich in *Karate-dō Kyōhan* präsentiert wurde, bestand aus einer einzigen Technik. Später wurden dann der Seitwärtsschnapptritt und der gerade Seitwärtstritt als zwei getrennte Techniken anerkannt, sowohl was die technischen Aspekte als auch die Anwendung betrifft. Der gerade Seitwärtstritt kommt in den geforderten oder empfohlenen Kata nicht vor, aber ist Teil der wahlfreien Kata, wie z. B. Nijūshihō.

Geübt wird der gerade Seitwärtstritt in der Stellung mit beiden Füßen zusammen (Abb. 52a). Das Bein wird angezogen; das Knie ist nach vorne gerichtet und bildet einen Winkel von 90 Grad mit dem Ziel. Die Augen blicken in Richtung des Gegners (Abb. 52b). Die Fußsohle des angezogenen Beines zeigt zum Standbein, und die Arme werden seitlich gehalten (Gleichgewicht). Der Stoß erfolgt in gerader Linie zur Seite – die Fußaußenkante trifft (Abb. 52c). Die Arme werden dabei ebenfalls in Trittrichtung bewegt. Der Oberkörper muß so gerade wie möglich gehalten werden, und das Standbein ist leicht gebeugt. Ein Nach-vorne-Lehnen des Oberkörpers oder zu weites Zurücknehmen der Schulter führt zum Verlust des Gleichgewichts. Nach dem erfolgten Fußstoß wird das Bein wieder zum Körper herangezogen und dann erst abgesetzt. Wichtig ist auch, daß aus dem Streckimpuls des gebeugten Standbeines die Hüfte stark in Richtung des Fußstoßes geworfen wird.

Die für diesen Tritt notwendige Muskelbildung und Gleichgewichtsentwicklung kann mit dem Gummiübungsgerät erfolgen. Dies geschieht auf zwei Wegen: Treten (Abb. 53a–53c) und Zurückziehen (Abb. 54a–54c). Das Übungsgerät sollte gegenüber dem Zielbereich aufgestellt werden. Tritte in die verschiedenen Stufen – *Gedan*, *Chūdan*, *Jōdan* – machen von unterschiedlichen Muskelfasern Gebrauch. Der für das Üben günstigste Winkel (Höhe der Anbringung) muß entsprechend gewählt werden.

Das Hineingehen mit *Yoko-geri kekomi* zur oberen Körperstufe ist in den Abb. 55a–55d gezeigt. Dabei wird der tretende Fuß hinter das Knie des Standbeines gelegt, was dem Tritt die nötige Antriebskraft liefert. Gutes Distanzgefühl und Timing sind wichtige Faktoren im Hinblick auf die vollständige Beinstreckung im Moment des Aufpralls. Nach dem Tritt muß das Bein schnell wieder dicht zum Körper gezogen werden.

52. a. b. c.

53.

54.

55.

56.

Seitlicher Stechtritt *Fumikiri-geri*

Dieser Tritt erfolgt in Form einer stoßenden Bewegung zur unteren Beinpartie. Der *Fumikiri-geri* ist auch in anderen Selbstverteidigungskünsten zu sehen.

Auftreffpunkt ist die Ferse des Schwertfußes, welcher maximal zum Schienbein hin angewinkelt sein muß. Diese Beugung des Fußes stabilisiert das tretende Bein und erlaubt eine Kraftübertragung auf einer geraden Linie vom Unterschenkel zur Stoßfläche. Um das Gleichgewicht während der vollen Streckung des Trittbeins zu halten, darf der Standfuß sich nicht vom Boden abheben. Wird das Ziel getroffen, bevor das Bein ganz zur Streckung kommt, so führt das dazu, daß der Tretende aus dem Gleichgewicht gerät. Ist das Ziel aber weiter entfernt, so kann es notwendig sein, das Standbein stärker zu beugen, um im Moment des Aufpralls die nötige Körperstabilität zu erhalten. Erfolgt der Tritt höher als zum Knie, so wird aus dem *Fumikiri* automatisch ein *Yoko-geri kekomi*.

Die Abb. 56a–56c zeigen die Ausführung des seitlichen Stechtritts aus *Heisoku-dachi* (Füße zusammen). Der Oberschenkel des angezogenen Beines sollte beinahe parallel zum Boden sein und die Sohle zum Standbein zeigen. Die Kraftentfaltung ist noch größer, wenn das Knie höher angehoben wird. Aus dieser Position wird der tretende Fuß scharf in gerader Linie zum Ziel gestoßen. In der Endstellung sollte der Körper aufrecht und das Standbein fest am Boden sein.

Es gibt drei Variationen des *Fumikiri-geri*. In der ersten ist das tretende Bein direkt vor dem Körper angezogen – 0-Grad-Winkel mit der Körpermittellinie (Abb. 59a–59b). Der Oberschenkel steht parallel zum Boden (oder höher, wenn mehr Kraft erforderlich ist). Dies ist der traditionelle Stechtritt, der direkt nach unten zum Ziel ausgeführt wird.

61.

Die Ausführung des Trittes kann auch so erfolgen, daß das Knie zu einer Position angezogen wird, aus der es einen auswärts gerichteten Winkel von 30 bis 40 Grad zur Körpermittellinie hat (Abb. 58a–58b). Das Knie kann dabei auch höher angezogen werden.

In der dritten Variante ist das Knie nach innen hochgezogen, und sein Winkel zur Körpermittellinie beträgt minus 20 bis 30 Grad (Abb. 60a–60b).

Nach Ausführung des Trittes muß der Fuß unabhängig von der Ausgangsposition sofort wieder in die Bereitschaftsposition zurückgezogen werden, um für die nächste Technik einsatzfähig zu sein.

Die Abb. 61a–61d zeigen die Anwendung des Stechtrittes zum höchstmöglichen Ziel, dem Knie des Gegners (Knieaußenseite). Nach dem Tritt wird der Fuß sofort wieder zurückgezogen.

Fumikiri-geri gegen einen imaginären Gegner wird in den Kata Bassai Dai und Bassai Sho praktiziert.

57.

58. 59. 60.

a. b. c.

62. Stampftritt — *Fumikomi-geri*

Stampftritte werden gegen das Knie und den Fuß angewandt. Meistens benutzt man den Hacken zum Angriff; es kann jedoch auch die Fußsohle eingesetzt werden. Sie sind sehr wirksam auf engem Raum. Eine mögliche Anwendung ist die, die Aufmerksamkeit des Gegners abzulenken, wenn man mit einer Stoß-, Schlag- oder Wurftechnik angreifen will. Der Stampftritt ist häufig in Kata wie auch als Selbstverteidigungstechnik zu sehen.

Ausgangsstellung für das Üben des Stampftrittes ist *Heisoku-dachi* (Füße zusammen). Das Bein wird so angezogen, daß der Oberschenkel parallel zum Boden steht (Abb. 62a–62b). Das gebeugte Knie zeigt nach vorne, der Kopf dreht zur Seite (Blickrichtung zum Gegner). Aus dieser Position wird das tretende Bein schnell und präzise diagonal nach unten gestoßen, um das Ziel mit der Fußsohle zu treffen (Abb. 62c). Zur Verbesserung der Technik sollten die Karategramme benutzt werden.

Wie beim seitlichen Stechtritt sind auch hier Variationen hinsichtlich der Ausführung möglich. Die oben beschriebene Version wird in den Abb. 65a–65c dargestellt. Das Knie wird direkt vor den Körper angezogen (Winkel 0 Grad), und der tretende Fuß wird leicht nach außen gegen das Ziel gestoßen. Dies ist die übliche Form als Stampftritt gegen den Fuß des Gegners.

Bei der in den Abb. 64a–64c gezeigten Variation wird das Knie zuerst in eine Position mit einem Winkel von etwa 40 bis 45 Grad (außerhalb von der Körpermitte) gebracht. Bei der Ausführung des Trittes kommt dann der Fuß direkt vor das Standbein. Die Außendrehung des tretenden Beines ist erforderlich, damit in der Endstellung die Zehen nach außen zeigen (häufig macht dies eine Drehung des Standbeines nach außen erforderlich, um den Hüftimpuls und die vollständige Beinstreckung zu gewährleisten). Anwendungformen dieser Variation sind oft zu sehen in Situationen, in denen die Abwehr mit dem Bein erfolgt, besonders bei Gegenangriffen, oder wenn der gegnerische Tritt schon im Anfangsstadium geblockt wird.

Die dritte Variation des Stampftrittes ist für die Entwicklung des Gleichgewichts wertvoll. Die Ausgangsposition des Knies ist dabei 60 bis 80 Grad außerhalb der Körpermittellinie, und der tretende Fuß kreuzt vor dem Standbein (Abb. 66a–66c). Die äußere Drehung des tretenden Beines ist geringer als in der zweiten Variation.

Das Festnageln des vorderen Fußes beim Gegner ist in den Abb. 67a–67c gezeigt. Zuerst wird der Körper durch Drehung auf dem Standbein verlagert – damit man sich seitlich zum Gegner befindet –, und das Knie wird in die Bereitschaftsposition angezogen. Der Tritt erfolgt dann diagonal nach unten zum Fuß des Gegners. Das Unbeweglichmachen und Aus-dem-Gleichgewicht-bringen des Gegners ermöglicht dann einen Fauststoß oder eine Kombination Fauststoß–Schlag als Kontertechnik.

Die Abb. 68a–68c zeigen den Stampftritt als Angriff gegen das gegnerische Knie, was gewöhnlich eine höhere Startposition des angezogenen Knies erfordert. Der Tritt erfolgt nach vorne. Die Auswärtsdrehung des tretenden Fußes bedingt, daß die Fußsohle das Ziel in einem Winkel von etwa 90 Grad trifft.

Fumikomi-geri ist Teil von Heian 3, Heian 5, Tekki 1, Tekki 2, Tekki 3, Bassai Dai, Empi und Jion.

63.

a.

64.

b.

c.

a.

65.

b.

c.

a.

66.

b.

c.

67.

68.

Halbkreistritt zur Seite *Yoko Mawashi-geri*

Bei dieser Technik erfolgt der Tritt mit dem Fersenrücken. Der Zielbereich kann entweder in der unteren oder oberen Körperregion liegen.

Die Drehung der Hüfte variiert in Abhängigkeit von der Höhe des Ziels. Erfolgt der Tritt zur mittleren Körperstufe, so bewegt sich das tretende Bein auf einer horizontalen Bahn zum Ziel.

Eine korrekte Technik hängt vom richtigen Einsatz der Muskeln in der Beinrückseite und der Ferse ab. Wenn die seitlichen Beinmuskeln mehr als die hinteren Muskeln gebraucht werden, wird der Tritt mit der Außenseite des Fußes erfolgen, was die Auftreffwucht vermindert und die Verletzungsgefahr erhöht. Weitere wichtige Faktoren sind der kraftvolle Einsatz der Muskeln von Rumpf und tretendem Bein während der Aktion. Das Bein muß stets gestreckt sein. Wichtig sind die Bauchmuskeln, deren Anspannung als wesentlicher Bestandteil des Trittes ihn vom Beginn bis zum Ende begleitet. Die Arme bewegen sich in Trittrichtung, um die nötige Balance aufrechtzuerhalten. Der Standfuß sollte mit der Sohle fest am Boden bleiben und beim Auftreffen höchstens 90 Grad zur Seite gedreht sein.

Der *Yoko mawashi-geri*, der neueren Ursprungs und deshalb auch nicht in Kata zu finden ist, besitzt sowohl praktischen als auch konditionellen Wert. Er ist auf Entfernungen wirksam, die zwischen *Fumikomi-geri* und *Yoko-geri kekomi* liegen.

Die Ausgangsstellung beim Üben des *Yoko mawashi-geri* ist *Heisoku-dachi* (Abb. 69a). Die Knie sind leicht gebeugt. Dann wird das tretende Bein nach vorne ausgestreckt (Abb. 69b). Das Fußgelenk ist dabei scharf angewinkelt; der tretende Fuß trifft mit maximaler Schnelligkeit und Kraft das Ziel, er legt einen Bogen von 90 Grad zurück (Seiten- und Vorderansicht, Abb. 69c–69d).

Die Abb. 70a–70d zeigen den Halbkreistritt zur Seite in Verbindung mit dem »Hineingehen« in die Aktion, eine fortgeschrittenere Technik, die dann praktiziert werden sollte, wenn die Grundbewegungen erlernt wurden. Aus der gezeigten Ausgangsstellung mit Blick zum Ziel erfolgt der Tritt, indem ein Schritt nach außen gemacht und dann das Bein in einer weiten bogenförmigen Bewegung zum Ziel geschlagen wird. Der Oberkörper bleibt so gerade wie nur möglich. Das Standbein steht fest am Boden.

69.

70.

Die Anwendung des *Chūdan mawashi-geri* als Überraschungsangriff ist in den Abb. 71a–71d vorgeführt. Die erste Stufe des Trittes erscheint noch wie eine andere Angriffstechnik. Der tretende Fuß wird dann von dieser äußeren Ausgangsstellung aus in einem Bogen zum Ziel geschlagen.

In der Anwendung dieses Trittes (Abb. 72a–72d) wird der Angriff des Gegners durch das tretende Bein unterbrochen. Das Bein wird aus dem Hüftgelenk diagonal gegen den Arm des Gegners geschlagen. An diesem Punkt der Ausführung müssen die Bauchmuskeln leicht entspannt werden. Dadurch können die Muskeln im Rücken und hinten im Bein den Weg des Trittes ändern. Im Moment des Auftreffens werden die Bauchmuskeln wieder angespannt, gleichzeitig auch die Rückenmuskeln. Diese gleichzeitige Kontraktion ist das Wesen einer guten Fokussierung (*Kime*).

71.

72.

Rückwärtstritte – *Kōhō-geri*

Zielbereich

73.

74.

75.

Karategramme der Grund- und fortgeschrittenen Richtungen

Gerader Rückwärtstritt – *Ushiro-geri kekomi* (Abb. 73)
Rückwärtsschnapptritt – *Ushiro-geri keage* (Abb. 74)
Halbkreistritt nach hinten – *Ushiro mawashi-geri* (Abb. 75)

Rückwärtstritte

Der Hauptzweck der Rückwärtstritte besteht darin, einen Schutz gegen Angriffe, die von hinten erfolgen, zu haben (Abb. 73–75). Bei der Ausführung solcher Tritte können sich das begrenzte Sehfeld und die Schwierigkeit mit dem Gleichgewicht und der Standfestigkeit als problematisch erweisen. Gleichzeitig sind sie jedoch bei guter Beherrschung von hohem Wert. Die Bewegungen der Rückwärtstritte sind im Alltag gänzlich unüblich, und es gibt zwei Hindernisse, die bei der wirksamen Ausführung in Betracht gezogen werden müssen – ein strukturelles und ein physiologisches.

Strukturell gesehen besitzt der menschliche Körper den größten Grad an Beweglichkeit nach vorne. Bei Aktionen zur Seite ist die Bewegungsfreiheit eingeschränkt, und wenn die Aktion nach hinten erfolgt, ist dies noch stärker der Fall.

76.

In physiologischer Hinsicht erfordert eine elementare Fertigkeit, wie zum Beispiel das Gehen, eine beträchtliche Zeit und Tausende von Wiederholungen, um die Verbindung zwischen dem zentralen und peripheren Nervensystem, das die Aktion überhaupt erst ermöglicht, aufzubauen. Um eine Fertigkeit umzukehren, wie zum Beispiel bei Erlernen des Rückwärtsgehens – mit derselben Leichtigkeit wie das Vorwärtsgehen – ist die Bildung neuer Nervenverbindungen durch andauernde Wiederholung notwendig.

Rückwärtstritte erfordern eine große Anzahl von Muskeln, Bändern und das umliegende Gewebe der Rückseite des Rumpfes und der Beine. Die ist von Bedeutung, weil diese Muskeln als eine Gegenkraft zu den vorderen Körpermuskeln wirken. Wie in Abb. 1–2 (S. 272f.) zu sehen ist, hat das Knie zwei große Muskelgruppen hinten und vorne. Die Streckung des Beines hängt von der isometrischen Kontraktion der vorderen Muskeln ab. Gleichzeitig müssen die hinteren Muskeln an der Aktion durch langsames Zusammenziehen (d.h. im Effekt Drehung) mitwirken. Wenn nun infolge Veranlagung oder Training die Muskelgruppen ungleich sind, kann es keine ausgeglichene Kontraktion geben. Eine ungleichmäßige Aktion der Beuge- oder Streckmuskeln kann Verletzungen zur Folge haben.

Gerader Rückwärtstritt *Ushiro-geri Kekomi*

Weil hierbei die großen Muskelgruppen im Bein und im unteren Rumpf zur Anwendung kommen, kann der *Ushiro-geri kekomi* sehr kraftvoll gegen ein hintenliegendes Ziel eingesetzt werden: Dies kann irgendein Körperteil sein, aber meist wird zum Solarplexus oder Kopf angegriffen. Getreten wird dabei mit der Ferse. Dieser Tritt ist kurz in *Karate-dō Kyōhan* erwähnt und bekam mehr Popularität mit der Einführung des Wettkampfkarate. Als einer der komplizierten Tritte sollte er nach Erlernen von *Mae-geri keage*, *Mae-geri kekomi*, *Yoko-geri keage* und *Yoko-geri kekomi* eingeübt werden.

Ausgangsstellung ist *Heisoku-dachi* (Abb. 76a). Die Knie sind leicht gebeugt (170 Grad), der Blick ist nach hinten gerichtet. Gleichzeitig wird das tretende Bein vor den Körper hochgerissen (Abb. 76b). Diese Kniehaltung ist ähnlich der des Vorwärtstrittes. Dann erfolgt das Hochklappen des Unterschenkels und das anschließende sofortige Durchstrecken des stoßenden Beines nach hinten in Zielrichtung (Abb. 76c). In der Endstellung ist das Bein ganz gestreckt, das Fußgelenk scharf angewinkelt. Der Hacken trifft ins Ziel (Abb. 76d). Der Tritt wird durch die Kontraktion der Bauchmuskeln und den Streckimpuls des Standbeines eingeleitet. Die Muskelkontraktion des stoßenden und stehenden Beines stabilisiert die Technik.

Dieselben Punkte können in der Rückansicht in den Abb. 77a–77d beobachtet werden. Beide Hände bewegen sich in Trittrichtung, um den Körper zu stabilisieren (die Ferse des Standbeines darf nicht angehoben werden!). Nach dem Stoß wird das Bein schnell wieder angezogen (Knie nach vorne reißen).

Die Abb. 78a–78d zeigen die Anwendung des *Chūdan ushiro-geri kekomi* als Überraschungsangriff. Das Bein wird beim Auftreffen der Ferse auf dem Solarplexus ganz gestreckt. Die Anwendung des geraden Rückwärtstrittes in den Abb. 79a–79d ist mit einer dynamischen Körperverschiebung kombiniert. Im Moment des Auftreffens hängt das Zurücklehnen des Oberkörpers von der Höhe des Ziels und der Flexibilität der Hüfte ab. Eine leichte äußere Drehung des stoßenden Beines (5 bis 10 Grad) kann erfolgen, um eine eingeschränkte Flexibilität auszugleichen. Kombinationen wie diese können im Kampf sehr wirksam sein.

78.

a. b. c. d.

77.

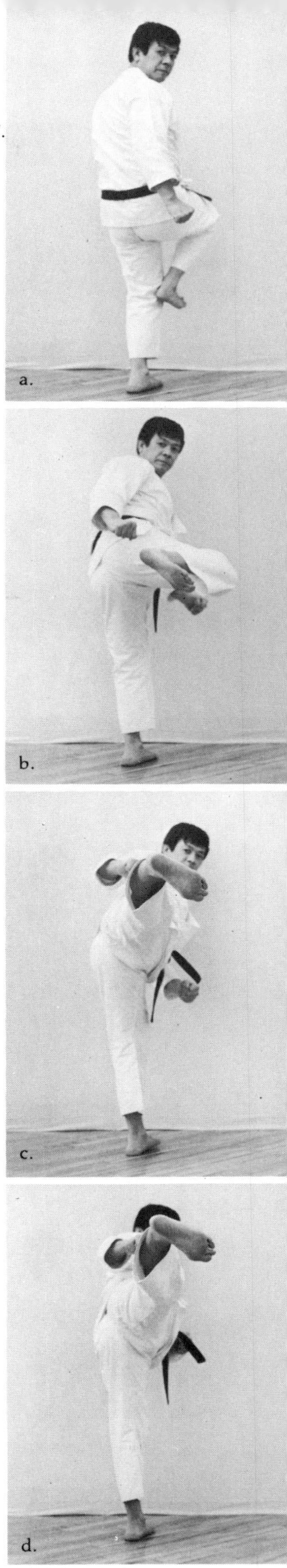

a. b. c. d.

79.

a. b. c. d.

Rückwärtsschnapptritt *Ushiro-geri Keage*

Bei dieser Technik ist der Fersenrücken der Auftreffpunkt. Der Tritt kann zur oberen, mittleren und unteren Körperpartie erfolgen.

Der schnappende Tritt nach hinten wird selten angewandt (sowohl im Wettkampf als auch in der Selbstverteidigung), besitzt aber einen zusätzlichen Trainingswert. Zuerst erfolgt ein schnelles Beugen des Beines. Dabei werden der Unterschenkel im Knie und der Oberschenkel in der Hüfte angewinkelt, was in einer komplexen Aktion die großen Muskelgruppen in der Beinrückseite und im Rücken einbezieht. Der Schnapptritt nach hinten ist die einzige Beintechnik, die auf diese Weise ausgeführt wird; das Üben dieses Trittes dient auch zur Verbesserung des geraden Rückwärtstritts und Halbkreistrittes nach hinten. Dadurch werden auch, in umgekehrter Form, die Muskelgruppen trainiert, die beim Vorwärtstritt zum Einsatz kommen. Diese sich ergänzende Wechselwirkung ist ein Hauptgrund für das Üben aller Techniken.

Die Ausgangsposition beim Üben des Rückwärtsschnapptrittes ist in Abb. 80a gezeigt. Zuerst wird das tretende Bein gestreckt nach hinten bewegt, wobei dann aber die Bewegungsrichtung gewechselt wird, noch bevor das Bein seine vollständige Streckung erreicht. Mit einer starken, scharfen schnappenden Bewegung nach hinten wird das Bein zum Rücken hin gezogen (Abb. 80b–80d). Genauigkeit und Schwung sind für den Tritt sehr wichtig.

Aufgrund der drei Richtungswechsel ist es sehr schwierig, das Gleichgewicht zu halten!

Halbkreistritt nach hinten *Ushiro Mawashi-geri*

Ebenso wie andere halbkreisförmige Techniken wird auch der *Ushiro mawashi-geri* in einer bogenförmigen Bewegung ausgeführt, die aber nach hinten gerichtet ist. Getreten wird mit dem Hacken. Dieser technisch schwierig auszuführende Tritt erfordert entsprechend lange Zeit zum Erlernen.

Die Ausgangsstellung beim Üben ist *Heisoku-dachi* (Füße zusammen). Das tretende Bein wird erst angezogen (Knie zeigt nach vorne); wobei der Fuß zum Schienbein hin angewinkelt ist (Abb. 81a). Die Beugung des Knies (etwa 90 Grad) bleibt während der gesamten Ausführung des Trittes gleich, was den hauptsächlichen Unterschied zum *Ushiro-geri keage* ausmacht. Der Kopf ist leicht nach hinten gedreht, die Augen fixieren das rückwärtige Ziel. Wenn der Tritt erfolgt, ist das Bein zuerst parallel zum Boden, und zwar so lange, bis dann die abschließende weite bogenförmige Bewegung nach hinten erfolgt (Abb. 81b–81d). Die schnappende Trittaktion benutzt die Hüfte und das Standbein als Drehpunkt, kombiniert mit der Drehung des Oberkörpers. Die Haltung des Rumpfes, der Arme (dicht an den Körperseiten) und des Standbeines ermöglichen Gleichgewicht und Aufprallkraft.

80.

81.

9. Beinfegetechniken

Definition

Beinfegetechniken sind eine Form des Gegenangriffs oder Angriffs gegen das Bein des Gegners. Dabei wird der Fuß, Knöchel oder das Knie des Gegners weggefegt. Meist wird das Beinfegen als Einleitungstechnik angewandt, die von einer Kombination von anderen Techniken gefolgt wird.

Der Aktionsfluß verläuft in vielen Richtungen, aber immer nahe am Boden, da das Knie das höchste Ziel darstellt. Für die korrekte Ausführung einer Fegetechnik ist es wesentlich, den Gegner zu fegen, bevor er seine Bewegung abgeschlossen hat. Dadurch wird sein Gleichgewicht gestört beziehungsweise eine Ablenkung erreicht.

Beinfegetechniken erfordern ein gutes Gleichgewicht und Timing, da während der Ausführung das Körpergewicht auf einem Bein ruht.

Beinfegetechniken – *Ashi-Barai Waza*

Fegen mit der Sohle
Teisoku ashi-barai
Fegen mit dem Schwertfuß
Sokutō ashi-barai
Fegen mit dem Fersenrücken
Ushiro kakato ashi-barai
Fegen mit der Fersenseite
Soto kakato ashi-barai

Zweck

Beinfegetechniken haben folgenden Zweck:

1. Das Gleichgewicht des Gegners zu brechen und ihn zu Fall zu bringen.
2. Das Gleichgewicht des Gegners so zu stören, daß er keine vollständige Kontrolle mehr über seine Aktionen besitzt.
3. Das Gleichgewicht des Gegners durch Veränderung der Richtung seiner Bewegung teilweise zu stören.

Wie dem Fegen eine andere Technik folgt, sind besonderes Timing und die darauffolgende Technik wichtig. Die Beinfegetechnik sollte ausgeführt werden, wenn sich der Gegner noch bewegt und sein Körpergewicht auf einem Bein liegt. Die nachfolgende Technik sollte unmittelbar nach der Störung und Brechung des gegnerischen Gleichgewichts eingesetzt werden.

Beinfegetechniken – *Ashi-barai Waza*

Zielbereich

1.

2.

3.

4.

Karategramme der Grund- und fortgeschrittenen Richtungen

Fegen mit der Sohle – *Teisoku ashi-barai* (Abb. 1)
Fegen mit dem Schwertfuß – *Sokutō ashi-barai* (Abb. 2)
Fegen mit dem Fersenrücken – *Ushiro kakato ashi-barai* (Abb. 3)
Fegen mit der Fersenseite – *Soto kakato ashi-barai* (Abb. 4)

Einteilung

Die vier grundlegenden Fußfegetechniken sind in den Abb. 1–4 dargestellt. Die Fachbezeichnungen für jede Technik schließen wenigstens einen (oder alle) der folgenden Punkte ein: Ziel, Name der Technik und Richtung entsprechend der Karategramme.

Fegen mit der Sohle *Teisoku Ashi-barai*

Bei dieser Technik wird der Innenteil des Fußes beim Fegen eingesetzt. Das Ziel ist entweder der Fuß oder der Fußknöchel, und das Auftreten kann entweder von innen nach außen oder von außen nach innen erfolgen.

Um die Grundkomponenten des Fegens mit der Sohle zu verstehen, wird zuerst aus der Vorwärtsstellung geübt (Abb. 5a). Gleichzeitig mit dem Beugen des vorderen Knies wird das fegende Bein in einer weiten kreisförmigen Bewegung nach vorne geführt (Abb. 5b–5c). Hat das fegende Bein eine Position von etwa 40 Grad (in bezug auf die Körpermittellinie) erreicht, wird es zum Standbein hin geschnappt, wobei das Knie als Drehpunkt dient (Abb. 5d). Der Oberkörper folgt dieser Bewegung, während das Standbein mit der Sohle fest am Boden bleibt.

In der Schrägansicht dieser Fegetechnik (Abb. 6a–6d) ist zu sehen, daß in der Endstellung die Schnappbewegung des Knies den Fuß aufwärts bringt. Der Oberkörper ist über dem Standbein und stets gerade.

Die Anwendung dieser Fußfegetechnik von innen nach außen ist in den Abb. 7a–7d zu sehen. Dabei wird die Fegeaktion mit einem »Hineingehen« kombiniert, um die Distanz zum Gegner zu überbrücken. Das Fußgelenk ist angewinkelt, damit die Ferse des Gegners mit der Sohle getroffen werden kann. Das Gleichgewicht des Gegners kann gebrochen werden, indem mit dem Fegen weiter fortgefahren wird, und zwar von dem in Abb. 7d gezeigten Punkt aus.

Das Fegen mit der Sohle von außen nach innen ist in den Abb. 8a–8d vorgeführt. Der fegende Fuß kommt in Kontakt mit der Außenseite des gegnerischen Fußes, der dann nach innen weggefegt wird. Auch die Ferse des Gegners stellt ein mögliches Ziel dar.

6. a.

b.

c.

d.

a.

c.

5.

b.

d.

a.

b.

c.

7.

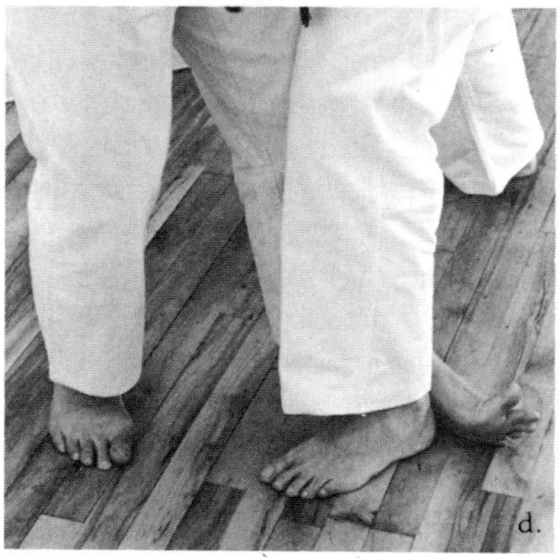
d.

8.

a.

b.

c.

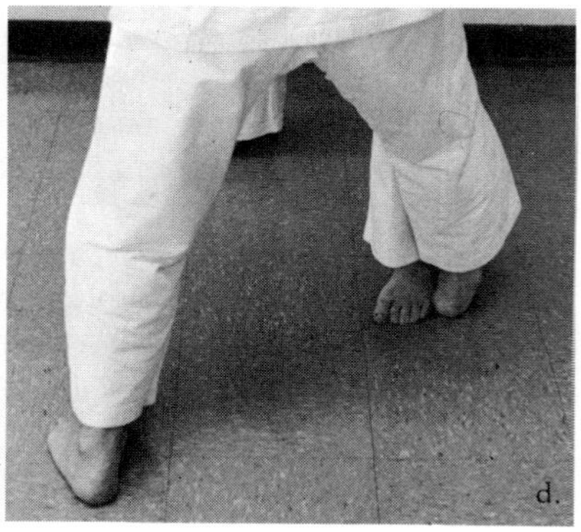
d.

Für das Erlernen von *Teisoku ashi-barai* sind auch Übungen zur Entwicklung von Koordination, Schnelligkeit und Muskelstärke sehr hilfreich:

1. Hocken und Kniebeugen, Gymnastik.
2. Wiederholung der Technik selbst.
3. Karate-Gummiübungsgerät.Es liefert Widerstand während der vollen Bewegungsreichweite dieser Technik.

Der Gebrauch des Übungsgeräts ist in den Abb. 9a–9b und 10a–10b dargestellt. Das Gummiband wird am Fuß des Pfostens befestigt. Der fegende Fuß berührt den Boden, wenn er sich mit dem Trainingsgerät bewegt. Der Widerstand kann gemäß der Einstellung des Abstands vom Pfosten reguliert werden. Hinsichtlich der Ausdauer sind ein geringerer Widerstand und zahlreiche Wiederholungen die am besten geeignete Form des Trainierens. Für die Entwicklung von Kraft sollte der Widerstand so hoch wie möglich sein. Die Fegebewegung sollte hierbei so schnell wie möglich ausgeführt werden, aber nur für eine begrenzte Anzahl von Wiederholungen.

9.

10.

Fegen mit dem Schwertfuß *Sokutō Ashi-barai*

Hierbei erfolgt das Fegen mit der Außenkante des Fußes.

Geübt wird das Fegen in der offenen Beinstellung (Abb. 11a). Zuerst wird das fegende Bein vor den Körper geführt (Abb. 11b). Das Fegen erfolgt, indem das gestreckte Bein nach außen zur Seite und in einer weiten bogenförmigen Bewegung nach hinten geführt wird (Abb. 11c–11d).

Die Anwendung von *Sokutō ashi-barai* in den Abb. 12a–12d zeigt die halbkreisförmige Bewegung des fegenden Beines und die Haltung des Oberkörpers in bezug auf das Standbein. Das Gleichgewicht des Gegners kann gebrochen werden, wenn der Kontakt mit dem Ziel erfolgt.

11.

12.

Fegen mit dem Fersenrücken *Ushiro Kakato Ashi-barai*

Die Fegetechnik erfolgt hierbei mit dem Fersenrücken, der nach hinten gegen das Bein des Gegners geschlagen wird. Durch das Standbein erhält diese Technik die nötige Stabilität.

Geübt wird diese Fegetechnik aus der offenen Beinstellung. Zuerst wird das fegende Bein vor den Körper bewegt (Abb. 13a). Das Standbein wird gebeugt, dann das fegende Bein in einer weiten bogenförmigen Bewegung nach vorne und zurück geführt (Abb. 13b–13c).

Die Abb. 14a–14d zeigen die Anwendung des *Ushiro kakatu ashi-barai*. Zuerst wird das fegende Bein nach vorne und dann hinter das führende Bein des Angreifers bewegt und von dort ruckartig nach hinten geschlagen. Das Fegen des Gegners muß erfolgen, bevor dieser seine Vorwärtsbewegung abgeschlossen hat: Dies erfordert ein genaues Timing.

13.

14.

Fegen mit der Fersenseite *Soto Kakato Ashi-barai*

Soto kakato ashi-barai ist ähnlich wie die Fegetechnik mit dem Fersenrücken; der Unterschied besteht in der Richtung, in der das Fegen erfolgt.

Die Vorbereitungsstellung für das Fegen mit der Fersenseite ist die offene Stellung. Aus dieser Position wird das fegende Bein vor den Körper bewegt, so daß es seitlich zum Standbein steht (Abb. 15a). (Beachten Sie den Stellungsunterschied zu *Ushiro kakato ashi-barai*.) Das Fegen muß dann schnell und mit Präzision vor sich gehen, indem das fegende Bein geradeaus zur Seite geschlagen wird (Abb. 15b–15c).

Bei der Anwendung von *Soto kakato ashi-barai* gegen Chūdan oi-zuki, wie es die Abb. 16a–16d zeigen, geht man so nach vorne, daß der Gegner seitlich steht. Das fegende Bein wird nach außen zur Seite ausgestreckt. Der Fuß des Gegners wird dann mit der Fersenseite getroffen.

16.

15.

10. Beinabwehrtechniken

Definition

Bei diesen Techniken wird das Bein oder der Fuß zum Abwehren eines Angriffs benutzt. Karate ist eine der wenigen Kampfkünste, die für diesen Zweck das Bein einsetzen. Distanz und Überraschung sind Gründe dafür. Ebenso wie bei den Abwehrtechniken mit den Armen können Konterangriffe auch mit dem abwehrenden Bein ausgeführt werden; dabei sind Schnelligkeit und Gleichgewicht sehr wichtig, weil das ganze Körpergewicht während der Abwehr-Angriffs-Kombination auf einem Bein ruht.

Zielbereich

Der Aktionsweg bei Abwehrtechniken mit den Beinen verläuft in vielen Richtungen. Der Zielbereich kann eine beliebige Körperregion sein, aber in der Praxis werden diese Techniken meist dann angewandt, wenn der Angriff zur mittleren oder unteren Körperstufe erfolgt.

Beinabwehrtechniken – *Ashi Uke Waza*

Gruppe		
untere Beinabwehr – *Gedan Ashi Uke*	**Fersenabwehr – *Kakato Uke***	**Fußabwehr – *Ashi Uke***
Hakenbeinabwehr nach innen *Uchi ashibo kake uke* Hakenbeinabwehr nach außen *Soto ashibo kake uke*	Umgekehrte Halbkreis-Fersenabwehr nach unten *Gyaku mawashi otoshi kakato uke* Halbkreis-Fersenabwehr nach unten *Mawashi otoshi kakato uke*	Umgekehrte Halbkreis-Schwertfußabwehr *Sokutō gyaku mawashi uke* Halbkreisförmige Fußsohlenabwehr *Teisoku mawashi uke* Schnappfußabwehr nach innen *Nami-gaeshi*

Beinabwehrtechniken – *Ashi Uke Waza*

Zielbereich

1.

2.

3.

4.

5.

6.

7.

Karategramme der Grund- und fortgeschrittenen Richtungen

Untere Beinabwehr – *Gedan Ashi Uke*
Hakenbeinabwehr – *Uchi ashibo kake uke* (Abb. 1)
Hakenbeinabwehr – *Soto ashibo kake uke* (Abb. 2)
Fersenabwehr – *Kakato Uke*
umgekehrte Halbkreis-Fersenabwehr nach unten – *Gyaku mawashi otoshi kakato uke* (Abb. 3)
Halbkreis-Fersenabwehr nach unten – *Mawashi otoshi kakato uke* (Abb. 4)
Fußabwehr – *Ashi Uke*
Umgekehrte Halbkreis-Schwertfußabwehr – *Sokutō gyaku mawashi uke* (Abb. 5)
Halbkreisförmige Fußsohlenabwehr – *Teisoku mawashi uke* (Abb. 6)
Schnappfußabwehr nach innen – *Nami gaeshi* (Abb. 7)

Einteilung

Wie in den Abb. 1–7 dargestellt, sind die sieben Beinabwehrtechniken entsprechend der zur Anwendung kommenden Abwehrfläche in drei Kategorien eingeteilt.

8.

Es gibt zwei Blocks in der ersten Kategorie der unteren Beinabwehr – *Gedan ashi uke.* Einer davon ist *Uchi ashibo kake uke,* der mit der Innenseite des Beins ausgeführt wird. Der andere ist *Soto ashibo kake uke,* bei dem die Beinaußenseite eingesetzt wird. Beide Fersenblocks – *Kakato uke* – in der zweiten Kategorie machen Gebrauch vom Fersenrücken als Abwehrfläche. Diese sind *Gyaku mawashi otoshi kakato uke* und *Mawashi otoshi kakato uke.*

Die dritte Kategorie (Fußblocks – *Ashi uke*) umfaßt drei Abwehren. *Sokutō gyaku mawashi uke* verwendet den Schwertfuß zur Abwehr. Bei *Teisoku mawashi uke* sind die Außenkante und Sohle des Fußes die Abwehrflächen. *Nami-gaeshi* verwendet die Innenkante und Sohle des Fußes.

Untere Beinabwehr

Hakenbeinabwehr nach innen — *Uchi Ashibo Kake Uke*

Bei dieser Übung dient die Beininnenseite unterhalb des Knies als Abwehrfläche. Der Innenhakenblock kann gegen Stöße oder Tritte gegen die unteren *Chūdan-* oder *Gedan-*Bereiche angewandt werden.

Beim Üben der Hakenbeinabwehr (von außen nach innen) aus *Heisoku-dachi* (Füße zusammen) wird zuerst das abwehrende Bein zur Seite hochgerissen (Winkel von etwa 45 Grad zur Körpermittellinie, Abb. 8a–8b). Der Angriff wird dann abgelenkt, indem das abwehrende Bein rasch in einem Bogen nach innen geschlagen wird (Abb. 8c–8d). Dabei werden der Oberkörper und die Hüfte gedreht (Drehung auch auf dem Standbein).

Die Hakenbeinabwehr nach innen ist in einer Schrägansicht in den Abb. 9a–9d vorgeführt. Mit fest am Boden stehendem Standbein dreht die rechte Hüfte nach vorne, wobei das im Knie stark gebeugte Bein die Abwehrbewegung ausführt. *Uchi ashikubi kake uke* – hakenförmige Fußknöchelabwehr nach innen – gebraucht den Fußknöchel und den Unterschenkel zur Abwehr.

9.

Die Abwehr eines Faustangriffs gegen den Unterleib mit *Uchi ashibo kake uke* ist in den Abb. 10a–10d dargestellt. Die Faust wird mit der Innenseite des Unterschenkels abgelenkt.

Der Hakenblock nach innen gegen einen Seitwärtstritt wird in den Abb. 11a–11d demonstriert. Diese Ablenkung des Angriffsbeines vom Ziel weg erfordert eine Drehung des Oberkörpers, wenn der Tritt sich dem Ziel nähert. Wie bei den Abwehrtechniken mit den Armen ist es auch hier wichtig, den Angriff zum richtigen Zeitpunkt abzuwehren, und zwar mit der geeigneten Abwehrfläche – in diesem Fall der Innenseite des Fußknöchels. In Abb. 11d ist das abwehrende Bein ideal für einen Gegenangriff ausgerichtet.

a. b. c.

10.

d.

11.

a.

b. c. d.

12. **Hakenbeinabwehr nach außen** *Soto Ashibo Kake Uke*

Wie der Name schon sagt, ist der *Soto ashibo kake uke* eine Technik, bei der die Abwehrbewegung von innen nach außen erfolgt. Die Abwehrfläche ist die Außenseite der Wade, die weniger schmerzempfindlich ist als die Innenseite. Eine Variation dieser Abwehr gebraucht den Knöchel und den Unterschenkel als Abwehrfläche und heißt *Soto ashikubi kake uke* – hakenförmige Fußknöchelabwehr nach außen.

Die Vorbereitungsposition bei der Ausführung dieser Abwehrtechnik ist die offene Beinstellung (Abb. 12a). Das abwehrende Bein wird hochgezogen, ist im Knie stark gebeugt und wird zur Außenseite des Körpers bewegt. Dies dient als Schutz des Unterleibs und bringt das Bein in eine günstige Position für den nächsten Schritt (Abb. 12b). Dann erfolgt mit größtmöglicher Schnelligkeit und Genauigkeit der kreisförmige Schlag mit dem Bein von innen nach außen als Abwehr (Abb. 12c–12d).

Zur Abwehr eines *Chūdan gyaku-zuki* mit *Soto ashibo kake uke,* wie sie in den Abb. 13a–13d gezeigt ist, wird die Beinaußenseite eingesetzt. Die Abwehr muß ausgeführt werden, noch bevor der Faustangriff voll zur Entfaltung gelangt.

13.

15.

Fersenabwehr

Umgekehrte Halbkreis-Fersenabwehr nach unten

Gyaku Mawashi Otoshi Kakato Uke

Bei dieser Abwehr dient der Fersenrücken als abwehrende Fläche. Die Bewegung von innen nach außen erfordert, daß das abwehrende Bein hoch genug angezogen wird, um in einer Abwärtsbewegung den Zielpunkt treffen zu können.

Praktiziert wird der umgekehrte Halbkreisfersenblock nach unten aus der offenen Beinstellung. Aus dieser Position wird dann das gestreckte Bein vor dem Körper hochgezogen (Abb. 14a–14b). Der Fuß ist maximal zum Schienbein hin angewinkelt, und die Arme liegen dicht an den Körperseiten (Gleichgewicht). Diese Aktion wird eingeleitet durch Kontraktion der Bauchmuskeln (gefolgt von derjenigen der Muskeln vorne und innen im Oberschenkel). Das abwehrende Bein wird dann nach außen und abwärts geschlagen, so daß die Ferse das Ziel trifft (Abb. 14c–14d). In der Endstellung des Blocks müssen die Bauchmuskeln angespannt sein.

Gyaku mawashi otoshi kakato uke kann gegen einen Faustangriff zur mittleren Körperstufe angewandt werden (Abb. 15a–15d). Das Bein wird kreisförmig von außen und über den Stoßarm geführt und dann abwärts geschlagen.

14.

a.

b.

c.

d.

c.

d.

c.

d.

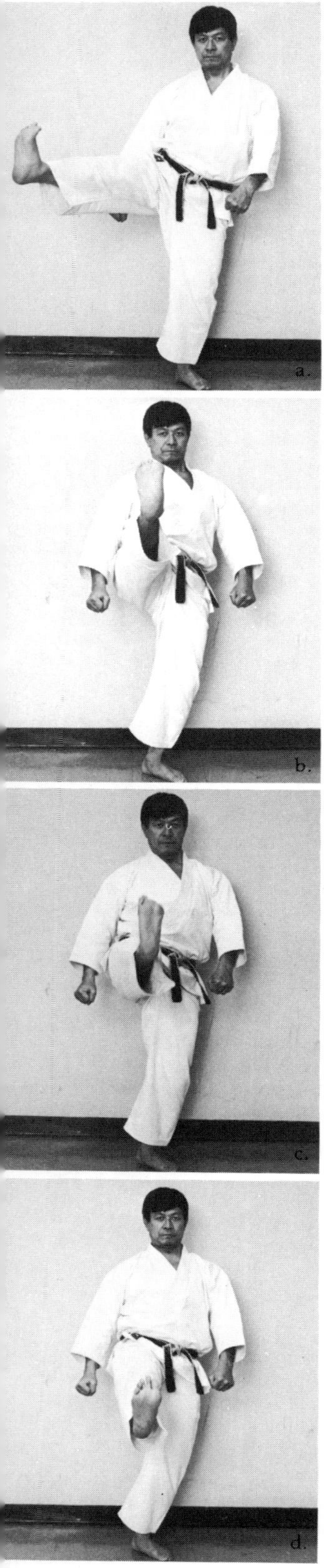

16. Halbkreis-Fersenabwehr nach unten *Mawashi Otoshi Kakato Uke*

Mawashi otoshi kakato uke beschreibt eine weite bogenförmige Bewegung von außen nach innen, um dann die Ferse abwärts gegen das Zielobjekt zu schlagen. Das Verstehen und die Entwicklung dieser Fertigkeit ist grundschulmäßig aus einer natürlichen Stellung (*Heisoku-dachi*) sinnvoll.

Ob mit der *Oi-* oder *Gyaku*-Form geblockt wird, hängt von der Richtung ab, aus der der Angriff erfolgt. Ein von vorne kommender Angriff kann mit *Oi mawashi otoshi kakato uke* abgewehrt werden; während sich ein Angriff von der Seite mit *Gyaku mawashi otoshi kakato uke* abblocken läßt.

Beim Üben der Halbkreis-Fersenabwehr nach unten wird zuerst das Bein hochgerissen und etwa 60 Grad von der Körpermittellinie gehalten (Abb. 16a). Das ausgestreckte Bein wird dann höher gezogen. Dabei ist der Fuß maximal angewinkelt (Abb. 16b). Wenn das Bein vor dem Körper ist, wird das Bein gerade nach unten geschlagen (Abb. 16c–16d).

Die Abb. 17a–17d zeigen die Anwendung des *Mawashi otoshi kakato uke* gegen *Chūdan gyaku-zuki.* Die Angriffsfaust wird von oben abgelenkt und dann mit der Ferse nach unten geschlagen.

17.

Fußabwehr

Umgekehrte Halbkreis-Schwertfußabwehr

Sokutō Gyaku Mawashi Uke

Diese Abwehrtechnik besteht aus einem kreisförmigen Schlag mit der Fußkante (Außenseite) von innen nach außen.

Der Start erfolgt aus einer lockeren Stellung. Die umgekehrte Halbkreis-Schwertfußabwehr wird ausgeführt, indem das vollständig gestreckte Abwehrbein vor das Standbein gebracht wird (Abb. 18a–18b). Der Fuß besitzt maximale Beugung, das Standbein ist leicht gebeugt (Stabilität!). Das abwehrende Bein wird in einer bogenförmigen Bewegung hochgezogen und trifft das Ziel in einem Winkel von etwa 30 bis 40 Grad (Abb. 18c–18d).

Die Anwendung des *Sokutō gyaku mawashi uke* gegen *Chūdan gyaku choku-zuki* ist in den Abb. 19a–19d zu sehen. Die richtige Vorbereitung der Körperhaltung für einen effektiven Block erfordert, daß das hintere Bein aus der Frontalstellung vor dem Körper ausgestreckt wird (Schutz des Unterleibs). Dann dreht das Bein nach innen und schlägt die Faust des Gegners nach außen weg (Abwehr mit dem Schwertfuß).

18.

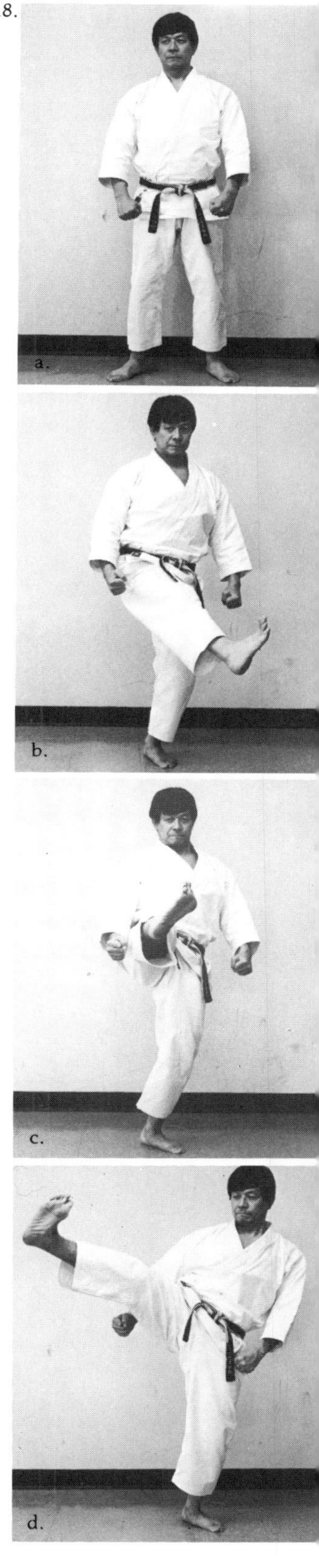

a. b. c. d.

19.

b. c. d.

20. Halbkreisförmige Fußsohlenabwehr *Teisoku Mawashi Uke*

Teisoku mawashi uke kann als Schutz vor Angriffen zur Körpervorderseite angewandt werden. Abgewehrt wird hierbei mit der Fußsohle.

Geübt wird diese Abwehrtechnik aus *Heisoku-dachi.* Zuerst wird das stark gebeugte Bein hochgezogen, so daß es in einem Winkel von etwa 45 Grad nach außen zeigt (Abb. 20a–20b). Wenn das Bein in einer halbkreisförmigen Bewegung zur anderen Seite des Körpers geführt wird, muß das Knie auf etwa 150 Grad gestreckt werden, um das Ziel zu treffen (Abb. 20c–20d) Das Standbein ist gebeugt, um der Abwehraktion die nötige Stabilität zu geben.

Jōdan oi-zuki kann mit *Teisoku mawashi uke* abgewehrt werden, wie es in den Abb. 21a–21d demonstriert wird. Das Timing der Abwehr mit dem gegnerischen Angriff ermöglicht der Fußsohle, den stoßenden Arm dicht am Handgelenk zu treffen und ihn dann nach unten und innen abzulenken. Beide Hände sind nach Ausführung des Blocks frei für einen möglichen Gegenangriff. Das langsame Üben einer Kombination ist hilfreich für das Erlernen einer neuen Fertigkeit; danach können Schnelligkeit und Kraft zunehmend gesteigert werden.

21.

Schnappfußabwehr nach innen *Nami-gaeshi*

Bei dieser Technik bilden die Sohle und Innenkante des Fußes die Abwehrfläche. Diese Abwehrtechnik besitzt eine Reihe von Anwendungsmöglichkeiten. Die Schnappfußabwehr nach innen kann gegen Stoß- oder Schlagtechniken, die gegen den Unterkörper gezielt sind, angewandt werden. Ebenso läßt sie sich zur Vermeidung eines Stampftritts einsetzen. Wiederholte Ausführung dieser Abwehr ist konditionell wertvoll und dient der Verbesserung des Gleichgewichts und der Koordination (und der Kräftigung der Bauchmuskeln).

Geübt werden sollte *Nami-gaeshi* anfänglich aus der Reiterstellung (Abb. 22a). Bei aufrechtem Oberkörper wird das abwehrende Bein nach oben geschnappt, wobei der Fuß nahe zur Körpermittellinie gebracht wird (Abb. 22b–22d). Die Schnappbewegung ist abhängig von der Hüftdrehung und der kraftvollen äußeren Spannung des Standbeines. Der Oberschenkel dreht nach außen, und der Fuß wird so umgestellt, daß die Sohle nach oben kommt. Zur Erhaltung des Gleichgewichts benutzt der abwehrende Fuß die Rückwirkung der Aufwärtsschnappbewegung, um wieder nach unten in die Reiterstellung zurückzuschnappen.

Die Abb. 23a–23d sind eine Nahaufnahme der Schnappfußabwehr nach innen. Das Schnappen umfaßt die Kontraktion der Oberschenkel- und Hüftmuskeln. Wichtig ist dabei auch, daß der Rücken und die Hüften gerade gehalten werden und eine konstante Spannung in den Beinen besteht.

Hat erst einmal das Üben aus *Kiba-dachi* ein zufriedenstellendes Niveau erreicht, so sollte dann *Nami-gaeshi* aus *Zenkutsu-dachi, Hangetsu-dachi, Fudō-dachi* und weiteren Stellungen in Kombination mit einem Vor- oder Zurückgehen ausgeführt werden.

Die Ausführung der Schnappfußabwehr nach innen aus der Frontalstellung ist in den Abb. 24a–24d zu sehen. Da der größte Teil des Körpergewichtes auf dem vorderen Bein ruht, ist eine starke Muskelkontraktion im Unterleib nötig, um das Gleichgewicht und eine korrekte Haltung zu gewährleisten.

22.

23.

a. b. c. d.

24.

a. b. c.

V

KATA

11. Die Rolle der Kata im Training

Definition

Die Kata ist eine vorgeschriebene Übung, die aus einer Abfolge von Stellungen, Blocks, Angriffs- und Rückzugsbewegungen besteht. Sie stellt einen Kampf gegen mehrere imaginäre Gegner dar. Schnelligkeit, Kraft, Flexibilität und Rhythmus sind Schlüsselfaktoren bei der Ausführung einer Kata.

Die zentrale Rolle der Kata im Karatetraining ist in der Tradition Chinas und Japans begründet, die mehr als 300 Jahre alt ist. Sie war ursprünglich die Höchstform im Karate. Es gibt etwa 50 Kata, die zum Teil sehr alt sind; einfache und höchst komplizierte. Einige erfordern größten Krafteinsatz, andere wiederum verlangen äußerste Schnelligkeit oder Muskel- und Atemkontrolle. Kata sind heutzutage Teil von Turnierwettkämpfen.

Praxis und Bewertung

Das Erlernen von Kata beginnt schon früh im Karatetraining, und die dafür erforderlichen Fertigkeiten sollten individuell eingeübt werden. Die zuerst erlernte Kata – gewöhnlich Heian 1 – enthält Grundstöße, Abwehrformen, Schritte und Wendungen. Das Erlernen einer neuen Kata sollte in drei Stufen erfolgen:

1. Die Kata ist in Abschnitte aufzuteilen, von denen jeder getrennt zu erarbeiten ist. Durch Aneinanderfügen der einzelnen Abschnitte wird dann die Kata »zusammengesetzt«. Dies macht das Lernen der Schrittfolge leichter. Das Einüben der vollständigen Kata erfordert gewöhnlich etwa einen Monat.

2. In der zweiten Stufe sollten Zeit und Aufmerksamkeit der Verbesserung von Schwächen gewidmet werden. Wir meinen, daß dies am besten durch ein

zusätzliches Üben der Grundfertigkeiten und der auftretenden Schwachpunkte geleistet werden kann. Während dieser Zeit wird die vollständige Kata geübt. Diese Stufe dauert ungefähr einen Monat.

3. Die dritte Stufe des Erlernens der Kata schließt das Verstehen der Anwendung aller bereits eingeübten Techniken und Bewegungen ein. Dies erfordert einen weiteren Lernmonat. Nach drei Monaten ist der Karateka dann in der Lage, die geforderte Kata mit Schnelligkeit, Kraft und Rhythmus zu absolvieren.

Da eine Kata eine Abfolge von Grundtechniken in Verbindung mit einer Reihe von Angriffs- und Verteidigungsaktionen gegen einen imaginären Gegner darstellt, erfordert die Arbeit an der Kata, daß jede Technik mit größtmöglicher Intensität ausgeführt wird. Wachsamkeit und Schärfe müssen daher in allen geistigen und physischen Komponenten der Ausführung besonders zum Ausdruck kommen.

Der andauernd wechselnde Rhythmus bei der Kata steht in enger Beziehung zu der Idee, daß (imaginäre) Gegner aus allen Richtungen angreifen, deren Angriffe abgewehrt und Gegenangriffe geführt werden müssen. Ideal ist die Vorstellung, den Angreifer mit nur einer starken Technik auszuschalten.

Im allgemeinen bestimmt der Körpertyp des Karateka, aus welcher Gruppe – Shorin oder Shorei – er seine »individuelle« Kata wählt, aber alle Karateka sollten auch die Kata beider Gruppen praktizieren. Im Rahmen des Wettkampfs ist es ratsam, daß der Karateka seine Kata entsprechend seines Körpertyps auswählt. Ansonsten sollte er die Ausführung einer Kata der einen Gruppe mit den fundamentalen Eigenschaften der anderen Gruppe verbinden (zum Beispiel Bassai Dai in der Weise, wie Hangetsu ausgeführt wird): Dies eröffnet eine weitere Dimension im Hinblick auf das Verstehen einer Kata.

Die gute Vorführung einer Kata ist ohne das richtige Verständnis der Bedeutung ihrer Technik unmöglich. Der Karateka, der kontinuierlich bis zu dem einer Kata zugrundeliegenden Anspruchsniveau gemäß seiner maximalen Fähigkeit fortschreitet, unterscheidet sich leicht von demjenigen, der sich bloß um die perfekte Abfolge der Bewegungsfiguren bemüht. In der Ausführung einer Kata zeigt sich – mehr als dies beim Wettkampf der Fall ist – ein tiefes Verständnis und echtes Können in Karate. Jede Kata beginnt mit einer Abwehrtechnik und betont dabei die Philosophie: »Im Karate niemals zuerst angreifen« – *Karate ni sente nashi.*

Das Studium des Karate ist eine lebenslange Anstrengung, bei der sich selbst nach Jahren des Übens immer wieder ein neues Verständnis eröffnet.

Einteilung

Während der langen Geschichte des Karate entwickelten Karatemeister und -schulen zweifelsohne mehr als die 50 Kata, die heute ausgeübt werden. Von den aus der Vergangenheit überlieferten Kata liegt als Ergebnis der Nachforschungen und Aufzeichnungen die Festlegung der Bewegungsabfolge vor, korrespondierend mit Komponenten wie Rhythmus, Schnelligkeit und Kraft.

Die moderne Einteilung der Kata hat ihren Ursprung in den Anfangsjahren dieses Jahrhunderts, als Meister Funakoshi die bekannten Kata zu studieren begann. Das Ergebnis dieser Bemühungen bestand darin, die Kata gemäß ihres grundlegenden physischen Nutzens und des entsprechenden Körpertyps einzuteilen. Die zwei Gruppen – Shorin und Shorei – sowie deren Merkmale sind in Abb. 1 wiedergegeben.

	Shorin Kata	Shorei Kata
Kata	verlangt Heian 1, 2, 3, 4, 5 empfohlen Bassai Dai, Empi, Kankū Dai, Gankaku	verlangt Tekki 1, 2, 3 empfohlen Hangetsu, Jion, Jitte
physiologischer Nutzen	Entwicklung der Schnelligkeit	Entwicklung der Muskelstärke
Körperbau des Sportlers	klein, leicht gebaut	groß, schwer gebaut
Kata-Aktion	schnelle Bewegung mit Körperverschiebung	langsame Bewegung, kraftbetont

Außerdem werden die Kata als verlangte, empfohlene oder wahlfreie bezeichnet.

1. Die Pflichtkata – in der Reihenfolge, in der sie eingeübt werden – sind Heian 1, Heian 2, Heian 3, Heian 4, Heian 5, Tekki 1, Tekki 2 und Tekki 3. Diese stellen das Fundament des Karate dar und müssen von allen Karateka praktiziert werden.
2. Die empfohlenen Kata sind Bassai Dai, Empi, Gankaku, Hangetsu, Jion, Jitte und Kankū Dai. Bevor zu diesen übergegangen wird, muß der Schüler zuerst ein befriedigendes Niveau der technischen Fertigkeit in den verlangten Kata erreicht haben.
3. Einige der wahlfreien Kata sind Bassai Sho, Chintei, Gojūshihō (Dai und Sho), Kankū Sho, Nijūshihō, Sochin, Unsu und Wankan. Diese können zur passenden Zeit und in Übereinstimmung mit dem individuellen Fertigkeitsgrad ausgeübt werden.

Repräsentative Kata

Obwohl vergangene Untersuchungen zum Verständnis der technischen Komponenten der Kata beigetragen haben, sind erst in der neueren Zeit wissenschaftliche Studien durchgeführt worden. In unseren eigenen Untersuchungen haben wir die Kata »vermessen« und die Reaktionen des kardiovaskulären und respiratorischen Systems (und weiterer Körpersysteme) festgestellt. Die Ergebnisse unserer Untersuchungen und ihr Wert im Rahmen des Trainingsaufbaus sind in Kapitel 2 dargestellt. Wie dort ausgeführt, wurden insbesondere die beiden Kata *Bassai Dai* und *Hangetsu* von uns intensiv erforscht. Diese sind, wie wir meinen, die beiden repräsentativsten Kata für die Shorin- und Shorei-Gruppen; sie werden weiter unten vollständig beschrieben. Besonders sollten die Unterschiede zwischen beiden Kata-Typen beachtet werden.

Bassai Dai

Die Shorin-Kata *Bassai Dai* hat ihren Namen von Körperbewegungen, die so ausgeführt werden, daß sie der Aktion des »Eindringens in eine Festung« – so die Bedeutung des japanischen Begriffs – ähneln.

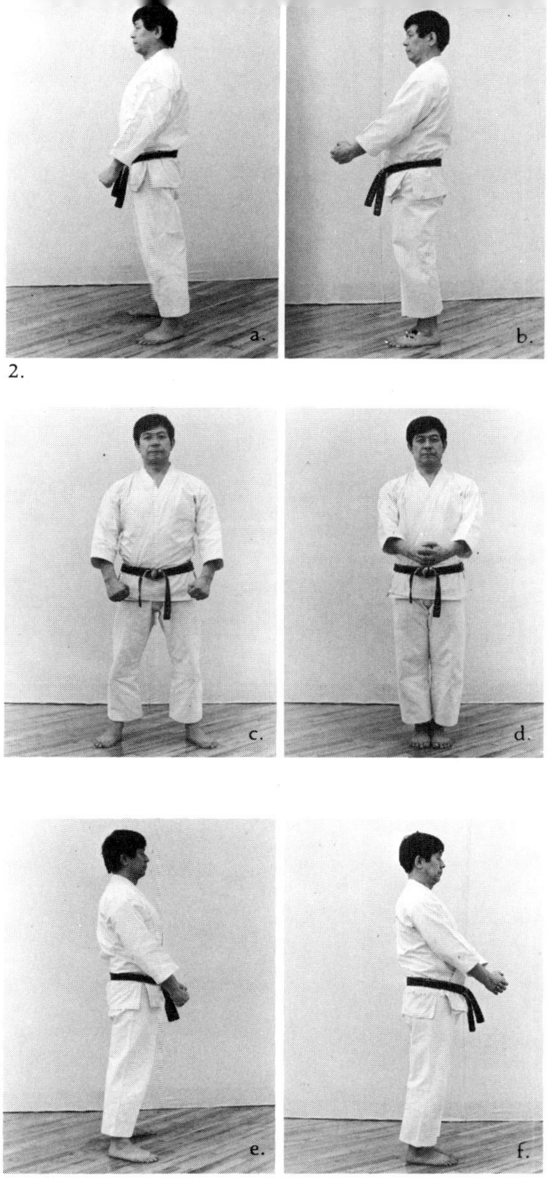

2.

3.

Abb. 2a–2f. Ausgangsstellung: *Hachiji-dachi.* Öffnen Sie die linke Hand, und bewegen Sie dann beide Hände leicht nach vorne. Legen Sie die rechte Faust in die Handfläche der linken Hand, schließen Sie dann die linke Hand über der rechten, und stellen Sie gleichzeitig die Füße zusammen, von *Hachiji-dachi* zu *Heisoku-dachi.*

Zweck: Bereitschaftsstellung

Abb. 3a–3f. Drehen Sie Hüften und Schultern nach links, und ziehen Sie beide Hände auf die linke Seite (Brusthöhe). Gehen Sie dann zwei Schulterbreiten mit dem rechten Bein nach vorne, und ziehen Sie den linken Fuß an die rechte Ferse heran (90 Prozent des Körpergewichts auf dem rechten Bein). Führen Sie den Bassai-Block mit der rechten Hand zur mittleren Stufe aus, während die offene linke Hand diese Aktion unterstützt. Legen Sie dann die Fingerspitzen der linken Hand ans rechte Handgelenk. Diese Position heißt *Hanmi* – halbabgedreht mit der rechten Seite nach vorne. *Migi kōsa-dachi. Bassai uke.*

Zweck: Verteidigung durch Abwehren des gegnerischen Stoßes mit der Unterarmseite (*Gaiwan*) in einer weiten halbkreisförmigen Bewegung.

4.

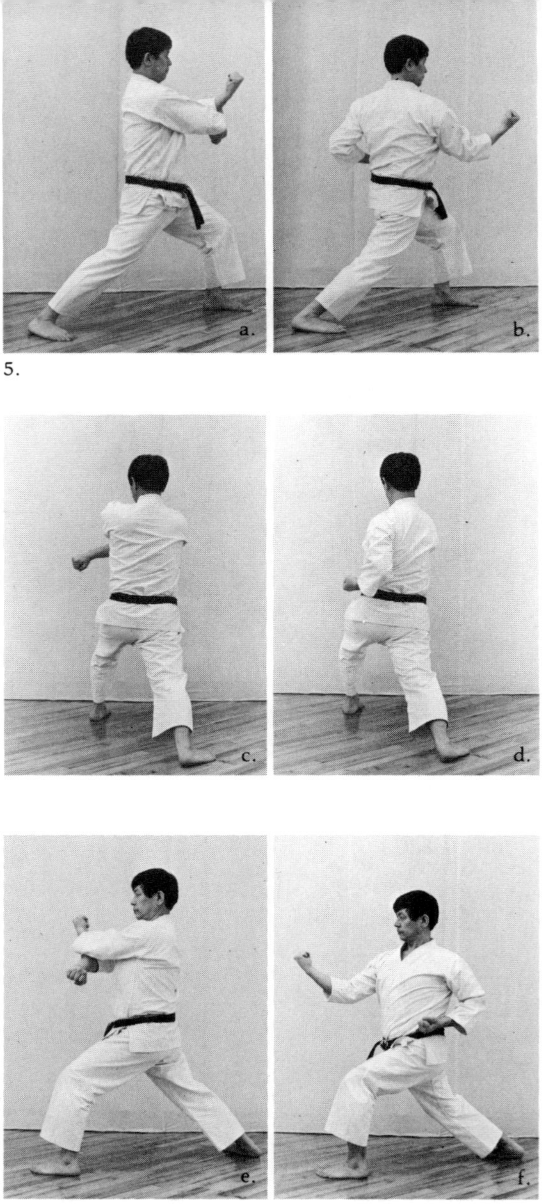

5.

Abb. 4a–4f. Bringen Sie den linken Arm gekreuzt unter den rechten Arm. Gehen Sie dann zwei Schulterbreiten mit dem rechten Fuß zurück (Körperverschiebung 180 Grad) in die Frontalstellung, und führen Sie die rechte Unterarmabwehr (von innen nach außen) aus. *Hidari zenkutsu-dachi. Chūdan gyaku migi soto ude uke.*

Abb. 5a–5f. Halten Sie die Stellung; bringen Sie dann den rechten Arm zur gegenüberliegenden Körperseite und unter den linken Arm, und führen Sie den rechten Außen-Unterarmblock aus. Um maximale Kraft zu erzielen, muß der Rumpf nach links gedreht und die rechte Hüfte so weit wie möglich nach vorne gestoßen werden, ohne dabei die Stellung zu verändern. *Hidari zenkutsu-dachi. Chudan gyaku migi soto ude uke.*

Zweck: Verteidigung gegen einen mit einem Fauststoß angreifenden Gegner (links und rechts).

6.

7.

Abb. 6a–6f. Heben Sie die linke Faust zur Seite des Kopfes, gleiten Sie mit dem rechten Bein nach links, drehen Sie um 180 Grad auf dem linken Fuß in die rechte Frontalstellung, und führen Sie dann den Unterarmblock nach innen (mittlere Stufe) aus. *Migi zenkutsu-dachi. Chūdan gyaku hidari uchi ude uke.*

Abb. 7a–7f. Halten Sie die Stellung, drehen Sie dann die Hüften, und führen Sie den rechten Unterarmblock nach außen aus. *Migi zenkutsu-dachi. Chūdan oi migi soto ude uke.*

Zweck: Wie bei den beiden vorhergehenden Techniken, in der entgegengesetzten Richtung ausgeführt.

8.

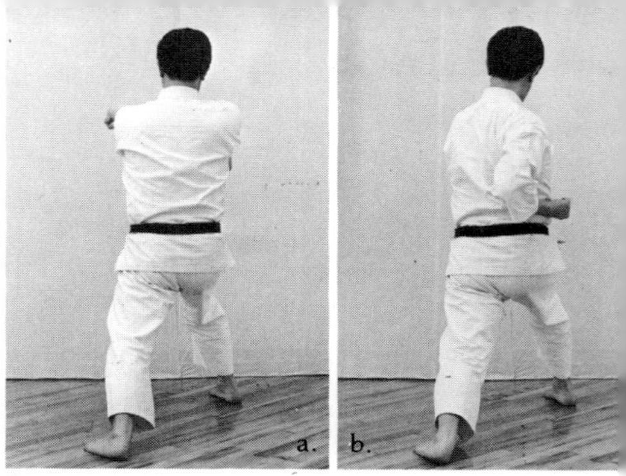

9.

Abb. 8a–8i. Ziehen Sie den rechten Fuß an den linken heran, holen Sie mit der rechten Faust in Kopfhöhe aus. Blicken Sie zur rechten Seite, Knie gebeugt und Oberkörper aufrecht, und führen Sie gleichzeitig den Unterarmschaufelblock (von innen nach außen) aus. Heben Sie in einer schaufelförmigen Bewegung die rechte Faust geradewegs über den Kopf, gehen Sie dann 90 Grad nach rechts in die rechte Frontalstellung, und führen Sie die rechte Unterarmabwehr nach innen aus. *Heisoku dachi. Migi zenkutsu-dachi. Soto migi gaiwan sukui uke. Chūdan oi migi uchi ude uke.*

Zweck: Abwehr eines Gegners, der mit einem Tritt von der rechten Seite angreift. Darauf kann ein Wegschaufeln des Beines und eine Wurftechnik folgen.

Abb. 9a–9f. Halten Sie die Stellung, und führen Sie die linke Unterarmabwehr nach außen aus. Drehen Sie die Hüften so weit wie möglich, um die linke Hüfte stark nach vorne bringen zu können. *Migi zenkutsu-dachi. Chūdan gyaku hidari soto ude uke.*

11.

12.

Abb. 10a–10f. Blicken Sie nach links, und drehen Sie auf dem rechten Fuß (Wendung um 90 Grad nach links). Ziehen Sie den linken Fuß zurück, und nehmen Sie die offene Beinstellung ein. Legen Sie die linke Hammerfaust oben auf die rechte. *Hachiji-dachi.*

Zweck: Bereitschaftsstellung für eine Abwehrbewegung.

Abb. 11a–11c. Halten Sie die Stellung, öffnen Sie die linke Hand, bewegen Sie sie etwas von der rechten Seite weg, und führen Sie dann den vertikalen Schwerthandblock vor dem Körper aus. *Hachiji-dachi. Hidari tate shutō uke.*

Zweck: Verteidigung gegen einen Faustangriff von vorne.

Abb. 12a–12c. Ziehen Sie die linke Hand an die linke Hüfte, und führen Sie gleichzeitig einen rechten geraden Fauststoß aus. *Hachiji-dachi. Migi choku-zuki.*

Zweck: Gegenangriff zum Solarplexus des Gegners.

13.

14.

15.

Abb. 13a–13f. Kreuzen Sie die Arme vor dem Körper, rechter Arm unter dem linken. Drehen Sie den Körper um 90 Grad nach links, und führen Sie gleichzeitig den rechten Unterarmblock nach außen durch. *Hidari-zenkutsu-dachi. Chūdan migi soto ude uke.*

Zweck: Eine Körperverschiebung und Abwehr kombinierende Verteidigung gegen einen Gegner, der von vorne mit einem Fauststoß angreift.

Abb. 14a–14c. Drehen Sie den Körper nach rechts. Ziehen Sie dann die rechte Hand zurück, und führen Sie den linken geraden Fauststoß aus. *Hachiji-dachi. Chūdan hidari choku-zuki.*

Zweck: Gegenangriff nach einer Abwehr.

Abb. 15a–15f. Kreuzen Sie die Arme vor dem Körper, linker Arm unter dem rechten. Drehen Sie den Körper um 90 Grad nach rechts, und führen Sie den linken Unterarmblock aus. *Migi zenkutsu-dachi. Chūdan hidari soto ude uke.*

Zweck: Verteidigung gegen einen Faustangriff von vorne (Kombination von Körperverlagerung und Abwehr). Identisch mit den in den Abb. 13a–13f gezeigten Techniken, ausgeführt in der entgegengesetzten Richtung.

17.

Anmerkung: Bei der Ausführung der Techniken in den Abb. 13b–15b erfolgt kein Schritt. Drehen Sie in der Stellung so, daß mit jeder Abwehr die Stellung höher als üblich ausfällt und so eine enge Vorwärtsstellung eingenommen wird.

Abb. 16a–16f. Bringen Sie den rechten Fuß zum linken Fuß, heben Sie gleichzeitig die rechte Hand an das linke Ohr, und strecken Sie den linken Arm nach vorne aus Gleiten Sie mit dem rechten Fuß nach vorne in die Rückwärtsstellung, und führen Sie den rechten Schwerthandblock aus. Diese Bewegungen müssen fließend als eine einzige Aktion erfolgen. *Hidari kōkutsu-dachi. Chūdan oi migi shutō uke.*

Zweck: Abwehr eines Fauststoßes zum Solarplexus, Körperverschiebung und Block kombinierend.

Abb. 17a–17f. Gehen Sie mit dem linken Bein nach vorne, und führen Sie den linken Schwerthandblock aus. *Migi kōkutsu-dachi. Chūdan oi hidari shutō uke.*

18.

19.

Abb. 18a–18f. Gehen Sie mit dem rechten Bein nach vorne, und führen Sie rechts einen Handkantenschlag aus. *Hidari kōkutso-dachi. Chūdan oi migi shutō uke.*

Abb. 19a–19f. Gehen Sie mit dem rechten Bein zurück, und führen Sie den Schwerthandblock links aus. *Migi kōkutsu-dachi. Chūdan oi hidari shutō uke.*

20.

21.

Abb. 20a–20i. Gleiten Sie von der rechten Rückwärtsstellung in die linke Frontalstellung, drehen Sie die rechte Schulter nach vorne. Schwingen Sie dann die rechte Hand unter die linke und schlagen nach vorne. Während mit der rechten Hand abgewehrt wird, bleibt die linke Hand offen (Fingerspitzen berühren das rechte Handgelenk). *Morote tsukumi uke. Hidari zenkutsu-dachi.*

Zweck: Abwehr gegen eine Stoßtechnik, Körperverschiebung während der Abwehraktion. Ergreifen und Ziehen des gegnerischen Armes.

Abb.21a–21f. Ziehen Sie das Knie so hoch wie möglich zur rechten Brustseite, und führen Sie dann einen Stechtritt nach unten aus. Dabei müssen gleichzeitig beide Fäuste an die Brust gezogen werden. *Migi fumikiri-geri. Kiai!*

Zweck: Gegenangriff mit dem Stechtritt zum Knie, nachdem der Arm des Gegners ergriffen und weggezogen wurde.

22.

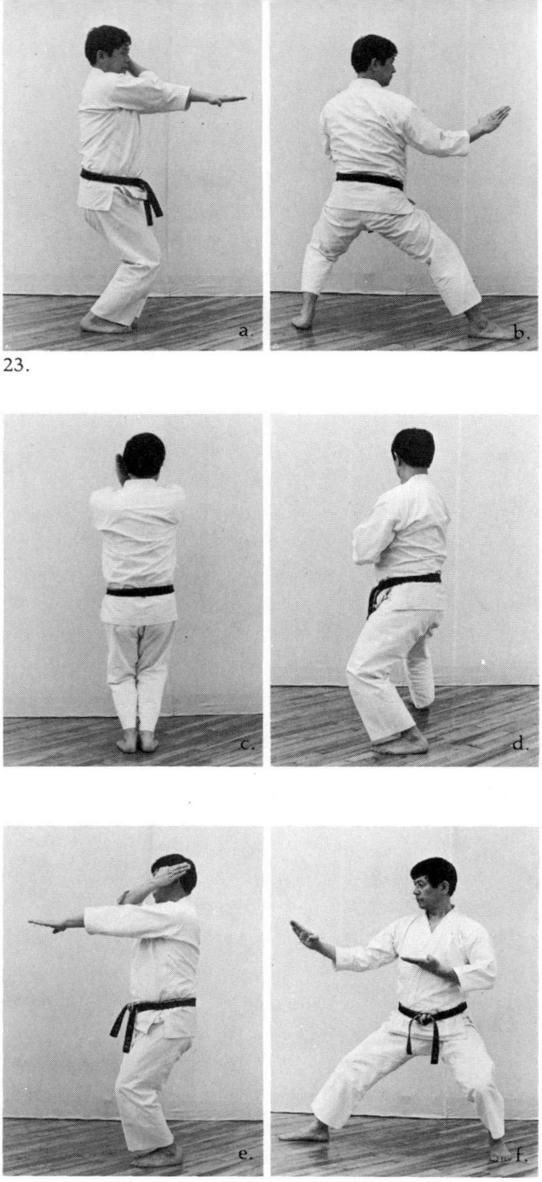

23.

Abb. 22a–22f. Bringen Sie den rechten Fuß an das linke Knie, und drehen Sie 90 Grad auf dem linken Fuß; gehen Sie dann mit dem rechten Fuß zurück in die Rückwärtsstellung rechts. Ausführung des Schwerthandblockes links. *Migi kōkutsu-dachi. Chūdan oi migi shutō uke.*

Zweck: Abwehr eines Fauststoßes zur mittleren Stufe durch Zurückgehen und Blocken.

Abb. 23a–23f. Gehen Sie mit dem rechten Fuß einen Schritt nach vorne in die Linksfrontalstellung, und führen Sie einen Schwerthandblock rechts aus. *Hidari kōkutsu-dachi. Chūdan oi migi shutō uke.*

Zweck: Wie bei der vorhergehenden Technik, aber Ausführung mit der rechten Hand.

24.

25.

26.

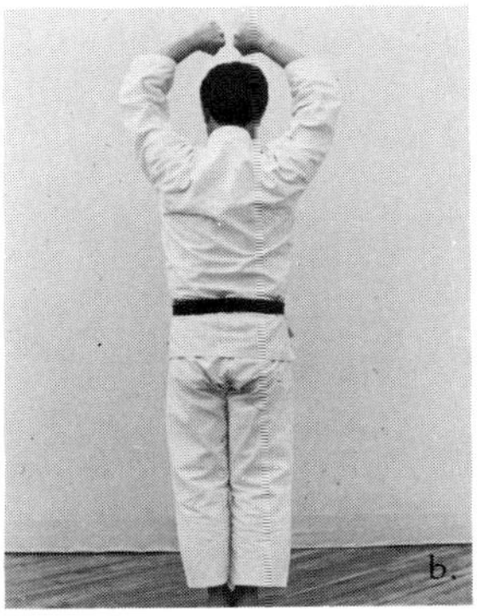

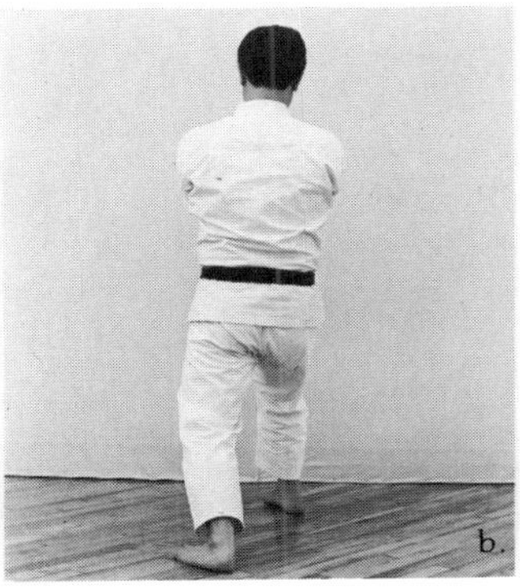

Abb. 24a–24c. Bleiben Sie mit dem linken Fuß an derselben Stelle, und ziehen Sie den rechten Fuß an den linken heran; gleichzeitig erfolgt die Ausführung einer Aufwärtsabwehr mit beiden Händen. *Heisoku-dachi. Morote age uke.*

Zweck: Verteidigung gegen einen Griff zur Kehle durch Zurückgleiten und Heranziehen des Gegners, wobei dessen Arme aufwärts geschlagen werden.

Abb. 25a–25c. Gleiten Sie nach vorne in die Rechtsvorwärtsstellung, und führen Sie gleichzeitig den beidhändigen Hammerfaustschlag aus. *Migi zenkutsu-dachi. Kentsui hasami uchi.*

Zweck: Nachdem der Griff des Gegners gebrochen wurde (Abb. 24a–24c), erfolgt der Gegenangriff gegen die Körperseiten.

Abb. 26a–26c. Gleiten Sie mit beiden Füßen nach vorne in die Rechtsvorwärtsstellung, und führen Sie einen geraden Fauststoß (rechts) zum Solarplexus aus. *Migi zenkutsu-dachi. Chūdan oi migi choku-zuki.*

Zweck: Fauststoß als Gegenangriff, wenn der Gegner entkommen will.

27.

28.

Abb. 27a–27f. Blicken Sie nach rechts, führen Sie einen Abwärtsblock mit der linken Schwerthand aus, und heben Sie gleichzeitig die offene rechte Hand an das rechte Ohr. Drehen Sie dann den Rumpf um 180 Grad in die Linksfrontalstellung, und führen Sie den Schwerthandschlag nach innen aus. Zugleich erfolgt die Ausführung einer Fegesperre links. *Hidari zenkutsu-dachi. Hidari gedan barai. Gedan gyaku migi shutō uchi. Hidari te nagashi uke.*

Zweck: Verteidigung gegen einen von rechts kommenden Vorwärtstritt und geraden Fauststoß zum Gesicht. Abwehr des Trittes mit der linken Schwerthand. Drehen Sie den Körper um 180 Grad, und führen Sie einen Gegenangriff zur Leistengegend mit der rechten Schwerthand, während der Stoß mit der linken Handfläche gefegt wird.

Abb. 28a–28f. Schließen Sie beide Hände zu Fäusten. Bewegen Sie den linken Fuß zurück an den rechten (*Heisoku-dachi*). Heben Sie gleichzeitig den rechten Arm (Ellbogen gebeugt) nach hinten, so daß das rechte Handgelenk auf einer Höhe mit dem Kopf ist, und bringen Sie die linke Faust in die Abwärts-

29.

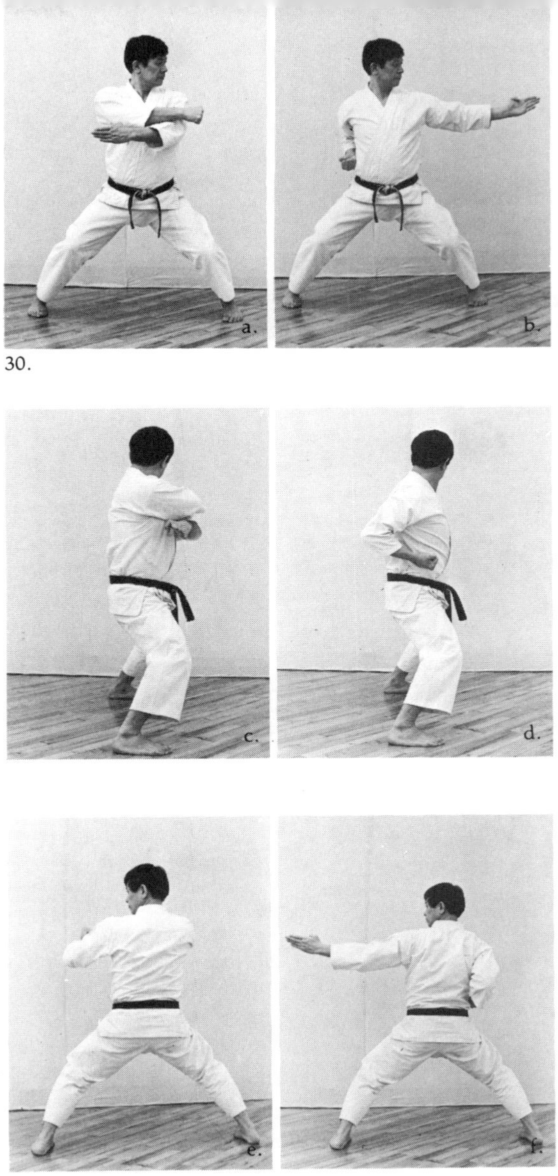

30.

blockposition auf der linken Körperseite. Der linke Arm weist schräg nach unten, einen etwa 30-Grad-Winkel mit dem Rumpf bildend. *Heisoku-dachi. Hidari gedan barai.*

Zweck: Bereitschaftsposition für Abwehrbewegungen.

Abb. 29a–29f. Halten Sie die rechte Faust oben, drehen Sie den Körper 180 Grad nach links, während das rechte Bein zur rechten Brustseite hochgerissen wird. Gleichzeitig erfolgt die Ausführung eines Stampftrittes rechts und eines Abwärtsblocks rechts, die in der Reiterstellung enden. *Fumikomi-geri. Kiba-dachi. Migi gedan barai.*

Zweck: Verteidigung gegen einen Fauststoß der mittleren Stufe durch Abwehr des Stoßes und Gegenangriff mit einem Stampftritt zum gegnerischen Fuß.

Abb. 30a–30f. Halten Sie die Stellung, blicken Sie nach links, und führen Sie eine Handrückenabwehr links aus. *Kiba-dachi. Chūdan hidari haishu uke.*

Zweck: Verteidigung gegen einen von links kommenden Fauststoß.

31. 32. 33.

Abb. 31a–31f. Während die Drehung um 180 Grad nach links erfolgt, wird ein Halbmondtritt mit dem rechten Bein zur mittleren Stufe ausgeführt, wobei die linke Hand als Zielfläche benutzt wird. Setzt der rechte Fuß wieder am Boden auf, erfolgt ein Vorwärtsellbogenschlag rechts zur mittleren Stufe (linke Hand als Zielfläche). Wir stehen nun in der Reiterstellung. *Migi mikazuki-geri. Migi empi mae uchi. Kiba-dachi.*

Zweck: Gegenangriff mit einem Halbmondtritt und Ellbogenschlag mittlere Stufe, nachdem ein Faustangriff abgewehrt wurde.

Abb. 32a–32c. Halten Sie die Stellung, stoßen Sie mit der rechten Hand abwärts, und bringen Sie die linke Faust an den rechten Bizeps (mit den beiden Faustrücken nach außen). *Kiba-dachi.*

Zweck: Verteidigung gegen einen Tritt zur unteren Körperpartie, während die mittlere Stufe mit dem anderen Arm geschützt wird.

Abb. 33a–33f. Halten Sie die Stellung, wiederholen Sie die Armbewegungen; bringen Sie zuerst die linke Faust und dann die rechte nach unten. *Kiba-dachi.*

34. 35. 36.

Abb. 34a–34c. Drehen Sie 90 Grad nach rechts in die Rechtsfrontalstellung, bringen Sie die linke Faust mit der Handfläche nach unten an die linke Hüfte und legen Sie die rechte Hammerfaust auf die andere Faust. *Migi zenkutsu-dachi.*

Zweck: Vorbereitende Bewegung für die nächste Technik.

Abb. 35a–35c. Führen Sie aus dieser Stellung den weiten U-Stoß aus. Beide Fäuste sollten ihre Ziele – die linke zum Gesicht, die rechte zum Magen – zur gleichen Zeit erreichen. Der Oberarm sollte leicht gedreht und über dem Kopf gehoben sein. *Yama-zuki.*

Zweck: Verteidigung gegen den Versuch des Gegners, das Haar zu packen; wir lehnen uns leicht nach vorne und führen den U-Stoß als Gegenangriff aus.

Abb. 36a–36c. Ziehen Sie den rechten Fuß an den linken zurück und bringen Sie gleichzeitig beide Fäuste an die rechte Hüfte – die linke Hammerfaust auf der rechten Faust. *Heisoku-dachi.*

Zweck: Bereitschaftsstellung für die nächste Technik.

37. 38. 39.

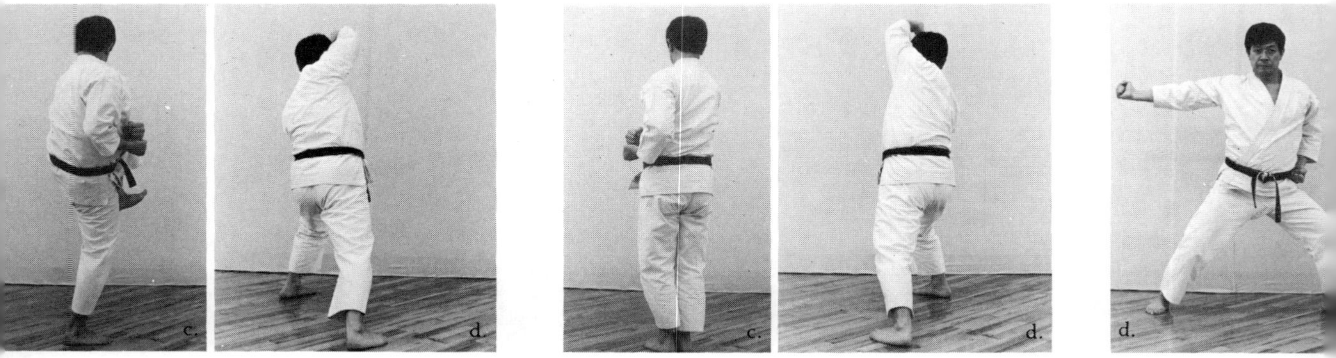

Abb. 37a–37f. Ziehen Sie das linke Knie vor dem Körper hoch, und gehen Sie dann nach vorne mit dem weiten U-Stoß, der unmittelbar auf den Stampftritt erfolgt. *Fumikomi-geri. Yama-zuki.*

Zweck: Verteidigung und Gegenangriff: Der Gegner greift mit einem Fauststoß zum Gesicht an. Nach vorne gehen, Stampftritt zum Fuß des Gegners und gleichzeitiges Abwehren seines Stoßes mit dem Oberarm und Angreifen mit einem Fauststoß zum Gesicht und Magen.

Abb. 38a–38f. Dies ist die gleiche Technik wie in den Abb. 37a–37f, ausgeführt von der anderen Seite. *Heisoku-dachi. Fumikiri-geri. Yama-zuki.*

Zweck: Alle Techniken sollten zu beiden Seiten ausgeübt werden.

Abb. 39a–39i. Bewegen Sie das linke Bein zurück, und drehen Sie dann um 180 Grad in die Linksfrontalstellung, während ein Unterarmhakenblock mit der rechten Hand nach unten erfolgt.

40.

Der Kopf ist nach rechts gedreht. *Hidari zenkutsu-dachi. Migi gaiwan gedan kake uke.*

Zweck: Verteidigung gegen einen Vorwärtstritt, der von hinten erfolgt. Gleiten Sie zur Seite, und blocken Sie den Tritt. Während der letzten Stufe der Abwehr muß der Fuß aus seiner Angriffsrichtung gedrängt werden, um das Gleichgewicht des Gegners zu brechen.

Abb. 40a–40i. Drehen Sie auf beiden Füßen, und drehen Sie den Rumpf 180 Grad nach rechts, um die Rechtsfrontalstellung einnehmen zu können. Führen Sie dann einen linken Unterarmhakenblock nach unten aus. *Migi zenkutsu-dachi. Hidari gaiwan gedan kake uke.*

Zweck: Wie bei der vorherigen Technik, ausgeführt von der entgegengesetzten Seite.

41.

42.

43.

Abb. 41a–41f. Bringen Sie den linken Fuß auf halbem Weg an den rechten; gehen Sie dann nach vorne in die Linksrückwärtsstellung – der linke Fuß steht in einem Winkel von 45 Grad. Führen Sie die linke Schwerthandabwehr aus. Bringen Sie dann den rechten Fuß zurück und um 90 Grad zur rechten Seite. Halten Sie die rechte Schwerthand über dem rechten Bein ausgestreckt, die linke Hand (Handfläche nach unten) vor der Brust. Drehen Sie den Kopf nach links. *Hidari kōkutsu-dachi. Chūdan oi migi shutō uke.*

Zweck: Verteidigung durch Abwehren mit der rechten Schwerthand und Ergreifen des Arms des Gegners, um ihn aus dem Gleichgewicht zu bringen.

Abb. 42a–42f. Ziehen Sie den rechten Fuß auf halbem Weg zum linken Fuß, und gehen Sie dann mit dem linken Fuß in die Rechtsrückwärtsstellung, während der Schwerthandblock links ausgeführt wird. *Migi kōkutsu-dachi. Chūdan oi hidari shutō uke. Kiai!*

Abb. 43a–43c. Lassen Sie den rechten Fuß auf der Stelle und bringen Sie den linken Fuß zum rechten Fuß. Bewegen sie gleichzeitig beide Hände vor den Körper, und legen Sie die rechte Faust in die linke Handfläche (die Finger der linken Hand um die rechte Faust gewickelt). *Heisoku-dachi.*

44.

45.

46.

Hangetsu

Die Shorei-Kata Hangetsu (»Halbmond«) hat ihren Namen von den halbkreisförmigen Bewegungen der Hände und Füße, die der Form eines Halbmondes ähneln.

Weil die Shorei-Kata dazu bestimmt sind, Stärke zu entwickeln, um die Konzentration der Kraft zu lehren, sollten die Bewegungen langsam ausgeführt werden (wenn nicht anders vermerkt). Die Konzentration der Kraft sollte in jeder Technik deutlich sein.

Abb. 44a–44c. Einnehmen der offenen Beinstellung. *Shizen-tai.*

Abb. 45a–45f. Lassen Sie den rechten Fuß auf der Stelle, und führen Sie den linken Fuß an ihn heran; dann führen Sie den linken Arm unter den rechten, und gehen Sie nach vorne in die Linkshalbmondstellung, während die Ausführung eines linken Unterarmblocks nach außen erfolgt. *Hidari hangetsu-dachi. Chūdan oi hidari soto ude uke.*

Anmerkung: Bei jeder Technik bewegen sich die Füße in Form eines Halbmondes.

Abb. 46a–46c. Aus dieser Stellung erfolgt ein seitenverkehrter Fauststoß rechts. *Hidari hangetsu-dachi. Chūdan gyaku migi choku-zuki.*

47.

48.

49.

Abb. 47a–47f. Gehen Sie mit dem rechten Fuß nach vorne in die Rechtshalbmondstellung, und führen Sie den rechten Unterarmblock nach außen aus. *Migi hangetsu-dachi. Chūdan oi migi soto ude uke.*

Abb. 48a–48c. Halten Sie die Stellung, führen Sie den seitenverkehrten Fauststoß links aus. *Migi hangetsu-dachi. Chūdan gyaku hidari choku-zuki.*

Abb. 49a–49f. Gehen Sie mit dem linken Fuß nach vorne in die Linkshalbmondstellung, und führen Sie den linken Unterarmblock nach außen aus. *Hidari hangetsu-dachi. Chūdan oi hidari soto ude uke.*

50. 51.

Abb. 50a–50c. Führen Sie aus dieser Stellung den seitenverkehrten Rechtsfauststoß aus. *Hidari hangetsu-dachi. Chūdan gyaku migi choku-zuki.*

Zweck: Abwehr und Gegenangriff durch Körperverschiebung nach innen, Abwehr nach außen und Kontern mit dem seitenverkehrten geraden Fauststoß. Dieselbe Kombination der Techniken wird zur rechten und linken Seite praktiziert.

Abb. 51a–51i. Ziehen Sie die rechte Faust zurück, und bewegen Sie gleichzeitig die linke Hand nach vorne, so daß sie sich auf halbem Weg treffen. Bilden Sie mit dem Zeigefinger eine Ein-Knöchel-Faust (*Ippon-ken*), und ziehen Sie dann beide Hände mit den Handflächen nach unten zur Brust. *Hidari hangetsu-dachi.*

Zweck: Verteidigung gegen einen von hinten zupackenden Gegner (Schlag gegen seine Handrückenseiten).

52.

Abb. 52a–52l. Strecken Sie beide Hände mit den Ein-Knöchel-Fäusten (Handflächen nach unten) nach vorne aus. Öffnen Sie dann beide Hände, um Speerhände zu bilden, und legen Sie die rechte Hand auf die linke. Heben Sie beide Arme über den Kopf, trennen Sie die Hände, und bringen Sie die Ellbogen in Kinnhöhe (Handflächen nach unten). *Hidari hangetsu-dachi.*

Zweck: Diese Technik wird angewandt, um dem Griff des Gegners zu entkommen, nachdem der Gegenangriff mit der Ein-Knöchel-Faust ausgeführt wurde. Die Technik kann auch gegen einen Angriff zum Gesicht eingesetzt werden.

53.

54.

Abb. 53a–53f. Kreuzen Sie aus dieser Stellung die Arme über dem Kopf – der rechte über dem linken –, und führen Sie dann beide Hände nach unten und außen zu den Seiten. Ausführung der Schwerthandschläge nach hinten (Handflächen zeigen zum Körper). *Hidari hangetsu-dachi. Shutō uchi.*

Zweck: Befreiung aus dem gegnerischen Griff und Gegenangriff mit den Schwerthandschlägen zur Leistengegend.

Abb. 54a–54f. Drehen Sie nach links, und drehen Sie das linke Bein um 180 Grad in die Linkshalbmondstellung. Führen Sie einen Handkantenblock mit der rechten Hand aus und gleichzeitig einen Schwerthandblock abwärts mit der linken Hand. *Hidari hangetsu-dachi. Chūdan gyaku migi haitō uke. Gedan oi hidari shutō uke. Kiai!*

Zweck: Verteidigung gegen einen Stoß- und Trittangriff, der von hinten erfolgt, kombiniert mit Körperverlagerung. Blocken Sie den Stoß mit der Innenhandkante und den Tritt mit der Schwerthand.

55.

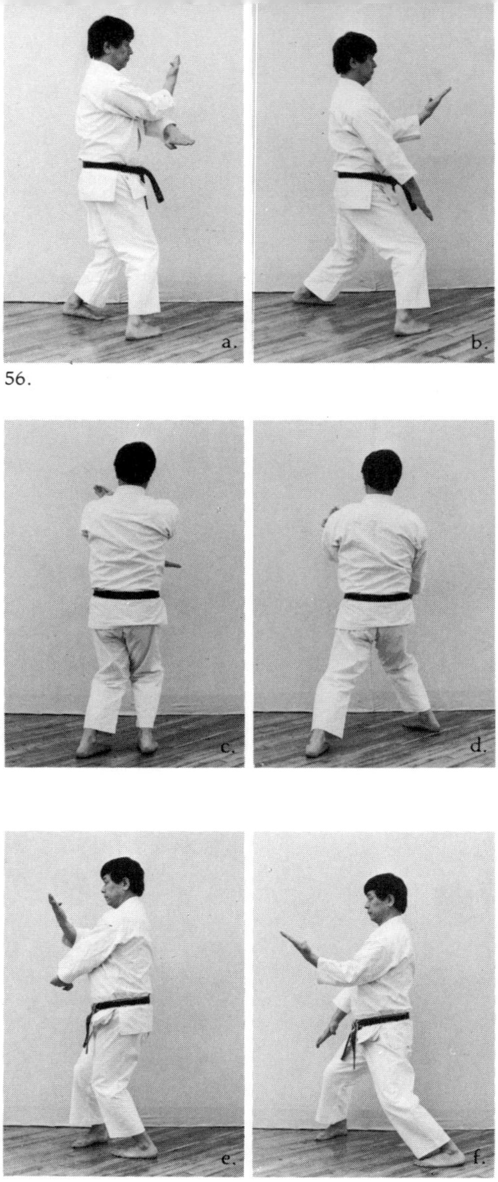

56.

57.

Abb. 55a–55c. Drehen Sie aus dieser Stellung die offene rechte Hand um 180 Grad, so daß die Handfläche nach unten zeigt. Bewegen Sie sie leicht abwärts und zum Körper. *Hidari hangetsu-dachi.*

Zweck: Ergreifen Sie die Hand des Gegners, und ziehen Sie diesen aus dem Gleichgewicht.

Abb. 56a–56f. Gehen Sie mit dem rechten Bein nach vorne in die Rechtshalbmondstellung, und führen Sie den Block mit der linken Innenhandkante aus, gleichzeitig den Schwerthandblock abwärts mit der rechten Hand. *Migi hangetsu-dachi. Chūdan gyaku hidari haitō uke. Gedan oi soto shutō uke.*

Zweck: Wie bei der Technik in den Abb. 54a–54f, aber nach der anderen Seite ausgeführt.

Abb. 57a–57c. Drehen Sie aus dieser Stellung die offene linke Hand um 180 Grad, so daß die Handfläche nach unten zeigt.

Zweck: Wie bei der Technik in den Abb. 55a–55c.

58.

59.

60.

Abb. 58a–58f. Gehen Sie nach vorne in die Linkshalbmondstellung, und führen Sie gleichzeitig den rechten Innenhandkantenblock und den linken Schwerthandblock abwärts aus. *Hidari hangetsu-dachi. Chūdan gyaku migi haitō uke. Gedan oi hidari soto shutō uke.*

Abb. 59a–59c. Halten Sie die Stellung, drehen Sie die offene rechte Hand um 180 Grad, so daß die Handfläche nach unten zeigt, und bringen Sie sie etwas nach unten und an den Körper. *Hidari hangetsu-dachi.*

Abb. 60a–60f. Bewegen Sie so schnell wie möglich den rechten Fuß zum linken, und drehen Sie um 90 Grad, vorwärts gleitend in die Rechtshalbmondstellung, während gleichzeitig der rechte Unterarmblock nach außen erfolgt. *Migi hangetsu-dachi. Chūdan oi migi soto ude uke.*

Zweck: Verteidigung gegen einen von der Seite angreifenden Gegner durch Körperverschiebung zur Innenseite des Stoßes und Abwehr mit dem Unterarm.

61.

62.

63.

Abb. 61a–61c. Führen Sie aus dieser Stellung den seitenverkehrten Fauststoß links in die mittlere Stufe aus. *Migi hangetsu-dachi. Chūdan gyaku hidari choku-zuki.*

Zweck: Gegenangriff nach der Abwehr in den Abb. 60a–60b.

Abb. 62a–62c. Ziehen Sie aus dieser Stellung die linke Hand zurück, und führen Sie gleichzeitig den geraden Rechtsfauststoß zur mittleren Stufe aus. *Migi hangetsu-dachi. Chūdan oi migi choku-zuki.*

Zweck: Kontertechnik nach dem Block in den Abb. 60a–60f.

Anmerkung: Die Techniken in den Abb. 60–68 sollten ohne Unterbrechung und so schnell wie möglich ausgeführt werden.

Abb. 63a–63f. Bringen Sie den rechten zum linken Fuß, drehen Sie dann um 180 Grad, gleiten Sie eine Schulterbreite in die Linkshalbmondstellung, und führen Sie einen Linksunterarmblock nach außen aus. *Hidari hangetsu-dachi. Chūdan oi hidari soto ude uke.*

Zweck: Wie bei der vorhergehenden Technik, nur zur anderen Seite ausgeführt.

64. 65. 66. 67.

Abb. 64a–64c. Ziehen Sie aus dieser Stellung die linke Hand zurück, und führen Sie einen seitenverkehrten Rechtsfauststoß aus. *Migi hangetsu-dachi. Chūdan gyaku migi choku-zuki.*

Zweck: Wie bei der Technik in Abb. 61a–61c.

Abb. 65a–65c. Halten Sie die Stellung, ziehen Sie die rechte Hand zurück, und führen Sie einen geraden Linksstoß zur mittleren Stufe aus. *Hidari hangetsu-dachi. Chūdan oi hidari choku-zuki.*

Zweck: Wie bei der Technik in den Abb. 62a–62c.

Abb. 66a–66f. Ziehen Sie den rechten Fuß zum linken heran, drehen Sie dann um 90 Grad, gleiten Sie eine Schulterbreite in die Halbmondstellung rechts, und führen Sie den rechten Unterarmblock nach außen aus. *Migi hangetsu-dachi. Chūdan oi migi soto ude uke.*

Zweck: Wie in den Techniken in den Abb. 60 und 63.

Abb. 67a–67c. Ziehen Sie aus dieser Stellung die rechte Hand zurück, und führen Sie gleichzeitig den seitenverkehrten Linksfauststoß zur mittleren Stufe aus. *Migi hangetsu-dachi. Chūdan gyaku hidari choku-zuki.*

68. 69.

Abb. 68a–68c. Halten Sie die Stellung und ziehen Sie die linke Hand zurück, während die Ausführung des geraden Rechtsstoßes zur mittleren Stufe erfolgt. *Migi hangetsu-dachi. Chūdan gyaku migi choku-zuki.*

Abb. 69a–69l. Reißen Sie das linke Knie zur Brust, ohne dabei den rechten Fuß zu bewegen, und heben Sie die linke Faust vor dem Körper hoch (Faustrücken zeigt nach außen). Drehen Sie um 180 Grad auf dem rechten Fuß nach links, wobei der Arm und das Bein einen weiten Bogen beschreiben. Gleiten Sie in die rechte Rückwärtsstellung, und bringen Sie die linke Faust nach unten in Schulterhöhe. *Migi kōkutsu-dachi. Soto ashibo kake uke.*

Zweck: Verteidigung gegen einen von hinten kommenden Tritt. Verschieben Sie den Körper, und wehren Sie den Tritt mit dem Hakenbeinblock nach außen ab.

70.

71.

72.

Abb. 70a–70c. Gehen Sie gerade nach vorne, wobei der rechte Fuß über den linken kreuzt. *Hidari kōsa-dachi.*

Zweck: Überbrücken der Distanz.

Abb. 71a–71f. Führen Sie – ohne dabei den rechten Fuß zu bewegen – einen Linksfrontaltritt aus, während der linke Arm zur rechten Gesichtseite zurückgezogen wird (Handfläche zum Kopf). Nach Ausführung des Abwärtsblocks links. *Hidari mae-geri keage. Hidari hangetsu-dachi. Hidari gedan barai.*

Zweck: Der Gegner versucht zuzupacken und das linke Handgelenk nach vorne zu ziehen. Verteidigung durch Hineingehen und Brechen des gegnerischen Griffs, indem man den linken Arm des Gegners nach hinten zieht und einen Vorwärtstritt folgen läßt. Verteidigung mit dem Abwärtsblock gegen einen Faustof oder Fußtritt.

Abb. 72a–72c. Halten Sie die Stellung und führen Sie einen seitenverkehrten geraden Rechtsstoß zur Brust aus. *Hidari hangetsu-dachi. Chūdan gyaku migi choku-zuki.*

Zweck: Gegenangriff nach Ausführung des Blocks.

73.

74.

Abb. 73a–73f. Führen Sie aus dieser Stellung einen Aufwärtsblock links aus. *Hidari hangetsu-dachi. Hidari age uke.*

Zweck: Verteidigung gegen einen Fauststoß zum Gesicht.

Anmerkung: Die Techniken in den Abb. 69d–73 sollten ohne Unterbrechung ausgeführt werden.

Abb. 74a–74i. Ziehen Sie das rechte Knie zur Brust hoch, wobei der gebeugte rechte Arm über diesem steht und der Faustrücken nach außen zeigt. Drehen Sie dann um 180 Grad auf dem linken Fuß nach rechts, und gehen Sie in die Rückwärtsstellung links. *Hidari kōkutsu-dachi.*

Zweck: Wie bei den Techniken in den Abb. 69a–69l, ausgeführt nach der anderen Seite.

75. 76. 77.

Abb. 75a–75c. Gehen Sie mit dem linken Fuß gerade nach vorne, und kreuzen Sie dabei mit dem linken Fuß über den rechten. *Migi kōsa-dachi.*

Zweck: Überbrücken der Distanz.

Abb. 76a–76f. Führen Sie, ohne den linken Fuß zu bewegen, einen Vorwärtsschritt rechts aus, während gleichzeitig der rechte Arm zur linken Gesichtsseite gezogen wird (Handfläche zeigt zum Kopf). Gehen Sie nach Ausführung des Tritts in die rechte Halbmondstellung, und führen Sie den Abwärtsblock rechts aus. *Migi mae-geri keage. Migi hangetsu-dachi. Migi gedan barai.*

Zweck: Wie bei den Techniken in Abb. 70–71.

Abb. 77a–77c. Halten Sie die Stellung und führen Sie den seitenverkehrten linken Fauststoß zur mittleren Stufe aus. *Migi hangetsu-dachi. Chūdan gyaku hidari choku-zuki.*

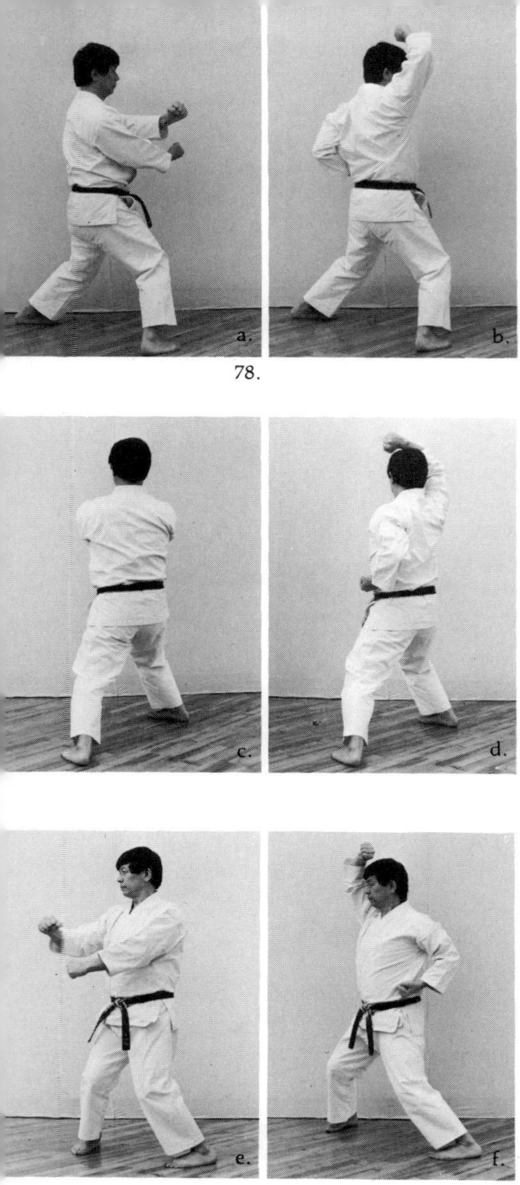

78.

79.

Abb. 78a–78f. Aus dieser Stellung erfolgt unmittelbar die Ausführung des Aufwärtsblocks rechts. *Migi hangetsu-dachi. Migi age uke.*

Anmerkung: Die Techniken in den Abb. 76–78 sollten schnell und ohne Unterbrechung ausgeführt werden.

Abb. 79a–79l. Reißen Sie das linke Knie zur Brust, wobei der gebeugte linke Arm über diesem steht und der Handrücken nach außen zeigt. Drehen Sie dann um 180 Grad auf dem rechten Fuß nach links, und gehen Sie in die rechte Rückwärtsstellung. Halten Sie die linke Faust etwa in Schulterhöhe vor dem Körper. *Migi kōkutsu-dachi.*

Zweck: Wie bei den Techniken in den Abb. 74.

80. 81.

Abb. 80a–80c. Halten Sie die Stellung, strecken Sie den linken Arm aus, öffnen Sie dann die Hand, und drehen Sie den Arm um 90 Grad einwärts, so daß die Handfläche parallel mit der Brust ist. *Migi kōkutsu-dachi.*

Zweck: Die ausgestreckte linke Hand dient als ein Ziel für die nächste Technik. Das wirkliche Ziel wäre der Stoßarm des Gegners.

Abb. 81a–81i. Führen Sie einen Halbkreisfußblock mit der rechten Sohle aus, haken Sie dann den abwehrenden Fuß hinter das gegnerische Führungsbein, und ziehen Sie den Gegner heran. Führen Sie einen seitenverkehrten Rechtsfauststoß zur unteren Stufe aus der Linkshalbmondstellung aus. *Migi teisoku mawashi uke. Hidari hangetsu-dachi. Gedan gyaku migi choku-zuki. Kiai!*

Zweck: Verteidigung gegen einen Fauststoß durch Abwehren mit der rechten Sohle und Kontern mit einem seitenverkehrten geraden Fauststoß.

82.

83.

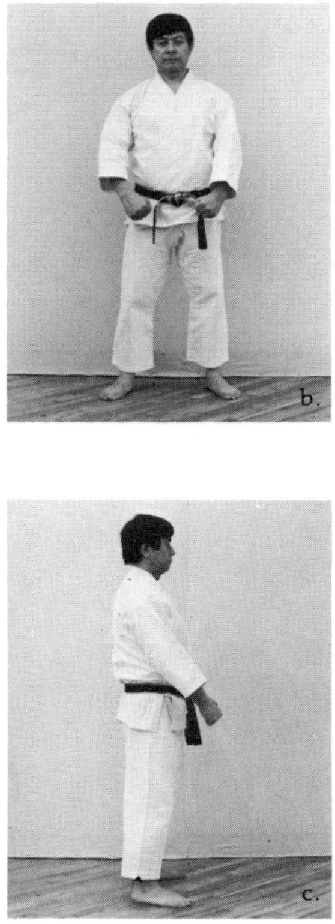

Abb. 82a–82f. Während der rechte Fuß um eine Schulterbreite zurückgezogen wird, müssen beide Handflächen an die Körperseiten gebracht werden. Nehmen Sie Katzenfußstellung ein, und führen Sie den kombinierten Handflächenblock aus. *Neko ashi-dachi. Teishō awase uke.*

Zweck: Ein von vorne kommender Tritt wird mit den Handflächen abgewehrt.

Abb. 83a–83c. Lassen Sie den rechten Fuß auf der Stelle, und bewegen Sie den linken Fuß zurück, um die offene Beinstellung einzunehmen. Hachiji-dachi.

Anhang A: Anmerkungen zu den medizinischen Untersuchungen

Ein Abschnitt unseres Intervalltrainings, dessen physiologische Analyse in Kapitel 2 wiedergegeben ist, enthält 15 Wiederholungen der untersuchenden Kata. Dieser skelettmuskulären Arbeit (SMA) folgt ein einminütiges Lockern und Dehnen (kardiorespiratorische Arbeit, KRA).

Wie in Kapitel 2 beschrieben, waren die anhand der Kata Bassai Dai und Hangetsu untersuchten 100 Personen zwischen 18 und 45 Jahre alt und hatten im Durchschnitt eine vierjährige Kata-Erfahrung. Die durchschnittliche Größe betrug 171 cm, das durchschnittliche Gewicht 71 kg. Bei der Untersuchung der Kata Heian 1 besaßen die 50 Braun- und Schwarzgürtelträger im Durchschnitt eine Karate-Erfahrung von viereinhalb Jahren. Ihr Durchschnittsalter betrug 25 Jahre (von 17 bis 45), ihre durchschnittliche Größe 171 cm (von 152 bis 185 cm) und ihr durchschnittliches Gewicht 71 kg (von 55 bis 96 kg).

Die folgenden Messungen wurden vor, während und nach der Ausführung der Kata vorgenommen:

Blutdruck – Diastolischer und systolischer (Millimeter Quecksilbersäule, mmHg).

Elektrokardiogramm – Herzstromkurve (EKG), im Ruhezustand und in Belastung, d. h. während der Übung.

Herzfrequenz – Anzahl der Herzkontraktionen und Entspannungen pro Minute (Schläge pro Minute).

Atem-Minutenvolumen – Menge der ein- oder ausgeatmeten Luft pro Minute (Liter pro Minute).

Atemfrequenz – Anzahl der Atemzüge pro Minute.

Atemvolumen – Durchschnittliche Luftmenge während eines Ein- und Ausatmungszyklus (Milliliter).

Vitalkapazität – Luftmenge, die nach einer maximalen Einatmung maximal ausgeatmet werden kann (Milliliter).

Die andauernde Überwachung der Reaktionen von Herz und Kreislauf wurde durch die Verwendung telemetrischer Elektrokardiogramme ermöglicht. Diese neuere technische Erfindung erfordert keine einschränkenden Anschlüsse an Kabel, welche die Bewegungsfähigkeit der Probanden behindern würden. Wie in Abb. 1 gezeigt, sind zwei Elektroden an der Brust des Sportlers befestigt – die eine oben am Brustbein, die andere unter der linken Brustwarze (nahe der Herzspitze). Der handgroße Sender ist auf dem Rücken des Prüflings angebracht, um Störungen zu vermeiden. Nachdem der Empfänger die Funkwellen in elektrische Impulse umgewandelt hat, kann die Herzaktivität unmittelbar auf einem Monitor beobachtet und fortlaufend in Form von Kurven aufgezeichnet werden.

Die Atmungsparamter wurden mittels eines Mini-Spirometers gemessen. Diese kompakte Vorrichtung stört die Beweglichkeit nicht; sie ist ebenfalls auf dem Rücken befestigt, so daß die Atmungsfunktion am Digitalanzeiger beobachtet werden kann (Abb. 2). Eine Nasenklammer sorgt dafür, daß die gesamte Luft durch den Mund über ein spezielles Mundteil und einen Plastikschlauch in das Spirometer ausgeatmet wird (Abb. 3).

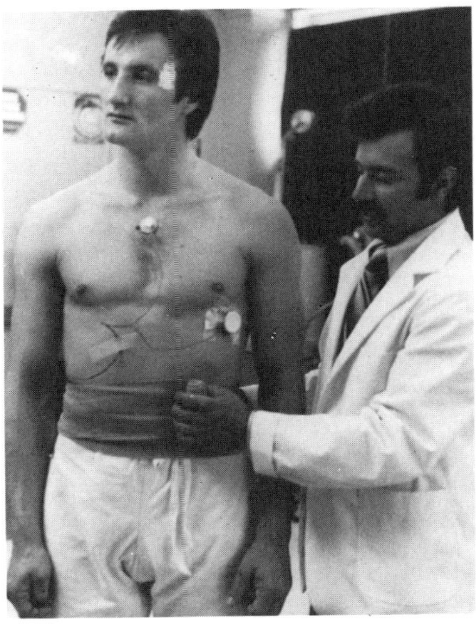

1.

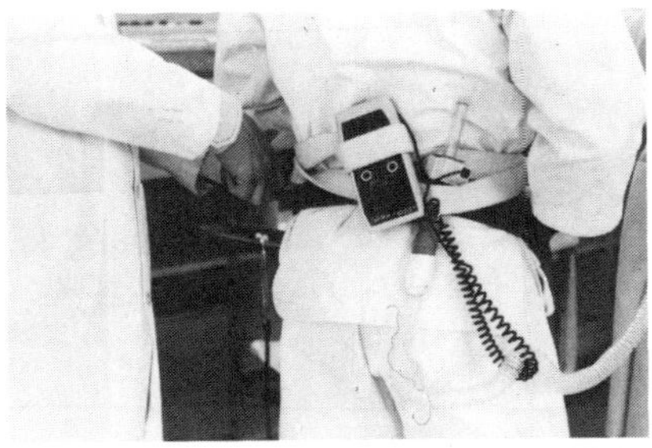

2.

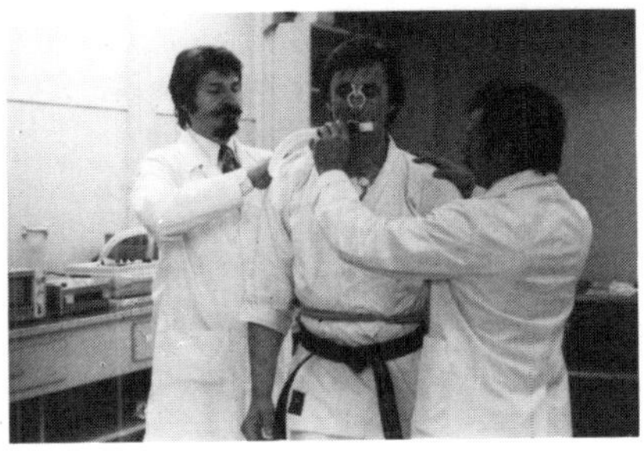

3.

4. Durchschnittliche Herzfrequenz während des Intervalltrainings

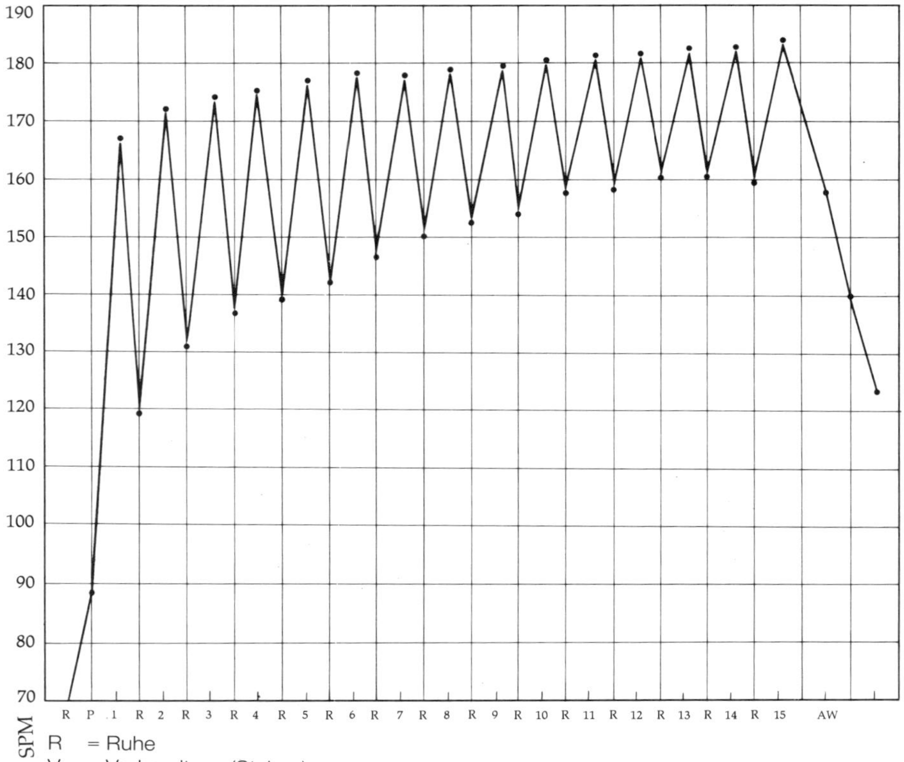

R = Ruhe
V = Vorbereitung (Stehen)
AW = Abwärmen
Die Zahlen am unteren Rand geben die Wiederholungen der Kata (Heian 1) an.

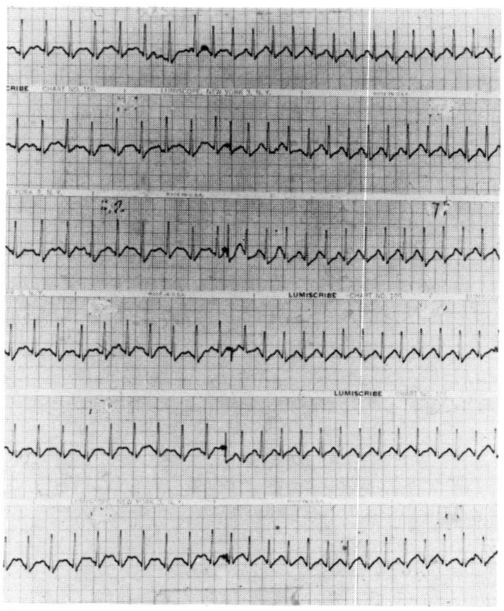

5.

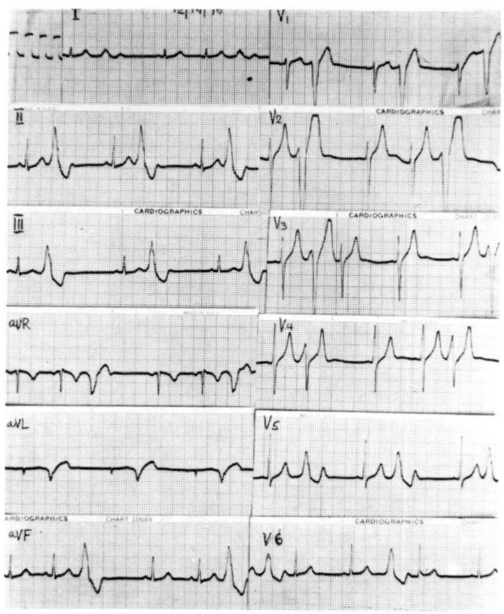

6. **Ruhe-EKG (12 Elektroden)**

Abb. 4 zeigt die durchschnittliche Herzfrequenz der 30 Sportler in der Untersuchung mit Heian 1. Bei 170 bis 180 Schlägen pro Minute für SMA liegt die Herzfrequenz gut innerhalb des Bereichs, der langandauernde nutzbringende Aufbauwirkungen sichert. Für KRA sollte die Herzfrequenz nicht weniger als 100 Schläge pro Minute betragen; optimal ist der Bereich von 120 bis 140 Schlägen pro Minute. Daß die von uns untersuchten Personen einen Durchschnitt von über

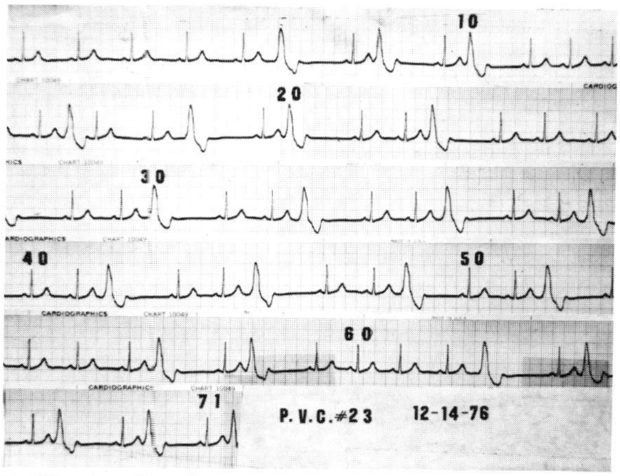

7. **Minuten-Herzfrequenz**

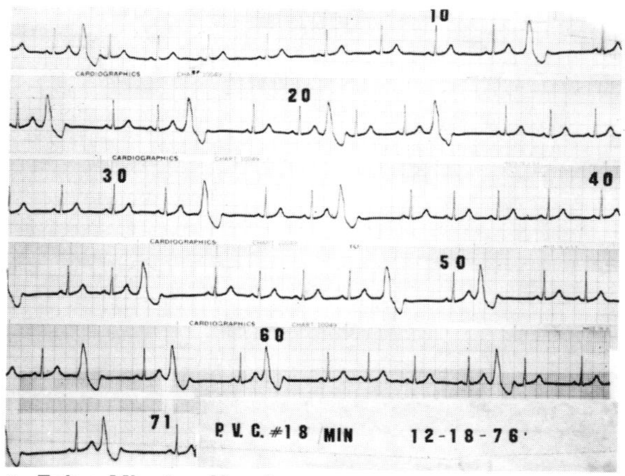

9. **Folge-Minuten-Herzfrequenz**

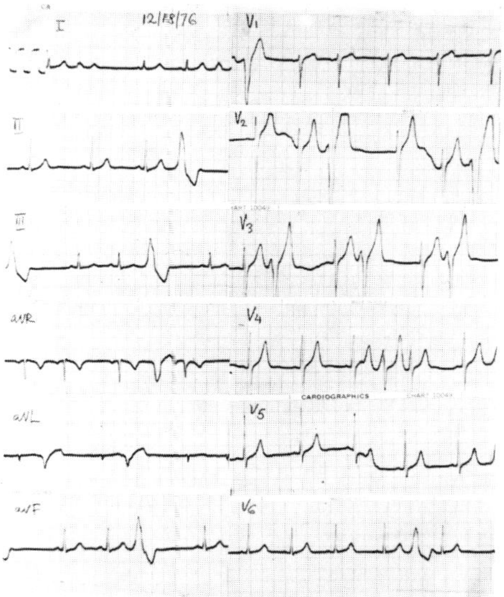

8. **Folge-Ruhe-EKG (12 Elektroden)**

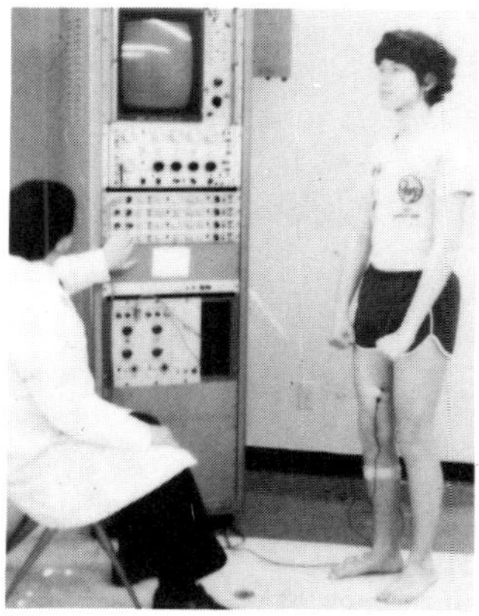

10.

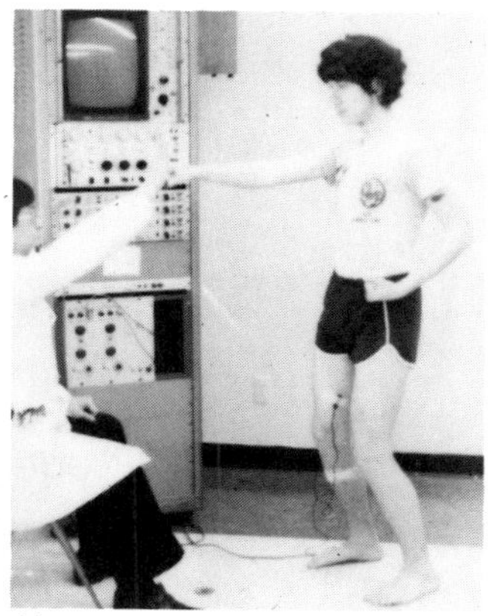

11.

140 Schlägen pro Minute aufweisen, zeigt an, daß deren Training intensiver, aber damit auch nur für Sportler geeignet ist. Abb. 5 zeigt das EKG eines Trainingsabschnitts für einen 33 Jahre alten Probanden mit einer zwölfjährigen Karate-Erfahrung.

Wie schon in Kapitel 2 erwähnt, wurden die Untersuchungspersonen ärztlich untersucht, um eventuelle ungewöhnliche Herzzustände auszuschließen. Ein solcher Fall ist in den Abb. 6–7 dargestellt. Abb. 6 (Ruhe-EKG) zeigt eine große Anzahl von vorzeitigen ventrikulären Extrasystolen an, die paarweise auftreten (bigeminaler Rhythmus). Die EKG-Streifen der Minuten-Herzfrequenz in Abb. 7 verdeutlichen, daß von den 71 Kontraktionen pro Minute der Herzruhefrequenz 23 früheinfallende Extraschläge sind. Wir haben deshalb ein »Zurückstecken« bei der Arbeit und nur körperlich erholsame Aktivitäten empfohlen – kein Wettkampf, auch keine starke physische Belastung. Unsere Empfehlungen wurden befolgt, und schon innerhalb weniger Tage konnte eine Verbesserung festgestellt werden, wie es im Folge-Ruhe-EKG (12 Elektroden) und der Folge-Minuten-Herzfrequenz (Abb. 8–9) zu sehen ist.

Bei der Auswertung der Leistungen in einer Stellung verwendeten wir einen Elektromyographen. Abb. 10 bezieht sich auf die natürliche Stellung. Das Fehlen von herausragenden Schwankungen auf Monitor und Aufzeichnungsgerät zeigt, daß die Muskelkontraktion minimal ist, obgleich der Muskeltonus etwas höher als normal ausfällt. Wird die Stellung mit einer Technik kombiniert wie in Abb. 11, so kann eine stärkere Muskelkontraktion beobachtet werden.

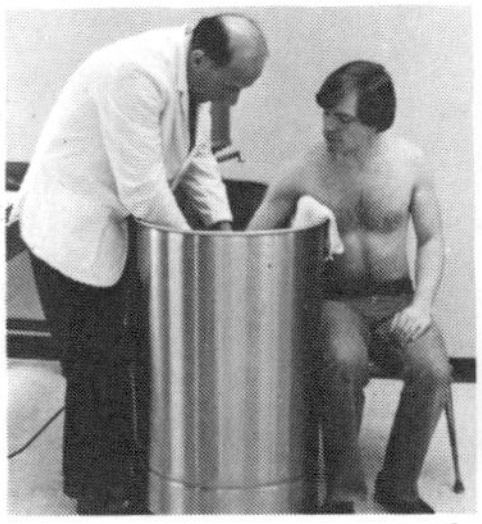

1.

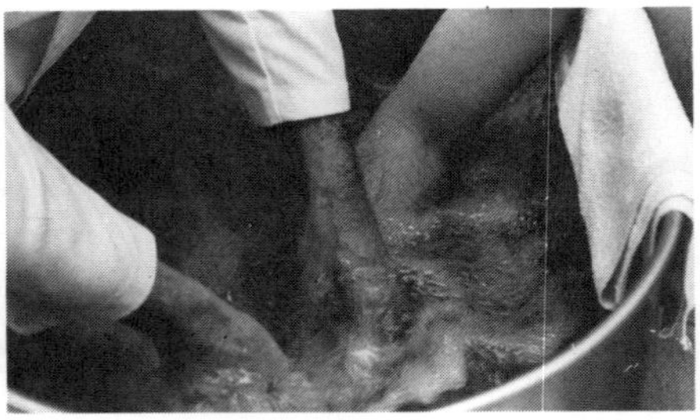

2.

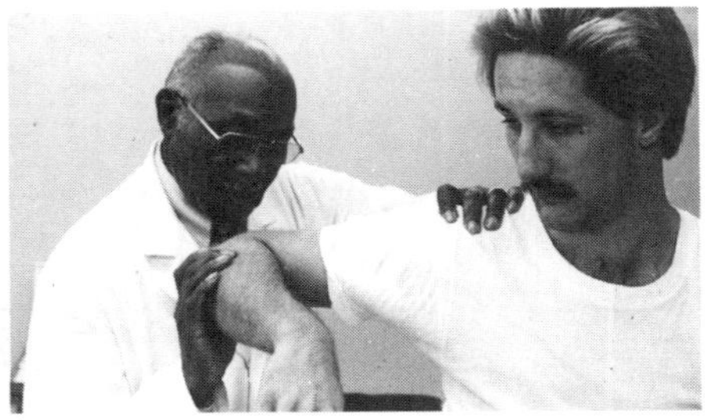

3.

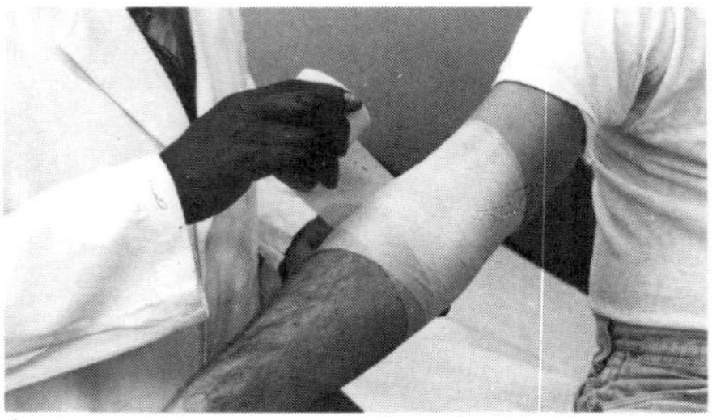

4.

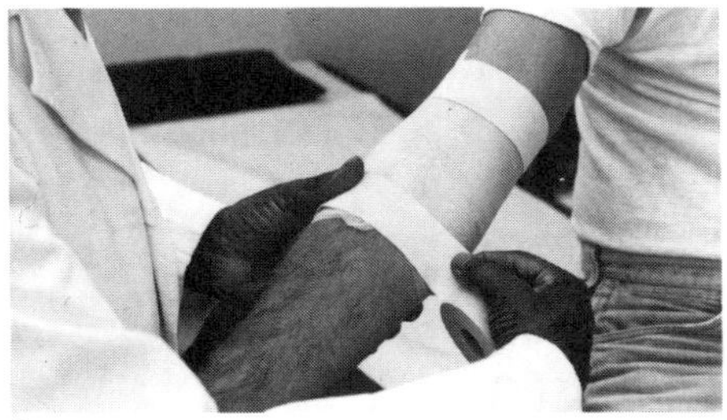

5.

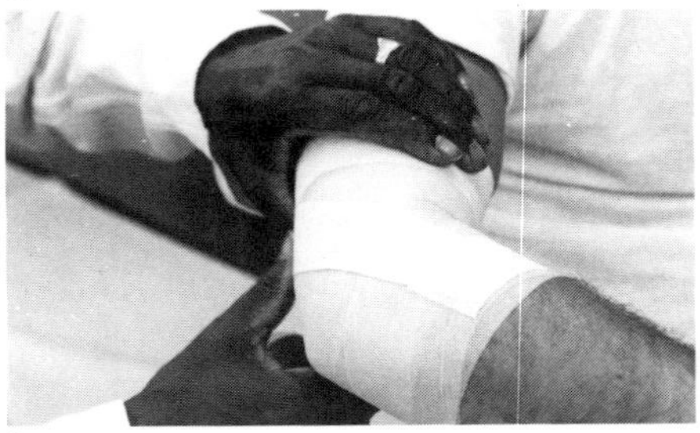

6.

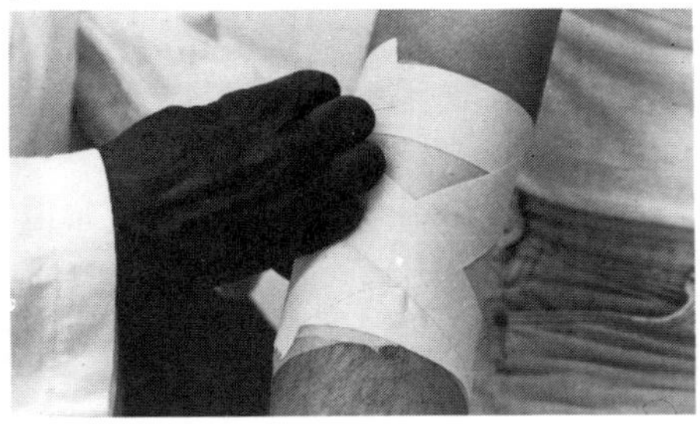

7.

Anhang B: Medizinische Anleitung

Verletzungen

Ein Karatestoß ist weitaus gefährlicher als die im Boxen üblichen Schläge. Beim Boxen absorbieren die Handschuhe ein Großteil der Aufprallenergie, aber im Karate wirkt die bloße Hand mit ihrer Knochenstruktur wie eine harte Waffe und kann enormen Schaden anrichten. Gefährlich sind insbesondere Stöße zum Gesicht oder Kopf, die Gehirnerschütterungen, Bewußtlosigkeit usw. zur Folge haben können. Nur ein falscher Stoß kann schwere Schädigungen des zentralen Nervensystems und sogar Lähmungen verursachen. Während des Übens wie auch beim Kampf sollte dies stets bedacht und entsprechend sorgfältig und vorsichtig vorgegangen werden. Auftretende Verletzungen sollten gewissenhaft und fachgerecht behandelt werden, d. h., ein Arzt muß aufgesucht werden. Geschieht dies nicht, so kann es zu Komplikationen der Verletzung, zu erneuten Verletzungen und/oder zu chronischen Beschwerden kommen.

Bei Verletzungen der Gelenke oder Bänder, die auch mit inneren Blutungen verbunden sein können, ist die sofortige Anwendung von Eis- oder kalten Kompressen und das Hochlegen des verletzten Körperteils erforderlich. Im Anschluß daran sollte sofort ein Arzt gerufen oder aufgesucht werden, der eine genaue Diagnose stellt und die weitere Therapie festlegt. Möglich sind da beispielsweise Wasserbehandlungen (Abb. 1 uns 2), deren Art, Dauer und Intensität exakt auf die Bedürfnisse des Patienten abgestimmt werden können. Der Wirbel kann so eingestellt werden, daß verschiedene Widerstandsgrade geliefert werden (Abb. 2). Diese Behandlungsform kann mit Massage oder einer anderen wirkungsvollen Therapie kombiniert werden.

Das Streben nach Schnelligkeit und dem Schnappimpuls bei Techniken wie zum Beispiel dem *Tate uraken uchi* kann zur Verletzung beanspruchter Bereiche wie zum Beispiel des Ellbogens führen. Vom Arzt untersucht werden sollten Schulter, Ellbogen und Handgelenk (Abb. 3).

Ist beispielsweise bei einer äußeren Verletzung ein Verband erforderlich, so wird zunächst die Verletzung mit einer sterilen Kompresse abgedeckt und dann der gesamte Ellbogenbereich mit einer Mullbinde umwickelt. Das Bindenende wird mit Leukoplast o. ä. festgeklebt (Abb. 4 und 5).

8. Gewichtsverlust während des Trainings

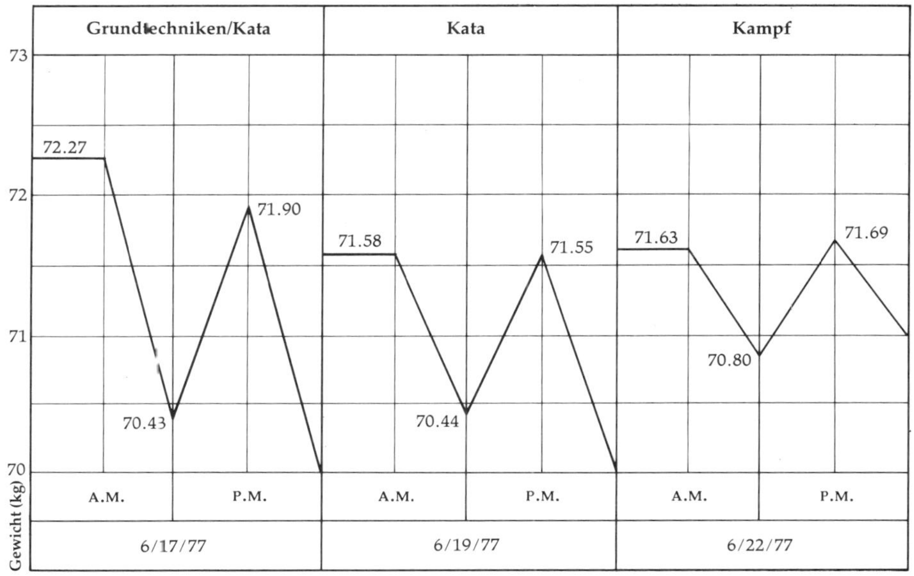

Wird der Ellbogen in angewinkeltem Zustand verbunden, so sollte auf eine gewisse Bewegungsfreiheit geachtet werden. Mit dem Aufbringen weiterer Leukoplaststreifen kann ein Verrutschen des Verbandes verhindert werden (Abb. 6 und 7).

Es ist stets darauf zu achten, daß die Leukoplaststreifen niemals rund um den Arm geklebt (mehr als 50 bis 60 Prozent sollten nicht bedeckt werden) und auch die Verbände selbst nicht zu straff angezogen werden dürfen, da – besonders bei nachträglichem Anschwellen des verletzten Bereichs – Durchblutungsstörungen des Unterarms eintreten können.

Gewichtsverlust, Ermüdung und Erholung

Der Verbrauch von Energie (Kalorien/Joule) steht im direkten Verhältnis zur Intensität der Übung. Dies zeigt sich durch Gewichtsverlust während des Trainings größtenteils durch Schwitzen. Untersuchungen aus anderen Sportarten nennen Gewichtsverluste von 2 bis 3 kg oder mehr während einer Übungsstunde. Abb. 8 zeigt die Ergebnisse unserer eigenen Untersuchungen in bezug auf den Gewichtsverlust bei 50 Sportlern in drei Trainingsarten (Grundtechniken der Kata, Kata und Kampf) an drei verschiedenen Tagen. In unserem Training untersagen wir übrigens jedem Sportler, mit der nächsten Stufe zu beginnen, wenn er in einer einzigen Trainingsstunde 3 kg oder mehr abnimmt. Ausnahme: Der Wasserverlust würde nahezu vollständig ausgeglichen und das Körpergewicht ist wieder wie zuvor.

Wenn intensiv trainiert wird (60 Minuten oder mehr), ist das Trinken von reichlich Wasser drei Stunden vor Trainingsbeginn ratsam. Im Zweifelsfall lieber zuviel als zuwenig trinken, da ein Überschuß wieder ausgeschieden wird. Wenn die Wasseraufnahme zu gering ist, kann dies zur Austrocknung (Exsikkose) führen, was gefährlich ist. Todesfälle als Folge von Austrocknung sind in anderen Sportarten bereits vorgekommen. Wenn in einer Anfangsstufe des Trainings (Trainingshäufigkeit: einmal täglich für maximal 1 Woche) der Gewichtsverlust weniger als 2,5 kg pro Trainingseinheit beträgt, sind Salztabletten im allgemeinen nicht notwendig. Bei höheren Belastungen über längere Zeit können Salztabletten – je nach Gewichtsverlust – ratsam sein (Einnahme unter Anleitung des Mannschaftsarztes).

Eine akute psychische Ermüdung kann sich äußern in Konzentrationsschwierigkeiten, Anspannung, Ruhelosigkeit, konstanter Abgeschlagenheit, Depression, Antriebsmangel und unregelmäßigem Schlaf. Akute physische Erschöpfung kann sich in einem Gewichtsverlust niederschlagen, wenn die Ernährungsgewohnheiten ansonsten unverändert bleiben. Die Nähr- und Vitalstoffzufuhr muß entsprechend angepaßt werden, um wieder die richtige Kondition zu erlangen. Erholungspausen, heiße Bäder und Massagen sind als wiederherstellende Maßnahmen ebenso dienlich.

Während der Erholungsphase des Trainingszyklus, d. h. unmittelbar nach dem Training, sind heiße Duschen nicht anzuraten (dies gilt insbesondere für Anfänger älteren Jahrgangs). Sie können einen Wärmestau und in der Folge einen Kreislaufkollaps verursachen. In anderen Sportarten besteht eine hohe Korrelation zwischen Verletzungen und dieser Praxis.

Bibliographie

Allgemeine Sportliteratur:

Ballreich, R.: *Grundbegriffe der Methodik der Leibesübungen.* Limpert Verlag, Bad Homburg.

Fetz, F.: *Allgemeine Methodik der Leibesübungen.* Limpert Verlag, Frankfurt.

Gabler, H.: *Leistungsmotivation im Hochleistungssport.* Verlag K. Hofmann, Schorndorf 1981.

Harre, D.: *Trainingslehre.*

Hettinger, Th.: *Isometrisches Muskeltraining.* Thieme-Verlag, Stuttgart 1983.

Hillebrandt, M. J.: *Psychologie des Lernens und Lehrens.* Klett, Stuttgart 1967.

Koch, K., B., G., D., und Mitarbeiter: *Motorisches Lernen – Üben – Trainieren.*

Mererowicz, H., Meller, W.: *Training: Biologische und medizinische Grundlagen. Prinzipien des Trainings.* Springer Verlag, Berlin 1972.

Reindell, H., Rosmann, H., Gerschier, W.: *Das Intervalltraining.* J. Ambrosius, München 1962.

Röthig: *Sportwissenschaftliches Lexikon.* Verlag K. Hofmann, Schorndorf.

Stockfelt, T.: *Leistungssteigerung im Sport.*

Volpert, W.: *Sensomotorisches Lernen.*

Karateliteratur:

Funakoshi, G.: *Karate-Do – The Way of my Life.* Kodanska International, Tokio 1975.

Funakoshi, G.: *Karate-Do Kyohan.* Kodanska International Ltd., Tokio/New York/San Francisko 1973.

Haines, B. A.: *Karate's History and Traditions.* Ch. E. Tuttle Comp., Tokio.

Kanawzawa, H.: *Shin Karate-do.* Nito Shoin, Tokio 1977.

Koyama, S.: *Karate and Health.* Central Publishing and Printing, Mesa Arizona 1977.

Mattson, G. E.: *The Way of Karate.* Ch. E. Tuttle Comp., Tokio.

Nishiyama, N., Brown, R. C.: *Karate – The Art of Empty Hand Fighting.* Ch. E. Tuttle Comp., Tokio.

Oyama, M.: *This is Karate.* Japan Publications Inc., Tokio.

Geistige Grundlagen:

Dürckheim, K.: *HARA, die Erdmitte des Menschen.* O. W. Barth Verlag.

Dürckheim, K.: *Wunderbare Katze und andere Zen-Texte.* O. W. Barth Verlag.

Harrison, E. J.: *The Fighting Spirit of Japan.* W. Foulsham & Co. Ltd., London.

Herrigel, E., *Zen in der Kunst des Bogenschießens.* O. W. Barth Verlag.

Sachwortverzeichnis